罗伯特·马亚尔——20世纪最伟大的工程师和设计师之一，本传记全面追溯了这位大师不平凡的一生及其同样不平凡的作品。马亚尔的职业生涯始终围绕着现代技术领域的一个核心议题：两种对立的工程观念之争——一方强调，工程是依赖普遍性数学原理去理解结构问题的应用学科，另一方则重视工程的设计意义，而后者正是马亚尔所捍卫的。马亚尔认为，结构不仅是实用作品，也是艺术作品。对于实用性而言，他的一系列创新具有持久意义，其中包括，混凝土空腹箱形结构体系、混凝土无梁楼盖、混凝土桥面加劲拱以及剪切中心的概念。从美学角度来说，马亚尔将其关于混凝土的三个创新，塑造成了令人叹为观止的新形式。本书通过对这些创新事件的抽丝剥茧，将马亚尔的美学思想与他个人的工作背景及那个时代的专业文脉联系起来，向读者多视角、全面地呈现这位大师的一生。

罗伯特·马亚尔

1912 年，罗伯特·马亚尔与玛丽-克莱尔（女儿）在奥尔塞利诺（Orselino）

罗伯特·马亚尔
——建筑商、设计师与艺术家

[美]戴维·P.比林顿 著

马乐为 史庆轩 周铁钢 译

中国建筑工业出版社

著作权合同登记图字：01-2020-2387号

图书在版编目（CIP）数据

罗伯特·马亚尔：建筑商、设计师与艺术家 /（美）戴维·P. 比林顿著；马乐为，史庆轩，周铁钢译 .—北京：中国建筑工业出版社，2020.10

书名原文：Robert Maillart: Builder, Designer, and Artist

ISBN 978-7-112-25302-9

Ⅰ.①罗… Ⅱ.①戴…②马…③史…④周… Ⅲ.①罗伯特·马亚尔—传记 Ⅳ.①K835.226.16

中国版本图书馆CIP数据核字（2020）第125830号

This is a Simplified Chinese translation of the following title published by Cambridge University Press:
Robert Maillart: Builder, Designer, and Artist/ David P. Billington, 9780521057424
Copyright © Cambridge University Press 1997

This simplified Chinese translation for the People's Republic of China (exclude Hong Kong, Macau and Taiwan) is published by arrangement with the Press Syndicate of the University of Cambridge, Cambridge, United Kingdom

此版本根据剑桥大学出版社版本翻译

Chinese Translation Copyright ©2020 China Architecture & Building Press
China Architecture & Building Press is authorized to publish and distribute exclusively the Chinese (Simplified Characters) language edition. This edition is authorized for sale throughout Mainland of China. No part of the publication may be reproduced or distributed by any means, or stored in a database or retrieval system, without the prior written permission of the publisher.

本书中文简体翻译版授权由中国建筑工业出版社独家出版并限在中国大陆地区销售，未经出版者书面许可，不得以任何方式复制或发行本书的任何部分。

Copies of this book sold without a Cambridge University Press sticker on the cover are unauthorized and illegal.

本书封贴有 Cambridge University Press 的防伪标签，无标签者不得销售

本书经 Cambridge University Press 正式授权我社翻译、出版、发行本书中文版

责任编辑：戚琳琳
文字编辑：刘颖超　吴　尘
责任校对：焦　乐

罗伯特·马亚尔
——建筑商、设计师与艺术家

[美]戴维·P.比林顿　著

马乐为　史庆轩　周铁钢　译

*

中国建筑工业出版社出版、发行（北京海淀三里河路9号）
各地新华书店、建筑书店经销
北京点击世代文化传媒有限公司制版
北京中科印刷有限公司印刷

*

开本：880毫米×1230毫米　1/16　印张：23　字数：596千字
2021年1月第一版　2021年1月第一次印刷
定价：95.00元
ISBN 978-7-112-25302-9
（36058）

版权所有　翻印必究

如有印装质量问题，可寄本社图书出版中心退换

（邮政编码 100037）

本书谨献给

玛丽－克莱尔·布卢默尔－马亚尔

一个忠诚的女儿，

一个快乐的伙伴，

一个谦和的朋友。

目 录

图表说明	xv
序	xxiii
致 谢	xxix
绪 论	1

第 1 章
学生与设计师（1872-1901） … 3
文化融合：伯尔尼与苏黎世 … 3
- 比利时与德国-瑞士 … 3
- 游戏与规则 … 5
- 苏黎世工程：瑞士合成 … 6
- 里特尔与桥：马亚尔和阿曼 … 8
- 里特尔与设计观 … 9

石头与混凝土的对决：苏黎世（1894-1899） … 11
- 新材料与大众传统 … 11
- 里特尔与大型桥梁 … 12
- 马亚尔与埃内比克 … 15

视角的转变：楚奥茨（1899-1901） … 17
- 楚奥茨：第一次重大创新 … 17
- 楚奥茨桥的设计意义 … 19
- 求婚 … 20
- 一位精神伴侣 … 22
- 共渡苏黎世 … 23

第 2 章
设计师与建筑商（1902-1909） … 26
新公司（1902-1904） … 26

独立	26
首次成功	28
圣加仑桥：更合理、更优美	31
马亚尔与权威之争	32

第一部杰作：塔瓦纳萨桥（1902-1905） — 34

比尔威尔与楚奥茨	34
重返楚奥茨	35
塔瓦纳萨大桥的突破	37
梅兰、默施与里特尔	39

再见吧，桥梁（1904-1909） — 41

从巴塞尔到达沃斯	41
建立声望	43
建筑商与建筑师	46
钢筋混凝土的安全性	48
马亚尔对楼盖的改造	48
隐墙	53
苏黎世大学	54

第3章
建筑商与百万富翁（1909-1914） — 56

一座大桥的设计竞赛（1909-1912） — 56

莱茵费尔登的惊奇	56
劳芬堡	58
阿尔堡	60
桥梁施工的风险	62
石匠莫泽	64
洛林桥的设计竞赛	66
莫泽与马亚尔	67
开阔视野	68

成败之争 — 68

生意与家庭	68
沃尔塔街上的赞助人马亚尔	72
职业冲突	73
个性与规范：实践还是研究？	74
教学与理念的冲突	76

走向俄罗斯 — 77

圣彼得堡（1912-1913）	77
里加（1914）	80
1914年夏的里加海岸	82

第4章
战争与革命（1914-1919）   84

俄罗斯（1914-1916）   84
- 八月的沙丘   84
- 里加的冬天   84
- 撤退：从彼得格勒到乌克兰   85
- 哈尔科夫（1915-1916）   86

玛丽亚在俄罗斯（1914-1916）   88
- 顾家的丈夫   88
- 玛丽亚   90
- 马亚尔和埃德蒙   90

革命与毁灭   92
- 马亚尔的财富   92
- 持续的革命   93
- 逃离   94
- 君士坦丁堡、塞萨洛尼基和家   95

第5章
学者与设计师（1920-1927）   97

燃烧的圣火   97
- 负债累累   97
- 巴黎与日内瓦   98
- 疲惫的欧洲人   99
- 父亲与女儿   100

抨击权威：教育和理论（1920-1924）   100
- 日内瓦的宣传册   100
- 对教育的批判   101
- "剪切中心"大论战   105

抨击权威：研究与实践（1920-1924）   107
- 阿尔卑斯的失利   107
- 铆钉之美   109
- 罗恩控制的策林格大桥设计竞争   110

新业务，新形式（1921-1924）	112
复职	112
重大创新	113
基亚索仓库	116
1924年的基本理念	119
源自桥梁的复兴（1925-1927）	121
诗歌般的桥：瓦茨基尔巴赫	121
戏剧般的桥：沙泰拉尔	122
小说般的桥：大菲桥	126

第6章
孤独的设计师（1927-1932）   130

同事与家人（1927-1930）	130
教授、编辑和建筑商	130
隔离和惯例	133
爱德华·布卢默尔	135
从塔瓦纳萨到萨尔基那山谷（1927-1930）	136
莱茵河上的废墟	136
爬上萨尔基那山谷	136
萨尔基那山谷桥	139
萨尔基那山谷大桥的揭幕	140
萨尔基那山谷大桥和洛林大桥	142
荒野中的大桥（1930-1931）	146
克洛斯特斯的曲线桥	146
失利的比赛和盈利的设计	149
阿曼与马亚尔	150
马亚尔在苏黎世的扩张	151
伯尔尼的小桥	153
声誉与不幸	155
建筑师与历史学家	155
英国人眼中的马亚尔	156
新生代	158
乐善好施的好人	159
岁月不饶人	160

第 7 章
相由心生（1932-1934） 162
两次世界大战之间的国际工程大会 162
- 罗恩与工程大会（1922-1928） 162
- 维也纳结构大会（1928） 163
- 从维也纳到列日（1930） 164
- 巴黎大会（1932） 165

马亚尔的方法（1932） 166
- 朱比亚斯科大桥 166
- 特斯桥 166
- 罗塞拉本桥 168
- 圣加仑的成功 172

施万巴赫桥（1933） 173
- 施万巴赫的设计 173
- 使用阶段的设计分析 179
- 经济萧条与堤岸坍塌 181

钢筋混凝土上的杂技（1933-1934） 182
- 探索新形式 182
- 寻找新方向 183
- 政治与游戏 185
- 心灵之旅 186

第 8 章
大辩论（1934-1938） 189
锡尔霍兹利体育馆的论战（1933-1935） 189
- 马亚尔对马克斯·里特尔 189
- 为设计辩护 192
- 预应力体操馆 193
- 抨击苏黎世 193
- 市政当局的回击 194

新形式与失败的比赛（1935-1936） 196
- 小型桥梁的挑战 196
- 对设计的思考 200
- 韦西桥 202
- "没有文凭的智慧" 205
- 骨折的监理 206

竞赛失利	207
职业总结：规范、研究与设计（1932-1937）	**210**
马亚尔和里特尔	210
马亚尔与规范委员的辩论	211
对工程"应用科学"的抨击	212
当前的问题：形式与公式的整合	214
马亚尔在德国（1937-1938）	**215**
巴塞尔之争	215
休息与奖励	216
全国博览会	218
桥梁形式与德意志帝国	218
德国的威胁与道德重塑	222

第 9 章
最后的殊荣（1938-1940）   223

最后一次差旅（1938-1939）	**223**
重逢与治疗	223
桥牌冠军	224
最后的告别	224
1939	**227**
佩内	227
权威要挟与一件杰作	234
最后的桥梁	236
致大师	**240**
权威	240
第三次苏黎世之行：安息吧	241
重返日内瓦	242
自由而宁静	243

注　释	245
马亚尔设计的主要桥梁	301
马亚尔的工程项目	305
马亚尔的文章	317
关于成本换算的一般说明	321
中英文索引	323
译后记	331

图表说明

	1912年，罗伯特·马亚尔与玛丽-克莱尔（女儿）在奥尔塞利诺	iv
1	罗伯特·马亚尔的母亲，贝尔塔·马亚尔（1842-1932）	4
2	罗伯特·马亚尔的父亲，爱德蒙·马亚尔（1834-1874）	4
3	马亚尔的全家福，大约于1884年，从左向右分别为：阿尔弗雷德、贝尔塔、罗莎、保罗、马克斯和罗伯特	5
4	卡尔·库尔曼（1821-1881），苏黎世联邦理工学院土木工程系的创系主任	7
5	戈特弗里德·森佩尔（1803-1879），苏黎世联邦理工学院建筑系的创系主任	7
6	苏黎世联邦理工学院	7
7	威廉·里特尔（1847-1906），苏黎世联邦理工学院土木工程专业教授，马亚尔的老师	9
8	罗伯特·马亚尔（1872-1940），（a）于1887年;（b）大约于1890年;（c）于1894年	10
9	施陶法赫尔大桥的桥面、横墙、拱和铰	13
10	1899年，苏黎世锡尔河上的施陶法赫尔桥	14
11	1899年，由弗朗索瓦·埃内比克设计的罗维埃纳河上的沙泰勒罗大桥	16
12	1900年的楚奥茨桥设计	17
13	马亚尔与朋友们，大约于1900年	20
14	远景为楚奥茨以及马亚尔的因河桥	21
15	（a）1901年的玛丽亚·龙科尼;（b）1901年的罗伯特·马亚尔	22
16	罗伯特与玛丽亚·马亚尔于1901年	24
17	马克斯·冯·米勒	27
18	阿道夫·察恩	27

19	罗伯特·马亚尔的专利图纸：楚奥茨大桥设计，1902年2月	28
20	圣加仑市气罐设计方案的截面透视图：（a）政府的方案；（b）马亚尔的方案	29
21	（a）筒壁表面的压力；（b）筒壁弯曲时所产生的抗压力；（c）环向力所产生的抗压力	29
22	1902年，建设中的圣加仑气罐	30
23	1903年，圣加仑市的施泰纳赫桥	32
24	位于比尔威尔的图尔桥	35
25	苏黎世锡尔河上的乌托桥，马亚尔的竞赛方案（未建成）	36
26	位于塔瓦纳萨的莱茵河桥，1905	37
27	位于塔瓦纳萨的莱茵河桥，立面图	38
28	位于塔瓦纳萨的莱茵河桥，剖面图	38
29	埃米尔·默施的三铰拱桥形式：位于格林瓦尔德的伊萨尔河公路桥，1904	40
30	莱茵河上的塔瓦纳萨桥	40
31	塔瓦纳萨桥上的妻子玛丽亚与儿子埃德蒙	41
32	施工中的达沃斯亚历山大女王疗养院	42
33	蒂芬卡斯特尔附近的山崩保护结构，1904	43
34	山崩保护结构	44
35	巴塞尔虹吸渠，1907	45
36	位于韦登斯维尔的普芬尼格厂，1905	46
37	（a）埃内比克式的混凝土框架：梁、柱、板的透视图；（b）普芬尼格厂的室内结构；（c）1910年的苏黎世仓库，马亚尔蘑菇柱体系的透视图	47
38	1906年，圣加仑音乐厅的原设计	47
39	1907年，马亚尔的圣加仑音乐厅设计方案	47
40	无梁楼盖试验，1908	49
41	位于吉斯希贝尔街的苏黎世仓库，1910	50
42	1912年，位于罗尔沙赫正在施工中的滤水厂建筑	51
43	1912年，位于罗尔沙赫正在维护中的滤水厂建筑	52
44	位于圣加仑的阿德勒办公大楼：（a）赫恩的挡土墙方案，1909；（b）马亚尔的挡土墙设计	53
45	位于苏黎世的活动式舞台布景库房，1909（a）原设计的楼盖桁架；（b）马亚尔设计的由屋面桁架所支撑的楼盖结构	54

46	位于莱茵费尔登的莱茵河桥，1912	57
47	位于劳芬堡的莱茵河桥，1911	59
48	劳芬堡莱茵河桥的脚手架，1911年：三铰木拱结构	60
49	劳芬堡莱茵河桥的混凝土砌块拱，1911	61
50	1911年，位于阿尔堡的阿勒河大桥：实体钢筋混凝土拱结构	62
51	1911年，位于阿尔堡的阿勒河大桥：脚手架	63
52	1908年，由耶格等人设计的佩罗勒斯大桥设计竞赛获胜方案：纵剖面	64
53	1908年，由马亚尔设计的佩罗勒斯大桥设计竞赛方案：立面图	65
54	拍摄于1910年的罗伯特·莫泽	68
55	1906年前后，罗伯特·马亚尔和儿子埃德蒙在阿罗萨	69
56	1906年前后的马亚尔公司苏黎世事务所	70
57	1906年前后的马亚尔公司苏黎世预制构件厂	70
58	1908年前后，四轮马车上的马亚尔、罗莎与玛丽亚	71
59	1908年前后的四兄弟：保罗、阿尔弗雷德、罗伯特和马克斯·马亚尔	71
60	马亚尔位于苏黎世沃尔塔街30号的宅邸	72
61	1913年，玛丽-克莱尔、罗伯特、埃德蒙、勒内和玛丽亚·马亚尔于苏黎世	73
62	弗朗索瓦·舒勒（1860-1925）	75
63	马克斯·里特尔有关扭转的讲课笔记	76
64	马亚尔有关扭转的讲课笔记	76
65	1912年，位于圣彼得堡一家冷库的地下室	78
66	1914年，位于西班牙的比利亚努埃瓦-赫尔特鲁的倍耐力工厂	80
67	1914年，马亚尔在里加的在建工厂	81
68	1914年在去里加的途中，马亚尔站在甲板上	83
69	1916年，马亚尔位于哈尔科夫市霍斯皮特尔尼亚大街22号（第二层）的公寓	86
70	1916年2月2日，勒内和玛丽-克莱尔站在哈尔科夫的公寓大楼前	86
71	1916年，由马亚尔负责修建的哈尔科夫工厂内部	87
72	1916年，由马亚尔修建的哈尔科夫工厂：立面图	88
73	1916年，罗伯特与玛丽亚·马亚尔在哈尔科夫	89
74	1916年2月，哈尔科夫的化装舞会	90
75	1916年8月1日，瑞士国庆节，位于哈尔科夫郊外的夏日别墅	91

76	1920年，位于法国马里尼耶镇的阿尔沃河大桥：原设计于1911年由法国当局完成，1920年经马亚尔修改	102
77	阿瑟·罗恩（1878-1956）	103
78	槽形截面梁	104
79	槽形截面梁理论导致了马亚尔对"剪力中心"的发现	105
80	压力隧道：(a)委员会的方案；(b)马亚尔的方案	108
81	(a)传统的铆钉连接；(b)马亚尔的铆钉连接专利	110
82	(a)咨询委员会（由罗恩领导的）提供的策林格大桥方案，1923年；(b) 1921年，策林格大桥设计竞赛中的马亚尔方案	111
83	马亚尔的大坝设计专利	113
84	(a) 1883年，威廉·里特尔的设计图；(b)美国的加劲桁架拱	114
85	(a)阿尔堡大桥，1912；(b)马里尼耶大；(c)弗林格利巴赫大桥，1923	115
86	穿过特雷布森巴赫的输水管	117
87	基亚索仓库的标准视图	118
88	施工中的基亚索仓库	119
89	基亚索仓库：(a)跨度尺寸与结构杆件；(b)将20米中跨与柱支撑进行分离，便显示出中跨结构会像索一样承受垂直载荷	120
90	马亚尔设计的基亚索仓库侧立面，瑞士，1924	120
91	瓦尔齐尔巴赫桥	121
92	瓦尔齐尔巴赫桥	122
93	施工中的瓦尔齐尔巴赫桥	123
94	瑞士铁路公司提交的沙泰拉尔渡槽方案	124
95	马亚尔的沙泰拉尔渡槽方案	124
96	瑞士铁路公司提交的沙泰拉尔渡槽方案	125
97	马亚尔的沙泰拉尔渡槽方案	125
98	沙泰拉尔	126
99	施工中的大菲高架桥结构，弗里堡	127
100	施工中的大菲高架桥，弗里堡	128
101	马亚尔寄给母亲的明信片	129
102	马亚尔与罗斯在瓦尔齐尔巴赫	131
103	抽雪茄的马亚尔，大约于1926年	132
104	马亚尔与玛丽－克莱尔于1928年	135

105	塔瓦纳萨桥废墟	137
106	弯矩图	139
107	用于自重计算的萨尔基那山谷桥半跨拱的剖面图	140
108	萨尔基那山谷大桥的脚手架	141
109	竣工后的萨尔基那山谷大桥	143
110	马亚尔在洛林大桥开通典礼上的讲话，伯尔尼，1930	144
111	施工中的洛林大桥	145
112	洛林新桥	145
113	1991年，萨尔基那山谷桥被指定为"国际土木工程历史古迹"的情境	146
114	克洛斯特斯的兰德夸特跨河桥，官方设计方案，1930	148
115	克洛斯特斯的兰德夸特跨河桥，马亚尔的设计方案，1930	148
116	竣工后的兰德夸特跨河桥，马亚尔寄给罗莎的明信片，1931	149
117	1930年前后的奥特马·阿曼（1879-1965）	151
118	1931年，恩斯特利根河上的施皮塔尔桥：正立面	152
119	1931年，恩斯特利根河上的施皮塔尔桥：从桥下仰视	154
120	1932年的布尔巴赫桥	155
121	汉斯克鲁克镜头下的罗伯特·马亚尔	156
122	1924年，马亚尔完成的尚西—普尼水塔	157
123	20世纪30年代早期的马亚尔一家：(从左至右分别为)阿尔弗雷德、罗莎、贝尔塔、罗伯特、保罗以及马克斯	159
124	1928年的维也纳工程结构大会，照片中包括马亚尔、马克斯·里特尔、鲁道夫·塞里格以及前排留胡子的恩佩格	163
125	1928年维也纳工程结构大会，其中包括玛丽-克莱尔、马亚尔及罗斯	164
126	1932年巴黎国际工程大会期间，马亚尔与弗雷西内在枫丹白露，明信片女儿寄给了玛丽-克莱尔	165
127	1932年的朱比亚斯科大桥项目：(a)马亚尔1931年11月27日的方案；(b)马亚尔1931年12月14日的方案；(c)马亚尔1932年2月2日的方案	167
128	1932年，温特图尔附近的特斯河人行桥：(a)1932年4月21日的设计透视图；(b)1932年6月24日的设计透视图；(c)具有优美反向曲率的最终设计方案	168
129	马亚尔设计的特斯河人行桥	169
130	1931年，由P.E.苏特设计的特斯河人行桥	169

131	罗塞拉本桥：(a) 官方的设计；(b) 马亚尔的设计	170
132	1932 年，位于施瓦岑堡的罗塞拉本桥	170
133	罗塞拉本桥的全貌	171
134	1932 年 11 月 19 日，罗塞拉本桥的竣工典礼：马亚尔居中，施泰特勒站在右三位置	171
135	20 世纪 30 年代早期，马亚尔远望着他的大桥	172
136	(a) 位于费尔塞格的图尔桥，1932；(b) 位于费尔塞格的图尔桥，马亚尔的设计方案，1933	173
137	位于费尔塞格的图尔桥，1933	174
138	施万巴赫桥，1933	175
139	施万巴赫桥，1933 年竞赛方案，轮廓及平面图	176
140	施万巴赫桥，1933 年马亚尔的设计，轮廓及平面图	177
141	瓦尔齐尔巴赫桥的立面与平面图，1925	178
142	施万巴赫桥的立面与平面图，1933	178
143	1925 年，马亚尔设计的多纳特附近的瓦尔齐尔巴赫桥	179
144	施万巴赫桥，1933	180
145	施万巴赫桥及其备选方案：(a) 马亚尔的设计；(b) 博尼的方案 I；(c) 博尼的方案 II	181
146	三铰拱形式的发展：西拉科沃高架桥立面图	184
147	位于哈根—施泰因的锡特大桥：(a) 未建成的设计，1934 年 10 月；(b) 透视图	185
148	黑熊旅馆，20 世纪 30 年代马亚尔位于苏黎世的家：1936 年 4 月 3 日，马亚尔寄给女儿布卢默尔一家的明信片	187
149	锡尔霍兹利体育馆，苏黎世，1929 年：具有柔性框架的主楼层，其上为阁楼层顶骨架结构	190
150	锡尔霍兹利体育馆，苏黎世，1929 年：阁楼桁架支撑着主楼层之上的顶楼盖	191
151	锡尔霍兹利体育馆，苏黎世，1929 年：支撑主楼层之上顶楼盖的桁架受力与配筋图	191
152	锡尔霍兹利体育馆，苏黎世，1935 年：从阁楼看上去的加固方法	194
153	锡尔霍兹利体育馆，苏黎世，1935 年：从阁楼看上去重新设计的桁架	195
154	跨越胡特维尔－沃尔胡森铁路线的胡特维尔铁路桥	197
155	位于利斯伯格的比尔斯河桥，1935 年：全景图	197

156	利斯伯格桥:(a)马亚尔绘制的初步方案,1934年10月29日;(b)马亚尔绘制的最终方案,1934年11月6日	198
157	马亚尔与罗斯正在讨论利斯伯格桥的加载试验,1935	198
158	手拿雨伞的马亚尔坐在利斯伯格桥上	199
159	利斯伯格上的比尔斯河大桥,1935	199
160	利斯伯格上的比尔斯河大桥,1935年:拱的感觉	200
161	位于阿尔沃河上,竣工后的尚佩尔-韦西桥	203
162	马亚尔的计算,位于阿尔沃河上的尚佩尔-韦西桥	204
163	位于阿尔沃河上,施工中的尚佩尔-韦西桥	204
164	阿尔沃河上的韦西桥渲染图	206
165	伯尔尼铁路大桥设计竞赛,1936年:(a)由比勒完成的官方设计;(b)由罗杰布-魏斯事务所完成的一等奖方案;(c)由萨尔维斯伯格完成的二等奖方案;(d)由萨尔维斯伯格完成的三等奖方案	208
166	伯尔尼铁路大桥设计竞赛,1936年:(a)由马亚尔完成的第四名方案;(b)由普尔弗完成的第五名方案;(c)由布林格-冯莫斯事务所完成的第六名方案	209
167	位于甘里施旺德的吕特森河小桥,1937	218
168	由马亚尔设计建造的阿尔沃河上的韦西桥,1936	220
169	由马亚尔设计建造的阿尔沃河上的韦西桥,1936	220
170	由E.默施及P.博纳茨设计的位于莱普海姆的多瑙河桥,1937	220
171	跨越阿尔沃河的韦西桥	221
172	马亚尔和女儿玛丽-克莱尔在矿泉水大厅前,武尔佩拉,1938年7月	223
173	马亚尔和外孙女玛丽-克莱尔·布卢默尔,武尔佩拉,1938年7月	224
174	玛丽-克莱尔、罗伯特、爱德华·布卢默尔以及埃尔斯贝特·布卢默尔,1938年秋	225
175	建设中的水泥厅,1938年10月29日	226
176	建设中的水泥厅,1938年11月11日	227
177	(a)利斯伯格大桥,1935;(b)魏森施泰因街桥,1938;(c)未建成的佩内桥,1939	228
178	佩内桥渲染图	229
179	佩内桥纵剖面图	230
180	佩内桥:大梁和主柱的配筋详图	232
181	竣工后的水泥厅	235

182	水泥厅草图	235
183	位于拉亨的铁路跨线桥，1940年：桥梁外观图	237
184	1940年，拉亨铁路跨线桥，从中可以看出：桥梁与道路斜交、箱形拱、拱铰与扶壁支座，以及拱侧面的结构表达形式	238
185	马亚尔有关阿尔滕多夫立交桥的研究：(a)梁的纵立面以及支座结构的横剖面；(b)梁的纵向加腋以及支座结构的横向加腋图	239
186	水泥厅与麦当劳标识的关系示意图	241
187	水泥厅：(a)马亚尔与罗斯的测试；(b)马亚尔与罗斯的拆除；(c)马亚尔检查废墟	242
188	勒内、马亚尔与保罗·尼森，20世纪30年代中期	243
189	罗伯特·马亚尔之墓	244
190	保罗·尼森和爱德华·布卢默尔，大约于1960年	244

序

　　这本传记不仅是对马亚尔46年职业生涯的总结，也是对我自己同样长的职业生涯的回顾。我发现马亚尔是偶然的，对他生活和工作的关注也似乎很顺理成章，这要归因于我自身发展的四个阶段，首先是20世纪40年代末在普林斯顿大学接受的大学教育。我参加了一个由学院院长肯尼思·康迪特（Kenneth Condit）牵头的、大概是叫做"基础工程"的计划，它旨在让参与者对所有工程领域有一个全方位的了解，我们也被允许可以花更多时间选修文科专业的课程，而数量甚至超过了文科生。虽然我最喜欢的课程是音乐、文学和艺术史，但也有足够强的工程专业水平来获得富布赖特奖学金（Fulbright Fellowship）用以研究比利时的桥梁重建项目。在这之后，我在比利时卢万大学（Louvain University）学习了结构工程，参观了许多新建且未完工的混凝土桥梁；更重要的是，还得到了一位才华横溢且美丽动人的钢琴家的真爱。婚后，我们又回到了比利时。在那里，我的研究方向是新型结构体系——预应力混凝土，师从该方向的先驱人物之一——比利时根特大学（Ghent University）的古斯塔夫·芒内尔（Gustav Magnel）。

　　在学术研究之后，我进入了人生的第二阶段：回到美国并充分利用预应力混凝土这种新体系，在纽约市当了8年的结构设计师。在那里，我遇到了两位贵人：奥托·格林瓦尔德（Otto Gruenwald）和安东·泰代斯科（Anton Tedesko），前者教会了我结构分析，后者则鼓励我学习了另一种新型结构体系——混凝土薄壳结构（thin shell concrete structure）。当时我们公司承接了许多复杂结构设计，而这些却是大多数工程师所极力回避的。当然，这些设计类型也是马亚尔工程实践的重要组成部分。

　　在此期间，我对写作和公开演说的冲动逐渐超越了对设计的渴望，因此，在获得普林斯顿大学的一份工作之后，经过再三犹豫，我还是欣然接受并进入了人生的第三阶段：《马亚尔》一书的筹备工作。在普林斯顿，工作导师诺曼·J.佐伦贝格尔（Norman J. Sollenberger）慢条斯理地将我送进了学术圈儿，并建议我与土木工程师罗伯特·马克（Robert Mark）合作，当时的马克正在普林斯顿大学等离子体物理实验室进行一个应力分析的实验项目。于是随后，马克和我便向美国国家科学基金会（National Science Foundation）提交了项目申请，但由于没有博士学位，也没有此类研究的过往履历，所以我们的申请一直都没有获得批准。然而天无绝人之路，基金会的项目评审官员迈克尔·高斯（Michael Gaus）看出了我俩的困境，在轻松推翻了那些平庸的同行评议后，便批准了我们一笔小额资助。于是，马克和我便开始了富有成效的合作，同时也领悟了学术研究的套路以及在指定期刊上发表论文的必要性。

　　20世纪60年代中期正是建筑师影响力日趋增长的年代，我也进入了人生发展的第四个阶段。1966年，我获得了国家科学基金会奖学金，从而能够前往荷兰代尔夫特理工大学（Delft University of Technology），与世界顶尖的瓦尔纳·科尔特（Warner Koiter）教授一起研究薄壳理论。去欧洲之前，我在普林斯顿聆听了著名建筑史学家肯尼思·弗兰姆普敦（Kenneth Frampton）的一系列讲座，其中的两次对我影响重大：一次是关于古斯塔夫·埃菲尔（Gustav Eiffel）及其桥梁与塔楼的文化背景；而另一次让我更加向往的则是关于艺术、建筑和工程学领域中的荷兰现代主义运动、又称风格派运动（de Stijl）的主题。弗兰姆普敦的话令我眼前一亮，引起了我对荷兰文化、现代艺术和人工景观工程的关注，而那时我们又恰好正在为荷兰泽国半年的生活收拾行囊。

于是，我再次踏上了荷兰这片土地。在那里，我不仅研究了抽象的数学理论，还研究抽象的艺术文化，在这种文化里，形象创意与实用功能紧密相连。

如果没有弗兰姆普敦的激励，我便永远也无法体会到风格派运动的整体性。而回国后，我比以往任何时候都更渴望找到以学术方式来表达出这种整体性的途径。我能够体会到：这种文化运动是值得尊敬的，一定会给研究性大学碎片化、专业化的学术氛围带来一股清流。刹那间，有关马亚尔的故事便自然而然地成了我的不二之选。

我学习过德语和法语，又有旅居欧洲各国的经历，还有混凝土结构设计的实践经验，且找到了愿意合作与学习的同事和学生，可以说是万事俱备。接下来，我便开始了对这位掌握多种语言的瑞士工程师的研究工作。其实，早在1947年，他的结构设计就已经被纽约现代艺术博物馆奉为经典；在西格弗里德·吉迪恩（Sigfried Giedion）1941年最有影响力的巨著《空间·时间·建筑》（Space, Time and Architecture）一书中，有关马亚尔的笔墨也毫不吝啬；而马克斯·比尔（Max Bill）在1949年他那本用三种语言写成的书中更是对马亚尔的作品进行了详尽的描述。

这本传记是对罗伯特·马亚尔个人生活28年研究的总结。然而在我自己的大学教育和8年的实践工作中，却从未听说过这个名字，直到站在讲台上，建筑系学生才将马亚尔的桥梁和建筑照片展现在我眼前，并要求我为他们讲解这些引人入胜的视觉形式。因为在当时，也就是60年代初期，还没有任何关于马亚尔的英文版技术性文章，也没有关于他的、任何形式的当代工程文献。

马亚尔的设计形式是如此的与众不同，以至于我无法将其单一地归纳到建筑学或工程学专业的结构工程标准课程中去。这里有一个窘境：结构方向的标准课程一向缺乏具有震撼力的视觉效果，而少数追随马亚尔的结构工程师们虽然也能够创造出漂亮的工程作品，但其视角却仅仅服从于工程师而非建筑师，这就好像海明威、菲茨杰拉德（Fitzgerald）和福克纳（Faulkner）正在创作名著时，我们的文学教育素材却是出自报纸上的头版头条一样。

这样的窘境逼迫着我，也刺激了面临类似困境的同事罗伯特·马克，于是，我俩与普林斯顿大学人文科学委员会主席惠特尼·奥茨（Whitney Oates）进行了面谈，后者又将我们引见给校长罗伯特·戈欣（Robert Goheen）；随后，这两位人道主义者便派我们去华盛顿走访了新成立的国家人文科学基金会。由于两位学校领导都曾为新机构的成立出过力，所以，基金会的项目官员赫伯特·麦克阿瑟（Herbert McArthur）非常同情我们。不久我俩便得到了一笔小额赠款以及数额更大的配套基金。非常感谢奥茨和戈欣，是他们两位贵人确保了我们能够顺利从福特和洛克菲勒基金会那里获得这些配套资金。

资金的到位意味着良好的开端。1970年夏天，我和儿子戴维来到苏黎世，在那里，玛丽-克莱尔·布卢默尔-马亚尔（Marie-Claire Blumer-Maillart）热情地接待了我们，由此也开起了我心目中的、最富成效和最不寻常的本传记的合作过程。来年夏天，我与女儿伊丽莎白再次拜访了她，这次是在法国小镇圣·让·卡普费拉（St. Jean Cap Ferrat），我们共同讨论了1972年她父亲的百年诞辰纪念活动。随后，罗伯特·马克和我在普林斯顿举办了一次纪念马亚尔的研讨会，布卢默尔-马亚尔夫人与丈夫爱德华·布卢默尔（Eduard Blumer）携手到会。到了1972年10月，我又和她认真地讨论了这本传记作品的写作事宜，她的反响热烈。第二年，我与妻子菲莉丝来到瑞士，并开始翻阅马亚尔的文章和相关文献，而这些资料均出自布卢默尔夫妇的收集整理。

1974年，作为高等研究院的访问学者，我开始了本传记的写作。由于手头掌握的马亚尔个人生活资料很少，所以我只好集中精力研究他的设计作品。当布卢默尔-马亚尔夫人和女儿在阁楼行李箱里发现了一堆父亲与他人的往来书信时，我的手稿已经完成过半。显然，我需要阅读这些信件，它们的时间跨度之长令人惊讶，从马亚尔的青年时代到临终前的最后数月。但又该如何处理我那个几乎完成的初稿呢？正当我左右为难之际，访问学者赞助人、高等研究院的历史学家马歇尔·克拉格特（Marshall Claggett）出现了，他给了我必要的建议：为何不可以有两本《马亚尔》呢？把已完成的手稿写成一本小品文题材的马亚尔作品集，然后再来一本正式的传记文学作品。这个忠告最终促成了我的《罗伯特·马亚尔之桥：工程的艺术》（Robert Maillart's Bridges: The Art of Engineering），该书已由普林斯顿大学出版社于1979年出版。

与此同时，我再次和布卢默尔-马亚尔夫人一起通读了这些信件，重温了马亚尔的主要生活经历：从他第一件重要设计作品——1901年的楚奥茨桥（Zuoz Bridge）到1940年展后拆除的最后一个伟大设计——苏黎世水泥厅（Zurich Cement Hall）。布卢默尔夫人向我解释了那些我从未接触过的词语、名字、地点和事件。对我而言，这些信函弥足珍贵，尤其是1929到1940年马亚尔与在印度尼西亚的女儿布卢默尔一家的往来书信。信件永远都是最真实的历史，我们在苏黎世读信，在高等研究院读信，在普林斯顿大学马亚尔档案室阅读了更多的史料。这个档案室成立于1974年，并于1980年永久地归属了普林斯顿大学工程学院。因此，应感谢工程学院的系主任艾哈迈德·查克马克（Ahmet Cakmak）的大力支持。

时间来到了1978年，当时，我的第一本有关马亚尔的书已经付梓，于是，我再次开始动笔撰写这部传记，但事实证明，它的写作难度超出了我的想象。当我正在为一大堆资料抓狂时，基础图书出版公司（Basic Books）的总裁马丁·凯斯勒（Martin Kessler）站在了我的办公室，并游说我写一本关于现代结构艺术创意的书。在此之前，我的弟弟詹姆斯·H. 比林顿（James H. Billington）劝说凯斯勒来找我谈谈，结果这一谈便促成了《塔与桥：结构工程的新艺术》（The Tower and the Bridge: The New Art of Structural Engineering,）一书于1983年的问世。这本书以马亚尔为中心人物，以托马斯·特尔福德（Thomas Telford）、古斯塔夫·艾菲尔和约翰·罗布林（John Roebling）的故事为起点，以马亚尔的传奇为结尾。书中人物与20世纪末的结构艺术家费利克斯·坎德拉（Felix Candela）、海因茨·伊斯勒（Heinz Isler）、克里斯蒂安·梅恩（Christian Menn）和法兹勒·汗（Fazlur Khan）有着相似的丰功伟绩。

《塔与桥：结构工程的新艺术》源于1974年初我在普林斯顿开设的"结构与城市环境"课程，这也恰是对马亚尔研究成果的体现。我力图证明：马亚尔是现代传统的一部分，这种传统始于工业革命并繁荣于当代。随着《塔与桥》的出版，我又回到了这部传记的写作上，重写并扩展了一些故事内容。1988年本书几近完成时，又接到了埃德加·考夫曼（Edgar Kaufman）的电话，他想让我出一本附带大量插图的马亚尔的书。

这不是我和考夫曼的第一次通话。4年前，他在收到哥伦比亚大学艺术史教授乔治·柯林斯（George Collins）的来信后，就曾给我打过电话。柯林斯是我的好友，我俩的交往始于1969年，他曾建议我：建筑历史基金会应当出一本彩图版的书，用以作为《塔与桥》的姊妹篇。柯林斯认为，就像建筑学书籍通常会采用的方式那样，结构艺术主题的书也需要配有精美插图。虽然这种提议在1984年显得过于突兀，但是考夫曼在1988年的这种强烈个人意愿却在1990年变成了现实——双语版《罗伯特·马亚尔及其钢筋混凝土艺术》（Robert Maillart and the Art of Reinforced

Concrete）最终面世，该书由纽约的建筑历史基金会及位于苏黎世和慕尼黑的阿尔忒弥斯建筑出版社（Verlag für Architektur Artemis）出版。

我将马亚尔传记的事告诉了考夫曼先生，他看后便热情地将其推荐给了建筑历史基金会。基金会主席维多利亚·纽豪斯（Victoria Newhouse）同意出版，并也将这本书列入了1990年出版计划。随后，维多利亚与我密切合作，修订了我那本略显笨拙的手稿。多亏她编辑技术精湛，帮我重新组织了手稿，这本书也才逐渐有模有样。接下来，我们花了很长时间共同仔细阅读文字、修改局部、讨论内容。当她于1994年决定关闭基金会时，便将手稿寄给了剑桥大学出版社的比阿特丽斯·雷尔（Beatrice Rehl）。在雷尔的鼓励和帮助下，手稿又经过了再一次的修改，最终在1995年8月被采用了。

本书的写作经历了20世纪60—90年代的漫长旅程，许多友人不间断的帮助才能使这部传记最终完成。然而，这28年的写作过程又孕育出了新的故事：起初，我着迷于马亚尔的设计作品，作为一名结构工程师，我想从技术层面上研究它们。其美学表现力是否完全源自纯粹的工程设计，还是通过工程学之外的其他方式，即由装饰或非结构形式而获得了优雅？换句话说，马亚尔是否只是一位技术拙劣的工程师，只会强调外表而非成本与结构性能？

我的初步研究表明：马亚尔在技术上远远领先于他的业内同行们，所以他的故事值得讲给每一位没有经验的听众。但是接下来的问题是：马亚尔的卓越工程学背景和出色的美学天赋在多大程度上和他的私人生活相关联？这是传记文学中一个老生常谈的话题，尤其是艺术史传记。作为一个人、一个家庭主夫和一位同行，我对马亚尔了解得越多，回答这个问题就越困难。只有当我在评论家和编辑的帮助下开始研究，并搜集了一些文件、写出了长长的手稿之后，我才能告诉读者：马亚尔的哪些个人生活习惯会照亮他的职业生涯，而哪些则不会。

在那个太平盛世的欧洲维多利亚时代，在那个瑞士小国的舒适资产阶级环境里，马亚尔的个人故事拉开了序幕；随后遇到的则是第一次世界大战前夕的动乱，这也进而将欧洲拖入了战乱并最终带来了大战的爆发。马亚尔以不同寻常的方式经历了这场骚乱。保守的态度和循规蹈矩的日常生活都折射出他表面上的维多利亚生活方式，然而，战争却让他失去了妻子和财富，也让他或多或少地改变了生活态度，他获得了一种修道士般的存在感。虽然他从未放弃固有的为人处事态度和对生活的热爱，但其人生目标却从大工程的建设者变成了小项目的设计师。这是一种反向的"穷则思变"逻辑，也是马亚尔的个性使然。

在15年的婚姻中，伴随着家庭生活的蒸蒸日上，马亚尔的生意也因艰苦奋斗而欣欣向荣。然而在第一次世界大战之后，他几乎无家可归，又回到了结婚前7年的单身生活。马亚尔生命的最后25年以独居为主，并创造出了许多名垂青史的结构体系。马亚尔热爱生活，通常每周都会写信，而且信的内容很少涉及专业领域内的"家长里短"，更不会提及自己设计作品的细节。只有一次例外，就是1929到1940年间他写给远在印度尼西亚的女儿的信。这些信函本身就是一段不平凡的历史：它们被寄往荷兰的殖民地，由女儿玛丽-克莱尔·布卢默尔-马亚尔保存；日本入侵印度尼西亚后，玛丽身处绝境但最终逃离，并令人难以置信地在爪哇丛林中熬过了4年，虽然历经磨难，但这些信件还是被她小心翼翼地放在一个不起眼的公文包里并被保存了下来。战争结束时，这些信件在环球航行一圈后，又完好无损地回到了瑞士。

这些信写得既流利又自然，仿佛让我们窥见到了马亚尔对设计求索的反应与反思。随着20世纪30年代的结束，他的幽默感依旧，抑郁的外表下乐观精神尚存，而孤独感却也愈发明显。他有时甚至还会偶尔地流露出对新桥设计的喜悦，这些作品因为虽小却困难重重才给到了他的手中。马亚尔的这些个性因素的确呈现在他的设计作品中，或者至少可以说，他的设计风格与个性特征是相辅相成的。只是有关其作品与个人经历，或者公共设计和个人思想之间的直接联系仍然是难以捉摸的。或许这就是必然：当实用主义的物品上升到伟大的艺术品高度时，不管是摄影术诞生之前的肖像画，还是因成本有限而创作出来的建筑作品都是如此。

以在这些研究中反复出现的萨尔基那山谷大桥（Salginatobel Bridge）为例，我发现它的设计有点神秘，虽然可以从结构角度去解释它，然而它给人的视觉印象却总是更为复杂，即便是在纯粹的结构领域内也仍然如此。每当提起马亚尔的简约风格，我就会不由自主地想起两位同时代的画家——荷兰人皮特·蒙德里安（Piet Mondrian）和德国瑞士混血儿保罗·克利（Paul Klee），这两位艺术家创作了许多具有迷惑性的简约作品，并且都生活在远离主流社会的环境中；而马亚尔则有四国血统，即荷兰与比利时、德国与瑞士，同样，他的设计线条，甚至混凝土中的钢筋布置也都简洁明快，很有马克斯·比尔的蒙德里安风格。另外，马亚尔对形式的把玩仿佛就是对一些克利画作的怀旧。如果能够一劳永逸地解释蒙德里安的《纽约·布吉乌吉》(*New York Boogie Woogie*)、克利的《双重帐篷》(*Doublezelt*) 和马亚尔萨尔基那山谷大桥的意义，那么它们就不再是艺术了。

1947年，结构艺术首次以纽约现代艺术博物馆的展览主题公之于众。在那次活动之后，马克教授和我在普林斯顿大学美术馆举办了一次马亚尔展，以配合1972年10月的马亚尔诞辰一百周年研讨会。博物馆代理馆长戴维·斯特德曼（David Steadman）组织了这次展览，J.韦曼·威廉姆斯（J. Wayman Williams）负责搜集有关马亚尔的原始资料、新近照片以及作品模型。4年后，为了向布卢默尔-马亚尔夫人的来访表示敬意，我们在威廉姆斯先生和美术馆馆长彼得·邦内尔（Peter Bunnell）的帮助下，又举办了一次新的摄影展。1978年，我们与馆长弗雷德·利希特（Fred Licht）和韦曼·威廉姆斯共同举办了一次名为"克里斯蒂安·梅恩的桥梁"展；1980年，新馆长艾伦·罗森鲍姆（Alan Rosenbaum）和韦曼·威廉姆斯又举办了"结构艺术家海因茨·伊斯勒"展，这两次展览都反映了马亚尔对当代瑞士桥梁与建筑工程设计人员的巨大影响力。

在我把马亚尔资料的复印件带到普林斯顿马亚尔档案室的同时，布卢默尔-马亚尔夫人正在苏黎世联邦理工学院（ETH）筹建马亚尔档案馆。如今，马亚尔1920年后在日内瓦和伯尔尼事务所的大部分原始图纸和计算报告都保存在这家苏黎世档案馆内，并由贝亚特·格劳斯（Beat Glaus）博士和克莱门特·雷加西（Clemente Regassi）先生进行收集与编目。到了1990年，位于苏黎世的设计博物馆（Museum für Gestaltung）再次举办了一个关于马亚尔的大型展览及其后续的欧洲巡展。

公众对马亚尔的关注高潮出现在1991年8月21日，当时的美国土木工程师协会（ASCE）主席詹姆斯·E.索耶（James E. Sawyer）和布卢默尔-马亚尔夫人共同为萨尔基那山谷大桥被指定为国际土木工程历史古迹（International Historic Civil Engineering Landmark）而揭牌。作为瑞士联邦成立700周年庆典的一部分，在马亚尔日的活动中，人们将他设计于荒野上的作品与其他12件地标性建筑，包括埃菲尔铁塔、苏格兰福斯桥和巴拿马运河相提并论。那一天，沿着通向遥远阿尔卑斯山的单行道，我们从兰德夸特（Landquart）河谷出发进行了一次瞻仰之旅；对于每一位想要深刻理解马亚尔生活和作品主题的人，这样的朝圣之旅都是必不可少的：在这纷繁的世界里，当设计是由高度理性、知识渊博的工程师所完成时，其必然可以在厉行节约公共资金的同时，实现实用性与艺术性的完美结合。

致 谢

正如序言所表明的那样，玛丽-克莱尔·布卢默尔-马亚尔是这部传记能够付梓的关键，而她的丈夫爱德华·布卢默尔则在收集资料、组织记录以及陪同我查阅档案方面发挥了重要作用。他对马亚尔传记的热情，一贯的幽默感，以及他用各种欧洲语言与人沟通的能力，都让我感到与布卢默尔先生相处格外愉快，受益匪浅。他们的女儿玛丽-克莱尔和女婿约翰·库尼贝蒂（John Cuniberti）也帮了大忙，特别是在日内瓦对我们热情的款待，并在那里让我接触到了有关马亚尔的作品和资料。

在1974年，当我和女儿简一起寻找更多马亚尔作品时，有幸在马赛拜会了勒内（René）·马亚尔，当时他很高兴地向我们回忆起他父亲的许多往事，并对这些旧闻提出了个人看法。1993年，勒内的孙子劳伦特（Laurent）·马亚尔在普林斯顿大学对萨尔基那山谷大桥进行了3个月的研究，从而为他曾祖父最著名的设计增添了新见解。我也很感激马亚尔的长子长孙罗伯特·马亚尔（与祖父同名），因为他也提供了关于祖父的许多文件。总而言之，马亚尔一家始终向我敞开大门，毫无保留地帮助我，他们所做的一切令我感到无限荣幸。

除了马亚尔一家人之外，克里斯蒂安·梅恩的帮助对这项研究同样至关重要。作为瑞士健在的最杰出桥梁设计师，也是继马亚尔之后20世纪最著名的混凝土桥梁设计大师，梅恩不仅帮我敲开了各家桥梁工程事务所和分散于瑞士小国的州立档案馆的大门，而且更为重要的是，如果了解了他本人、他的工作以及他的想法，我也就能更加接近马亚尔的思想。另外，梅恩教授还为我在瑞士提供了实质性的财政支持和相关经费，并确保了我在苏黎世联邦理工学院客座教授的职位。海因茨·伊斯勒是另一位瑞士现今在职的结构艺术家，他直接给予了我在瑞士伯尔尼州人力和物力方面的帮助，另外，通过伊斯勒对自己作品的解释，间接地加深了我对马亚尔及梅恩的了解，因为这些作品有着相似的内在价值。他的妻子玛丽亚·伊斯勒（Maria Isler）是我瑞士之旅的一位出色向导和同事。

其他四位瑞士工程师都与马亚尔有联系，这对我深刻理解马亚尔的作品和职业生涯起到了非同一般的帮助。已故的恩斯特·施泰特勒（Ernst Stettler）从20世纪20年代末便开始一直担任马亚尔伯尔尼事务所的总工程师，直到去世后才由年轻人接班。施泰特勒发表的一些回忆或思考性文章提供了对马亚尔设计活动和其在20世纪30年代伯尔尼生活的第一手资料。同样地，马塞尔·福尔内罗德（Marcel Fornerod）的回忆也描绘出了20世纪30年代早期马亚尔在苏黎世工作的画面；在美国，福尔内罗德是一位备受尊敬的工程师，早在熟悉马亚尔之前，我就结识了福尔内罗德，在1972年的研讨会后他给我写信，告诉我40年前他在瑞士与马亚尔合作的往事。皮埃尔·特朗布莱（Pierre Tremblet）是马亚尔日内瓦事务所的继任领导人，他让我查阅了相关档案，并非常友好地将档案的副本寄到了普林斯顿档案馆，而原件则始终存放在苏黎世联邦理工学院档案馆内。四人中的最后一位汉斯皮特·贝尔内（Hanspeter Bernet）为我提供了大量其在伯尔尼的档案资料，并在当地热情地招待了我们；在施泰特勒退休之后，接管马亚尔事务所的人正是贝尔内。另外，瑞士水泥、石灰与和石膏制造商协会（Swiss Society of Cement, Chalk and Gypsum Manufacturers）的高管汉斯·艾肯伯格（Hans Eichenberger）博士为我们提供了资金帮助，并与助手库尔特·米勒（Kurt Müller）共同为我们提供了许多有关瑞士混凝土结构的宝贵指导。

20世纪70年代中期，我给马亚尔事务所的很多前雇员都写了信。令我吃惊的是，其中一位给我回信的卡尔·莱尔（Karl Lehr）老先生竟然和我近在咫尺，从他居住的新泽西海岸到普林斯顿只有一个小时的车程。于是，接到回信后我立即去看他，在与这位虚弱的老人进行了一次友好长谈后我才知道：他是当时尚且健在的唯一一位与马亚尔在俄罗斯工作过的人，这让我获得了对马亚尔人生早期的宝贵回忆。另外，我还有幸找到了汉斯·克鲁克（Hans Kruck），一位终生只为马亚尔工作的建筑师，他20世纪70年代末生活在苏黎世，在那里，我们进行了几次促膝长谈。多亏了他女儿的帮助，我才得到了另外一些重要回忆内容。同样，马亚尔20年代的设计竞争对手弗里茨·施蒂西（Fritz Stüssi）教授在巴赫（Bach，德国地名）的家里热情接待了我们，给予我对马亚尔的不同看法，还寄给我了一整套第一次世界大战前马亚尔的授课讲稿，这些资料来自苏黎世联邦理工学院的学生汉斯·米斯巴赫（Hans Misbach）的听课笔记。

瑞士著名建筑师阿尔弗雷德·罗斯（Alfred Roth）慷慨地与我分享了他关于马亚尔的回忆。文岑茨·洛辛格（Vinzenz Losinger）从他的公司档案中寄给我许多相关照片和材料。我也深切地感谢已故的马克斯·比尔，感谢他那些有关马亚尔的开创性文章，感谢他那两次令人鼓舞的主题演讲：一次是在1972年普林斯顿举行的座谈会上，另一次则是在1990年于苏黎世举行的马亚尔展览开幕式上。同样，任何关注马亚尔的人都应该感谢西格弗里德·吉迪恩，他早期对马亚尔作为一个艺术家的深刻解理显示出了他过人的洞察力，另外，他还协办了1947年纽约现代艺术博物馆的马亚尔展。

许多瑞士朋友为我的研究提供了无私帮助。首先一位便是苏黎世联邦理工学院的档案管理员阿尔文·E.耶格利（Alvin E. Jaeggli），而他的继任者贝亚特·格劳斯博士更是功不可没，在他那里，我不仅得到了资料，还得到了友谊与保贵的建议。格劳斯的助手克莱门特·雷加西为苏黎世的马亚尔档案馆制作了一份精美目录，这对我帮助很大。另外，很多瑞士的工程师都与我分享了他们的宝贵资料：圣加仑市（St.Gallen）的莱塔和伯施、库尔市（Chur）的施坦普夫和楚丁、雷蒂亚铁路公司（Rhätische Bahn）的工程师施伦普夫、苏黎世的工程师希尔特与施塔尔登先生以及阿尔高州（Aargau）的工程师E.沃伊沃德，正是沃伊沃德陪同我到了位于阿尔堡（Aarburg）、莱茵费尔登（Rheinfelden）、劳芬堡（Laufenburg）和阿劳（Aarau）的档案馆。另外，R.法夫尔教授关于阿尔堡桥和楚奥茨桥的论述及其修复设计令我受益匪浅。其他帮助过我的人还包括：比耶尔 - 阿普勒 - 莫尔日铁路公司（Bière-Apple-Morges Railway）的B.若特朗和洛辛格公司的M.马斯哈德，E.格鲁纳也为我写了一篇关于劳芬堡大桥记忆的文章；还有苏黎世联邦理工学院校友会的玛格丽特·齐格瑞斯特、苏黎世仓储公司的沃尔特·迈尔汉斯、圣加仑市公共工程局的乌尔里希·巴勒尔和伯尔尼议会的安德烈亚斯·冯·沃尔德基奇也提供了帮助。

在此还应特别感谢苏黎世联邦理工学院的前任校长汉斯·奥里（Hans Hauri）教授，除了一些建议外，他还为我安排并录制了一次采访，采访对象是卡尔·霍法克教授。霍法克以前是马克斯·里特尔（Max Ritter）教授的助手，而后者恰恰是马亚尔在联邦理工学院最尖锐的批判者。霍法克教授让我看到了马亚尔的另一面。曾就职于联邦理工学院、现任理海大学（Lehigh University）教授的汤姆·彼得斯是我在马亚尔研究过程中的得力帮手。另外，通过布卢默尔 - 马亚尔夫人引见，我还会晤了穆奇小姐，她从20世纪30年代起便与马亚尔关系密切。

这本书的主要经济支持来自由哈罗德·坎农领导的国家人文科学基金研究项目和由罗纳德·奥弗曼领导的国家科学基金会的历史和哲学计划。罗伯特·马克和我得到了国家人文基金会、福特基金会和洛克菲勒基金会、安德鲁·W.梅隆基金会和阿尔弗雷德·P.斯隆基金会的赠款,所有这些都为这本书的研究提供了帮助。这本书尤其受益于国家艺术基金会的两笔赠款,尤其是来自托马斯·凯恩的鼓励。另外,还应感谢阿尔弗雷德·P.斯隆基金会的一系列资助,其倡导的新文科计划,旨在提高文科学生的工程学素养;在此,我还要特别感谢斯隆基金会的前总裁、已故的阿尔伯特·雷斯,以及项目官员塞缪尔·戈尔德贝格。

在普林斯顿,许多同事为这项研究做出了贡献,尤其是我的学术导师诺曼·索伦伯格和亲密同事罗伯特·马克。在这个项目的头几年里,现就职于康奈尔大学的约翰·阿贝尔扮演着重要角色,他是马亚尔研讨会及其出版物的编辑与协调人。接替索伦伯格担任土木工程系主任的艾哈迈特·卡吉马克非常支持我的工作,鼓励我发表了早期的研究成果,并敦促我利用这些资料去开设一门新课程。已故的建筑历史学教授唐纳德·艾格伯特在1969年休假期间给过我许多建议,传授了我撰写历史的笔触。弗拉诺瓦·布彻(Frarnois Bucher)和肯尼斯·弗兰姆普敦(Kenneth Frampton)也给予了我极大帮助:布彻早在1968年就开始为我们收集相关于瑞士材料;肯尼斯·弗兰姆普敦则向我展示了如何在艺术、建筑和工程之间建立联系。另外,已故的威廉·谢尔曼也曾不断地帮助我理解艺术、建筑和工程之间的关系,而且,还亲自为我们的艺术展绘制了马亚尔桥梁的精美画作。

已故的哥伦比亚大学教授乔治·柯林斯根据我们的建议写了一篇关于马亚尔与现代艺术的文章,我认为这是有史以来最具洞察力的作品。一直以来,柯林斯都是我的人生向导和朋友。美国土木工程领域的先驱历史学家卡尔·康迪特也为我们的工作带来了灵感;而现职于明尼苏达大学、杰出的技术史学家埃德温·莱顿则是我们工程界的老前辈;第三位科学技术史的重量级人物当属麻省理工学院的梅里特·罗·史密斯,他审读了本传记的初稿,并给出了令人折服的建议和不断的鼓励。

已故的迈伦·戈德史密斯既是建筑师又是工程师。他从未停止对我的激励,他对马亚尔的巨大热情一直都支持着我进行这项研究工作。他在SOM设计事务所的同事、已故的法兹勒·汗也是一位马亚尔的拥趸,汗本人以及戈德史密斯的设计作品都使我感受到了马亚尔的传承。像法兹勒·汗和梅恩一样,墨西哥的天才结构艺术家费利克斯·坎德拉曾写过一篇有关马亚尔风格的文章,并通过文中那些生动的言语使我建立了对结构设计的基本观念。

没有人比J.韦曼·威廉姆斯能在专业方面给予我更多的帮助。这种帮助来自他的能力,这包括了他带有批判性的判断力、良好的工程直觉、天才般的策展能力、高超的教学幻灯片组织制作水平以及收集整理各类相关资料的本领;而他的妻子佩蒂还进行了本书的文字录入工作。另外,让·卡鲁西、塞尔玛·基思、苏珊·克里利、迪亚兹和莉莉·洛琳也帮助录入了部分章节。我的现任秘书凯西·波斯内特敲完了本书的最终版本,并在其他许多方面确保着这项传记研究工作的顺利运行。普林斯顿工程分馆的前图书管理员迪伊·赫勒也为我提供了长期帮助。

在整个马亚尔项目运作期间,我很幸运有一批优秀学生担当研究助理,其中包括,为1972年研讨会服务的彼得·科尔,还有帮我查阅笔记,更正德语的以下朋友:大卫·兰姆、艾伦·梁、马克·赫伦、肯特·史密斯、罗伯特·舒洛克、迈克尔·海恩、尼尔·豪克、保罗·戈夫罗、斯科特·汉特、罗纳德·韦克菲尔德、克里斯朵夫·佩克、罗斯玛丽亚·塞科达、约翰·马泰奥、凯伦·米利希、罗杰·海特、尼古拉斯·爱德华、苏珊·里昂以及埃里克·海因斯。拜伦·派普斯则是首位让我把注意力放在马亚尔剪切中心发现上的人。马克·雷德、克拉克·费尔诺恩和科林·雷普利（Colin Ripley）为本书绘制了许多精美插图。詹姆斯·邱功不可没，他主动整理了马亚尔日内瓦档案资料的副本，并为普林斯顿大学马亚尔档案室的成立立下汗马功劳。

在本项目的早期阶段，《罗伯特·马亚尔之桥：工程的艺术》一书的编辑爱德华·特纳给予了我许多帮助。在本书编写的关键时期，我的弟媳琳恩·比林顿替我进行了认真校对并仔细重新录入了文稿。1990年到1994年，维多利亚·纽豪斯成了本传记的责任编辑，她再次对内容进行了必要的修改，并最终使该书成形。当时，还有些悬而未决的问题，于是，她敦促我联系麻省理工学院建筑学教授斯坦福·安德森，后者在1994年年底给予了我很大的帮助。随后，剑桥大学出版社的比阿特丽斯·雷尔就接任了本书的责任编辑，并提供了必要建议及使其付梓。欧尼·海姆对这本书的装帧设计贡献巨大；同时，我也很感激布鲁诺·曼恰和弗兰齐斯卡·博德默尔·曼恰拍摄的很多精彩照片。

最后，也是最重要的，我的家人不仅一直给予了我巨大的支持，而且还积极参与了这个项目的研究和写作。长期以来，弟弟吉姆都是我学术诚信和学术研究的榜样。每次的书稿修改，他都认真阅读，并对许多主题提出尖锐意见。我的每个孩子都曾和我一道去过马亚尔曾经工作或生活过的地方，我们经常一起查找资料，并做出一些关键修改，也因此建立起了同学般的友谊。在这些孩子中最年轻的莎拉，已经成为一名优秀的结构工程师，并且已经和我合作过两个写作项目，她在苏黎世联邦理工学院师从克里斯蒂安·梅恩，并与布卢默尔-马亚尔夫人关系密切。1987年，我们夫妻同我们的两个儿子斯蒂芬和菲利普曾一起在瑞士旅行，他们二人都是艺术家而非工程师，因此他们对马亚尔的设计作品反应敏锐，并常常对瑞士的人文自然环境有一种戏剧感受，这里牛羊遍野、语言众多、山谷交错。我的女儿简现在是一名教师，她在1974年发现了许多小桥；我的大女儿伊丽莎白也是一位艺术家，我的大儿子戴维则是一位历史学家，他们在1975年和爱德华·布卢默尔一起帮我搜集马亚尔的档案资料。在国外，特别是瑞士的农村地区实地考察期间，简和伊丽莎白的帮助对我的情绪稳定都至关重要。

当这个研究项目已近尾声时，它是否能够被认可仍旧无法确定。那时，戴维阅读了我的整个手稿，并看出了那个曾经闪过我脑中的中心议题，于是他起草了本书的前言，这部分内容基本上保持了原貌；然后，我又进行了最终修订，从而形成了这书现在的样子。戴维那些清晰见解和丰富的历史想象力是对我最大的支持，另外，他还高水平地为本传记编写了索引。

这本传记理应献给玛丽-克莱尔·布卢默尔-马亚尔。没有她的合作，我就不会尝试着从事这项学术研究。虽然本书的最终结论取决于我并带有些许局限性，然而她对她父亲的推崇和对我研究与写作的帮助却一直持续了25年之久。

从内心深处讲，我所有的工作都是献给妻子菲莉丝的最好礼物。每当我提笔写作时，她的钢琴声便会萦绕在我的耳边。菲莉丝管理着一个大家庭以及像我这样一个不修边幅的教授，她令我们的生活成为艺术性与实用性相结合的典范。

戴维·P. 比林顿
美国新泽西州普林斯顿大学
1996年9月12日

罗伯特·马亚尔

绪 论

罗伯特·马亚尔的生活和工作经历充斥着20世纪技术社会的矛盾性议题：应用科学观与工程设计观之争，在"单一最佳方式"与多种可能最佳方式的设计理念之间，以及在如何理解工程作品这个问题上，是应当运用一般的数学原理，还是依赖从某些在役工程上获得的灵感。

马亚尔的人生是一场持续不断的工程设计观与应用科学观的斗争。这两种相互抵触的论点产生出了截然不同的教育、研究和工程实践方法。这些差异反过来又印证了存在于现代技术社会本身中的更广泛分歧：一种观点认为，基于技术自身的要求，技术社会就应该有一个集中的合理规划和中央权威；而另一种观点则认为，技术和现代技术社会必须去中心化，其应当是局部的、分散的和具有高度选择权的。马亚尔能够在瑞士完成的设计作品，如果放在了那些面积更大、权力更为集中的欧洲国家里，也许就难以实现或变成不可能完成的任务了。

在20世纪上半叶，没有哪个结构工程师可以像马亚尔那样充分参与到对现代技术真正意义上的争论中。他劝诫并公开抨击出现于工科院校的应用科学教育模式，这些学校简直就与他自己所在苏黎世学校如出一辙。他言词激烈地在书面反对应用科学研究，他率先从事创意研究与设计，并采取了一种与被应用科学观诱导的权威和同行团体背道而驰的方式。

在马亚尔自己的结构工程领域内，应用科学观者把教育看作是用抽象的图表和代数公式去说明基本原理、一般理论和基本数学方法的教学过程。而马亚尔本人则因截然不同的受教育经历而形成了自己的理念，即原理应该通过实际结构的具体实例来阐明，分析方法更应该是直观的。后来，他在授课时便沿用了这些原则。

在研究领域里，采用应用科学方法的结构工程师试图通过在受控的实验条件下对结构构件（如梁、柱、节点）进行系统研究，从而发现其中的一般性原理。他们的目标是根据研究结果来制定用于指导工程实践的规范，在这一过程中，混凝土结构的性能指标采用的是由复杂数学理论所确定的"应力"（单位面积的力）概念。马亚尔强烈反对这种抽象的还原论，相反，他的研究对象往往是实际结构的大比例缩尺模型或直接的在役结构。马亚尔的目标是要了解实际使用条件下的具体结构形式，以便进一步建立简化但真实的安全计算。

马亚尔甚至对应用科学的实践观提出了更深层次的异议：它阻碍了真正的创新。他发现创意，特别是桥梁设计中的创意，不是来自实验室或数学理论，而是来自设计事务所和施工工地。虽然数字在工程中起着至关重要的作用，但是桥梁设计的创新是视觉几何想象的产物，不是抽象数值的研究结果，也不是一般性理论的产物。

马亚尔的结构整体理念开始于几何概念，进而才是为使其正常工作而开展的必要计算。为了设计一座桥梁,工程师必须想象荷载会如何顺利地从桥跨中央转移至两端的支座,桥梁的结构将如何施工建造以及它在使用中的样子。由于这三个方面是相互独立的,所以设计工作往往也就因此而变得复杂化了。大多数工程师只会通过接受一种已知安全的、并被反复使用过的标准建筑构造来传递荷载;相反,高水平的结构工程师则能够将以上三个方面融会贯通。要做到这一点,他们必须依赖"简化计算"(simplified calculation)。这种计算并非一味地追求简化而显得不严格或不精确;相反,它们只不过是处理结构问题的另外一种方式,一种形象化的、数字化的、几何化的方式,而不是完全的数学计算,这将是一种新的设计形式。

或许,简化计算可以更准确地称为适合于所研究形式的"概念运算"(conceptual computation),而不是通过一般性理论所进行的具体计算。然而,这种计算也不仅限于设计初期;相反,优秀的设计师将始终利用概念去指导设计,并将其作为唯一的途径。通常,结构设计的决定性因素是所选择的结构形式,不同的选择意味着不同类型的工程师:一种是只承认传统形式并依赖于一般理论,另一种则会质疑这些传统形式并力图找到具体的概念计算过程。

以应用科学的视角来看,工程实践仅仅是通过理论寻找最佳解决方案的工作过程,其价值在于实现满足建筑规范限制的最廉价结构。然而在上述过程中,其美学表现要么被忽视,要么就是被形容成"最经济就是最优雅";当然,如果你想要更美,那么,建筑师则可以通过装饰来实现美或通过装饰去掩盖丑。对马亚尔来说,上述方式的外表简直就是一种诅咒;他认为,形象既是工程师的责任,也是优秀设计的考核标准之一。

20世纪20年代后期,一些作家普遍认为工程作品可以是建筑和雕塑形式的艺术品。像西格弗里德·吉迪恩这样的作家,早在20世纪30年代初就慧眼识出了马亚尔,并开始在现代主义期刊上发表他的结构设计图片。这些作家意识到,现代技术正在从根本上改变文化,他们正在寻找着结合现代设计和优雅外观于一身的工程范例。

马亚尔的设计思想当然与这些作家毫无关系,尽管他也确实阅读过其中的一些文章。马亚尔的工程观有着完全不同的起始点:一是结构工程的自身本质;二是在将荷载传递至地面的过程中,钢筋混凝土形式的传力几何图形。伴随着马亚尔上述理念的形成,相当多的结构工程师也已经意识到:优美的外观可能源于力的传递模式,源于结构本身,而不是美的外在观念。

马亚尔的作品超越了当时结构工程师的职责范围,他竭尽全力地去激发自己的视觉表现,以至于这样的审美动机让我们不得不称其为结构艺术家。然而,他却并不认为自己是艺术家,也从来没有使用过这个词。他对当代艺术潮流兴趣不大。从某种意义上说,他并非一位现代主义者眼中的艺术家。的确,马亚尔只是一位具备审美意识的现代人物,这种美被赋予了现代世界的特征,植根于现代世界的工程。

第1章

学生与设计师

（1872-1901）

文化融合：伯尔尼与苏黎世

比利时与德国 - 瑞士

19世纪后半叶，培养未来桥梁工程师的理想摇篮无疑当属瑞士的伯尔尼，因为这里的环境会立刻激发出桥梁设计师的想象力。与日内瓦、巴塞尔和苏黎世不同，伯尔尼在运输和贸易上并不处于战略位置，恰恰相反，由于它位于阿勒（Aare）河一个急转弯的正上方，于是便成了一座防守要塞的理想所在，最后一位策林根（Zähringen）公爵于1191年建立了这座堡垒[1]。在1844年之前，这个自然的、孤立的半岛几乎没有一座像样的桥梁。即便到了今天，伯尔尼旧城仍然给人一种要塞的感觉。正是在这里的1872年2月6日，罗伯特·马亚尔出生了。

他的母亲贝尔塔·库普费尔·马亚尔（Bertha Küpfer Maillart，1842-1932，图1）是德国瑞士混血儿，而他的父亲埃德蒙·马亚尔（Edmond Maillart，1834-1874，图2）则是一位比利时人。罗伯特是六个孩子中的第五个，前三个出生在讲法语的日内瓦，后三个出生在讲德语的伯尔尼。因此马亚尔一家在文化上是多元的：一部分来自瑞士本土家庭（库普费尔家族），一部分来自流离失所的比利时家庭（马亚尔家族）。罗伯特于1886年成为瑞士公民。他的曾祖父菲利普·约瑟夫·马亚尔（Phillipe Joseph Maillart，1764-1856）是一位著名的雕塑家和画家[2]。

库普费尔家族和马亚尔家族都是加尔文教徒（Calvinists），这种严格的新教背景很可能是罗伯特·马亚尔非凡自律品行的部分原因。罗伯特的父亲在瑞士的法语地区长大，年轻时开始学习神学，大概是想当牧师，但是因为语言障碍则最终进入了银行业。1864年5月21日，他与伯尔尼的贝尔塔·库普费尔结婚，夫妻俩在日内瓦定居。在他们的第三个孩子出生后不久，全家便搬到了伯尔尼；在那里，又降生了包括罗伯特在内的另外三个孩子。在马克西米利安（Maximilian）出生仅仅七个月后，父亲埃德蒙就突然去世了（1874年4月24日），留下他的遗孀和五个小孩（其中一个女孩已于1873年去世）以及一点钱。父亲去世的时候罗伯特才两岁，因此他对自己的父亲毫无印象。

库普费尔是一个古老而著名的伯尔尼资产阶级家族；贝尔塔的祖辈可以追溯到1550年大伯尔尼的市政委员约翰内斯·库普费尔（Johannes Küpfer）[3]。她的许多亲戚非富即贵，其中不乏部长和商人，贝尔塔父亲的一位堂兄路德维希（Ludwig，1803-1879）还是伯尔尼州的建筑师。虽然贝尔塔只有一个姊妹，但却生长在大家庭里，姑姑、舅舅和堂兄弟始终围绕在身边，以至于当第五个孩子罗伯特受洗时，三位教父教母都是她的家族成员。而丈夫埃德蒙去世后，虽然贝尔塔也变得穷困潦倒，但却还是得到了家族中一位姑妈的

图1 罗伯特·马亚尔的母亲，贝尔塔·马亚尔（1842-1932，资料来源：M.-C. 布卢默尔-马亚尔夫人）

图2 罗伯特·马亚尔的父亲，爱德蒙·马亚尔（1834-1874，资料来源：M.-C. 布卢默尔-马亚尔夫人）

经济资助[4]。

　　罗伯特·马亚尔父亲的母语是法语，而他的母亲说德语；生活中，夫妇通常用法语交谈。罗伯特选择了德语作为自己的母语，这是因为他总是与母亲交谈甚欢。母亲是他的知己，从孩提时代起，罗伯特就对妈妈特别尊重，这也极大地减少了他很多孩子气的不良行为。当看到大哥保罗的不良行为惹得贝尔塔伤心时，罗伯特也感到非常沮丧，所以在很小的时候，他就下定决心不让自己对母亲再造成类似的冒犯。

　　在18世纪之前，伯尔尼一直都是个帝王之都，其领导人皆是通过武力征服了周围的领土。虽然现代的瑞士已经没有了世袭贵族，然而，那些伯尔尼的征服者家族姓氏却增加了一个象征贵族的前缀"冯"（von）。这些所谓贵族的专横跋扈促使库普费尔家族支持了1749年那次失败的叛乱[5]。另一方面，早在988年，马亚尔家族的名字便出现在了列日（Liège）地区的地方志中了。到了1017年，为了取得列日地区的主教职位，让·科莱（Jean Coley），绰号"马亚尔"，指挥着一只胜利之师，然而自己却在战斗中失明了。后来，这个事件被认为是法国版"捉迷藏"游戏的起源，在法语中被称为"Colin Maillard"。战斗中的失明让这位马亚尔既失去了社会地位也失去了家庭财富，长大后的他们觉得自己生活在瑞士社会的边缘，他和弟兄们只能依靠过去的功勋混口饭吃，并且也都只能娶非瑞士籍的女性为伴。

图3 马亚尔的全家福，大约于1884年，从左向右分别为：阿尔弗雷德（Alfred）、贝尔塔、罗莎（Rosa）、保罗（Paul）、马克斯（Max）和罗伯特（资料来源：M.-C. 布卢默尔 - 马亚尔夫人）

显然罗伯特·马亚尔继承了母亲稳定的情绪和自主的性格，但对自己的父亲却知之甚少。虽然没有可靠的文字记载，但这个家族里却流传着一种说法：埃德蒙·马亚尔的银行合伙人通过某些可疑的做法导致了埃德蒙的破产，而这一事件可能就是导致他英年早逝的主要原因。

游戏与规则

罗伯特·马亚尔好像天生便是一个性格专注甚至是痴迷的人，他对工作和家庭都十分投入。他对表演和视觉艺术漠不关心，除了与职业有关的文学作品外也很少阅读，对旅游和业余爱好更是没什么兴趣。唯一与这种专心致志不相符的就是他对一些家庭娱乐活动的热衷，不过很快也就仅限于纸牌游戏了。纸牌游戏之所以能够吸引马亚尔，是因为这种玩儿法代表了"纪律"和"游戏"的结合：其中的纪律是规则所代表的，其中的"游戏"或者自由则是被规则所允许的。

荷兰历史学家约翰·赫伊津哈（Johan Huizinga, 1872-1944）在其著作《游戏的人》（Homo Ludens）中，将玩家的文化意义提升到了"知"与"造"的高度。赫伊津哈对游戏的描述恰好符合马亚尔的态度："游戏创造出规则，明明白白的规则，无论对其多么小的偏离都是对游戏的破坏，剥夺了它的特性，使它毫无价值。游戏与规则之间的密切关系大概正是进行游戏的原因，似乎这种关系在很大程度上也能够延伸到美学领域，因为玩的过程就是审美的过程，栩栩如生的游戏画面体现出了美学的方方面面，或许创造有序形式的冲动正是审美的结果。[6]"马亚尔的事业将会以必须遵守自然法则的结构为中心，但那些法则也允许源自审美灵感的创意新形式。

马亚尔对游戏的热爱似乎都体现在他早年对国际象棋的兴趣上了。他对下棋的认真就如同人生追求一样，都写在了他那本精美且翔实的小册子上：这本杂志印制于 1888 到 1889 年间，内容是当年青少年国际象棋俱乐部的逸闻趣事，他在俱乐部的正式职务是秘书，当然也许还包括主席、财务总管、编辑或记事员。这本小册子清楚地告诉了我们当时俱乐部里 13 个年轻人的名字以及他们对局的得失记录，罗伯特始终都是获胜最多的人；另外，他也感叹道，大多数俱乐部成员对比赛的重视程度不足 [7]。当然，马亚尔发表于这本杂志上的一些文章也不乏幽默感。在一张早期的家庭照片中，只有他嘴角流露出了淡淡的微笑，仿佛预示着日后生活的快乐。（图 3 最右侧）

在国际象棋俱乐部里，有很多年轻队员都曾经是伯尔尼的名门望族，比如冯·梅（von May）和冯·恰纳（von Tscharner），这或许能够揭示出马亚尔成长的社会背景。通过亲密的棋友弗里茨·维德曼（Fritz Widmann，1869-1937），马亚尔与伯尔尼的艺术和学术精英们保持着一些联系；维德曼后来成为了画家，并且也是赫尔曼·黑塞（Herman Hesse）和保罗·克利（Paul Klee）的朋友 [8]。然而，马亚尔从未觉得与这些社会名流或艺术家相处会轻松自如；在渡过了他们伯尔尼的童年友谊生活之后，马亚尔的身边便很少能够再看到维德曼的影子 [9]。

在 1885 到 1889 年间，马亚尔参加了伯尔尼的大学预科班，在那里，他显现出了数学和绘画方面的天赋。无论手绘草图还是技术制图，他都能驾轻就熟。1889 年，他以 4.8 分（满分 6 分）的成绩通过了国家考试 [10]，从而有资格进入苏黎世联邦理工学院学习工程专业，然而却由于年龄过小，不符合录取条件，便只好辗转去了日内瓦，在一家钟表制造学校进修了一年的机械学。

这次日内瓦的经历为他的才华做出了一个重要的铺垫：他的实践环节（钟表制作）得了 4 分（满分 6 分），而设计和机械课程考试得了 6 分 [11]。显然，马亚尔的天赋不在于亲手制作东西，而在于设计和分析这些东西的工作原理。

伴随着日内瓦学习生活的结束，1890 年秋天，马亚尔又回到苏黎世并进入了已有 35 年历史的苏黎世联邦理工学院。这个年轻人带着家庭的重托，虽有着严苛的教养，却不乏独立的思考精神。他渴望着将自己的思想或创意体现在职业、品行和信仰里，因为这些创意是否来源于他自己的人生储备的思想还没有经过测试或讨论。

苏黎世工程：瑞士合成

马亚尔以良好的数学和科学功底进入了联邦理工学院学习，在那里，他接受了 4 年最优质的结构工程专业训练。在 19 世纪 90 年代，这所学院已经举世闻名，并且吸引了大批外国学生，当然也培养出了更多的瑞士学生，以至于这个小国已无法容纳如此之多的人才。自 1855 年成立以来，这所学院一直保持着卡尔·库尔曼（Carl Culmann，1812-1881）和卡尔·威廉·里特（Karl Wilhelm Ritter 1847-1906）这两位杰出教师所倡导的高标准要求。从后者来看，马亚尔学会了用设计而非应用科学的观点来看待结构问题。

在苏黎世联邦理工学院的首次任命名单中，以下四人或许在其各自领域内的学术水平最高：土木工程师卡尔·库尔曼（图 4）、建筑师戈特弗里德·森佩尔（Gottfried Semper，1803-1879）、物理学家鲁道夫·克劳修斯（Rudolf Clausius，1822-1888）和历史学家雅各布·布克哈特（Jacob Burckhardt，1818-1897）[12]。随着工程专业在 19 世纪高等教育中的地位日益突出，森佩尔和库尔曼两人之间的不同也标示出建筑界和工程界之间的差别。森佩尔（图 5）从事建筑设计的实践工作：修建于 1858-1864 年间的学院第一座教学主楼（图 6）便出自他的手笔，另外，森佩尔还写过很

图4 卡尔·库尔曼（1821-1881），苏黎世联邦理工学院土木工程系的创系主任（资料来源：《苏黎世联邦理工学院纪念文集》，第1卷）

图5 戈特弗里德·森佩尔（1803-1879），苏黎世联邦理工学院建筑系的创系主任（资料来源：《苏黎世联邦理工学院纪念文集》，第1卷）

图6 苏黎世联邦理工学院（资料来源：《苏黎世联邦理工学院纪念文集》，第2卷，第328页）

多关于艺术和建筑学的文章，并在政治上也很活跃，他参与了1849年的德累斯顿革命，担任皇家学院包舒尔分校校长，并最终也因为如此这般的履历而被迫流亡到了伦敦。而正是他在德累斯顿、流亡到苏黎世的朋友理查德·瓦格纳（Richard Wagner）推荐他担任了在那里的校长职位，并于1855年正式上任。

相比之下，库尔曼在来到苏黎世之后便没再干过有关工程设计的工作，而是担任从山洪泛滥到桥梁建造等技术问题的顾问。他写的文章也不像艺术学科那样容易理解，而是面向结构分析的专业领域，另外，库尔曼对政治几乎没有兴趣。库尔曼的正式肖像出现在《苏黎世联邦理工学院50周年庆典》一书中，他是一位穿着黑色西服、打着正式领结的严肃中年男子，而森佩尔的肖像中他则披上了有貂皮领的斗篷：一边是踏实而保守的工程师；另一边则是时尚且激进的建筑师。

极具影响力的现代瑞士桥梁传统始于库尔曼。库尔曼出生于德国巴伐利亚州，在法国梅斯（Metz）学习了法国图形分析，1841年从卡尔斯鲁厄理工学院（Karlsruhe Polytechnic Institute）获得了德国工程专业文凭，之后在巴伐利亚州铁路公司工作，直到1855年被邀请到苏黎世[13]。除了获得在德国铁路繁荣初期建造的铁路桥梁的第一手实地经验之外，库尔曼还对其他地方的最新已建结构颇感兴趣。在1849-1850年间，他到英国和美国进行了为期两年的旅行，以研究它们更先进的桥梁和铁路技术。当时，英国仍然是最领先的工业化国家，其桥梁设计代表着19世纪中叶的最佳水平。然而，美国正在迅速追赶，并将很快主导桥梁创新。美国最好的桥梁工程师中有许多在德国受过训练，但他们拒绝了德国的教条主义。其中，最有名的设计师约翰·勒林（John Roehling）就对此直言不讳并非常喜欢瑞士风格，他的伟大作品结合了来自德国（他在柏林的教育）和法国（悬索桥上的平行钢索）的创意。库尔曼此行的结果是一份内容翔实的调查报告[14]。库尔曼是一位先驱，甚至可能是第一位进行长时间考察以拓宽视野而不是发展对外商业联系的欧洲结构专业教授。

库尔曼也开始详细研究结构工程方法。在早年的教学生涯中，他就开始将这些研究系统化。1866年，他将研究成果转化为《图解静力学》（Graphic Statics）这本名著，它可能是当时该领域最具影响力的著作[15]。他的基本思想是通过几何图形而不是代数公式来演示结构行为。"绘图是工程师的语言，"他过去常说，"几何的思维方式就是事物本身的一种态度，因此也是最自然的方式；虽然解析的方法可能很优雅，但是研究对象却隐藏在不熟悉的符号背后。[16]"通过图解的方式，库尔曼向我们揭示出了自然环境中人造结构体系的二维现实感。

在苏黎世，他创立了一套基于第一手现场经验的设计方法，这是一种具有国际视野的可视化几何方法，与当时主流的工程专业教师所采用的代数方法形成了鲜明对比。然而，由于这是一种非正统方法，因此，如果不是卡尔·威廉·里特尔在1882年被选中接替了他的职位，库尔曼的影响力就可能无法延伸到20世纪。

里特尔与桥：马亚尔和阿曼

威廉·里特尔（他很早便放弃了使用卡尔的名字）曾是库尔曼最好的学生。库尔曼的讲座虽然鼓舞人心，但时常言语不清，学生们只好寻求里特尔（图7）的帮助来理解他们的教授。大学毕业后，里特尔担任了4年的库尔曼助手，事实证明他自己不仅是一位天才的学者，也将是一位杰出的老师。1873年，当拉脱维亚共和国里加市成立不久的一所理工学院（创建于1862年）要求库尔曼推荐一位教授担任结构工程系主任时，他毫不犹豫地敦促他们聘请里特尔，于是，26岁的里特尔便成为该校的全职教授。库尔曼死后，里特尔被召回苏黎世，1882年，他接任了结构工程和桥梁设计系主任的职务[17]。此后，里特尔不断修改并简化了库尔曼关于图解静力学的方法，并将其研究成果发表在一系列书籍、文章和设计讲座中。

里特尔是位好老师，他的个性和专业思想对整整一代的瑞士工程师都产生了深远影响。里特尔不是那种积极进取的自我推销者，他感情细腻，也从来不会在别人背后说坏话。学生们都会受益于里特尔，但没有人会比罗伯特·马亚尔收获更大，然而也没有人会对里特尔老师留下更深刻的印象。他的影响力主要来自两个方面：第一，通过向土木工程专业的大三和大四学生教授的一系列课程；第二，通过担任三家公共机构

文化融合：伯尔尼与苏黎世

图7 威廉·里特尔（1847—1906），苏黎世联邦理工学院土木工程专业教授，马亚尔的老师（资料来源：《苏黎世联邦理工学院纪念文集》，第1卷）

的桥梁顾问。马亚尔后来的早期设计作品均出自这三家机构，而这些作品也首次融入了马亚尔的那些革新性创意。

作为教育家，里特尔仅为学生未来发展的一小部分提供了滋养，他只是为学生的内在天赋和职业规划之间搭起了桥梁；作为教师，他向学生传达了这个国家的近代传统和职业习惯；作为学者，他采用了科学的模型及公式，并把它们转化成清晰的创意，从而更好地展现出这些科学理论的设计潜力。

里特尔是个甘愿作人梯的好教师。他不会因为拥有一家设计事务所而变得争强好胜，也不会因为拥有一个设计理念而专横跋扈。他更愿意担当技术的解说员：通过课堂向学生传授；通过文章向业内人士呼吁；通过详细建议向政府官员游说。当然，他的这些解说词最终变成了瑞士的金属结构规范，变成了钢筋混凝土项目[18]。

一个有力的论据可以让我们作出判断：20世纪诞生了两个最伟大的桥梁设计师，一位是使用混凝土材料的马亚尔，另一位是采用钢结构的奥特马·阿曼（Othmar Ammann，1879—1965）。后者为纽约设计了许多大桥，其中包括乔治·华盛顿大桥、贝永拱桥（the Bayonne Arch）、布朗克斯白石大桥（the Bronx-Whitestone）以及韦拉扎诺海峡大桥（the Verazzano）等。值得一提的是，以上两位大师都出自同一位桥梁设计教授门下——威廉·里特尔。里特尔的名字几乎被人们遗忘了，然而在其所点化过的学生中，马亚尔和阿曼却成了最伟大的榜样。

里特尔与设计观

为了理解马亚尔的教育背景，我们需要对里特尔的思想有所了解，特别是要与德国最流行的工程设计理念相比较。1892年，里特尔回应了德国教授弗朗茨·恩格泽（Franz Engesser）的意见，而后者的观点则是不赞成对小型桥梁进行足尺加载试验（驾驶重型卡车越过新建桥梁，从而观察其性能表现），理由是数学计算将会更经济，并且也同样可靠[19]。里特尔对瑞士工程实践中通常采用的负载测试进行了详细辩护，这与德国的立场形成了鲜明对比——全面现场测试与纯粹数学研究之间的区别。从更广泛的意义上说，里特尔的设计哲学是务实的，以设计为导向的，而不是那种更理论化、更实用的科学家方法。瑞士人似乎倾向接受对结构性能的视觉表达。

马亚尔接受了里特尔的观点，认为困难环境条件下的公共工程总是存在着不确定性。在19世纪后期，人们无法用数学方法预测工程结构对加载试验的全部反应。尽管有许多新的数学理论、内容详尽的教科书和强大的计算机运算能力，但20世纪末同样的情况仍然存在。里特尔强调，任何工程作品的有效性都取决于那些"喜欢刨根问底的专家"，因为这些人只愿意相信"可靠的判断"；简言之，它总是取决于一

图8 罗伯特·马亚尔（1872-1940），（a）于1887年；（b）大约于1890年；（c）于1894年（资料来源：M.-C.布卢默尔－马亚尔夫人）

个人对现役结构的判断，而不是某个方程的解。

与库尔曼不同，里特尔没有丰富的现场经验，他早期的才华使他很早就成为讲席教授。但是，作为现场载荷测试的顾问，他非常重视从现场所获得的这些经验，在马亚尔的职业生涯中，上述经验同样具有核心作用。里特尔捍卫这种现场经验，并对德国的反对不屑一顾，允许建造在20世纪初的德国无法建造的结构，而对于这样的结构，那些复杂和所谓的更严格的分析往往会掩盖设计的潜力。作为顾问，里特尔无法为马亚尔的第一个主要设计——1901年的楚奥茨大桥提供令人满意的数学分析方法。但是里特尔指导并解释了足尺的加载测试，从而也证明了马亚尔对该结构简单计算的有效性。

里特尔继续了库尔曼的理念，努力拓宽工程师的视野。在其1893年美国之行的报告和讲座中，里特尔广泛地回顾了各类桥梁的结构形式和新的细部构造，并列举了一些入选方案相对完整的技术图件[20]。对于本质上相同的一类问题，解决方案在视觉上的广泛多样性是最具吸引力的，特别适于那些不以设计为导向而以计算分析为导向的学生。有别于当时绝大多数的主流工程师，里特尔毫不犹豫地将美学价值判断引入了工程设计领域，例如，在描述1888-1889年位于圣保罗的密西西比河上的一座高桥时，他写道："这种结构虽然规模超大，但给人的印象却相当平淡；它使我们意识到，可能是由于更偏好某些功利主义原则，桥梁的美学创意被完全忽略了。[21]"

然而，每个桥梁设计师都知道，如果细部构造粗糙，好的整体形式就会变得没有任何意义：所有的构件都必须装配在一起，没有哪个构件必须在结构上薄弱。对于擅长制造手表的瑞士人来说，细节是设计成败的关键，里特尔也不例外，他把出国旅行报告的大约三分之一的内容都用于对节点、连接、眼杆和铆钉的详细审查。里特尔的许多构造详图都是经过改良的，同时，还毫不客气地批判了那些他认为是丑陋的细部构造措施。正如在桥梁设计的开创性文章中所阐明的那样，里特尔教授的结构理论是简单、优美且实用的[22]；他很少采用数学分析的方式，只是将这些数学过程融入了部分取材于他旅美经历的设计含义及背景里，因为，里特尔在美国看到了很多设计传统的创造性成果，而这种传统的基础就是广泛的现场经验和良好的学术训练。

在1893-1894年马亚尔的课堂笔记里，充满着用于理解里特尔思想的各种图表。这些图表展现了马亚尔对各类结构设计特别是桥梁设计与日俱增的热情。在一页笔记上，马亚尔画了一座加劲木拱桥，样子非常符合里特尔报告中的美国桥梁特征，桥下面他还添上了几个字："一座了不起的大桥"[23]。

1894年3月，当马亚尔从苏黎世联邦理工学院毕业时，他已经22岁了，5英尺9英寸高，还算魁梧的体格，一脸的严肃，淡淡的胡须，突出的鼻子，高耸的前额和与之相称的已经后退的发际线（图8），虽然近视但眼窝深陷、炯炯有神。马亚尔毕业后不久便戴上了夹鼻眼镜，保守的品位让人一见便知。马亚尔的第一份工作是给伯尔尼的一位铁路设计师打工。教育背景令马亚尔有着扎实的结构工程学基础知识，但与威廉·里特尔的密切关系不仅使他质疑那些教条的理论公式，更让他对设计创新有着强烈的冲动。

石头与混凝土的对决：苏黎世（1894-1899）

新材料与大众传统

在马亚尔职业生涯的前5年里，钢筋混凝土从一个小众的新鲜事物变成了整个西方世界的建筑主材。这个演变主要归功于三位先驱：法国园丁及发明家约瑟夫·莫尼耶（Joseph Monier 1823-1906）、法国建筑商与设计师弗朗索瓦·埃内比克（François Hennebique, 1843-1921）以及德国工程师G.A.韦斯（G. A. Wayss, 1851-1917）。

莫尼耶在钢（生铁）筋和铁丝网、钢筋混凝土壳、梁和柱上获得了多项专利。19世纪80年代后期，韦斯购买了这些专利，并建立了一家公司来进行钢筋混凝土结构的设计与施工工作，而且还开展了实验研究，以便得到一些标准公式来作为设计基础。在全欧洲的混凝土结构领域里，这家韦斯-弗赖塔格公司（Wayss and Fraytag）处于领先地位。1890年，他们在瑞士的维尔德格（Wildegg）建造了一座混凝土拱桥用于企业宣传，当然，也给年轻的马亚尔留下了深刻印象[24]。当马亚尔开始工作时，钢筋混凝土的话语权仍然主要掌握在这些先驱们的手中。在美国，年轻的奥地利人弗里茨·冯·恩佩格（Fritz von Emperger, 1864-1942）也正在努力地工作着，然而却在引进这种新材料方面没有取得多少成功[25]。因此，对于我们这位年轻的瑞士工程师来说，1894年或许就是开拓这一新领域的好年头。

在伯尔尼生活久了，马亚尔就发现：自己的崇高理想与工程专业学徒的工作相去甚远。曾经的梦想是由一位杰出教师所描绘出的"杰出的桥梁"，骨感的现实则是大多数刚毕业的工程师所必须从事的普通建筑设计。年轻的毕业生们往往会从教育的塔尖上跌落到平凡工作的谷底，这很容易使人气馁，并使他们感到从学术上领悟到的那些东西变得戏剧性的难以捉摸，即便是像马亚尔这样最优秀的结构工程师也曾面临过这个问题。然而，这些人之所以伟大，恰恰就是因为他们能够从平凡中学习，从而创造出不平凡的东西。

对于一个热衷于工作的年轻人来说，马亚尔的第一个实际工程项目却让人大失所望。1894年3月14日，他开始与蓬普茵-埃尔佐格公司（Pümpin and Herzog）合作，要在位于伯尔尼以南约15公里的小镇施托尔岑穆勒（Stolzenmühle）上规划一条小型引水隧道[26]。虽然马亚尔向他的一位同学抱怨过这项目单调的工作，但这也让他有机会去负责当地村庄的一项关键性安装工作[27]。马亚尔始于引水隧道中获得的经验将使他在25年后变成该领域的佼佼者。而且，这也让他目睹了伯尔尼州那些正在消失的荒野。那里虽然毗邻瑞士首都，但却远离城市生活。甚至从人生的第一个项目开始，他就必须学会如何去欣赏并鉴别这些荒野上孤立的地形地貌，因为这对于建设小型公共工程来说是至关重要的。然而，当他听到公司让自己负责一些小型桥梁的设计工作的这个好消息时,马亚尔却开始感到不安了。从1895年5月到10月,马亚尔一直在伯尔尼的事务所从事设计和规划工作,他与一些从前的同学保持着联系[28],并且在家庭的圈子里过着平静的生活:母亲、单身的哥哥阿尔弗雷德、弟弟马克斯,和已经结婚的姐姐罗莎·维基(Rosa Wicky)陪伴在他的身边。

此时,马亚尔还有一项桥梁的设计任务,这座桥位于他公司所负责完成的最后一条铁路线上,即由日内瓦湖上行至侏罗(Jura)的比耶尔-阿普勒-莫尔日铁路。马亚尔主要负责从阿普勒到利勒(L'Isle)支线的设计工作[29]。蓬普茵-埃尔佐格公司对这位年轻工程师的能力信心十足,因此在1895年10月便派他去到了莫尔日,让他在那里自力更生,直接在总工程师的领导下负责整个工程与施工监理,具体内容包括利勒路线、铁路沿线的多处溪桥以及相应的道路建设[30]。至此,马亚尔终于亲眼看见了那些他曾在事务所设计的图纸是如何转化成为现实的了。

在莫尔日,马亚尔帮助规划了通往利勒的铁路支线,然后到了1896年3月27日,他又从莫尔日搬到庞皮尼(Pampigny)直接从事施工监理。庞皮尼是个肥沃平原上的小村庄,毗邻勒·韦龙溪(Le Veyron brook)。1896年夏,马亚尔的第一座桥就是建在这条溪流之上的[31]。这座6米跨的无筋混凝土拱桥在拱顶处有一块60厘米长的拱心石,对于如此小的跨度来说,这可是相当大的厚度。就这样,马亚尔开始了他的桥梁设计生涯,以混凝土的形式制作出大量石砌效果。这是因为在当时,混凝土一般只被当作石头的替代品。

通过这座新桥的铁路支线在那年夏末竣工,为此,大家在利勒举行了为期3天的庆祝活动。9月12日星期六,第一班火车于上午10点离开阿普勒,并在庞皮尼的马亚尔大桥前特意停了下来,在此处,人们开始了演讲、祝酒,以及品尝由戴绿白相间披肩的美女所献上的甜点[32]。对此,一处碑文写道:允许作乐,但不允许脱轨,即误入歧途。虽然,很少有长度仅11公里的窄轨铁路值得如此庆祝,然而对于当地和这些离群索居者来说,这条新路线就是通向现代湖滨生活的纽带。

9月下旬,蓬普茵-埃尔佐格公司将马亚尔召回了伯尔尼事务所。对于马亚尔来说,他的这个第一次真正的桥梁建设经历就如同大多数年轻人的第一次酗酒。然而,醉酒却令事务所的工作看起来如此枯燥,于是,马亚尔决定另找一份工作。在曾经的同学、后效力于苏黎世土木工程研究所(Tiefbauamt)的威廉·迪克(Wilhelm Dick)的鼓励下,马亚尔也在这家公司找到了想要的差事[33]。另外,除了原公司给了他很多美言之外,由于苏黎世土木工程研究所的总工程师维克托·温纳(Viktor Wenner)也曾在蓬普茵-埃尔佐格公司工作过,并对马亚尔有所耳闻[34],因此,1897年伊始,马亚尔便离开了自己的家乡伯尔尼,回到了瑞士最大的城市,也是瑞士工程建设的中心[35]。在那里,马亚尔将设计出人生的第一座大桥,而传统的石材也将会因他而换上混凝土的外衣。

里特尔与大型桥梁

苏黎世在19世纪后期的繁荣使得铁梁或铁桁架桥梁建设成本迅速下降。这些桥很容易采用数学和力学分析的方法进行设计与建造,然而,这样的事实却也更容易被它们那平凡的外表所出卖,这种桥只有一个临时的外观,并且需要不断的维护。正因为如此,瑞士最知名的设计师之一罗伯特·莫泽(Robert Moser,1836-1918)在1895年曾主张广泛使用传统的石桥;这些地道的瑞士石砌桥梁耐久性更好,几乎不需要维修,而且非常符合这个多山多石国家的风格。显然,这种观点与马亚尔所提倡的钢筋混凝土桥梁背道而驰[36]。

城市桥梁的现代化意味着钢铁代替了木材,这是铁路建设的一种常规做法。几乎从一开始,铁路就由钢铁制成的:铁轨、铁制机车、开采铁矿石的钢铁

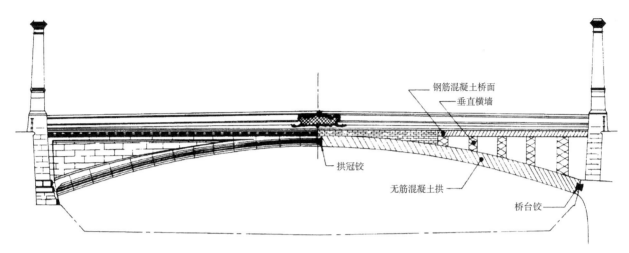

图 9　施陶法赫尔大桥的桥面、横墙、拱和铰（资料来源：比林顿，《罗伯特·马亚尔之桥：工程的艺术》）

运输线、铁制的终端仓储设施以及铁桥。毫无疑问，在西欧的工业化进程中，19 世纪是第二个铁器时代，即使许多公共建筑仍然试图把这个事实隐藏在石墙的背后。

对于桥梁设计者来说，钢筋的引入会带来一个新问题。在那个年代里，现代设计就意味着构成骨架的直线形铁件，然而公认的建筑实践却只承认石材以及由石材形成的体量和拱。当时的情况是：要想使桥梁便宜，就去使用铁（到了 19 世纪 80 年代，变成了钢）；而要想使桥梁美，则意味着要么使铁制品弯曲，使其成为石头状，要么用石制品去覆盖它。有关埃菲尔铁塔的辩论就是上述结论的最好印证。传统的艺术家们认为，铁塔的骨架形式有损于巴黎砖石外立面风格的美，甚至埃菲尔本人也对他的设计进行了妥协，允许建筑师在塔基上增加一道纯粹的装饰拱门[37]。

这样的窘境一直持续到了 20 世纪初。唯一的解决办法似乎要么是采用廉价的金属配合昂贵的装饰，如巴黎的亚历山大三世（Alexandre Ⅲ）桥，要么就是像莫泽的许多铁路桥那样，将昂贵的石材进行某种方式的简化利用。当然，也有少数人发出了不同的响亮之声，其中一位便是马亚尔，他从 19 世纪 90 年代末就开始主张：唯一合理的方法就是找到一种新材料，它既像石头那般耐久且有吸引力，又像金属一样的轻且便宜。马亚尔所设计的施陶法赫尔（Stauffacher）大桥正是朝这个方向迈出的试探性的一步。

1896 年，瑞士苏黎世决定修建一座大桥，以便将施陶法赫尔大街延伸过锡尔河（Sihl River）。由市政府提供的第一个施陶法赫尔桥设计方案为一座三跨钢梁桥，但随后被州政府否决了，因为方案中的两个桥墩会阻塞冰流。苏黎世土木工程研究所接着又做了三个方案：两跨钢拱桥、单跨钢拱桥、两跨石拱桥。而马亚尔则提交了与众不同的方案——一个没有钢筋的单跨混凝土拱桥[38]。如何对这些相似的方案做出选择，市政当局左右为难，于是他们请出了里特尔。1898 年 8 月 9 日，里特尔拿出了一份 10 页纸的报告，报告开篇就进行了一大堆关于美学重要性的陈述，接着又批评了苏黎世土木工程研究所两跨钢梁桥的计划，并推荐单跨的新方案[39]。里特尔建议"可以研究一下单跨混凝土三铰拱方案，以便在进行成本比较后对其经济性作出评估。"里特尔所描述的是一种 19 世纪末期常见的拱桥结构方案：它由两个半拱以铰的方式在

图10 1899年,苏黎世锡尔河上的施陶法赫尔桥 [资料来源:苏黎世建筑历史(Baugeschichtliches)档案馆]

拱顶相连,而这两个半拱在桥台处与支座也同样以铰相连。这些铰就类似于大门的铰链,允许拱体稍微向上或向下旋转,从而防止在这三个铰结点处的过高应力(图9)。如果不以铰接方式相连,拱体依然具有转动趋势,其后果往往会使拱体开裂。有了里特尔教授的背书,温纳便欣然同意了让马亚尔负责整体设计,后者的成本预算为22万法郎,这比钢结构方案经济了不少(超过10%)。

里特尔的报告以及温纳对该报告所倡导创意的支持,使得马亚尔能够在苏黎世这座大桥上施展拳脚,而该桥的设计工作也的确在瑞士工程界受到了广泛关注。客观地讲,里特尔写的报告证明了马亚尔建议的正确性;反过来,马亚尔更经济的设计方案也证明了他这个学生没有辜负里特尔老师对自己的信任[40]。虽然马亚尔的方案得到了认可,但并没有人愿意对混凝土拱桥的视觉表现力打保票,同时,也没有人反对苏黎世土木工程研究所遵从莫泽的想法——让建筑师古斯塔夫·古尔(Gustav Gull)将马亚尔的混凝土拱结构隐藏于石材表面之下,从而符合19世纪的城市风格(图10)。

如果马亚尔的结构体系暴露在外面,它的视觉效果也许会令人失望,因为它被隐藏了起来,所以,马亚尔也就不需要再去考虑拱结构的外观了。马亚尔的这个设计创意在技术层面上是高质量的,但却没有任何特殊的视觉优点,的确,它的技术优点也仅限于利用混凝土所产生的砌块效果。由于拱体内没有配筋,因此拱壁相对较厚,而且在无水平桥面的帮助下,拱体必须单独承受整个桥梁的重量。历史再次重演,完成了这个令人兴奋的桥梁设计工作后,马亚尔的下一个项目——重新设计一条公路就变得平淡无奇了。因此,随着1899年9月施陶法赫尔桥的建设接近尾声,马亚尔再次从苏黎世土木工程研究所跳槽到了苏黎世弗罗泰-韦斯特曼设计与施工公司(Froté and Westermann)。对于马亚尔的辞职决定,市政当局公开表示非常遗憾[41]。

马亚尔与埃内比克

马亚尔首先在弗罗泰-韦斯特曼公司度过了两年的学徒生活，与蓬普茵·埃尔佐格公司不同，后者在1896年末就已经快走到了生命的尽头，而前者却在那一年刚刚成立。1899年，马亚尔开始在弗罗泰-韦斯特曼公司上班，这家公司的近期目标是在迅速发展的钢筋混凝土领域建立起自己的业务，公司的两个合伙人既负责推广又从事开发。1899-1901年间，他们给予了马亚尔实质性的设计任务[42]。除了担任首席设计师的角色之外，马亚尔从公司得到的最大好处就是拥有了设计资质，因为弗罗泰-韦斯特曼公司已经获得了总部设在巴黎、由弗朗索瓦·埃内比克掌管的钢筋混凝土协会的设计牌照，从而使公司成为19世纪90年代世界领先的混凝土结构设计公司，马亚尔也从结构设计和结构构造两方面都获得了钢筋混凝土体系的第一手资料。就像里特尔的批判性文章使马亚尔接触到德国的工程实践一样，与巴黎这家混凝土协会的合作经历也使他接触到了法国的设计实践。

1843年，弗朗索瓦·埃内比克生于法国北部圣瓦斯特的讷维尔（Neuville, St. Vast），他给一位石匠当过学徒，一直到18岁；然后又在建筑工地找到了一份工作，5年后就成为工地负责人；1867年，埃内比克成为独立的建筑承包商。1879年，在比利时建造别墅时，隔壁的一栋房子被烧毁了，其委托人便以此要求保证自家将来不会再发生类似事故。于是，埃内比克首先想到的就是用混凝土包裹铁制的楼面梁（暴露在烧毁别墅中）。然而，经过一系列试验后，他决定只在混凝土中可能出现裂缝的那些位置埋置铁筋，并以此类梁来代替原先的铁梁，这恐怕便是我们常见的钢筋混凝土梁的雏形。进一步的试验证明：即使大幅减少梁内的铁筋含量，梁也是足够安全的，因此，他有把握保证这幢建筑物是足够耐火的[43]。

在接下来的12年里，埃内比克继续进行着钢筋混凝土的研究，同时也开展常规的建筑施工业务。1892年，当得知美国对于这种新材料所取得的进展后，埃内比克申请并获得了相关专利（法语中的'钢筋混凝土'一词即'埃内比克'），然后便从建筑施工行业全身而退，紧接着又在巴黎开设了一家咨询公司。1892-1902年间，这家咨询公司的业务以惊人的速度增长，从1892年的6个项目发展到了1902年底的7026个[44]。这样的成绩是通过一套特许经营权制度来实现的：建筑公司，特别是那些在当地有名的公司，被授予特许权去进行建筑施工，而这些建筑的结构设计则是由位于巴黎总部的事务所或其他城市的地方事务所完成的。这是一个高度集中的运营模式，全部由坐镇巴黎的埃内比克亲自指挥。

在上述这些项目中，大部分位于埃内比克的祖国——法国，但至少早在1898年时，获得最多特许权的外国公司就是瑞士，除了在洛桑的瑞士总部事务所之外，还有12家公司，其中一个便是苏黎世的弗罗泰-韦斯特曼事务所。对于瑞士这样一个小国而言，钢筋混凝土结构设计的业务强度是惊人的，根据1898年埃内比克的公司数据，其占钢筋混凝土全部业务量的10%以上，远远超出了除法国以外的其他任何一个国家[45]。

洛桑是埃内比克在瑞士最早的咨询中心所在地，对公司整个的国际业务至关重要。当埃内比克的公司杂志《钢筋混凝土》（Le Béton Armé）于1898年6月创刊首秀时，其内容主要涉及1894-1898年间完成的瑞士作品[46]。关于这些工程项目最重要的讨论内容就是那些格外慎重的控制性试验，而试验的两位主导者均来自瑞士，且眼光挑剔：一位是来自洛桑的总工程师爱德华·埃尔斯克斯（Eduard Elskes），负责侏罗-辛普朗（Simplon）的铁路建设；另一位是弗朗索瓦·舒勒（François Schüle），当时为洛桑的教授，1901年之后是苏黎世联邦理工学院的教授和瑞士国家材料测试实验室主任。虽然这种独立评判过程对钢筋混凝土结构至关重要，但在法国，类似的例子并不多见，看来只有

图11　1899年，由弗朗索瓦·埃内比克设计的罗维埃纳河（Vienne River）上的沙泰勒罗大桥［资料来源：美国国家历史博物馆，史密森学会（National Museum of American History, Smithsonian Institution）］

谨慎的瑞士人才更愿意对埃内比克的工程项目进行严格测试，然后才会进行项目验收[47]。

在位于莫尔日和洛桑附近的庞皮尼的蓬普茵-埃尔佐格事务所工作期间，马亚尔就已经目睹了埃内比克的设计作品。1894-1897年间，钢筋混凝土协会在这些地方建造了6座小型桥梁。这些桥梁以及一系列多层建筑都向瑞士工程师清楚地表明，埃内比克和当时的大多数结构工程师一样，只是将混凝土结构看成与钢或木结构相似的形式：在这种结构系统中，钢筋混凝土只是作为一种骨架形式。另外，马亚尔开始发现，混凝土结构可能具有与其他材料不同的新形式。埃内比克的主要思想就是混凝土材料使得梁、柱和板能够整体施工，可以浇筑在一起作为一个单独的结构单元。马亚尔对此深信不疑并将其发扬光大，在1899-1901年间，马亚尔超越了埃内比克，开发出在传统材料桥梁中所不能实现的薄壁弯曲形式。

自从1899年温纳公开称赞马亚尔的施陶法赫尔桥设计以来，瑞士工程师和建筑师学会的苏黎世分会便开始逐渐认可了马亚尔的才能。1901年1月30日，他被邀请担任协会秘书。邀请函是在钢筋混凝土结构体系（由埃内比克的瑞士总代理）的讲座上发出的，马亚尔为讲座撰写了文章并发表于5月25日出版的《瑞士建筑学报》（Bauzeitung）上[48]。这是他的第一篇专业文章。

这本《瑞士建筑学报》周刊以结构工程、机械工程和建筑学为特色，在马亚尔的整个职业生涯中，它都是由耶格尔家族私人拥有并负责出版发行的，由于其在经济和编辑方针上都是独立的，因此可以经常批判政府官员。马亚尔与耶格尔家族的第二代人物卡尔·耶格尔（Carl Jegher）友谊深厚，并将他视为和蔼可亲的批判家。而且，作为瑞士工程师和建筑师学会官方刊物的《瑞士建筑学报》，在行业和公众中都是颇具影响力的，因此，对一个苦苦挣扎的年轻工程师来说，能够在这本期刊崭露锋芒，无疑是难能可贵的。

马亚尔1901年的文章清楚地表明了自己对埃内比克的感念，这可以被解释为马亚尔对师承制度的一种宣传。他称赞美学、安全和经济是维也纳河上沙泰勒罗大桥（Châtellerault，1899）的主要特征，这是"迄今为止混凝土新材料的最重要作品"（图11）[49]。然而当马亚尔写这篇文章时，他自己的设计思想其实已经开始从根本上与埃内比克的理念分化开来了。

图12　1900年的楚奥茨桥设计[资料来源：马克·雷德（Mark Reed）]

视角的转变：楚奥茨（1899-1901）

楚奥茨：第一次重大创新

在弗罗泰·韦斯特曼事务所的工作经历给了马亚尔多方面的创业经验，这是履职行政机关所不可能会得到的宝贵经验。在此期间，他不仅设计了一系列小型桥梁，同时还负责施工监理[50]。他参与了苏黎世第一座钢筋混凝土桥梁的设计工作，这座桥承载着哈德劳布大街（Hadlaub Street）上的齿轨铁路。尽管它被称为钢筋混凝土结构设计，但却是根据威廉·里特尔1899年初发表的一系列文章中所规划的设计流程计算出来的[51]。

同时，马亚尔还参与了达沃斯沙茨阿尔卑疗养院（Schatzalp Sanatorium）的一座巨大钢筋混凝土框架结构建筑的施工工作，在这个项目中，弗罗泰-韦斯特曼事务所再次遵循了巴黎钢筋混凝土协会的结构设计模式[52]。另外，马亚尔还重新审查了索利斯桥（Solis Bridge）的计算。这是当时位于格劳宾登州的雷蒂亚铁路（Rhätische Bahn）公司窄轨铁道上最大的石拱桥[53]。

1900年8月，在有了这种钢筋混凝土结构的设计经验后，马亚尔开始设计位于楚奥茨上恩加丁（Oberengadine）小镇上恩加丁谷因河（Inn River）上的一座桥。格劳宾登州政府曾在这条河流上设计过一座30m跨的钢铁结构桁架桥，但马亚尔相信钢筋混凝土会是更好的选择。到了9月，在巴黎与一位法国工程师商谈承包合同时，马亚尔接到消息，弗罗泰-韦斯特曼事务所赢得了楚奥茨桥的合同[54]，这将为他第一次完全承担整个项目提供宝贵经验：从设计、计算到施工计划和合同谈判都由马亚尔全权负责。现在他终于可以放松下来，享受1900年巴黎世界博览会上的那些钢筋混凝土新作品了，其中也包括埃内比克咨询公司的作品，而且博览会还为其许多展览结构授予了大奖[55]。

1900年夏天，活跃于格劳宾登州的弗罗泰-韦斯特曼事务所得到消息：州政府正在筹建位于楚奥茨的一座新钢结构桁架桥。实际上，他们已经于8月16日派马亚尔到那里进行了实地考察，并向社区委员会做了方案陈述[56]。首先，马亚尔认为，他的混凝土比钢结构更有竞争力，它有一个额外附加的优势，那就是混凝土材料来自当地的供货商，而不是像钢结构那样由本州以外的制造商提供。其次，马亚尔强调："因为混凝土的外表更相似于石材，所以外观简单而优雅，毫无疑问，这将会给本地区带来荣誉感和装饰效果。"另外，他着重指出：在这个设计方案中，精致的装饰效果不仅是通过在混凝土上的抹灰而获得的，更在于光滑的混凝土模板成型工艺和特殊的混凝土拌合物。

在这件马亚尔的第一次重要设计作品中，他结合了自己的核心理念：形式而非规模的原则，为美学提供了有力论据。他解释说，弧形拱、纵墙和水平桥面板"将协同构成拱"，其中，底部弧形板拱与三道垂直纵墙相连，而纵墙又与顶部桥面板相连。这种连接方式形成了两个空腹箱形结构，也是马亚尔第一次使用这种混凝土结构体系（图12显示了马亚尔的初步设计；在最后一次拱桥设计方案中，他大大减小了拱壁厚度）。这种结构体系的三个部分（拱、墙和桥面）共同承担荷载，与施陶法赫尔桥形成了鲜明的对比，因为后者仅由拱单独承载。

马亚尔心平气和地向楚奥茨社区委员会强调道：这个结构有石材的优点，但却没有石材那么大的重量，就像钢结构似的，混凝土的截面尺寸降低到了最低程度。尽管如此，马亚尔的空腹箱形拱的强度远大于他那个实体（95厘米壁厚）的施陶法赫尔桥拱。在拱冠铰和桥台铰中部的关键截面上，楚奥茨桥拱的强度类似于130厘米厚的实体石材拱，但重量却只相当于大约40厘米厚的石拱。此外，较薄的楚奥茨拱应力小于施陶法赫尔的拱应力，因此，马亚尔设计的桥梁强度更大、更便宜，而且这在他看来，比起当时正在建造的类似桥梁也更美观[57]。

如果说马亚尔的这个新设计是彻底且具有颠覆性的，那么他的施工方案也是独树一帜的，因为他设计的脚手架只需用于承载薄拱的重量。一旦拱体的混凝土硬化了，便能够承担墙体及桥面的荷载。马亚尔的这个构思来自石拱建造中的拱圈法，他已经在索利斯大桥（1900）的设计图纸上看到过这种方法。拟建的索利斯大桥将是瑞士第一座三个同心石环的大跨拱，在其施工过程中，只有第一层拱由木制脚手架支撑，第二层便可由已经就位的拱体承担[58]。除了节省材料外，马亚尔还从索利斯桥那里继承了节省脚手架成本的思想，并将其用在了楚奥茨桥上。

与能够从理论上验证的施陶法赫尔大桥设计不同，楚奥茨桥设计的有效性，正如马亚尔在其后设计的大多数桥梁一样，最终将取决于全面的加载试验。虽然这类现场试验在瑞士很普遍，但却从未被美国所接受，部分原因是该方法过于耗时，不适宜国家建设高潮中大量桥梁施工以快取胜的原则，还有一个原因就是像德国人所认为的那样——试验成本昂贵。

10月份，马亚尔经过了一整天火车加马车的舟车劳顿，终于来到了楚奥茨桥的工地现场，这里将要进行一次非常重要的加载试验。为了表明重视，州政府已要求里特尔教授从苏黎世赶过来与马亚尔一起指导试验。在一个晴朗而寒冷的下午，马亚尔的工人们通过逐渐倒空用于支撑竖向柱子的装满沙子的圆柱体，从而降低了拱桥的脚手架，并将桥的重量从临时木支撑转移到了混凝土结构上[59]。这标志着混凝土结构施工的一个关键阶段，因为它代表了结构第一次必须自己承担如此巨大的荷载。

从职业生涯一开始，马亚尔就对自己的作品充满着自信。因此，当大桥在几种不同的荷载工况下表现良好时，他并没有什么欣喜若狂之感[60]。随后，大桥顺利竣工，再随后自然便是当地政府盛大的庆功宴会。会后，马亚尔言简意赅地评论道："大桥还站在那儿，所以现在大家都很高兴；不过，自然总会有一些小事儿需要梳理梳理，当然，一切进展得都很顺利。[61]"其实，这些"小事儿"就是里特尔教授认为的并不严重的一些小裂缝，因为在报告的结尾，里特尔说："楚奥茨社区有了一座新桥，这是一个合适的、值得信赖的结构，当然，它需要的维护也是最少的。[62]"

和马亚尔一样，里特尔也是个沉默寡言的人，这份看起来十分实事求是的结论也得到了瑞士主要结构顾问公司的大力赞扬。于是，最伟大的桥梁设计老师把未来交给了他最有前途的学生。时间证明，这次密切合作的结果是有史以来最原创的混凝土结构之一：格劳宾登州的第一座钢筋混凝土桥梁，世界上第一座混凝土空腹箱形桥，以及第一座拱圈法施工的混凝土拱。

楚奥茨桥的设计意义

马亚尔在楚奥茨的创新成为20世纪重要的混凝土结构形式之一。然而，它却经历了很长时间才被推广到瑞士以外的国家，这其中的部分原因在于马亚尔的早期设计名气欠佳，直到20世纪30年代才得到了更多关注，还有一部分原因是：虽然我们现在比较容易理解他的创意，但在当时这却严重撼动了传统砖石桥梁的设计基础，工程师们不准备也不愿意接受这个新鲜事物。那么，为什么只有马亚尔能够异想天开地冒出来这个点子？

答案首先是他的教育背景，其次是他的早期经历，第三则是他的个性使然（对此，将在后面进一步讨论）。从里特尔老师传授给马亚尔19世纪的金属桥设计知识中我们可以看出：自1850年罗伯特·斯蒂芬森建造大不列颠桥（Robert Stephenson，Britannia Bridge）以来，空腹箱形结构体系的使用就从未间断过。这位瑞士教授还强调了古老木桥中结构构件之间的相互作用，尤其是美国的拱-桁架组合体系，显然，里特尔的教学理念是鼓励使用较少材料的设计流程。

在将里特尔老师的理论变为现实的过程中，马亚尔早年施陶法赫尔桥的设计经验给了他楚奥茨桥形式上的灵感。在苏黎世只起到装饰作用的平拱上方的坚固竖墙，到楚奥茨便成了必要的结构元素。如果马亚尔发现施陶法赫尔桥的形体可以足够优雅地复制到楚奥茨，那么，他就需要提出一个整体结构的新构思来使楚奥茨桥成为真正的创新。由于埋置在混凝土内的钢筋使得各个单独结构构件都具备了整体性，所以，连接桥面和拱的竖墙就将结构变成了一个空腹箱形体系。

这个想法与20世纪30年代光滑的蒙皮飞机相似，其用两翼间的金属索和支柱代替了早期的双翼飞机。唐纳德·道格拉斯（Donald Douglas）通过"流线型"外形创造出了强度更高、重量更轻的飞机（著名的DC-3型）。时间倒退30年，马亚尔建造的楚奥茨桥与DC-3简直就有异曲同工之妙。在某种程度上讲，马亚尔的形式竟然给那些在20世纪30年代发现他设计作品的艺术家们提出了如此超前的现代性样本。

1901年，埃内比克还在设计拱桥，就像沙泰勒罗大桥那样，其中，桥面梁、柱和拱各自发挥作用。在第二次世界大战之前，这种离散的构件体系始终主导着拱桥设计。在奥地利，约瑟夫·梅兰（Josef Melan）已经申请了一套设计体系的专利，在该系统中，施工人员首先构建出工字形截面的钢拱，并将其作为支撑木模板的脚手架；然后在模板内浇筑混凝土使其包裹住钢拱，这样，混凝土拱便得到了工字钢的加劲。这种施工体系避免了使用混凝土拱在硬化之前为支撑其自重所需的昂贵木制脚手架。在世纪之交的美国，梅兰的建造方法曾一度流行，然而，由于它所需要的钢材要比其他施工方法多，所以到了20世纪就很少使用了。

1910年，埃内比克公司设计了罗马的复兴桥（Risorgimento Bridge），它看起来像是一个空腹箱形结构，但似乎又不是完整的一体。20世纪30年代中期，韦斯-弗赖塔格公司效仿了马亚尔的想法，在德国的莱普海姆（Leipheim）建造了一座广为人知的桥梁。与此同时，混凝土空腹箱形结构也首次出现在了美国，但参考的并不是马亚尔的创意。令人不解的是，直到第二次世界大战之后，这种形式才开始流行起来；事实上，它已经主导了钢筋混凝土和预应力混凝土中大跨梁式桥的设计。

因此，楚奥茨桥的主要意义在于它的空腹箱形结构。在马亚尔后来塔瓦纳萨大桥（Tavanasa）的重大创新中，这个空腹箱形结构的三铰拱也被视为是一个次要的创新点。这些新理念说明：即使在计算手段不是很发达的条

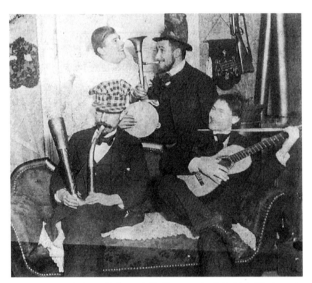

图 13　马亚尔与朋友们，大约于 1900 年（资料来源：M.-C. 布卢默尔 - 马亚尔夫人）

件下，结构设计的视野也可以是灵活多变的。当然，对于那些应用科学家来说，混凝土空心箱体结构并没什么吸引力，因为它似乎需要非常复杂的数学分析。马亚尔明白箱形结构是如何运作的，即使他无法详细预测它们的性能表现。的确，这种无能为力后来导致了一些小裂缝，虽然没有危及安全，但仍需要马亚尔对其设计思想进行修订，以便带来更多的创新设计。而要做到这一点，马亚尔也需要更多的独立性，楚奥茨桥正是为其独立的职业生涯提供了一条新的道路。

求婚

1901 年夏天，当楚奥茨大桥开工建设时，罗伯特·马亚尔已经 29 岁了。他的职业生涯正朝着更大的商业目标，为实现新的设计理念以及国家对其混凝土结构设计才能的认可迈进[63]。他享受弗罗泰·韦斯特曼事务所首席工程师的角色。公司也认可了他的重要性；阿尔弗雷德·科勒（Alfred Koller），这位马亚尔曾在庞皮尼为之工作过的老同事，注意到他"虽然相对年轻，却具有老人般的冷静头脑。[64]"另外，马亚尔也变得有些愤世嫉俗，经常取笑那些坠入爱河或被妻子

和家庭所束缚的同学们[65]。因为对马亚尔来说，生活的首要任务就是工作，偶尔穿插几次朋友聚会（图 13）和直系亲属之间的串门。七月下旬是新桥拱混凝土浇筑的关键阶段，马亚尔必须亲临现场，而也是这次旅行彻底改变了他的生活[66]。

在 1901 年，从苏黎世到楚奥茨并不容易，因为当时从瑞士其他地方到上恩加丁谷必须经由几个高山山口：南部是马洛亚（Maloja），东部是尤利尔（Julier）、阿尔布拉（Albula）和弗吕埃拉（Flüela）。马亚尔走的是最直接的路线，先乘坐瑞士国家铁路公司的火车到达库尔，再搭上窄轨的雷蒂亚铁路公司观光列车从库尔到图西斯（Thusis），然后乘坐马车通过阿尔布拉山口[67]。

7 月下旬，马亚尔抵达楚奥茨，入住康科迪亚酒店（Hotel Concordia，图 14 最左侧），建于 1876 年，是 19 世纪宏伟传统的度假酒店[68]。7 月 30 日，星期二，在桥头工地待了一天后，马亚尔走进康科迪亚的餐厅吃晚饭，坐在一张长长的份儿饭餐桌（*table d'hôte*）前[69]，像往常一样全神贯注于手上的施工资料，但他也注意到桌子另一头的一家人，他的目光被一位迷人的年轻女子吸引住了。她身高大约 5 英尺 4 英寸，长着一张健美而端庄的脸，两眼相距稍远，嘴唇丰满，黑色的秀发盘在脑后，从侧面看上去鼻子略微翘起。

第二天傍晚，马亚尔坐在这位姑娘身边，到了晚餐时，他鼓起勇气开始了彼此的第一次交谈。离返回苏黎世只剩下一天了，而 8 月 1 号这最后一天恰巧是瑞士联邦成立（1291 年 8 月 1 日）纪念日，楚奥茨也为此计划了一个庆祝晚会。马亚尔之前从来不知道被一个女人完全吸引的体验，姑娘轻松愉快的谈吐使他感到与女人交谈并不困难[70]，虽然他仍然感到有些尴尬，但她似乎仍然立刻对马亚尔产生了兴趣。两人整个晚餐都在用法语交谈，马亚尔了解到她是意大利人，名字叫玛丽亚·龙科尼（Maria Ronconi，图 15a, b）。

马亚尔想知道关于这个姑娘的一切，而她也很快就向他敞开了大门，仿佛一直在等待着谈论她自

图 14　远景为楚奥茨以及马亚尔的因河桥（资料来源：M.-C. 布卢默尔－马亚尔夫人）

己的生活。玛丽亚是个孤儿，非常孤独。她告诉马亚尔自己曾在佛罗伦萨附近的一所修道院学校学习，然后又到了比利时那慕尔（Namur）的另一所修道院学校继续学习，在那里，她已经学会了流利的法语。她现在已经回到意大利并最终留在都灵，与家庭朋友维尔德（Wild）一家人住在一起，她给维尔德的孩子们教授艺术，而维尔德家族是苏黎世最富裕且最知名的家族之一[71]，这次楚奥茨之行她也正是陪同维尔德一家前来的。

晚饭后，他们走到暮色中，沿着因河散步。当俩人返回楚奥茨时，月亮出来了。他们听到了教堂响起的钟声，看到了天空燃起的烟花。就在二人相识两小时之后[72]，马亚尔向玛丽亚求婚，而她也似乎是答应了，随后，他们的谈话转到了未来。

回到酒店后，玛丽亚把马亚尔介绍给了同样是意大利人的维尔德夫人，她们谈论了这次的闪电约会，并且这位老妇人还进一步盘问了马亚尔的个人状况。虽然在任何情况下，这种鲁莽的求婚都是不寻常的，而在20世纪初的瑞士，这种闪电婚姻则尤为令人震惊。为了增加他们对自己的信任，马亚尔还向维尔德夫人提及了名人同事爱德华·埃尔斯克斯的名字。此时此刻，这个婚约太具有象征意义了，因为全国都正在庆祝一个标志着新政治方向的历史性事件，这也将为马亚尔的职业生涯和个人生活开辟全新的方向。

图15 （a）1901年的玛丽亚·龙科尼；(b)1901年的罗伯特·马亚尔（资料来源：M.-C.布卢默尔－马亚尔夫人）

一位精神伴侣

马亚尔求婚后的第二天，玛丽亚在拂晓前起身送他登上去往苏黎世的马车。虽然天气很糟糕，但是对马亚尔来说，当马车穿过格劳宾登州的荒野时，这次旅行是他一生中最美好的时光，正如他写给玛丽亚的那样，"我不是一个人离开的，而是和你一起走的，我只和你说话，而请你回答我；我向你保证，我们的谈话让我倍感亲切，比坐在楚奥茨的份儿饭餐桌旁更舒适。[73]"

令马亚尔感到惊讶的是，自己以前那种心无杂念、看似独立的生活一夜之间便荡然无存了，现在的自己甘愿成为爱情的囚徒，回来工作只是一种玛丽亚允许的逃离。回到苏黎世的第一天，当设计事务所的所有人，包括秘书、绘图员，迷人、富有、随和的伯尔尼工程师马克斯·冯·米勒（Max von Müller），以及穿着时髦军装的图书管理员阿道夫·察恩（Adolph Zarn）都离开了办公室后，马亚尔便寄出了写给玛丽亚的第一封信。就像当时能够如此迅速、如此精确地进行结构计算一样，他的信也毫无保留地倾诉了自己的心声，那颗已经完全被玛丽亚掌控了的心。

然而，玛丽亚的回信却流露出一丝对马亚尔未来困境的忧虑：因为他选择了一位意大利人和天主教徒[74]。而尽管有这些顾虑，玛丽亚却依然觉得他们二人在楚奥茨的邂逅已经使他们不可挽回地联系在了一起，所以，当马亚尔写信提醒她没有给自己"肯定Yes的"答复时，她便立刻于8月6日星期二晚上从意大利博洛尼亚发来一封只有短短几个字的电报："Yes，你的终生伴侣——龙科尼！[75]"

马亚尔第二天早上的回信便充满了喜悦，就好像是他的第一次表白那样兴奋不已；然而，当想到玛丽亚将走进一个既没有独立财富，也没有任何特殊社会地位的家庭时，就变得一脸严肃了[76]。

> 我们都是那种不会矫揉造作的平常之人，而且除了生活和教育，我们没有从父母那里得到任何东西，现在，我们都必须为了生活而工作。我很清楚：你也是如此认为的，而且你也会发现那是如此自然的；然而，你已经习惯了不平庸、不简单的生活环境，我真心希望你的习惯可以作出一点点改变，这样你也许就不会感到失望了。

马亚尔预料到，对于像玛丽亚这样的外国人来说，进入瑞士工程师那种呆板的中产阶级环境，可能会出现相当严重的心理适应性问题。

罗伯特在回答玛丽亚关于结婚日期的问题时承认"我可能太实际了，以至于都不知道要花多长时间才能买到一套新公寓。"此外，他也不想在没有玛丽亚建议的情况下选择一套公寓或对新宅进行装修："我对这种东西太没品位了，如果你知道我现在的房间是有多么寒冷和沉闷，你就会明白我真的无法安排所有这一切。"信的最后他写道：我打算在8月的某个时候去博洛尼亚[77]。

马亚尔"我可能太实际了"的自我评价与他独特的工程天赋并不矛盾：正如在钟表制造学校的表现那样，他是块设计师的料，而不是手工艺人。他代表着现代工程师，会用精细计算和密切观察去衡量大型公共建筑结构的性能表现。与18世纪的木作工匠不同，马亚尔自己做不了东西，而只是接受里特尔老师的教育，用新的人造材料去设计和指导施工。随着新世纪的到来，现场培训工程师的时代也即将结束。

即使马亚尔道出有关家庭琐事的时候，他最担心的仍是自己的事业问题。马亚尔想要用自己的钱来养活玛丽亚，他写道："我责备自己，因为到目前为止还没有努力工作。的确，如果我跟所有的同学比较一下，就发现自己是最成功的，而且我一直都很满意。但是现在，当我想到我们俩的时候，我却觉得我必须要做得更好。[78]"在8月14日早上，马亚尔收到了一张来自佛罗伦萨的玛丽亚的明信片，而当时她已经离开了那里，上面写道："我已经拜访了所有的宗教朋友"[79]。玛丽亚对宗教问题的关注也促使马亚尔写信详细阐述了自己对宗教和婚姻的看法，并表达出对自然美的信念。在谈到将来孕育下一代的话题时，他写道："总体而言，与一切自然之战都是先天的。人们试图长期隐藏那些本应引以为荣的东西，并且害怕表现出自己的荒谬，然而只有傻瓜才会取笑这些。[80]"马亚尔对自然的偏爱最终将体现在他的结构创意上，但目前他关注的焦点仍是即将到来的婚姻。

共渡苏黎世

8月以烟花、钟声和诺言开始，以罗伯特和玛丽亚在苏黎世平静的重逢而结束。她仍然与维尔德一家人住在一起，而他也还待在博德默大街（Bodmerstrasse）"寒冷而沉闷"的公寓里。在玛丽亚到达后不久，这对情侣就去了伯尔尼，与马亚尔的家人见面，8月下旬他们宣布正式订婚[81]。此后不久，在《苏黎世周报》（Weekly Chronicle of Zurich）上就出现了一则告示：

> 来自伯尔尼的工程师罗伯特·马亚尔，我们施陶法赫尔大桥的杰出建造者，刚刚已经与来自博洛尼亚的玛丽亚·龙科尼小姐正式订婚。祝贺你们！[82]

9月，他们找到了一套公寓，地处利马特河（Limmat River）岸东侧，位于苏黎世山半山腰的里吉广场（Rigiplatz）[83]。马亚尔自然会遵循传统的道德

图 16　罗伯特与玛丽亚·马亚尔在 1901 年（资料来源：M.-C. 布卢默尔 - 马亚尔夫人）

操守，与玛丽亚分开生活直到婚礼结束。然而，在同座城市里相处一段时间后，这个 9 月便有了田园诗般的味道；马亚尔外表的严肃也开始软化了，并且表现出一种对爱情的忠贞不渝[84]。十月初，玛丽亚搬到了里吉广场的新家，而马亚尔则搬回到了他的单身居所。一天早晨日出之前，他站在玛丽亚的卧室窗户下，给她留了一张便条，写在信封后面[85]：

　　早 5 点，窗下
　　虽然现在还没有你我在一起的快乐！但至少我很满意能在你窗下说句祝福的话，希望太阳升起时，我的心中不再沮丧，然而雨却还是在捉弄着我们。
　　亲爱的，美好的一天，拿出勇气，今晚的雨不会让我们看不见彼此。
　　有点儿伤心
　　你的
　　罗伯特

工程师清晨的朝圣之旅和情书说明了一切，这种旋风般的求爱方式让他的性格发生了变化。尽管两人现在已经在苏黎世重逢了，但马亚尔还是迫不及待地想表达自己的心愿，这是他的性格使然[86]。虽然在正常的交往中他经常害羞，并很难沟通情感，然而当被激发时，马亚尔却可以强烈地表达自己的感情。而他的另一半玛丽亚也没有偷闲，现在正忙着给远在伯尔尼的未来婆婆写信呢。而且，这一系列的鸿雁往来一直持续到 1940 年马亚尔去世：罗伯特与玛丽亚，玛丽亚和贝尔塔，以及接下来开始于第一次世界大战之后的罗伯特和他的女儿玛丽 - 克莱尔。

11 月 11 日那天，玛丽亚和罗伯特在伯尔尼圣灵教堂（Church of the Holy Ghost）举行了婚礼（图 16），随后又在当地一家酒店与 16 位最亲密的家庭成员共同举行了晚宴。那天晚上，这对夫妇直接去到了他们在苏黎世的公寓[87]。在马亚尔遇见玛丽亚之前，他对女人毫无经验。由于不善于反省，他显然没有意识到自己的局限性可能对婚姻造成的后果，尤其在与和自己生活背景截然不同的人相处时。对于玛丽亚希望摆脱现状的需求，丈夫有着异常敏锐的感觉，这也是马亚尔一种合理的本能反应。正是出于这种欲望，他做出了回应。

求爱的信函触及了将在未来几年内形成的婚姻的各个方面。虽然这对夫妇的相互忠诚无疑是真诚的，但玛丽亚的孤独感及其对婚姻关系的影响却令人深感不安，因为它影响了马亚尔的家庭生活观念。他的信件说明他倾向直言不讳地说出自己的想法，而且常常是那种不带外交辞令的，虽然这只是一种习惯，却会妨碍他的职业和个人关系。

向玛丽亚冲动求婚的行为这说明了马亚尔性格的另一个核心特征：做决定的敏捷以及坚持后果的勇气。这也同样体现在结构设计方面：马亚尔的细部构造总是十分合理，但总体设计却往往出人意料，无法用逻辑过程来解释。在提交楚奥茨桥设计方案的三个多星期之后，马亚尔在一封信中表现出了这种求爱的神秘感[88]：

> 啊，自然法则多么的公正和美丽，这些法则已经让我们成为一体，不顾一切，甚至不管我们愿不愿意。当我第一次在楚奥茨见到你时，没有声音对我说"有一个美丽的女人在等你"，而是大自然的声音一遍又一遍地对我说"这是你的女人，带走她"。当时的情绪不是我的眼睛所能够描述的，因为我向你发誓，我差一点就错过了你（我相信，这不会伤害你作为一个美丽女人的骄傲！）。但自然法则是不可抗拒的，也是未知的，它将我推向了你。

第 2 章

设计师与建筑商

(1902-1909)

新公司(1902-1904)

独立

结婚后不久,马亚尔就跟玛丽亚谈起了想自己开公司的事。在妻子的鼓励下,他与好朋友马克斯·冯·米勒[1](图17)沟通了这个想法,因为米勒的钱可以提供必要的资本。马克斯很热情,但马亚尔意识到他这位无忧无虑的朋友并没有做生意的头脑。因此,他又向另一位同事阿道夫·察恩(Adolph Zarn)(图18)提出建议,希望他能担任业务经理。与冯·米勒不同,察恩并不善于人际关系,但却是位优秀的会计师,但不走运的是,他并不愿意加入马亚尔的新公司。尽管如此,12月下旬,马亚尔还是把打算单干的想法告诉了自己的老东家弗罗泰-韦斯特曼公司。由于没有朋友热心加入,这家新公司几乎就变成了马亚尔一人的独角戏。

的确,为了给玛丽亚提供优越的生活条件,马亚尔必须自力更生,既当老板又当员工。在得知丈夫打算自立门户后,她欣喜若狂,在给婆婆贝尔塔的信中写道:"他可能会在1月1日离开弗罗泰·韦斯特曼事务所,太好了,终于有办法啦![2]"兴奋之余,这对夫妇开始了他们推迟的蜜月行程:1月,他们去意大利旅行了两周,走访了玛丽亚的亲朋好友;在都灵,马亚尔拜会了阿贝格(Abegg)和维尔德,这两家人都是瑞士有名的纺织业大亨;随后,游玩了热那亚、佛罗伦萨和博洛尼亚[3]。在蜜月旅行期间,玛丽亚逢人便谈"马亚尔公司",并提到了察恩已经同意签约入伙之事,罗伯特也开始积极宣传他的新公司[4]。1月下旬回到苏黎世,马亚尔又紧张地忙碌了一阵后,公司于1902年2月1日正式成立[5]。

过日子的节奏很快就建立起来了:丈夫罗伯特每天在自己的事务所工作12个小时,妻子玛丽亚则全身心地投入了家务劳作[6]。如此的婚后生活与这位年轻企业家非常谐调,正如玛丽亚3月10日所述:"罗伯特开始长出了一双小下巴![7]"而比这更激动人心的是,玛丽亚发现自己怀孕了,这是她最重要的秘密,她写信把这个特别的日子告诉了婆婆,而丈夫马亚尔经常在伯尔尼,并且可能已经听闻了这个意味深长的消息。虽然当时已经发明了电话,而且很方便接通,但对玛丽亚、婆婆贝尔塔和马亚尔来说,鸿雁传书更为珍贵,信件就像那种只可意会不可言传的意识流一样,既无法亲口说出也不愿意通过电话告之。对马亚尔来说,这封信尤其重要,因为他认为自己无法用语言表达自己的思想和感情。

从外表看,玛丽亚和罗伯特在许多人眼中都是性格迥异:她外向、善交际、迷人;而他安静、冷漠且冷静。然而,这些信件也显示出玛丽亚严肃的另一面,甚至还带着忧郁的情绪反应,而信中的罗伯特却看起来很

图17 马克斯·冯·米勒（资料来源：M.-C. 布卢默尔－马亚尔夫人）

有趣且并不感情用事。玛丽亚觉得自己的丈夫是个爱发牢骚的人，是一只"熊"——法语里"熊"的意思是指不爱交际的人，而事实上也就是如此，马亚尔性情急躁，当猛烈抨击那些反对他的人时，会让人胆战心惊。在瑞士这样一个保守社会里，马亚尔正在努力寻找创新的突破口，然而寻找的过程往往会令人沮丧，婚后的玛丽亚正在自我调整以便适应这种不适感。

3月19日，玛丽亚生病了，是胆囊问题，因为怀孕而加重了病情，虽然这次只是初犯，却成为她的终生疾病。另外，因为丈夫经常忙碌于苏黎世的日常工作，所以两人总是聚少离多，于是，她决定到伯尔尼和贝尔塔待上几个星期。玛丽亚将这个想法告诉马亚尔，她担心这件事可能很快会破坏他们之间的幸福。在给妻子的回信中，马亚尔言辞激烈：

> 在大多数情况下，事情本身不会给人们带来幸福或悲伤，只不过是影响到了他们的生活

图18 阿道夫·察恩（资料来源：M.-C. 布卢默尔－马亚尔夫人）

和行为方式。当一个人对过去的行为或纰漏没有遗憾或悔恨时，他就会感到快乐，尽管那些事件可能或多或少地令人不安。如果我们可以说这件事情不是由我们自己造成的，那么就没有什么事情可怕的了[8]。

俗话说"家和万事兴"。在那年春天里，两人间的家长里短也影响了马亚尔的公司生意，从四月下旬到六月中旬，这家新公司没有任何明显的起色[9]。只有当玛丽亚从伯尔尼回到苏黎世之后，公司的窘境才得

首次成功

新年伊始，也许是得益于这对年轻新婚夫妇的乐观主义精神，低潮期的马亚尔公司终于发生了巨大转折。2月初，马亚尔将心思用在了他的第一个设计创意上，并准备将楚奥茨大桥的设计方案转化为专利申请。相关文件便是马亚尔公司独立业务活动的第一份公开记录[11]，5张施工图的专利文件详尽说明了空腹箱形结构体系的构造措施：箱体顶部为一层道路用平板，底部为薄壁弧形拱。四道垂直纵墙连接着顶板和拱体结构，三道竖向横墙连接着每座桥台附近的纵墙（图19）。另外，除了一些细部详图外，其他图纸说明也均取材于楚奥茨桥的设计方案。

这项专利清楚地表达了马亚尔的重要职业目标：根据自己的想法，使用钢筋混凝土来建造桥梁。不幸的是，这样的目标，尤其是在一个瑞士这样的小国里，必须通过其他更有效益的工程作品来体现。因此，随着岁月的流逝，这家年轻的公司便开始努力寻找任何能够带来声誉并产生利润的项目。

虽然马亚尔充满了创意与自信，且已经开办了自家的公司，但却没有可靠的合同在手。这样的公司充满着风险，只有依赖两位合伙人的资金支持才能维系下去。当马亚尔大学三年级时，马克斯就已经在苏黎世联邦理工学院学习了"文化（Kultur）"工程（农业与大地测量）[12]，1898年毕业后在弗罗泰-韦斯特曼公司工作。在那里，他也曾做过一些工程项目，但对于马亚尔公司来说，他的主要职责将是外出寻找新项目[13]。然而，尽管马克斯很有魅力，却没有开展业务的能力[14]；相反，公司最初的主要项目实则都是直接源于马亚尔自己的努力，这其中所需的技术眼光是冯·米勒所不具备的。与此同时，察恩也体会到了马亚尔的才华，然而除了做生意，他对工程没什么兴趣，只好等待时机。直到执行合同时，他的财务

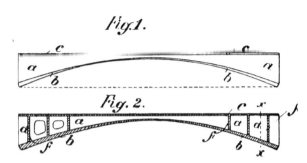

图19　罗伯特·马亚尔的专利图纸：楚奥茨大桥设计，1902年2月（资料来源：M.-C. 布卢默尔-马亚尔夫人）

记账功能才终于派上了用场。

5月下旬，圣加仑市政当局对两个大型气罐的混凝土挡水护筒进行招标。虽然，市政府已经制定了一个混凝土厚壁墙的设计方案[图20（a）]，但同时也允许承包商根据自己的创意设计提交投标文件。总体尺寸为9米高、40米直径的这些圆柱体护筒远远大于以前任何的混凝土挡水结构。于是马亚尔立刻意识到，市政当局的设计可以通过一种新概念来彻底改变：尽管市政府将每个挡水气罐设计成了类似于厚重的挡土墙形式，但马亚尔认为，可以通过一种轻质墙的结构概念来大大减少混凝土用量，而该结构的新颖之处在于，将挡水的环状结构设计成桶箍形式[图20（b）]。因为当时没有工程分析方法能够确保其创意的可行性，所以，马亚尔便开发了一种类似于威廉·里特尔图解法的分析方法。

马亚尔通过图解方式来分析问题。在这个过程中，他首先假定了一个在内部水压作用下的外墙变形值，接下来再根据相应的位移值计算出应力，并画出新位置的变化情况，从而知道其与初始假设的变形值有多大的出入，最终，通过不断修正找到正确答案。筒壁在水压力的作用下[图21（a）]的受力表现可视为以下两个体系相互作用的结果：这类似于一个水桶的受力，垂直木桶板条的向外弯曲[如图21（b）]，以及水平金属环箍沿圆周方向上的拉伸变形[如图21（c）]。通过上述形象化的分析方式，马亚尔便了解到了在筒

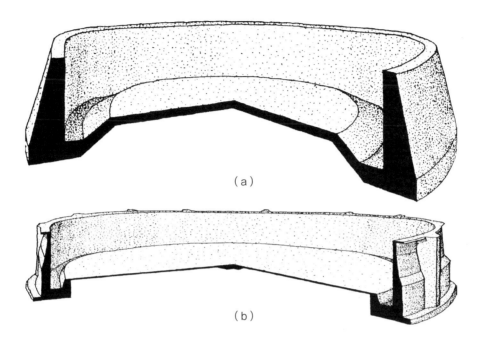

图 20 圣加仑市气罐设计方案的截面透视图:(a) 政府的方案;(b) 马亚尔的方案(资料来源:马克·雷德)

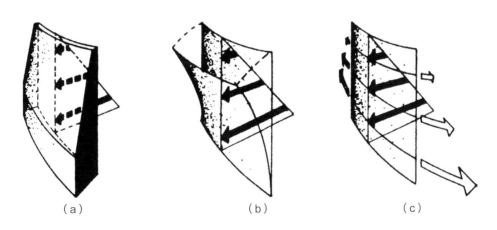

图 21 (a) 筒壁表面的压力;(b) 筒壁弯曲时所产生的抗压力;(c) 环向力所产生的抗压力(资料来源:科林·雷普利)

壁上两个相互垂直的结构构件是如何共同工作的。这不仅是人类第一次对薄壳结构作出的正确分析,这也让设计师在进行分析的同时,理解了结构的实际性能表现。马亚尔的这种分析手段适用于任何形状的壁式结构[15]。

6月13日,马亚尔前往圣加仑市了解投标结果。其他几家承包商也已经提交了各自的竞标设计方案。由于威廉·里特尔生病,市政当局便聘请了弗朗索瓦·舒勒教授(1860-1925)行使推荐权[16]。当马亚尔到达时,他高兴地发现舒勒老师选中了自己的设计创意。新合同以及合同所带来的成功商业前景重振了马亚尔的精神[17]。于是,他立即开始雇人,并

图 22　1902 年，建设中的圣加仑气罐（资料来源：M.-C. 布卢默尔 - 马亚尔夫人）

订购了钢筋，单单这笔费用就大约是楚奥茨大桥总造价的 3 倍（图 22）[18]！马亚尔不愿让其他人监理新项目，他坚持驻扎工地并随时掌握每一个细节，同时继续与市政当局就价格和设计变更进行协商。马亚尔迫不及待地希望控制这个工程项目的方方面面，因为这就是他的处事原则。

1902 年，这是人类有史以来建造过的最大钢筋混凝土筒体结构，后来的调查结果也显示：即使时间又过了 5 年，也未曾再次出现另一件如此重要的工程作品[19]，它不仅在规模上是独一无二的，而且其设计理念和马亚尔提出的分析方法也是如此。的确，这些筒代表了第一个被正确分析为薄壳的混凝土结构——一种 20 世纪最为重要的新型结构体系。水箱、拱屋面和巨大的发电厂冷却塔就是这种现代结构的典型代表。正是由于 1902 年马亚尔首先提出的正确数学公式，才使得这些现代结构从创意变成了现实。

通过比较马亚尔与市政当局的两个不同设计方案，我们便更能够对前者倍加赞赏。首先，筒壁的混凝土用量不足原方案的四分之一[20]；其次，在结构形式上，这是一个真正的薄壳，而不是像挡土墙或重力坝那样的结构。在 1902 年以前，许多混凝土结构都包含薄墙、穹顶、顶板或锥形底座，但却没有如此大的尺寸和如此薄的厚度，这些早期的工程项目可以通过简单的源于石材或生铁结构的分析方法来进行设计。而马亚尔的这个筒体结构则是首创，其形状和尺寸都需要以新的结构概念作为设计基础。马亚尔在楚奥茨大桥设计中已经引入了这个概念，在他随后的钢筋混凝土创新中也将不断地流露出来。他认识到：在受力时，整浇钢筋混凝土结构中的所有构件都会相互作用。这种相互作用将催生出新的结构形式，从而使混凝土结构更轻、更优美。

然而，利用交互作用（interaction）进行结构设计将会给分析人员带来了几乎无法克服的问题，就连威廉·里特尔教授也一直感到头疼，也成为到20世纪70年代之前的重要研究内容之一[21]。然而与之相矛盾的是，在过去的75年里，数千个已建空腹箱形结构的性能表现却经受住了时间的考验。而这是因为对于经验丰富的工程师而言，空腹箱形结构的设计理念是合理的。对于楚奥茨大桥，马亚尔认识到桥面、竖向侧墙和弧形拱可以形成一个空腹箱形体系来共同抵抗荷载，于是也就诞生了一种新的桥梁形式。接着，马亚尔又将这种相互作用概念成功地运用到了圣加仑市的筒体结构上。圣加仑的这次薄壳设计是颇具开创性的，马亚尔采用了一种新形式（筒壁横截面的形状），提出了一种新的分析方法，并用钢筋混凝土建造了世界上最大的圆柱形罐体结构[22]。

圣加仑桥：更合理、更优美

当马亚尔雇用员工开始建造气罐时，圣加仑市（1902年6月28日）再次向建筑承包商发出邀请，竞标的是一座位于施泰纳赫溪（Steinach Brook）上的新桥，为的是让人们能够站在高处远眺重建后的木笃会修道院（Benedictine Abbey）——一座由爱尔兰僧侣圣加尔（St. Gall）建于7世纪的著名修道院。和储气罐一样，市政府也已经根据早先的竞赛做了一个初步设计方案，但这一次，并没有明确要求承包商提交自己与此不同的设计创意[23]。

不过，这次马亚尔还是不愿接受官方的设计方案。于是，在6月28日至7月7日间，他又自己重新进行了设计：马亚尔的方案利用了两层无筋混凝土砌块[24]，下层砌块会形成一个完整的拱，并只有其最终厚度的一半；这样一来，脚手架只需负担拱体总重量的一半，一旦下层拱建成，即可承载上层重量。马亚尔的想法直接源于他最近在索利斯桥和楚奥茨桥上的设计经历，楚奥茨桥的下层弯板与索利斯和施泰纳赫桥的下层砌块是类似的。马亚尔冒着激怒市政工程师的风险，含蓄地批评了政府建设部门的桥梁设计方案，而这是大多数承包商避而不谈的，因为他们完全可以简简单单地按照市政规划来建造就万事大吉了。

马亚尔这次的设计也同样具有坚实的美学基础，其源于对施工技术和承载力性能表现的深刻理解，马亚尔的设计美学从来都不会脱离工程实际。他所提交的方案强调了这样一个事实，即"一种更合理、更优美的解决方案"[25]。他认为，使用预制混凝土砌块可以降低材料开裂的风险，而政府建设部门的厚壁无铰拱设计方案却存在上述可能的问题。在当时，很多混凝土无铰拱，包括埃内比克设计的著名沙泰勒罗大桥在内都存在着难看的裂缝[26]。然而，他主要的美学理由是暴露的混凝土总是比粉刷的表面好。"与浇筑混凝土相比，我们的方案具备施工优势，并因此更具美感。当混凝土砌块完全裸露而不加装饰时，你就会看到它们比用最漂亮的混凝土石膏材料覆面要好看得多。"

另外，马亚尔也喜欢石桥的外观，而且在他事业发展的现阶段，混凝土桥的石材外观并没有使他感到不舒适（图23）。的确，他说出了更喜欢石头外观的理由："因为它不那么引人注目，在我们看来，这里似乎找不到钢筋混凝土。"虽然，后来他对如何选择合适材料有了新主意，但在1902年，对他来说更为重要的是，自己的方案替代了市政府的原设计，并且该方案在技术上是优越的，同时看起来也是更优美的。

由于里特尔老师的身体状况未见好转，于是，市政当局再次聘用了舒勒教授。这次，舒勒对马亚尔的项目创意更为苛刻。经过一场漫长的争辩后，马亚尔被迫将自己的要价从48000多法郎降到了38600法郎

图23　1903年，圣加仑市的施泰纳赫桥（资料来源：M.-C.布卢默尔－马亚尔夫人）

（相当于1996年的大约39万美元），即使这样的妥协也没有得到舒勒明确的设计批示，不过，最终市政府还是将该项目交给了马亚尔去完成[27]。随着这次建设合同的签订，马亚尔也逐渐开始公开表示他对市政当局的不满，尤其是当他们对自己的设计观点进行攻击时，因为政府总是坚持要求他进行详细的应力计算，却对结构的整体性能表现得毫不在乎。

马亚尔与权威之争

8月初，马亚尔与市政当局针对一份咨询报告发生了严重的分歧。在公共项目中，政府官员对新的设计理念征求学术意见是司空见惯的。里特尔教授就曾为施陶法赫尔桥和楚奥茨桥担任过咨询工作，如果没有生病，他也很可能会被要求就施泰纳赫桥进行设计咨询。在马亚尔看来，市政府与舒勒的密切往来和自己与里特尔老师的关系是完全不同的。与里特尔不同，舒勒不能轻易地构想出结构的整体表现，而是更喜欢看到详细的应力计算结果，因为在那当中他便很容易发现马亚尔的设计缺陷。

19世纪的里特尔教授视野开阔，他的教学内容包括金属、木质和石材的桥梁设计。他认为，结构理论不仅体现在公式和实验室的试验方面，其还应当涉及可视化的内力图解分析方法和足尺的加载测试。比里特尔小13岁的舒勒却更像是一位20世纪的学者，因为对于他而言，学术规范和与规范相关的研究是核心，详细的实验室研究优先于实践。

当时城市建设总监 L. 基尔克曼（L. Kilchmann, 1852-1926）将马亚尔的设计送给舒勒进行审查时[28]，舒勒对应力分析问题的执着导致他与马亚尔的观点不一致，令舒勒担心的是：在马亚尔的计算假定中，将拱归结为一个实体层，而实际上它却是由砌块构筑的两个独立层。从理论上讲，舒勒正确指出了马亚尔计算的不够详细，不足以确定施工过程中的正确应力。同样的问题里特尔教授在楚奥茨桥中也遇见过，然而里特尔老师能够理解马亚尔的想法，知道他的设计在结构上是合理的，可以进行足尺载荷测试从而确认其结构性能。在质疑马亚尔设计的过程中，舒勒造成了建筑商和政府工程主管之间的严重分歧并导致了工期的延误。除了施工的应力问题之外，舒勒还反对马亚尔减少拱壁厚度的计划，而该厚度正是源于市政建设部门。按照合同要求，所有变更必须征得舒勒同意，而这位先生却在 8 月离开了圣加仑市并且再也联系不上了，因此自然也就无法对方案置评了。

因舒勒缺席，基尔克曼不仅拒绝批准马亚尔的新图纸，而且还用尖刻的文字强烈批评了施工进度的延误。对此，马亚尔愤怒不已，他认为，问题的根源在于舒勒，因为他只相信分析而非设计。这是马亚尔第一次发现自己与权威当局公开的意见不合。他完全摆脱了大多数其他工程师都可能会感到的后怕，相反，马亚尔的本能反应却是尽可能积极地与基尔克曼展开正面交锋[29]。

马亚尔争辩说，由于不得不按照舒勒教授的要求对方案进行变更，因此只有当他能够按照自己的计划行事时，才会对工期延误负责[30]。他不同意市政当局的应力计算要求。此外，他还提到，如果舒勒回来后认可了政府部门的计算结果，那么，他就会提交基尔克曼要求那种更大壁厚的拱，并且也不会再要求任何额外的收入。然而如果舒勒认可了马亚尔的设计方案，那么政府将必须支付额外的材料费用。马亚尔无所顾忌地对基尔克曼写道："如果你确信自己的计算结果将会得到咨询专家的批准，你就应该很愿意接受我们的方案。然后，桥便会根据你的意愿建造，而且不会再多花你一分钱。[31]"

事态峰回路转。基尔克曼缓和了他的口吻，甚至承认他先前的信中有一些错误。8 月下旬，他终于与马亚尔达成了一项协议[32]：马亚尔将按照政府建筑部门应力计算所要求的那样增加拱的截面尺寸，而额外成本负担将由舒勒确定[33]。大桥项目继续前行，但七、八两个月份的工期延误意味着大部分工程要到次年春天才能进一步完成[34]。

不过那年夏天，舒勒和基尔克曼并不是马亚尔唯一的问题；到 7 月 25 日，马亚尔公司在圣加仑桥的施工现场上有 150 名工人，马亚尔必须为他们按时发放报酬。资金困境的原因之一在于桥梁合同所需的 6000 法郎担保金，而为履行气罐合同所必需的大量资金支出更让上述问题捉襟见肘。所有公共项目的建设者都面临着资金压力，因为通常只有当项目竣工时，甲方才会支付报酬，但在此之前，承包商却必须雇佣员工、维修设备和订购材料，所以，借贷款是工程建设的不二之选。7 月，马亚尔有一批未偿还贷款，但公司目前却还没有回报，并且马亚尔也很难再进行资金周转了。如此困境令他看上去筋疲力尽、脾气焦躁[35]。

1902 年 10 月 3 日星期五，一个新生命来到了这个世界上，小男孩名叫埃德蒙·贝尼代托·马亚尔（Edmond Benedetto Maillar），其中包含了马亚尔和玛丽亚父亲的名字，儿子的出生暂时缓解了马亚尔的忧虑[36]。马亚尔的母亲内尔塔也从伯尔尼赶过来，与护士、女佣和宝宝一起住进了夫妻二人位于里吉广场的家中。马亚尔兴高采烈，从圣加仑发出的几张明信片反映了他良好的精神状态，虽然公司目前并不怎么赚钱，却在蒸蒸日上，并取得了显著成就。更重要的是，马亚尔本人已经开始在瑞士显山露水，成为业界一位具有杰出才能的工程师，他爱啃硬骨头，喜欢承担高难度的结构项目，愿意研读钢筋混凝土的书籍，也善于撰写这方面的文章。马亚尔现在所需要的只是机会，设计与施工的机会。

随着1902年项目的开始，马亚尔第一次体会到了自己职业生涯的中心问题——太过专注于设计而不是生意。每一个技术问题都需要亲力亲为，而许多问题也皆因他的创意而起。如今的马亚尔还不能像埃内比克那样，把设计图纸或合同谈判交给别人去完成。因此，他目前只能依靠自力更生来开展公司业务。

到1902年底，马亚尔就已经必须面临很多创新的障碍——权威、传统形式和商业管理，这些障碍将会在接下来的38年的时间里令他产生挫败感却时而又能激发他前行。然而自相矛盾的是，这些障碍却也是瑞士保守社会的基础，并且马亚尔还能够驾轻就熟。在马亚尔的职业生涯中，没有激进的政治或社会倾向，仅仅算是个30多岁的激进派设计师而已。与这一时期的许多建筑师不同，他从不把激进的建筑与激进的政治联系起来。马亚尔从来没有想到，当拒绝一位保守的工程项目官员的想法时，他也可能是正在拒绝瑞士保守资产阶级民主的僵化传统。事实上，在这个时候，建筑和社会之间的任何联系对他来说都是荒谬的。随着第一次世界大战的爆发，他开始震惊地意识到这其中存在着某种联系，并在20世纪30年代末开始对这种现象展开论述。但当1903年的钟声敲响时，马亚尔的眼里只有生意和家庭；两者之间通过婚姻需求和商业利润联系在了一起，他希望通过自己彻底的形式创新来实现双赢。

第一部杰作：塔瓦纳萨桥（1902-1905）

比尔威尔与楚奥茨

在1905年之前，还没有什么项目能比塔瓦纳萨桥更清楚地体现出马亚尔的工程设计理念。而塔瓦纳萨的创意和自信最初则是源于1900年楚奥茨桥设计，以及1903年中期比尔威尔（Billwil）的桥梁委托，再到同年后期对楚奥茨桥缺陷的研究，进一步发展到对1904年落选项目中缺陷的试探性解决方案，并最终在1904年9月的塔瓦纳萨大桥设计竞争中脱颖而出，达到了成熟的设计水准。

有了楚奥茨桥的设计经历后，马亚尔便抓住机会提交了一座新桥的竞标书，该桥的工程地址位于圣加仑州图尔河（Thur River）畔的比尔威尔村[37]。州政府希望建造一座两跨桥梁，造价控制在548000法郎左右，同时，政府也允许承包商提出自己的设计方案。马亚尔意识到了这座桥的设计与施工难度，因为其跨度几乎达到楚奥茨桥的两倍[38]。很显然，比尔威尔大桥将会成为那个时代的一个大型结构，机会难得，马亚尔迫切希望利用他的钢筋混凝土空腹箱形结构使之成为现实。1903年5月马亚尔就已经获得了空腹箱形结构体系的设计专利，从而使他能够在5月28日提交给圣加仑州政府的图纸上盖上"马亚尔拱梁体系"的印章（图24）。五天后，他提交了一个正式方案，其造价为39440法郎[39]。

6月26日，也就是他获得第一份大桥设计合同将近一年之后，马亚尔被告知他赢得了比尔威尔桥的合同[40]。在所有提交的设计中，该州选出了两个最为经济的方案，一个来自马亚尔，另一个则出自耶格公司（Jaeger and Company），州政府也将它们都送到威廉·里特尔处进行审查。里特尔推荐了马亚尔设计的两跨三铰拱而非耶格公司的两铰拱。再次地，他为他以前的学生提供了至关重要的支持[41]。比尔威尔的设计委托是马亚尔作为公司领导所进行的一次三铰拱首秀。按照楚奥茨桥的流程马亚尔完成了设计工作，并于8月6日寄出了他的计算结果和图纸。随后，州政府将其送至里特尔教授处进行审查，里特尔向马亚尔询问了一些细节，并敦促他再次检查楚奥茨桥拱顶处曾经出现过的裂缝。马亚尔回信指出：他比尔威尔的设计更加保守，不过他也确实注意到楚奥茨桥的开裂问题，因此他同意在比尔威尔桥拱冠处增加钢筋用量[42]。这是里

第一部杰作：塔瓦纳萨桥（1902-1905）

图24　位于比尔威尔的图尔桥（资料来源：马克·雷德绘制）

特尔教授最后一次给政府写报告，随后，他便在1904年因健康不佳而住进了疗养院；两年后，里特尔教授便去世了。里特尔对马亚尔的帮助是巨大的，使其早期创新设计获得了业内认可。里特尔的过世或许也将会让马亚尔的前程混沌，使他那些更成熟的设计创意更难以付诸实施。

时间来到了10月，比尔威尔桥基础的混凝土结构和石材覆面已完工。随后便开始了拱体的精细化施工：首先，在河道上建造临时的小型混凝土墩台，在墩台上，马亚尔设计了一组轻型木质脚手架用于固定模板平台，再由平台支撑桥拱。马亚尔雇用了大约40人进行现场施工，包括铺设木模，安放钢筋，浇筑混凝土板。马亚尔对经营运作非常自信，除了施工监理还负责制定整个施工的程序。冬季施工暂停后，来年3月重启，1904年4月，脚手架被拆除，桥梁自由站立了[43]。

对马亚尔来说，比尔威尔是一个至关重要的考验。他在竞赛中获得的设计许可的确存在里特尔教授提携的因素。但比尔威尔是马亚尔负责设计、建造并承担经济责任的第一座桥梁，因此他必须一直在现场，直接负责所有细节。在此之后，马亚尔便不再愿意成为政府项目的代言人，无论是在设计还是建筑方面。

重返楚奥茨

1903年9月，比尔威尔桥仍在如火如荼的施工建设中，马亚尔作为苏黎世代表前往格劳宾登州的首府库尔，参加瑞士工程师与建筑师学会两年一度的会议。在库尔，他会见了雷蒂亚铁路公司的当地总监阿希莱斯·舒卡（Achilles Schucan），1900年，他曾与雷蒂亚铁路公司就楚奥茨合同进行过谈判。这次一见面，舒卡便要求马亚尔检查并正式报告在楚奥茨桥出现一些裂缝的问题，闻听此事，马亚尔便匆忙从会议结束后的宴请中脱身，登上了去楚奥茨的公共汽车。第二天早上，他研究了桥台附近竖墙中出现的裂缝，这些墙的位置最高，承受的荷载最小。他认为裂缝是由温度和湿度引起的，这座桥并没有危险，但需要维修。这些观察使马亚尔对自己的专利进行了重新思考[44]，虽然在此之前，这项专利本身就已经受到了质疑。

弗罗泰-韦斯特曼公司已经把马亚尔告上了法庭，理由是他在开发楚奥茨大桥时还仍然是公司的雇员。10月2日，法官做出了有利于马亚尔前老板的裁决，并驳回了他的"马亚尔拱梁体系"专利。那天晚上到家之后，马亚尔试着将这件事抛诸脑后，一笑了之，但写在脸上的失望却是显而易见[45]。马亚尔对专利权的丧失加重了他对资金问题的一贯担忧。早在春末，这种囊中羞涩便已经开始影响到了他的个人生活，虽无大碍，却令人百爪挠心。5月的一天，他在伯尔尼火车站碰见了玛丽亚的一位医生，两人一起坐进了头等车厢，那位医生在布格多夫（Burgdorf）下车后，马亚尔便立即转到了二等车厢。当月晚些时候，他不得不推迟了伯尔尼的行程，直到察恩带着他能使用的铁路通行证回来。到了 6 月，他甚至已经穷困得连冯·米勒和玛丽亚出席的一场射击比赛的门票钱都负担不起了。在法庭判决后，马亚尔将玛丽亚每月的家庭津贴从 280 法郎减少到 250 法郎，并解雇了一名仆人，而当玛丽亚对此提出异议时,他立刻变得非常愤怒。显然，马亚尔对自己的处境很敏感，而且在与意见不合的人打交道时缺乏理智[46]。

马亚尔的固执己见导致了家庭问题，也造成了事业上的短期困难。他决心要坚持建造楚奥茨式的桥梁。1904 年中期，在苏黎世的乌托桥（Uto Bridge）设计竞赛中，马亚尔提交了类似于楚奥茨桥的方案。为此，他加厚了外墙和桥台附近所有的侧墙，以加强结构刚度，防止出现在楚奥茨桥上观察到的那种裂缝（图25）。虽然在这次竞赛中失利了，但他却仍不愿意放弃采用空腹箱形拱桥[47]，不过马亚尔也知道这种结构体系确实需要改进[48]。对于任何观察到的结构困难，都有两种解决办法：一种是用额外的材料来消除裂缝；另一种是通过改变形状来避免裂缝。在失去乌托桥的机会之后，马亚尔开始寻找一种材料形式上的解决方案。实际上，这正是钢筋混凝土设计的核心问题，这也使其在概念上有别于石材和钢结构设计。

对于当时的瑞士官员来说，钢铁材料是一种不受欢迎的现代工业必需品。虽然公共设施业、工厂、铁路和起重机是现代世界财富的必需品，但 19-20 世纪早期的工业化城市却更喜欢石材，因为它们能够展现出议会、桥梁和歌剧院的文明与文化。城市建筑的一个中心问题是如何把有用的东西人性化，同时令工程作品更具纪念意义。有洞察力的建筑评论家在 20 世纪初就意识到了这个问题，早期的现代建筑力图将实用和优美相结合[49]。然而在苏黎世，城市的领导者却拒绝了马亚尔的桥梁。因此，为了使自己生意兴隆，马亚尔不得不等待时机，寻找公共桥梁之外的设计任务。

为了更好地理解马亚尔在 1904 年的设计哲学，就必须准确地认识石材和钢材的材料特性，包括两者之间的差别以及它们与钢筋混凝土的不同。科学地说，

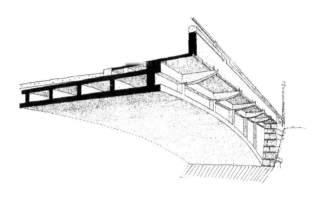

图25　苏黎世锡尔河上的乌托桥，马亚尔的竞赛方案（未建成）
（资料来源：由马克·雷德绘制）

石材的主要缺点是抗拉强度低。为了克服这个缺陷，直到 19 世纪，几乎所有的石材结构都只好采取如下形式：柱、厚壁、短过梁、相当大跨度的拱和高高的穹顶，其目的都是减小拉力。从社会公众的成本意识来看，石头总是昂贵的，必须用于具有永久性的目的或是在木材不可替代时采用。琢石需要大量的劳动力，且伴随着 19 世纪的流逝，石材的使用愈发被严格限制在纪念性都市建筑中，主要目的是为了增加建筑作品适度的庄重感。

石材有着悠久的历史传统，更重要的是，其在形式上基本没有被工业革命所触及，因此，石头总会让人回忆起过去。对于结构工程而言，无论你拥有多么高深的物理或数学知识，如果被限于只能使用石材，那么即使到了 20 世纪晚期，罗马式渡槽和哥特式大教堂也难以改进。因此，石头的永久性象征着它所表现的事实——过去幸存下来的辉煌纪录。在过去的 200 年里，大多数人都认为石头建筑即象征着城市的持久辉煌。

这种理念如此强大，以至于一些试图使用新材料的著名设计师最终都要屈服于此。例如，勒·柯布西耶和路易斯·康都曾设计过实体的混凝土作品，即便它们都不是对砖石结构的复制，却也必须反映出巨大的石材质感。对于许多设计师、包括工程师

或建筑师而言，要求他们掌握结构的性能表现似乎显得过于苛刻，然而简单的了解却又无法抓住设计的要领，因此，他们的设计理念只是在形式上添加了混凝土材料。石头或石头状的外观，变成了披在结构身上的外套，或者是一种严重扭曲，令简单的荷载支撑问题在形式上变得更加传统。不过当然了，建筑物必须用墙体封闭，因此它们结构的表现力也不会像桥梁那样突出。

另一方面，钢或锻铁为石材的使用提供了一个方便的陪衬。从科学角度而言，钢材的主要缺陷是生锈和不耐火，因此，它的使用总会受到其固有的缺乏持久性的制约。在公寓、办公室、宾馆等建筑中，钢结构必须覆盖防火材料，如陶土或混凝土；如果暴露在外，则必须不断地进行油漆覆面。另外，钢材的价格也相对昂贵，其利用的必要性在于卓越的强度，但要具有竞争力，钢构件就必须做得很细长。即便如此，几乎所有的钢结构设计都必须使用标准直杆，并且通常都只能集中在工厂里大规模生产，因此，钢结构施工就涉及运输到现场的标准件组装。在最经济的情况下，一个钢结构就是由许多直杆通过简单连接所形成的骨架，这样的设计就变成了一种构件的悬挂方式。在视觉上，钢结构骨架的很多薄壁杆件通常会显得过分混乱[50]。

沿袭着埃内比克和其他人的设计观念，在1905年之前，马亚尔在其文章中一直将钢筋混凝土看成是石材和钢的结合物，从而巧妙地回避了所有的反对意见。钢筋混凝土中埋入钢筋克服了石材抗拉能力低的缺点，混凝土保护层又赋予了钢筋一定的耐久性，两者的结合相得益彰。

钢筋混凝土代替了石材切割的高成本，因为它用木工代替了石匠。虽然两者都必须安装在木制或金属的脚手架上，但对于钢筋混凝土来说，其脚手架可以比石头的更轻，因为它的结构更轻。木制模板条件下的混凝土正确成形技术导致钢材用量的显著降低。钢结构造价高的一个原因是：除非存在支撑，否则在受压时，轻而直的杆件便很容易屈曲。钢结构连接的大

图26　位于塔瓦纳萨的莱茵河桥，1905（资料来源：马克·雷德绘制）

部分成本都是为了防止这种屈曲。然而在钢筋混凝土结构中，混凝土承担了大部分的压力，钢材则承担了大部分的拉力，几乎消除了所有钢结构中的昂贵连接方式。最后，与当时的许多设计师观点不同的是，马亚尔相信新的材料将带来新形式，而非对过去的怀旧，混凝土拥有石头一样的永恒品质，它的形状是轻盈的，钢筋混凝土结构是无法直接同石材或钢结构相互比较的。

塔瓦纳萨大桥的突破

在塔瓦纳萨大桥设计中，马亚尔实现了自己所追求的形式，而这种形式诞生在1904年8月初到塔瓦纳萨的旅途中。其主要参考点仍然是楚奥茨的空腹箱形截面三铰拱结构体系。但这次马亚尔试图移去那些最靠近桥台的垂直纵墙（图26），从而消除在楚奥茨桥上

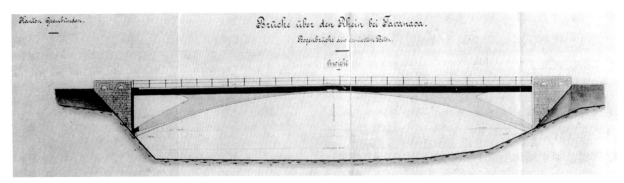

图27　位于塔瓦纳萨的莱茵河桥，立面图（资料来源：苏黎世马亚尔档案室）

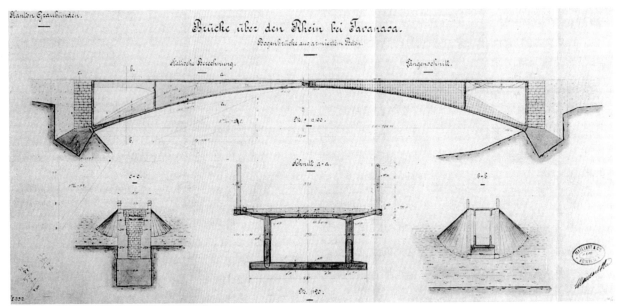

图28　位于塔瓦纳萨的莱茵河桥，剖面图（资料来源：苏黎世马亚尔档案室）

出现的裂缝问题，同时也能够产生出一个看起来更加轻盈的形状[51]。此外，新桥的两个支座和桥冠在视觉上非常薄，充分体现出了三个铰结点的结构特性。相比之下，拱形轮廓在铰结点之间逐渐加宽，更进一步强调了铰结点处的薄度（图27）。这种透镜状结构的优点是：提高了关键位置处的截面抗力，这里的关键位置是指活荷载（桥上的机动车重量）对三铰拱产生最严重影响的地方（四分之一跨距，即两个铰结点之间的中点处）。最后，这座桥梁的视觉冲击力与石材或钢结构桥明显不同，它的确呈现出石材（人造石头）的效果，但细长的结构形式却是纯粹的砖石或无筋混凝土材料无法实现的（图28）。

马亚尔为10月1日的塔瓦纳萨大桥设计竞赛准备了一套精美的彩色图纸[52]。在竞赛申请截止日后不久，马亚尔便得知自己的低价竞标方案已被采纳了，但是州政府再次坚持让瑞士最知名的设计顾问——接替已经退休的里特尔老师的苏黎世联邦理工学院教授埃米尔·默施（Emil Mörsch, 1872-1950）来审查这个不寻常的设计方案[53]。出生于德国的默施把自己标榜为钢筋混凝土领域内最顶尖的两三个德国学生之一，其成就主要体现在：曾担任韦斯 - 弗赖塔格公司技术总监，1902年出版的关于钢筋混凝土的著作，以及设计过的一座创纪录跨长的三铰拱桥,该桥横跨格林瓦尔德的伊萨尔河(Grünwald, Isar)。对于塔瓦纳萨桥,他极力推荐马亚尔的设计,并且认为只需稍加修改即可。当然,马亚尔的这个创意还必须接受权威机构的进一步审查[54]。

在塔瓦纳萨桥的设计中,马亚尔打破了源于罗马拱桥的深拱肩墙先例。他的创新之处在于:将三个铰结点体现在拱的厚度最小处,而在铰结点之间,拱与水平桥面板相接合以提供必要的刚度。虽然铰结点使得拱对地基沉降或温度变化不再敏感,但却增加了拱在卡车荷载作用下的柔度。正是由于拱体与桥面的融合才使得结构的刚度足够大,从而使卡车的荷载效应可以忽略不计。在众多提高刚度的方法中,马亚尔选择了最令他满意的一种:在四分之一跨度处,拱的截面高度最大,然后向着每个铰结点方向,截面尺寸逐渐减小。整个1905年,马亚尔都一直密切关注着大桥的施工,同年9月28日,大桥成功地完成了加载测试[55]。

在马亚尔的设计生涯中,塔瓦纳萨桥的影响力不大,但对第二次世界大战后最优秀的结构艺术家却产生了强烈影响。克里斯蒂安·梅恩(1927年出生)便是遵循着马亚尔塔瓦纳萨桥的设计思路开始了自己的职业生涯[同样是位于格劳宾登州的勒兹瓦尔德大桥(Letziwald Bridge)],他说:"50年后,塔瓦纳萨桥的结构原理仍然是最具优势的(1957年)。"正如其他媒体的艺术家那样,梅恩深受前辈(马亚尔)的影响,可以说,马亚尔的设计有助于形成20世纪后75年的桥梁设计新视野[56]。费利克斯·坎德拉(生于1910年)和海因茨·伊斯勒(生于1926年)都是混凝土薄壳屋面的设计大师,他们谈到了马亚尔的桥梁新形式对结构艺术的促进[57]。今天,人们对于塔瓦纳萨大桥的推崇正是因为它是少数几个具有开创性的钢筋混凝土作品之一。

梅兰、默施与里特尔

虽然三铰拱桥在1905年很常见,然而马亚尔的视角却别具一格,他看到了三铰拱更多的可能形式,这是其他设计人员未曾想到的。在19世纪,金属三铰拱的建造传统非常普遍,它背后的原因是其可以消除温度应力,梅兰同时也大大简化了结构分析,因为当时无铰拱的分析问题是极其复杂的。即使处在世纪之交,钢筋混凝土的三铰拱桥也不少见,其中最大的在役桥梁为横跨伊萨尔河的公路桥(两跨全长230英尺,高42英尺),是由埃米尔·默施于1900年前不久设计的。这座桥预示着马亚尔要开发的三铰形式的开始:拱的轮廓尺寸在两个铰结点的中点处最大(47.2英寸),然后向铰结点处倾斜(起拱点处为35.4英寸,拱冠处为29.5英寸)[58]。

三铰拱的更早雏形出现在1886年2月的柏林,因为当时正在那里进行着有文献记载以来第一次系统的拱形结构试验。其中,全部6个被测试的结构中的第5个就是1905年马亚尔塔瓦纳萨桥设计创意的源泉。这些柏林试验结果发表于1908年恩佩格所著的《钢筋混凝土施工手册》上,并且伴随着上述资料的出现,工程师约瑟夫·梅兰又发表了一篇有关拱的理论文章,其中,他特别强调了钢筋混凝土拱。论文中,梅兰讨论了一些最佳的基本形式,即"最令人赞许的拱形式"以及次要形式,或称"拱的厚度",并从数学上对这些拱的形状进行了讨论;其中,有关三铰拱最合适的次要形状图表也清楚表明了默施所采用的设计原形。而马亚尔则以一种全新方式在视觉上进一步发展了上述形式[59]。梅兰的表述说明了自己是一位典型的应用科学家,因为他非常关注理论和数学公式。相比之下,马亚尔的形式特点则充分体现了他的设计理念,即数学计算远不如混凝土的物理性能重要。

混凝土桥梁设计中的主要问题不是数学上的复杂性,而是如何解决由于温度变化所引起的冻融循环、膨胀和收缩问题,以及恰当的道路排水、支座与节点

图29 埃米尔·默施的三铰拱桥形式：位于格林瓦尔德的伊萨尔河公路桥，1904（摄影：D·P·比林顿）

图30 莱茵河上的塔瓦纳萨桥（资料来源：M.-C.布卢默尔－马亚尔夫人）

的细部构造、混凝土中的钢筋配置方式等问题。1990年，混凝土结构领域内的一位著名学者也罗列出了上述这些对混凝土设计至关重要的问题，然而谁又会想到，马亚尔（紧随里特尔教授）在90年前就已开始关注这个问题了[60]。

尽管马亚尔在1902年创立自己的公司时，他许多形式上的创意也曾有过部分先例，但正是马亚尔的远见卓识才使其潜力得以持续发挥。而其他人的设计，比如默施的伊萨尔桥，无论拱体多么薄，都缺乏马亚尔成熟作品的视觉效果；要么轮廓变化太小，起拱点墩台不必要地笨重，要么水平桥面和曲线拱之间没有明确的连接（图29、图30）。然而马亚尔的设计则使混凝土拱成为接下来几十年的常见形式。即使马亚尔的专利在1903年底被法院宣告无效，也仍然没有人会在20世纪30年代之前学会使用他的创意。

里特尔的去世对马亚尔是一个重大损失，在接下来的20年里，再也没有哪位学术型工程师愿意主动支持他的创意了。在20世纪20年代之前，塔瓦纳萨桥成为马亚尔实现其愿景的最后一次机会。虽然这座大桥是技术和视觉上的胜利，但可惜它却位于遥远的格劳宾登。而就在塔瓦纳萨桥之前，他为苏黎世乌托大桥设计的空腹箱形结构，却因主要是出于美学考量被否决了。乌托大桥设计竞赛是马亚尔参加的第一个团评制比赛；而比尔威尔桥的决定权却来自一位遵照里特尔教授咨询意见的州政府工程师代表。对于乌托桥的比赛失利，马亚尔在给妻子的信中写道："我们的设计根本不能取悦普通大众，对他们来说，需要的只是平庸和普通！[61]"

然而，早年在国内不得志的马亚尔却得到了一些国外同行的认可。截至1905年，在少数几个能够领悟马亚尔的理念的人中，奥地利的弗里茨·冯·恩佩格（1862-1942）是最知名的一位。1902年，冯·恩佩格创办了第一本专门研究钢筋混凝土结构的技术杂志，1907年，他开始出版自己的多卷本《钢筋混凝土结构手册》（Handbuch für Eisenbetonbau）一书，这是当时最全面的钢筋混凝土结构资料汇编。恩佩格察觉到了马亚尔的新意，并立即在乌托桥比赛的详细评论文章中将这些设计创意发表出来，其中包括了马亚尔技术报告的完整再现；如果没有这位奥地利工程师出版的文献资料，马亚尔的这份报告便可能永远也无法与世人见面了。冯·恩佩格赞扬了瑞士的设计竞赛制度，但也批判了乌托大桥的评审团过于重视"建筑"，意指石材外观设计的这件事；在他看来，马亚尔的设计明显是最好的[62]。数年后，冯·恩佩格在他的《钢筋混凝土结构手册》里刊载了楚奥茨桥和塔瓦纳萨桥的设计混凝土结构寻找并开拓出更广阔的市场,这一探索的结果将催生出一种改变了整个20世纪建筑设计方式的重要的创新结构形式。

1904年9月,应实力雄厚的水泥制造商行业协会的邀请,马亚尔在巴塞尔发表了一篇题为"钢筋混凝土建筑"的演讲,席间,他表达出对混凝土作为20世纪建筑新材料的愿景。这次讲话是在一家由钢筋混凝土建造的酒店里进行的,并且其在1901年的施工建设中还发生过坍塌事故。马亚尔在当年就对这起事故有所感悟,如今的演讲就更促使他再次强调合理施工范例的重要性[63]。另外,他还向大家介绍了一些钢筋混凝土可能的应用场景。巴塞尔的这次讲座是针对未来具体问题提出的一个纲领,也是马亚尔愿意承担几乎任何结构设计的一种姿态,他将以此为契机,去展示钢筋混凝土新材料的巨大潜能[64]。马亚尔宣布,自己将会投身于另一个新领域,同时,也向瑞士人展示了许多其他国家已竣工的建筑结构范例[65]。

良好的开端是成功的一半,马亚尔很快便获得了两个疗养院的建设合同,一个位于达沃斯,另一个在其附近。受到19世纪中叶在达沃斯几乎从未发现过结核病例的启发[66],苏黎世普夫勒加德-海菲利事务所(Pfleghard and Haefeli)为该镇设计了一座全新的大型疗养院——也就是后来著名的沙茨阿尔卑(Schatzalp)酒店,其施工方正是弗罗泰-韦斯特曼公司,而在当时,马克斯·冯·米勒和罗伯特·马亚尔都是韦斯特曼公司的员工。1901年,还是这两位建筑师在达沃斯湖北端的沃尔夫冈再次设计了一家德国疗养院。三年后,为这些疗养机构增建附属结构的设计和施工任务便也交给了马亚尔[67]。此外,马亚尔又于1905年在那里完成了亚历山大女王疗养院(Queen Alexandra Sanatorium,图32)的工程。达沃斯位于格劳宾登州,这是一个十分吸引马亚尔的地方,他早期的设计作品都在这里。格劳宾登是瑞士最大、人口最少的州,并且是参与式民主制度历史最悠久的地方,这里的居民崇尚独立,比大多数瑞士人更愿意以一种开放的心态

图31 塔瓦纳萨桥上的妻子玛丽亚与儿子埃德蒙(资料来源:M.-C. 布卢默尔-马亚尔夫人)

细节。这些作品在很大程度上都被专业人士所忽视了,不过当然,多数人还是能够认可罗伯特·马亚尔的设计主张的(图31)。

再见吧,桥梁(1904-1909)

从巴塞尔到达沃斯

马亚尔的创新在这个成熟的世界里几乎无人察觉,瑞士的塔瓦纳萨桥给他带来的只是并不丰厚的利润和很少的口碑;与此相反,却激起了公职人员的强烈审美争议,以至于他的桥梁设计实践在1905年末至1910年间几乎停滞不前。1909年,他在瓦特维尔(Wattwil)建造了另一座桥,但建筑师却对桥梁结构进行了外装修。对此,马亚尔只好另辟蹊径,试图为其他类型的

图 32 施工中的达沃斯亚历山大女王疗养院（资料来源：M.-C. 布卢默尔 - 马亚尔夫人）

去接受设计创新[68]。

这个地区令人着迷，就连马亚尔时代的著名作家托马斯·曼（Thomas Mann）也将达沃斯作为他小说《魔山》（*The Magic Mountain*）的背景。曼使这个地区成了第一次世界大战前欧洲文化的象征性景观。它"稀疏且贫乏"的环境，加之恶劣但健康的气候条件，都有助于塑造它避难所的形象。这里成了规划新革命和创造伟大艺术的乐土[69]。20世纪的雕塑家阿尔贝托·贾科梅蒂（Alberto Giacometti）就生长于格劳宾登，他的作品最能表达出从这些"稀疏或贫乏"形式中诞生的狂躁美创意。

1904年，马亚尔又完成了另一项具有独特格劳宾登风格（Graubünden）的设计作品，体现出了马亚尔除桥梁之外的设计理念，这是位于蒂芬卡斯特尔（Tiefencastel）附近的雷蒂亚铁路上的一段横向坑道。在修建阿尔布拉铁路的过程中，需要在进山口处开凿许多隧道，然而陡峭的岩壁高耸于隧道洞口之上，常常带来岩石滑落破坏轨道的危险（图33）。这些隧道入口周围的横向坑道便成为避免岩石坠落的保障。这次，马亚尔正是负责设计与施工其中之一：它由跨轨道上方的拱形悬臂梁构成，并由其支撑上部的扶垛墙，墙后的填土会阻碍岩石坠落从而起到了保护轨道安全的作用（图34）。

这一次，冯·恩佩格又只身一人对马亚尔的设计质量给予了充分肯定，并将该设计纳入了自己的《钢筋混凝土结构手册》一书中，恩佩格评论道"一个完全原创的形式……这是苏黎世的马亚尔公司为瑞士雷蒂亚铁路完成的一件设计作品"[70]。横向坑道是马亚尔早期设计或建造的许多创意之一。它们既不够大，也不常重复出现，所以还不足以令马亚尔的建筑公司生意兴隆。然而，大型疗养院项目却着实有着巨大的利润前景。

马亚尔转行从事建筑和其他功能性项目，帮助拓展

再见吧，桥梁（1904-1909）

图33 蒂芬卡斯特尔附近的山崩保护结构，1904（资料来源：M.-C. 布卢默尔 - 马亚尔夫人）

了公司业务，并最终给他带来了一定程度的经济收入。1906年1月，马亚尔夫妇放弃了他们位于苏黎世的公寓，搬到了距离苏黎世湖以东几公里处的基尔希贝格（Kilchberg）。在搬家之前，他们共同在阿罗萨（Arosa）度过了一个短暂的寒假，即便是在度假，马亚尔也不得不离开玛丽亚和儿子埃德蒙，因为他还有生意要做[71]。很显然，这对母子能够在度假胜地待上两个月的事实也表明了马亚尔工程师的业务日益繁荣了起来[72]。

8月13日，玛丽亚生下了她的第二个孩子，是名为玛丽-克莱尔的女孩。在婴儿出生后的几个月里，马亚尔的脸上总是洋溢着幸福的笑容，在他给玛丽亚寄去的信件与明信片上很明显地流露出了他作为父亲的自豪感[73]。

建立声望

1905年12月，为了表彰马亚尔在钢筋混凝土设计和施工方面的优异成果，他被任命为规范委员会委员，这个七人委员会的目标就是要在1909年之前制定出瑞士的钢筋混凝土国家规范[74]。马亚尔曾在1902年成立的苏黎世委员会（七人委员会的前身）任职[75]，1902年也是钢筋混凝土的关键之年，因为当年出版了第一本钢筋混凝土的主流教科书[76]，开始了相关规范的编写工作，并澄清了1901年巴塞尔酒店倒塌的原因，从而在很大程度上减轻了人们对钢筋混凝土的质疑[77]。然而，如果说这种新材料因安全、耐用和经济性而正在被行业迅速接受，那么，当它作为一种裸露的表面或视觉形式的决定因素时，却还远远没有得到人们的关注，甚至其适用性都没有得到认可。苏黎世委员会1903年的那份有利报告有助于指导钢筋混凝土的设计，但出台国家规范则必须要更有说服力。

马亚尔与组成这个委员会的瑞士主要学术界人士的辩论激化了一场冲突，这场冲突将贯穿于工程设计人员和教授们之间。马亚尔的结构形式创新已经开始挑战那个时代传统的桥梁设计范式；现在，他那些有关结构分析的数学表达形式也开始同日益增长的工程实践产生冲突，因为人们更喜欢将工程实践当作学术研究成果的一种应用。马亚尔与学术界正在进行的辩论是对"工程学是一门没有艺术性的僵化科学"这一观念的最早且也是最清晰的挑战之一（第3章会介绍这些辩论）。尽管与一些权威不睦，但马亚尔的建筑生意却也逐渐兴旺发达。到了1905年，即使面临低价竞争，马亚尔的名声还是足以让他赢得更多的合同。其中之一便是位于阿罗萨的瓦尔桑纳酒店（Valsana Hotel）的附属结构，马亚尔的中标得益于他优于那些低价投标人的作品质量，包括弗罗泰 - 韦斯特曼公司[78]。

马亚尔继续进行着各种各样的工程项目，这使他在钢筋混凝土方面有了大量的实践经验，也为他赢得了声誉，人们逐渐开始信任马亚尔解决复杂结构问题的能力。1907年春天，当他开始研究利用虹吸渠（一种输水管道，管内水的流动依靠的是大气压力）来分流里恩渠道（Riehenteich）的水流时，一个相关项目便找上了门，

图 34　山崩保护结构（绘图：马克·雷德）

这个项目位于莱茵河北侧的巴塞尔市，将部分穿过巴登新火车站（Badischen Bahnhof）的地面以下[79]。

1906 年初，巴塞尔公用事业部发出了施工招标邀请；1907 年 2 月，当该部门评估出价时，马亚尔的投标文件有两个缺点：第一，他不是出价相对较低的人；第二，他不是巴塞尔人。尽管如此，建设部门的主管保罗·米歇尔（Paul Miescher）还是推荐了马亚尔："我有机会看到了马亚尔公司在建的大型工程，并因此可以确信他们的工作是足够认真的。不过必须指出的是，我更愿意让一家巴塞尔的公司来承担这个项目，除非有理由相信州界以外的公司是更好的选择。[80]"因为公用项目通常都会与政治荣誉和经济利润挂钩，所以瑞士的多数城市都会采用上述这种竞标方式。

与瑞士的其他许多大城市类似，巴塞尔有着悠久的历史和强烈的自我意识，是伊拉斯谟（Erasmus）、卡尔·巴特（Karl Barth）这些伟大宗教人物的故里，也是瑞士最伟大的历史学家雅各布·布克哈特的家乡，同时，此地因其发达的工业成了瑞士人均最富裕的城市。这下，米歇尔只能不情愿地承认巴塞尔工程师不能像苏黎世工程师那样承担这个项目，这种情况是令人不悦的。

米歇尔注意到，最低的出价来自一家巴塞尔公司与苏黎世耶格公司的合资公司，而耶格公司则一贯以来都是马亚尔的竞争对手。然而，这位建设主管并不认为这家合资公司可以像马亚尔那样值得信赖；他进一步指出，即使是马亚尔偏高的78240法郎的出价（折合1996年的80万美元）也远低于政府估算的9万法郎。

在马亚尔1907年的设计之前，虹吸渠是圆形的。马亚尔认为，对于覆盖土层外部所产生的巨大压力而言，这种圆形结构断面形式是低效的。因此，他设计了一种椭圆管截面，并用实验证明了其强度。在当时，对这种已经成为工程惯例的虹吸渠设计提出质疑是需要一定胆识的，因为这类项目的甲方通常都对任何形式的创新抱有封闭的心态，所以很少有人会为了设计创新而去冒失去佣金的风险。1907年3月5日，马亚尔的合同获得了批准；3月14日，他在苏黎世吉斯希贝尔（Giesshübel）区自家的预制工厂进行了椭圆管的测试[81]。

马亚尔的虹吸渠成功建成（图35）并于10月投入使用[82]。虹吸渠项目提高了马亚尔的声誉，而此时他的职业生涯仅仅只有5年，但是实际上马亚尔的这种

图35　巴塞尔虹吸渠，1907（资料来源：M.-C. 布卢默尔－马亚尔夫人）

图36 位于韦登斯维尔的普芬尼格厂（Pfenninger），1905（资料来源：M.-C. 布卢默尔－马亚尔夫人）

创新形式却几乎并未对混凝土结构的历史造成多大的影响。显然，这是马亚尔许多具备很高技巧性的设计项目之一，但却非根本性的创新，比如，这当中曾由他首创的预制路缘石和木制桅杆的混凝土底座。不过即使是在一些平凡的工程问题中，也能够经常看到马亚尔的新奇想法，椭圆渠便是其中之一。

建筑商与建筑师

对规范的争论、坑道的设计、虹吸渠的研究，这些并没有带来多少生意，所以从1905年春天开始，甚至在当年余下的所有时间里，马亚尔便几乎把注意力完全集中到了建筑物上。在苏黎世以南22公里的韦登斯维尔（Wädenswil），一家纺织厂的四层楼被委托给了他，这是马亚尔当年最大也最具挑战性的合同，他将第一次以建筑师、工程师和建筑商的身份去完成一座大体量建筑物（就像曾经在比尔威尔大桥中的角色）[83]。不同于桥梁，建筑甚至厂房通常都是由建筑师完成设计，工程师作为结构顾问，但马亚尔的设计却旨在直观地表现出建筑的骨架结构与外墙之间的结合（图36），而其结果是，带大窗的外立面得以显示出异常轻盈的结构框架，在马亚尔的这个结构方案中，由于大的跨度，于是室内自然采光充足，并且结构构件比典型的埃尼比克式框架还要少[图37（a）和图37（b）]。显然，马亚尔正在进行着简化和消除不必要的结构构件的尝试[84]。

伴随着在瑞士的生意兴隆，1905年11月，马亚尔在圣加仑又开设了一家事务所[85]。到了来年3月，这家事务所便获得了一份镇音乐厅的重要建设合同。这个项目的复杂性在于建筑内部和外部的钢筋混凝土骨架被完全隐藏于装饰性立面之下。在冬季休假期间，

再见吧，桥梁（1904-1909） 47

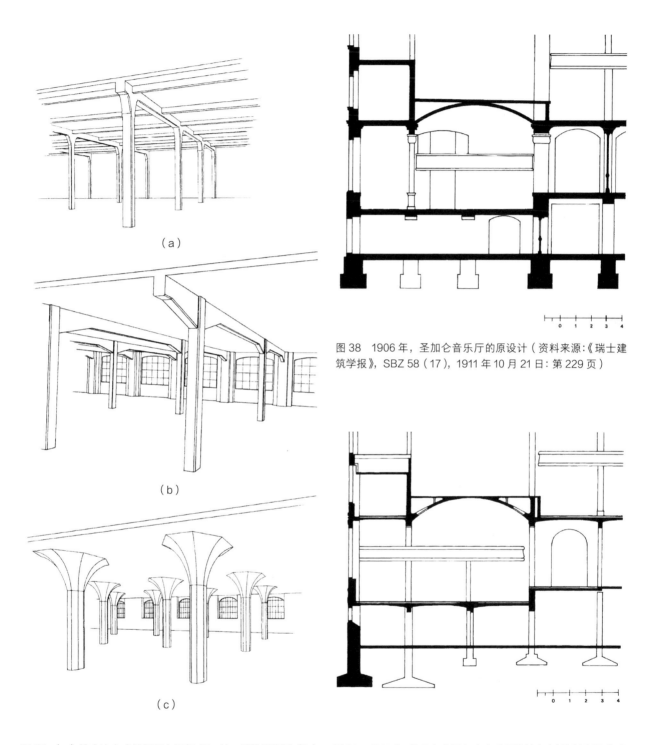

图37 （a）埃内比克式的混凝土框架：梁、柱、板的透视图；（b）普芬尼格厂的室内结构；（c）1910年的苏黎世仓库，马亚尔蘑菇柱体系的透视图 [绘图：马克·费农（Mark Fernon）]

图38 1906年，圣加仑音乐厅的原设计（资料来源：《瑞士建筑学报》，SBZ 58（17），1911年10月21日：第229页）

图39 1907年，马亚尔的圣加仑音乐厅设计方案（资料来源：《瑞士建筑学报》，SBZ 58（17），1911年10月21日：第229页）

马亚尔拿到了合同设计方案（图38），并开始进行建筑结构的变更工作，旨在为结构瘦身的同时提高其强度。其中，最引人注目的变化是在舞台的支座，在1906年建筑师的原图纸中，它出现在舞台楼板之下，像一个拱，让人想起1905年的塔瓦纳萨桥；而在马亚尔方案中，平板楼盖与弯曲的拱融为一体，因此拱冠处较薄，四分之一跨处最厚，开口处变小（图39）。虽然这个设计如今只能在图纸上看到，但却代表了将通常来说是离散的结构构件进行的创新性整合，显示出马亚尔为了更经济、更合理而不断减轻结构自重和集成结构构件的强烈愿望。即使马亚尔还没有在室外修桥，他也至少可以在20世纪初圣加仑最大的纪念性艺术建筑中构造一处与之相似的结构[86]。当然，对于马亚尔而言，无论虹吸渠还是音乐厅都可能不过是些小把戏，而真正面临他的将是来年的一个大项目，一个影响深远、商业前景广阔的项目。

钢筋混凝土的安全性

距离混凝土各种用途的巴塞尔重要演讲已经过去了5年，如今，马亚尔又开始了另一次演说的准备工作，这次的题目是"钢筋混凝土的安全性"[87]，至此，他已经形成了自己有关混凝土性质的基本观点。在这次讲座中，马亚尔强调道：尽管钢筋混凝土是由金属和混凝土这两种古老的材料所组成，但它却是足够新颖的。他意识到，这种新材料是两种传统构成的结合，这几乎就像是氧气和氢气的结合一样，而两者的结合则创造出了与两种单一材料具有完全不同性质的东西。同样，他看到了将那些众所周知的结构构件——板、梁、柱或板、墙和拱综合在一起的价值，因为它们提供了新的材料效率和新的美感。马亚尔还特别告诫道，不要制定如此详细的国家标准，因为那样将限制"经验丰富和尽职尽责"的设计师。

作为一名专业工程师，马亚尔知道，通过一些清楚的证据来确保这些新形式的公共安全是至关重要的，他需要一种新的理论作为这种设计的基础。马亚尔意识到，不管是无筋混凝土（本质上传统的石材）的理论还是钢结构设计理论，目前的发展都是不够的。但什么才能取代这些先天不足的理论呢？在马亚尔苏黎世的谈话中，我们仿佛已经能够找到一些端倪：他提出了一个基于大比例模型和足尺结构试验结果的理论，而非基于详细数学分析的方法，因为后者只是基于钢筋混凝土在荷载作用下的一些不切实际的假设。正如马亚尔所习惯的那样，他的理念和德国人的观点是相反的，后者相信计算，但经常导致完全错误的结果，而马亚尔则更相信加载试验的测量结果。

马亚尔观察到，混凝土结构"无法精确计算，因此更应当重视可视化的图解方式。"圣加仑市的气罐问题就是马亚尔图形加经验的设计方法与代数加理论方法相互角力的典型例证，而后一种方法却正在得到1909年瑞士工程界的青睐。此时，距离圣加仑气罐建造已经过去了6年，德国出现了一种很有竞争力的、基于普遍性数学理论的薄壳分析方法。然而由于其过于复杂，因此需要大量简化以便得出一些实用的解决方案。与马亚尔1902年的方法相比，这些方案给了设计者很多限制条件，但20世纪的工程师却更偏好于此，因为这些实用方案的基本假定具有一般性，并且可以用表格来计算[88]。

德国方法与马亚尔方法的区别，并不在于一个代表着严谨而另一个代表着直觉，也不是精确科学预测和非确定性估算的区别。钢筋混凝土性能的主要不确定性从未被数学分析消除，相反，却始终存在。设计者是否必须花费更多时间和精力去进行复杂的尝试以消除上述分析的不确定性，还是将焦点集中在材料的物理性能和结构形式的选择上？伴随着马亚尔越来越多地采取后一种设计方式，他的设计能力也随之越来越强。显然，这是一个可以让他贯穿整个职业生涯的选择。

马亚尔对楼盖的改造

塔瓦纳萨大桥竣工3年后，马亚尔又提出了另一

再见吧，桥梁（1904-1909）

图 40　无梁楼盖试验，1908（资料来源：M.-C. 布卢默尔-马亚尔夫人）

项重大创新。1908 年，当他开始考虑楼盖结构时，现成的标准是埃内比克式的整浇结构设计方案：短跨板支撑在托梁（次梁）上，托梁支撑在梁（主梁）上并形成框架，梁与柱现浇连接在一起，柱承担所有荷载并最终传导至基础。

1905 年，在韦登斯维尔的普芬尼格工厂，马亚尔已经增加了楼板跨度，消除了托梁，并且制造出了比通常的埃内比克结构［图 37（a）和图 37（b）］跨度更大的梁。两年来，他一直以这种方式设计和建造混凝土楼板，特别是在圣加仑，他甚至删除了楼板中的大部分梁。载荷试验再次激发了马亚尔的想象力，他开始在自家的预制厂里规划一系列试验研究，以便开展完全无梁楼盖的可靠设计。1908 年春天，马亚尔在苏黎世预制厂浇筑了几个大尺寸无梁楼盖模型。同年夏天对这些楼盖进行了加载测试（图 40），尽管当时没有数学公式，但他还是觉得自己的这个创意是可行的[89]。

马亚尔把自己的全部心思都放到了这些平板上，辛苦了一年的他最终在 1909 年 1 月 20 日获得"无梁楼盖"（flat slab）的专利。这项专利的创意在于仅仅依靠柱子来支撑楼板，从而有助于简化施工，并避免了顶棚下方的障碍物（梁）。这是一项彪炳史册的专利成果，也是马亚尔迄今为止最为成功的商业发明，它清楚地诠释出马亚尔是如何将设计技术和美学相结合，从而创造出一种全新的、经济的结构形式的。对于这个专利，马亚尔强调道：带有平滑曲线柱帽的无梁楼盖具备整浇混凝土结构的优点，承载能力强，造价低廉，

图41 位于吉斯希贝尔街的苏黎世仓库,1910[资料来源:FBM工作室有限公司(FBM Studio Ltd.)]

外观优美[90]。

坦率地讲,马亚尔1909年的专利只是一种毫无灵感的、把柱子连到楼板上三角形柱帽的设计,而当其真正应用到实际结构上时则得到了极大的改进。他1910年苏黎世仓库(Zurich Warehouse)的设计是结构工程史上的里程碑,也是与传统混凝土楼盖设计的分道扬镳:梁消失了,无梁楼盖直接支撑在柱子上,顶部的柱帽向外张开并延续至楼盖内(图37c),仅仅依靠直模板就浇筑出了混凝土的连续曲线形式。由于马亚尔既是建筑承包商又是设计师,

图42 1912年,位于罗尔沙赫正在施工中的滤水厂建筑(资料来源：M.-C. 布卢默尔 - 马亚尔夫人)

因此他的设计必须在经济上更具有竞争力,但他仍然希望做出一种优雅的形式,这种形式能够清楚地表达水平楼盖结构和垂直柱构件之间的力流(图41)。在没有成熟数学理论指导的情况下,马亚尔再次凭借设计理念的引导创造出了这种新型结构体系。尽管应用科学家们努力着寻找可以解决实际问题的数学公式,马亚尔却不会等着公式出现才去行动,相反,他仅凭借着少数公式就毫不费力地建造了许多建筑,并获得了丰厚利润。

虽然马亚尔似乎已经独立地发展了他无梁楼盖的创意。然而,实际上在1905年,这个想法已经在美国以不同形式被使用了。特纳(C. A. P. Turner)这位富有创造力的知名美国工程师,就曾设计建造过这样的结构,但采用的是仿古希腊多立克式(Doric-type)柱帽,并且还专门制定了无梁楼盖复杂的配筋规范[91]。1926年在马亚尔的专利过期时,他写了一篇比较两种无梁楼盖的文章,并指出,相比较而言,美国体系显得过于笨拙[92]。另外,马亚尔还立即认识到,钢筋布置可以更简单一些,柱帽也能够再有一个新形状。在1910年的欧洲,马亚尔的这个创意是开创性的,并迅速给他带来了丰厚的商业利润,因为这种结构体系可以用于建造大型仓库、工厂或其他公共建筑。

1911年夏天,马亚尔在苏黎世完成了他的第二座无梁楼盖建筑。来年,在扩建圣加仑水处理厂时,他再一次提出了无梁楼盖的方案,这次的柱顶和柱底均采用了蘑菇状柱头(图42);与政府工程师所提出的钢

图43　1912年，位于罗尔沙赫正在维护中的滤水厂建筑（资料来源：FBM工作室有限公司）

筋混凝土曲线筒形拱顶截然不同[93]，马亚尔的这个设计方案为他赢得了建筑合同（图43）。建筑设计有别于桥梁设计，只要基本理念得到了印证，这些创意就很容易在建筑中得到展现；此外，这些建筑的私人业主大多并不需要正式的计算书或详细的工程审查报告。事实上，1912年俄国人对马亚尔感兴趣的主要原因也正是因为他无梁楼盖的结构具有足够的经济性和吸引力。同时，厂房结构方面的成功经验再一次为马亚尔赢得了米兰倍耐力公司（Pirelli Company）的设计委托——巴塞罗那附近一家电缆厂的建设合同。凭借着这份合

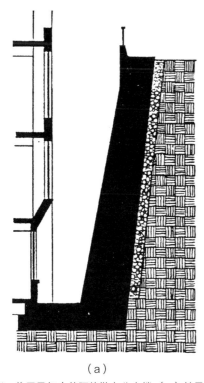 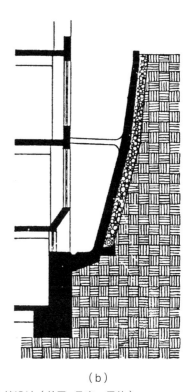

图 44 位于圣加仑的阿德勒办公大楼：(a) 赫恩的挡土墙方案，1909；(b) 马亚尔的挡土墙设计（绘图：马克·雷德）

同，马亚尔觉得有必要在这个地区开设另一家事务所，直接开展当地的业务，因为就像俄罗斯一样，意大利的工业化进程也刚刚起步。于是从这时起，马亚尔的简单配筋方式便成为美国和其他地方无梁楼盖的设计标准。

隐墙

无梁楼盖是一个巨大创新，应用广泛，因此也有利可图，然而马亚尔却不会就此打住，在他看来，创新无所不在，1909 年的一个简单墙体设计便是鲜活的例子。8 月，马亚尔取得了奥托·阿德勒公司（Otto Adler and Company）圣加仑办公大楼的建设合同[94]。因为业务量太少，1908 年 8 月起，马亚尔便缩编了自己的事务所[95]。阿德勒工程包括办公大楼和位于建筑一侧的 10 米高挡土墙。W. 赫恩（W. Heen）事务所的建筑师已经设计了一道实体挡土墙，其巨大的墙基直接与建筑相连。赫恩的方案是合理且保守的，并符合 1909 年当时的技术发展水平[96]。设计师将挡墙向土层倾斜，利用混凝土自重来抵抗土体向建筑物的倾覆趋势（图 44a）。

合同签订之后，马亚尔就彻底重新进行了挡土墙的设计。像往常一样，他的指导原则是通过结构形式的整合来减少材料用量。就像在圣加仑气罐设计一样，他采用薄壳代替了厚壁，亦或是像音乐厅的结构设计变更那样，将舞台板和桶形拱融为一体。同样，在这次阿德勒的项目中，马亚尔把挡土墙直接建在办公室结构的厚重外墙之下（图 44b），马亚尔的挡土墙混凝土用量仅为赫恩原设计的 23%[97]。然而在另一方面，赫恩的墙很容易计算，马亚尔的创意结构却需要相当多的重新思考。一般的工程师都会对赫恩方案感到满意，但马亚尔却不能忍受这种浪费，即使他现在必须面临一个几乎没有先例的方案设计。简而言之，马亚尔给自己增加了工作量，但在这个过程中，他也创造了一种新的地下结构形式，满足了将挡土墙与建筑外

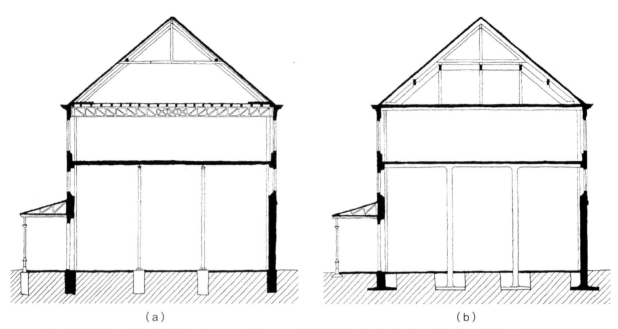

图45 位于苏黎世的活动式舞台布景库房,1909 (a) 原设计的楼盖桁架;(b) 马亚尔设计的由屋面桁架所支撑的楼盖结构(绘图:马克·雷德)

墙合二为一从而提高结构效率的强烈愿望[98]。虽然整合的结果是降低了结构重量,却必须花费更多的时间来设计和建造,因此,综合考虑未必经济。事实上,马亚尔的这个思路并不是一种商业解决方案,因为它没有广泛的应用前景。尽管"隐墙"本身具有重要的意义,但马亚尔本人从未将其公开过,也从未发表过这个设计创意[99]。

苏黎世大学

1909年,马亚尔还同时进行着苏黎世大学的重要建筑设计工作,这是1908年建筑设计竞赛的成果。获胜的建筑师必须做出建筑详图,这些详图将成为建筑承包商竞标的基础。这场竞赛只涉及建筑师,而非建筑商或工程师。这种本质上的差异体现了20世纪初期瑞士和其他国家对工程和建筑的不同态度。对于具有纪念意义的建筑,建筑师可以在不考虑任何施工成本的情况下进行竞标,而对于桥梁,马亚尔和他的竞争对手就必须考虑设计方案的建设成本。因此,工程学无法在著名建筑的设计中发挥决定性作用,自然也就无法以成本因素作为显性约束条件来评判。从另一个角度来看,桥梁工程也就不得不向建筑潮流低头,而建筑承包商则常常被迫要为经济性保驾护航。

对于这次苏黎世大学的建筑项目,马亚尔出价36.7万法郎。而由于12个投标的建筑结构都代表着不同类型的工程解决方案,所以州政府再次转向舒勒教授并寻求他的意见[100]。

一如既往,马亚尔的这次出价仍然不是最低的,最低价来自法夫尔-耶格联合公司(Favre and Jaeger)。正如在巴塞尔的经历,仔细评审后,专家建议将合同给马亚尔,理由是:"鉴于马亚尔公司的口碑,高品质的设计与施工是值得期待的。"虽然评标顾问发现有三个投标人的设计瑕疵多于马亚尔,但由于马亚尔的出价比耶格集团高出了11%,因此建筑师们拒绝了舒勒的判断[101]。12月初,马亚尔重新研究了仅限于10家承包商参与的第二次竞标,而由于本轮的竞标增加了一座塔楼,建筑师的合同估价变为42万法郎。马亚尔出价33.4万法郎，而法夫尔—耶格联合公司则是更低的289000法郎；现在，轮到州政府自己做出判断了，他们的决定是：由于技术质量较次而放弃了耶格；将合同分成两份，并把大部分交给了马亚尔[102]。

1911-1912年，马亚尔在苏黎世大学的项目进展顺利，所以州政府便只邀请了他这一家公司来投标建设这座塔楼，在同意了马亚尔的出价后，1912年底这个项目便开工了。这是马亚尔高质量混凝土工程赢得合同的另一个例子。正是这种精心设计的经验，为他后来引人注目的设计奠定了基础[103]。

把设计与施工分开的想法正在得到认可，这一点可以从耶格公司持续参与竞标的事实得到印证：在桥梁项目投标中，耶格公司总是与建筑商以及当地建筑师结盟竞价。马亚尔则与之相反，他更喜欢做工程、搞施工并涉及多种建筑类型以及外观设计。虽然马亚尔从来没有提出过要做大学校园这类复杂的建筑设计，但他确实也表达出了所有建筑工法中的工程理念，而在其中，结构和形式也可以得到统一。

在1910年末的文章中，马亚尔强调了这一观点。在项目进行过程中，他花时间在《瑞士建筑学报》上发表文章，介绍了他正在苏黎世建造的活动式舞台布景库房（moveable stageset warehouse）。为了表现材料的使用效率，库房结构采用断面尺寸较小的梁和柱，马亚尔对这些轻质构件被厚重的砖墙所遮盖而感到不悦："整个建筑不能用钢筋混凝土和轻质墙来建造令人感到很遗憾，否则它一定会有更好的整体形象，更轻的重量和更多的内部空间。[104]" 简而言之，马亚尔更愿意随心所欲地建造这个库房，就像他1905年的韦登斯维尔工厂项目那样（其间，他既是建筑师又是工程师和建设者）。如果真的有了这些自由，他确信自己能够改善外观，减少材料和成本，并增加可用空间。

对于这个库房，他确实想出了一个解决较大跨度库房支撑问题的新办法：原方案为一根楼面桁架梁[图45（a）]，马亚尔反过来将整个屋顶结构当成了桁架[图45（b）]；在20世纪20年代，他的这个创意是在追求视觉上的惊人效果（参见第5章），也是在追求一种极具争议的结构（第8章）。

第3章

建筑商与百万富翁

(1909-1914)

一座大桥的设计竞赛（1909-1912）

莱茵费尔登的惊奇

1910年，马亚尔终于又能够重返桥梁建设了。从那年的莱茵费尔登开始直到1912年，他在瑞士参加并享受了一系列紧张而又非凡的桥梁设计竞赛。在1908到1912年间瑞士的五项重要桥梁竞赛中，马亚尔没有获得过任何一个头等奖，但却成功地取得了其中三次比赛的合同。而且在同期，《瑞士建筑学报》还记载了另外两次非评审制桥梁竞赛，马亚尔也都从中获胜。最后，他还拿到一座坝桥和一座索桥的合同；另外，《瑞士建筑学报》还全面讨论了与这座索桥相关的工程项目——位于奥格斯特-维伦（Augst-Wyhlen）的莱茵河发电厂。这样一来，到了1913年，马亚尔俨然成了瑞士的主要桥梁建造商了。

早在1909年，评审团制的设计竞赛就成了瑞士的一种传统，《瑞士建筑学报》也大力宣传这种赛事。这种比赛对较为分散的瑞士民众很有吸引力，因为比赛允许地方官员参与评判，当地群众也能够看到评判结果，并可以通过报纸或市镇会议发表意见。此类工程竞赛在国外很少见，尤其是在美国几乎不存在。作为其中之一的位于莱茵费尔登横跨莱茵河的国际桥梁竞赛，就更能充分展示评审团制设计竞赛的全流程。

1907年底，莱茵费尔登公民投票决定按照一套严格规则举行设计竞赛[1]；1909年1月9日，《瑞士建筑学报》正式宣布，比赛方案的提交最后期限为4月30日[2]。马亚尔知道，传统的美学形式是至关重要的，因为评审团里两位建筑师的态度在很大程度上会左右竞赛结果，尤其是古斯塔夫·古尔（他曾为施泰法赫尔大桥披上了石材的外衣）[3]。由于马亚尔正在和若斯-克劳泽尔建筑公司（Joss and Klauser）合作建设瓦特维尔大桥，于是，他决定再次和他们联合参加竞赛。另外，马亚尔还意识到，作为一项由德国官员参与评判的竞赛（这座桥将连接两个莱茵菲尔德——瑞士的及与瑞士同名的德国城镇），详细计算将是必不可少的。因此在3月，他便着手开展拱结构的完整计算工作，参考资料均来源于德国而非瑞士。马亚尔越是计算的精细，就越是不想依赖于这种计算，当然并非由于他本人无法作出这样的计算。

6月5日，《瑞士建筑学报》公布了比赛结果。评审团给约瑟夫·梅兰教授颁发了2300法郎的混凝土拱桥设计一等奖，该决定主要基于其建筑设计的优点，尽管成本很高（55.8万法郎，折合1996年的大约560万美元）。2000法郎的二等奖颁给了马亚尔（他的设计成本是43.6万法郎）。评审团盛赞了马亚尔实用的结构布置、详细且严密的计算过程，以及"简捷的整体形式"。马亚尔采用了预制混凝土砌块的桥拱设计，这也是他后来在1911年的一项结构体系专利。评审团批评

图46　位于莱茵费尔登的莱茵河桥，1912（资料来源：M.-C. 布卢默尔－马亚尔夫人）

了他所使用的这些砌块，因为到了枯水期，水下的桥拱砌块便会暴露出来；陪审团希望这些部分可以用花岗石覆面[4]。设计图纸从6月1日至14日在镇体操馆展出，而谁将获得合同的最终决定将会推迟到同年秋天公布。

城市官员陷入进退两难的境地。一方面，头等奖的设计报价过高，而二等奖的马亚尔则明显出价较低；另一方面，三等奖项授予的布斯公司（Buss and Company），是一家与当地社区曾经共事过的公司，因此市府官员也都非常乐意替他们说好话。官员们决定在秋天与马亚尔谈判，到了10月，马亚尔妥协了一个更低的价格——36.8万法郎，相应的方案变更为以现浇混凝土来替代预制砌块。双方的谈判一直持续到1910年1月，并且市政委员会也透露出他们还正在与布斯公司谈判的消息[5]。然而，当被要求再次降低报价时，马亚尔反而提高了价格，在致市政委员会的一封信中，他对这一令人惊讶的举动辩护道："我们认为，我们已经给出了一个非常有吸引力的报价，任何一位竞争对手都不可能草率地过低报价而不承担很大的风险。"[6]此言既出，马亚尔相信自己可能已经丧失了机会。

4月25日，星期一，马亚尔却在晚报上惊讶地看到，莱茵费尔登社区在周日会议上的投票竟支持他建桥[7]。事实上，马亚尔之所以能赢得这个项目，要归功于市政当局的内部政治生态，这种生态环境让他对瑞士社会有了深入的了解，而这对理解瑞士的公共事业也至关重要[8]。这场"政治游戏"开始于1909年秋天举行的第二轮非公开竞赛，其结果是三等奖得主布斯出价412160法郎，马亚尔为367969法郎。而冬季谈判后的结果则是，布斯将报价降至391780法郎，马亚尔却将出价升至390969法郎。在未能说服马亚尔回到早先的报价之后，社区委员会决定把合同交给布斯公司来建造马亚尔的设计方案。

这几乎是一个瑞士民主活动的完美典范。1910年4月24日，整个社区的人聚集在一起来对社区委员会的提案进行投票表决。许多人不喜欢把一个人的设计交给另一个人去建造的方案，因为前者的设计费只有2000法郎，而后者的合同价值却将近20倍与前者。与此相反，"社区居民遵照多塞先生的提议，否决了评审委员会将马亚尔公司的知识产权交给另一家公司建造的计划；市民们决定把这个项目交给马亚尔公司（图46）。[9]"在这个偶发事件中，"正义正在得到声张"，而"知识产权"

这个关键词则早在两年前就出现在了马亚尔所写的一篇报告中，文中描述了一次类似的遭遇，而这个遭遇让马亚尔失去了一份古格尔斯巴赫（Guggersbach）附近一座大型桥梁的建设合同。

1908 年 3 月 3 日，马亚尔在《瑞士建筑学报》中惊讶地发现，伯尔尼附近的一座新桥的设计任务交给了耶格公司[10]，然而他一眼就看出了，这个设计方案是他 4 年前为古格尔斯巴赫附近的森瑟河（Sense River）大桥所提出的[11]。于是，他立即给编辑写了一封信（发表于 3 月 21 日），详细描述了自己当初的设计思路以及州评审委员会的背景。马亚尔认为"耶格公司的方案从方方面面来看都是我公司结构设计的精确复制品。"他总结道，"伯尔尼州政府要求我们做设计并已经支付了报酬，那么他们自然也就可以把我们的结构设计交给另一家公司去建造，我们的主张只是该设计的真正出处不应该被忘却！[12]"

耶格公司的唯一辩解是：在施工期间，他们并没有收到代表该州政府的地区工程师提交的有关马亚尔的任何设计信息。正如《瑞士建筑学报》所指出的，由于任何一家公司都可以轻易地通过其他渠道获得设计信息，所以马亚尔的这种反应是无关痛痒的[13]。马亚尔对耶格的攻击具有很大的风险性，因为这样也就等于是在含蓄地批判伯尔尼州的建设部门，但建设部门并没有作出任何否认，当然，这次事件也削弱了耶格公司的声誉[14]。

劳芬堡

星期六（1910 年 4 月 30 日）的《瑞士建筑学报》评述了马亚尔获得莱茵费尔登奖的消息，并同期公布了劳芬堡新桥设计竞赛的细节[15]。莱茵河在劳芬堡处变窄，形成了一股狂野的急流，早在 19 世纪，这种快速流动的水就被认为可以用于进行水力发电。然而长期以来，莱茵河流经该地时的自然资源利用问题却变成了邻国之间甚至瑞士相邻社区之间的政治事件。为此，在 1889 年，由几家瑞士和德国公司组成的一个财团最终决定于 1908 年开始建造大坝[16]。

1906 年，作为整体规划的一部分，这家财团公司已经开始讨论新桥方案了。由于大坝所在地横亘着一座旧木桥，所以电厂被迫必须在城里建一座新桥。一家德国缆索公司建议建造悬索桥，但主管部门觉得悬索桥在美学上是难以接受的，所以他们决定举办一次国际设计竞赛。与莱茵费尔登相仿，这次的甲方换成了电厂，比赛规则与评审团组成均由电厂决定[17]，评审团成员包括作为工程师代表的罗伯特·莫泽，作为建筑师代表的古斯塔夫·古尔，以及代表阿尔高州政府的政府工程师奥托·策恩德（Otto Zehnder）[18]。

1910 年的整个 5 月份，马亚尔始终承受着巨大的压力。他不仅要完成现有的莱茵菲尔登大桥建造工作，且还要为阿尔堡镇阿勒河上的一座新桥准备竞赛图纸（方案提交截止日期为 5 月 31 日）——一座 60 米跨的混凝土拱桥[19]，另外，劳芬堡的设计方案也是迫在眉睫（截止日期是 6 月 30 日），而从收入角度来看，更重要的参赛作品则是苏黎世大学的几座新建筑（截止日期 6 月 6 日）。与此同时，马亚尔还忙着他的第一个无梁楼盖设计创意以及散布于瑞士各地的许多小项目。马亚尔终日劳作并按时完成了所有的这些设计工作。阿尔堡和苏黎世的两个竞赛必须等到年底才能出结果，而这两场比赛结果的最终决定权都掌握在弗朗索瓦·舒勒这位专家的手中，而此人在马亚尔曾经的气罐设计中投了赞成票。

7 月下旬，马亚尔获悉，他在劳芬堡大桥的 87 名参赛者中赢得了二等奖。他当时不知道谁是第一名，也不知道评审团的评审意见[20]。8 月 6 日，他去劳芬堡观看了获奖设计展，并顺便为了了解一下自己是否有机会可以拿到合同[21]。一等奖授予了一座由德国建筑师和工程师联合设计的石桥，他们赢得了 2000 法郎。评审团付给二等奖的马亚尔 1500 法郎，三等奖有两项，每项各 750 法郎[22]。马亚尔提交了两个独立的设计方案：方案一为两个细长的钢筋混凝土拱，方案二为两个相对厚重的混凝土砌块拱[23]。由于评审团只认可桥梁

图47　位于劳芬堡的莱茵河桥，1911（资料来源：M.-C. 布卢默尔－马亚尔夫人）

的石材外观，因此他们当下便取消了马亚尔方案一的设计。在阅读评审团报告时，马亚尔认识到，这份劳芬堡桥的评议报告要比莱茵费尔登的报告更具系统性，它明显区分了厚重型设计和轻量化设计，其中的部分原因必然出于罗伯特·莫泽的个人偏好，因为他更喜欢砌体结构。

评审团批评马亚尔沉重的拱与桥台接合处太过突兀，但同时也称赞了其在中央支墩上种植两棵树的想法。正如评审团所说的那样："这位经验丰富的工程师是混凝土结构方面的专家，他亲自认真地完成了计算过程，撰写了报告并进行了成本研究。这个设计项目完成得如此彻底，以至于无需进行任何大的修改便能够立即进行详图设计及施工建造。"

在劳芬堡竞赛报告中，马亚尔清楚地表明了自己的观点，这些观点也包括了随后评审团对其他设计师的一些总体性评述意见。例如，马亚尔认为，虽然单跨拱在技术上是可行的，但在美学上却不合时宜，因为电厂的大坝一旦建成，单跨拱就会部分被高水头淹没。另外，由于美学原因，他还排除了桥面结构高于道路标高的设计方案，这与评审团的看法不谋而合。由此可见：马亚尔的设计理念即使在形式上不是创新，也仍然是效率、成本和外观的完美结合。在混凝土砌块结构桥梁设计方案的报告结语中，马亚尔写道："中央桥墩的形式简单而坚固，因此允许在此植树从而形成一处休憩场所。"马亚尔的劳芬堡桥是另一类简单明了的结构设计尝试[24]。

这个保守的评审团发现第一名的石桥设计在美学上更胜一筹，但令人担忧的是，"这种形式的桥梁真的能以设计者给出的成本建造出来吗？"鉴于电力公司非常关心成本，所以马亚尔的详规设计是非常具有吸引力的，因为它是严控成本的一种有效途径。马亚尔意识到自己很有机会获得合同，因为一等奖的得主是位设计师，而不是建筑商[25]。而且，客户也认为马亚尔二等奖的设计比第一名的更具有实用性，于是，

图48 劳芬堡莱茵河桥的脚手架，1911：三铰木拱结构（资料来源：M.-C.布卢默尔－马亚尔夫人）

双方顺利签约，马亚尔终于实现了他的混凝土砌块桥之梦。

马亚尔劳芬堡大桥的造价不仅低于业主的预算，而且还有着一套完整且详细的计算说明[26]。这些详尽的计算书是对后来指责他凭"直觉"设计的有力回击。如果仔细研究马亚尔1902年到1913年间的数百页工整、详细且科学准确的计算过程，就不难发现他的设计创意依据的是扎实的数学基础。事实上，直到1904年中期当马亚尔雇用了施内贝利（Schneebeli）后，他才不再亲自完成所有的计算工作，即使如此，他也参与了许多计算工作，直到事务所的工作变得过于烦琐。

竣工后的劳芬堡桥（图47）已经看不出任何施工过程的痕迹。实际上马亚尔在施工期间，利用了精巧的三铰木拱临时结构（图48），而后其上再进行混凝土砌块拱的建造（图49）。在马亚尔看来，施工中的结构比成品更具吸引力[27]。

当时，马亚尔还有另外两个与电厂有关的桥梁设计任务。其中之一是在维伦运河上的一个两跨结构，这也可能是1910年之前建造的最长的空腹箱形梁桥[28]。另一个则是位于奥斯特—威伦的莱茵河坝桥。20世纪初，水力发电厂的建设正在加速，特别是在一直延伸到劳芬堡的人口稠密、高度工业化的巴塞尔地区。作为瑞士领先的桥梁建设者，马亚尔显赫地位的标志就是他成功地获得了这些工厂所有四座重要桥梁的设计合同。

阿尔堡

从1910年8月中旬到10月中旬，马亚尔耐心地等待着各种与他有关的项目消息，包括他已经胜出的、非评审团制的阿尔堡大桥设计竞赛的消息[29]。这件最新的设计作品有助于我们进一步深入了解马亚尔在瑞士的声誉度，而此刻才是他从业后的第8年。

这座新桥将位于阿勒河上一座11世纪古城堡下游

图49 劳芬堡莱茵河桥的混凝土砌块拱，1911（资料来源：M.-C. 布卢默尔 - 马亚尔夫人）

的急弯处。1839年，一座悬索桥将阿尔高州的小镇阿尔堡（burg 意为"城堡"）与索洛图恩州（Solothurn）连接了起来。早在1886年，人们就对这座轻型桥梁产生了足够的关注，甚至聘请了威廉·里特尔教授来研究其是否安全[30]，随后便出现了许多提案，以及1908年的一场没有什么限定条件的设计竞赛，然而州政府工程师奥托·策恩德对结果并不满意，因此州政府决定举办第二次比赛，且仅限于之前提交的最有设计价值的四家公司参加。新计划明确规定：结构应当是68米（跨越整个河宽）的拱跨，拱冠高6.8米，材料为石材、混凝土或钢筋混凝土。

1910年5月下旬，这四家公司提交了图纸和标书，随后策恩德便详细审查了这些内容。在8月19日的手写报告中，策恩德披露了一些当地工程师对马亚尔的看法，以及马亚尔与这些强劲竞争对手之间的关系[31]。策恩德首先就以成本高和外观差为由淘汰了其中的一个竞赛方案。其余三个都是混凝土设计，其中两个的结构比较重，另一个比较轻。这两个厚重的结构设计都存在许多可疑的技术细节，即使其中一个成本最低。

策恩德观察到："由于轻巧且优雅，马亚尔的轻量化设计优于所有其他设计；并且从技术上讲，马亚尔的设计是所有设计中最突出的，因为在载荷作用下，其挠度和裂缝最小。"三个方案的设计师、建筑商和造价如下：

图50　1911年,位于阿尔堡的阿勒河大桥:实体钢筋混凝土拱结构（资料来源:M.-C.布卢默尔-马亚尔夫人）

Ⅰ.马亚尔公司,位于苏黎世的工程公司,8.4万法郎

Ⅱ.马克斯·明希,位于伯尔尼的工程及建筑公司,9.2万法郎

Ⅲ.苏黎世的耶格,位于阿尔高州的舍费尔（Schäfer）以及布格多夫的格里比（Gribi）,7.6万法郎

虽然策恩德更推崇马亚尔的设计,但它毕竟高出耶格8000法郎,对于这些瑞士小社区来说,这可是笔不小的额外费用。因此,策恩德在推崇马亚尔的设计时就必须承担一定的风险。为了对马亚尔的设计品质提供一个小心翼翼的论据,策恩德指出:这不是一座"世界桥",因此不需要像其他两个设计方案那样赋予桥梁厚重的纪念感。在他看来,马亚尔的方案更高效、更安全,作为轻型结构,它将成为景观中的一颗"宝石"。当然,更重要的还是工程质量,对此,他明确指出:"我会毫不犹豫地优先考虑出自马亚尔公司的这座令人难忘的桥梁,而不是为这个项目而临时拼凑起来的公司,比如耶格、舍费尔和格里比公司,正是基于此以及其他一些技术细节,三号设计方案即使最便宜,也必须退出。"正如巴塞尔虹吸渠那样,马亚尔的声誉弥补了他的高成本,并最终在1911年秋季获得了合同（图50）。具有讽刺意味的是,这座备受推崇的高品质大桥却在早期使用过程中出现了裂缝,并促使马亚尔意识到了一种更新的桥梁结构形式。就像楚奥茨桥那样,他再次把一个性能缺陷变成了一种重大创新。在服役50多年后,人们对阿尔堡大桥进行了修复,由此可见,上述这些缺陷并没有妨碍它的使用寿命。

桥梁施工的风险

1910年秋,阿尔堡桥的施工建设因资金拨款的捉襟

图51　1911年，位于阿尔堡的阿勒河大桥：脚手架（资料来源：M.-C.布卢默尔－马亚尔夫人）

见肘而被搁置[32]，马亚尔的注意力随即便转向了莱茵河上的三处主要渡口，因为那里还有一些紧急的项目在等着他处理：首先就是10月中旬得到正式授权的劳芬堡桥的最终设计；而在莱茵费尔登还要设计一座临时性的木结构步行桥，其主体结构也必须由他本人亲自操刀；另外，在奥格斯特-维伦，一座坝桥的施工监理重任也落在了他的肩上。这座坝桥距马亚尔最远，10月12日，星期三，他仔细检查了莱茵河急流上的工地脚手架。

在苏黎世的第二天，马亚尔接到消息，部分脚手架倒塌，一名工人溺死，这是公司发生的第一起致命事故。第二天现场检查后，马亚尔发现，他的工地主管疏忽了对木制脚手架结构的检查，从而导致5人落入莱茵河，其中一位老石匠不幸失踪[33]。他对这次事故深感不安，对自己因其他活动而疏于施工管理感到惭愧。由于到工地的次数越来越少，有些时候，马亚尔觉得自己对施工流程的管控遭受到了严重削弱。

类似事件再次出现是在第二年的6月下旬，当时马亚尔正在密切关注着劳芬堡桥的脚手架搭建工作，包括一系列轻质的、三铰结构的透镜状木制拱（图48）的搭建。这些形式避免了脚手架入水的要求；马亚尔对这种脚手架的外观形式感到非常自豪，尽管就像莱茵费尔登的步行桥一样，这只是临时结构。然而不幸的是，由于工人们错误地移除了一根必要的支撑构件，结果一整跨的脚手架倒塌：四人落水，其中一人溺水而亡。两起事故接踵而至，这令马亚尔感受到了十足的恐惧[34]。虽然此后再未发生过这类的致命事故，然而在马亚尔早年的繁忙业务活动中，还有其他许多大事小情都在不断提醒着他必须亲自监督每个工地，比如，1912年4月，在新浇筑的阿尔堡大桥上昂贵脚手架的支撑固定（图51）事宜[35]。

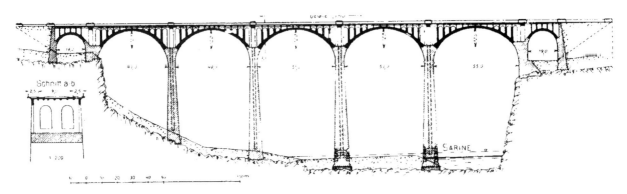

图 52　1908 年，由耶格等人设计的佩罗勒斯大桥设计竞赛获胜方案：纵剖面（资料来源：《瑞士建筑学报》）

到了 1912 年，马亚尔的项目已经多到让他再无法事无巨细了；并且自 1905 年的塔瓦纳萨桥开始，他也无法再根据自己的视觉形式理念去设计每一座桥。尽管有这些不尽如人意之处，但他毕竟还是赚了足够多的钱，当然这主要是来自他的建造合同。然而，在马亚尔的理想新设计与合同所规定的传统项目之间，在他的桥梁形式愿景与大企业的组织制度之间仍然存在着内在的冲突。到了 1912 年，这种冲突愈发明显，并很快就达到了顶峰。

石匠莫泽

1908-1912 年间的那些成功项目设计掩盖了这样一个事实，即，马亚尔并没有真正赢得过多少能够让他竭尽全力的桥梁设计竞赛。为了理解这些失利的原因，我们必须回到瑞士最大桥梁之一的设计比赛中，这个项目位于弗里堡（Fribourg）郊外的佩罗勒斯（Pérolles），是萨林河（Sarine）上的一座高架桥[36]。在这次比赛中，马亚尔决心证明钢筋混凝土可以跨越比石拱更远的距离，于是，他提交了一个前所未有的长跨拱设计方案，然而比赛结果却是马亚尔不愿意看到的[37]，甚至在 1908 年 8 月佩罗勒斯大赛的评审团报告出来之前，马亚尔就能从展出的图纸和获奖作品中嗅出些味道，显然，莫泽的理念占了上风。原因在于这位 70 岁的工程师对石材和类石材的形式深信不疑，而且当时他的个人威望颇高，并成为一系列桥梁设计比赛的主要评审成员。可想而知，马亚尔注定会输掉所有这些比赛，也许佩罗勒斯只是个开端罢了。事实上，马亚尔提交的方案之所以依旧能够得到认可（他获得了三等奖），恐怕还要归功于同样是评审团成员的舒勒教授[38]。普洛尔斯竞赛的第一名是耶格公司，像往常一样，这家公司再次选择了与其他建筑商和建筑师联合投标的方式；他们的设计方案是一座五跨砖石拱高架桥，每跨约 50 米，由混凝土砌块组成，看起来就像一座石桥——恰好迎合了莫泽的混凝土设计构思（图 52）[39]。

相比之下，马亚尔却采取了一个全新的方法。他的高架桥主跨 140 米，由预制钢筋混凝土构件所组成的空腹箱形拱承载。这个巨大的结构，两倍于现有的钢筋混凝土拱跨，在预制加工和规模上都代表了一个开创性的理念（图 53）。不同于施泰纳赫桥与劳芬堡桥上所使用的小型混凝土砌块，马亚尔为佩罗勒斯设计了巨大的预制构件，每个构件都是一个完整的空腹箱形截面。这种预制空腹箱形截面现称"分段结构"，直到 1945 年才正式出现在工程实践中，由此可见，马亚尔的设计整整领先了行业 35 年。

马亚尔的基本理念是：设计必须同时满足结构的经济性（简单的直杆）和材料的高效性（消除所有不需要的部分）。而评审团的评审意见则既富美学传统又具

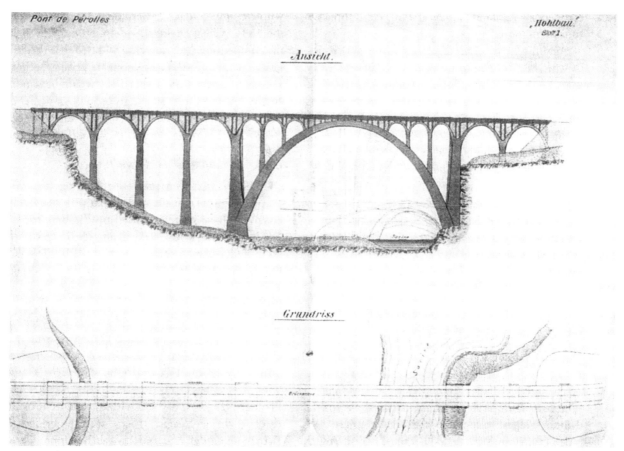

图53　1908年，由马亚尔设计的佩罗勒斯大桥设计竞赛方案：立面图（资料来源：M.-C.布卢默尔 – 马亚尔夫人）

技术上的洞察力，他们赞扬了马亚尔的缜密计算和结构布置，并对设计安全性和低应力以及详细的成本分析给予了好评。评审团的结论是"除了被忽视的建筑外观，这个设计很有价值，并且显示出了投标人对钢筋混凝土的深刻理解。[40]"由于这只是一次概念竞赛，目的是激发出尽可能多的设计风格，所以竞赛结果并无桥梁合同，直到1921年，耶格公司的设计方案付诸实施，实际结构才最终问世。

就像1904年的乌托大桥一样，奥地利混凝土先驱弗里茨·冯·恩佩格立即重新认识到了马亚尔佩罗勒斯大桥设计的重要性：其独创性和技术的正确性。10月份，冯·恩佩格发表了一份有关6位获奖者的图纸和图表的详细分析报告[41]。他意识到：在这场"创意竞赛"中，评审团面临的核心问题是建筑（含蓄地隐藏结构）和结构之间的不明确关系，很明显，此处的结构并没有装饰性的"建筑"来掩盖它，正如乌托桥的结果那样，冯·恩佩格评论道："不幸的是，建筑被放在了最前沿。"对于冯·恩佩格来说，这个错误使评审团的评级不可信。每个设计的获奖都取决于外观而非工程结构，"我们应当把这个奖放在一边……因为它具有持久的价值——它是一幅美丽的图画且仅此而已。这对于头等奖的设计（耶格公司）感到尤其如此，其造价中最重要的因素，即脚手架的成本，错误地达到本来应有成本的三四倍。"

同样，如果没有冯·恩佩格的报告，并且在报告中给马亚尔竞赛方案投入了比其他所有人加起来都多的篇幅，那么，也许马亚尔的方案便更无人知晓，因为这座实桥并未参考马亚尔的设计。这是第一次冯·恩佩格在期刊上给未建桥梁的方案留出了如此大的版面空间。虽然马亚尔在没有建筑师的情况下参加了比赛，但他的设计在视觉上模仿了石材形式，尤其是连拱高架桥上，连拱并没有与主拱整合在一起。因此，出于不同的原因，我们可以认同评审团的意见，即该设计是技术性杰作，但在视觉上还无法令人完全信服。

洛林桥的设计竞赛

1911年1月，瑞士最大的桥梁工程竞赛——伯尔尼的洛林（Lorraine）大桥的设计竞赛再次成为马亚尔的"滑铁卢"[42]。这次比赛规则与莱茵河上的其他大桥相似，但奖金数额更大，达到了10000法郎，投标出价的约束性保证期也更长，长达1年。

对马亚尔来说，这次比赛意义非凡，因为它将穿过阿勒河，把伯尔尼中心区与他儿时生活过的街道连接起来。从技术上讲，它比莱茵河上的任何一座桥梁都要困难得多，需要更长的主跨和更大的矢高。另外，由于峡谷很深，而且新桥又难以与现有旧金属桁架铁路桥并列，因此在美学上也更具挑战性。

就像在佩罗勒斯之后所有的评审团制竞赛那样，马亚尔感到必须与建筑师联合参赛，很自然地，他想到了若斯·克劳泽尔的伯尔尼建筑公司，因为双方已经在瓦特维尔、莱茵菲尔登和劳芬堡项目中有过合作的经历。马亚尔意识到，这座新桥必须与伯尔尼现有的桥梁"协调"，特别是1844年建成的尼迪格（Nydegg）石桥。然而，竞赛也明确指出，新桥必须合理定价。因为1911年再建造这样的大型石桥必将非常昂贵，所以如果有人能满足评审团（像往常一样，包括莫泽和舒勒）的审美趣味，那么，混凝土或钢桥的方案似乎更是合理的[43]。于是，马亚尔陷入了两难的境地。他的解决方案是一座混凝土砌块无铰拱桥，拱体、深的纵墙与桥面整浇在一起。起初，这种混凝土砌块的构思被马亚尔用于1903年的施泰纳赫大桥，后来又用于劳芬堡桥，这种方案能够大幅降低脚手架成本[44]。3月31日，星期五，马亚尔提交了相关设计方案，其建设成本大约为124万法郎。

复活节周末，当他从瑞士工程师与建筑师学会回到苏黎世后，便得知了自己的参赛作品没有获奖[45]。这是一个令人不安的结果。当时，妻子玛丽亚因为胆囊问题在医院待了一段时间后，正带着孩子们去了度假胜地韦吉斯（Weggis），马亚尔写信给她："我看过了伯尔尼的桥梁，我发现我们的作品是其中最好的，然而还是那些最能迎合莫泽先生狭隘思想的人获奖了！这是一次竞赛，一次看谁更能取悦他的比赛。[46]"

马亚尔对伯尔尼评审团的看法得到了响应。于是，那年春天的4月18日，伯尔尼《联邦报》（Der Bund）开始发出强烈反响，批评了评审团只展示平面图而不显示费用的做法。更糟糕的是，本应4月8日公布的评审团报告直到5月19日才刊登在了《瑞士建筑学报》上，甚至更晚才公布给选手。也就是说，评审团的评判准则直到设计图纸展览结束后的3周才公开，这一拖延为公众批评找到了口实[47]。

5月31日，星期三，马亚尔去了伯尔尼，在那里，他拜会了建筑师若斯和《瑞士建筑》月刊（Die Schweizerischebaukunst）的编辑，后者决定发表马亚尔的设计作品，并对评审团的报告提出批评。第二天，马亚尔写信给玛丽亚："我们设计的洛林大桥将在6月中旬面世，莫泽先生不会高兴，但对我来说完全一样，他的批评太愚蠢了。[48]"

正如编辑所承诺的那样，6月16日，《瑞士建筑》出版了马亚尔洛林大桥的设计渲染图，随附的文章指出"就像现在的情况这样，在每天的新闻报道中，评审团的决定很少受到质疑。"在从视觉和功能的角度详细讨论了马亚尔的设计方案之后，文章最后将问题聚焦于：

> 伯尔尼市通过这场比赛取得了什么好处？用一万法郎的价格使一个拥有15年历史的奖项出现了4种不同形式[参考了之前与古斯塔

夫·曼特尔（Gustav Mantel）合作的莫泽赢得一等奖的比赛结果][49]：由总工程师莫泽博士完成的一等奖设计"荣誉之石"……和一个梅兰制的设计方案；因此，没有什么新东西值得上一万法郎……这种不愉快的结果只能证明如下事实：如果要想把创意引入现代技术，而不是仅仅停留在旧体系的不同形式，那么，正确选择评审团成员是设计竞赛成功的必要条件[50]。

在接下来的一个月里，批判的声音此起彼伏，以7月15日《瑞士建筑学报》上的一篇檄文为高点。这篇文章以马亚尔的设计为切入点，详细驳斥了评审团的反对意见[51]。这篇未署名的文章很可能是由那位编辑的儿子卡尔·耶格尔所撰写，文章开始解释道：设计竞赛的意义不仅仅只是手边的一座桥，更是"一幅反映当时结构设计水平的画像"。文章作者重申了一些最新的批评观点，包括莫泽的不正当影响。与早期的设计竞赛不同，工程领域已经准备好了接受某些新创意，而且对莫泽的固执感到非常不安，以至于开始公开谴责他的先入之见。公众对竞赛结果的强烈抗议使得政府推迟了有关施工图设计的最终决定，直到第一次世界大战之后才得到落实[52]。

莫泽与马亚尔

1918年莫泽去世时，在权威的《瑞士建筑学报》中的讣告虽然没有特别提到洛林大桥的问题，但却强调了他对设计竞赛所造成的影响。讣告概括了一种马亚尔的职业生涯必须与之抗争的瑞士性格。在回顾了工程师莫泽的职业生涯后，《瑞士建筑学报》最后引用了其好友阿尔伯特·海姆教授（Albert Heim，1849-1937）的一段长话，用来形容"莫泽最内在的个性"：

> 他这辈子都是那种典型的瑞士老派好人，始终保持着瑞士人的处世哲学，他本性善良，然而有时也会显得粗鲁无礼，并提出一些刺耳的批判建议，他并不排斥冲突。准确地讲，他不属于任何团体，有着自己的圈子。必须承认，虽然他站在自己的立场上，代表着许多深刻的道理和经验，但他的个性却迫使他逐渐成为业内人士的对立面，变成了一个次要角色，这令他感到被误解、被抛弃了。对他来说，工作、责任和信任是一种信仰，在其中，他达到了一种本质上高道德感的宁静和满足。

海姆最后指出，从朋友和私生活角度而言，莫泽是另外一个人，"他宽容、善良，不会因意见分歧而恼怒。对于那些他所尊重的人来说，他仍然是愿意真诚奉献的。[53]"

莫泽是富有同情心的，即使曾经出现过洛林大桥设计竞赛的争议，我们也仍然能够领悟到这位"优秀的老派瑞士人"对国家所做出的重大贡献。从一张拍摄于1910年的照片中，我们不难看出白发白胡子的名誉博士罗伯特·莫泽脸色严肃，略带烦恼，这可能会让人对如此有才华又如此傲慢的性格产生深深地迷惑（图54）。他是一位能干的工程师，其作品既优雅又合理，他是那个时代具有极度争议的人物。

在石材的使用已经过时之后，莫泽开始对它进行纪念，而他所象征的也正是19世纪一个重要组成的衰落，这也许比其他任何东西都更重要。莫泽在他漫长而多产的职业生涯中，除了精心建造深受尊敬的石墙之外，则没有其他任何创意了。他代表了瑞士工程学传统的一面，不愿意在其人生后期为一个改变了的行业让位。在莫泽70岁之后，弗里堡、卢塞恩（Luzern）、劳芬堡和伯尔尼的市长们都不约而同地选中了他，让他来评判他们城市的未来作品，由此可见，莫泽的确代表了20世纪早期瑞士社会的建筑价值观念[54]。

在一个工作如此认真的国家里，人们几乎把工作、责任和信任都当成了一种信仰，像莫泽这样的人自然而然获得了极大尊重，能够成为马亚尔创新

图 54 拍摄于 1910 年的罗伯特·莫泽（资料来源：《瑞士建筑学报》）

的障碍也就不足为奇了。在某种程度上，莫泽和马亚尔以某种类似的方式结束了他们的私生活，变成了公众人物，他们被误解，被抛弃，但都充满了自信。不同的是，一个人把自己树立在了过去的基础之上，而另一个人则是融入了未来。他们的区别不在于职业诚信或审美嗅觉等抽象概念方面，而在于思想上的细微差别，即如何在既有学科中寻求创新。

开阔视野

如果说马亚尔和莫泽分别代表着未来和过去，那么他们也代表了瑞士人从国内到国际视野的根本转变。莫泽是第一代（从 1855 年苏黎世联邦理工学院成立到 1881 年库尔曼去世）受过瑞士教育的工程师之一，伟大的铁路建设成就了他的职业生涯。他的思想体系是在钢筋混凝土出现之前形成的，当时的瑞士人还正与阿尔卑斯山的恶劣环境进行着斗争，并试图使那些对国家经济至关重要的交通道路现代化。正是第一代人的威廉·里特尔教授敦促了第二代的瑞士工程师（从 19 世纪 80 年代到 20 世纪初期）一定要"向外看"，并发展了混凝土结构设计理论。

不同于 20 世纪早期荷兰或比利时这样的小国，瑞士没有殖民地用以接纳其过剩的高素质工程师。事实上，当 1890 年马亚尔考入苏黎世联邦理工学院时，这所学校的教学质量和名望已经相当之高，以至于它不仅培养出了比瑞士所需数量更多的优秀工程师，而且还培养了一大批外国工程技术人员。不像莫泽那一代人，这些年轻的工程师们感到这个充满竞争的小国发展空间很小。许多马亚尔的同龄人，比如奥特马·阿曼便选择永远离开了瑞士，来到美国从而获得了国际声誉。洛林大桥的项目也说明了这个问题：17 名设计师参加了 1911 年唯一由评审团评判的桥梁项目竞争，最终，他们中没有一个人得到这个工程。在 1911 年 7 月中旬的洛林大赛之后，瑞士的桥梁建设日趋减少，于是，马亚尔便开始寻找新的挑战。

成败之争

生意与家庭

随着生意开始盈利，马亚尔却愈发明显地感到自己有些不适应这种大老板的生活。他创办公司的初衷是婚姻与家庭，是为了给妻子提供优越的生活条件；然而马亚尔没有商人的天赋，商业策略、销售技巧和委托授权对马亚尔来说都很陌生，他更愿意致力于设计和施工监理本身。早在 1903 年，玛丽亚就敦促马亚尔，就算是为了生意也要结交一些位高权重的熟人，然而这样的好意却被他生硬地拒绝了[55]。

但尽管如此，由于声誉良好，到了 1907 年，马亚尔的公司便开始兴旺发达了。然而，事业与家庭往往难以同时顾及,对工作的专注迫使马亚尔始终忙于合同谈判或施工监理,而这恰恰是家庭不睦的前奏[56]。玛丽亚经常生病,而且身在苏黎世的她会经常感到无聊、不安与失落,到了富裕的郊区基尔希贝格(1906年,他们一家搬到那里)后更是如此。马亚尔无法提供她所渴望的那种轻松愉快的伴侣生活,然而这些在马克斯·冯·米勒和其他一些人那里却都可以得到。虽然玛丽亚的法语讲得像意大利语一样流利,但却不会说德语,更不用说瑞士德语了,语言障碍令玛丽亚与当地社会格格不入。在她结婚后的几年内,旅行成了她摆脱瑞士-德国压抑气氛的一种手段。1907年4月至1908年9月间的17个月中,几乎有11个月马亚尔都是独自一人待在基尔希贝格,而他的妻子则大部分时间都在意大利旅行[57]。

糟糕的是,马亚尔很难理解玛丽亚的情绪波动并希望摆脱这种情绪的需要,于是,二人的关系开始变得紧张起来,这也给马亚尔的个人生活带来了一段低潮期。这些日子里,他的心里有两个解不开的疙瘩:第一,生意上的成功和创新设计的挫败感;第二,商业经营的顺利和家庭生活的紧张。1907年圣诞节前夕,他给玛丽亚写了一封信,向她描述了自己的单身生活情景,这是一种与妻儿长期分居的典型写照。在信的结尾,他悲伤地写道,"请你跟孩子们谈谈我,这样他们就不会忘记我了。[58]"这种与家庭的分离肯定不是那位年轻未婚夫曾经想要的婚姻生活,而且更重要的是,他如今已经是一个父亲了。在家庭生活方面,虽然现实与理想相距差甚远[59],但他还是为自己这个越来越大的家庭感到骄傲,并且从未失去过和他们在一起的快乐(图55)。

时间来到了忙碌的1908年,在这一年里,如果他没有出现在办公室(图56)、预制构件厂(图57)或者那些熟悉的施工工地上,那么,他的这家公司简直就会乱成一团。与埃内比克不同,马亚尔不愿意把大项目交给其他人管理。另外,在3月份,公司的一位工程师辞职另谋高就去了,失去得力干将的损失加重

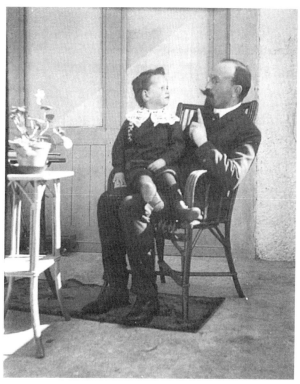

图55 1906年前后,罗伯特·马亚尔和儿子埃德蒙在阿罗萨(资料来源:M.-C.布卢默尔-马亚尔夫人)

了马亚尔的孤独感,他试图在苏黎世找个落脚的地方,于是,在与玛丽亚商量后,两人最终都同意从基尔希贝格郊区搬回到苏黎世市区[60]。

当时的马亚尔正在为佩罗勒斯的设计竞赛而焦头烂额,并且玛丽亚也仍在意大利,于是,他只好求助于姐姐罗莎帮他搬家[61]。罗莎比罗伯特大7岁,嫁给了一位成功的摄影师阿诺德·维基(Arnold Wicky)并抚养了三个孩子,然而天有不测风云,她现在已经变成了一位寡妇。从那时起,罗莎就成了专职家庭主妇,并与长期寡居的母亲住在一起。虽然罗莎只有40多岁的年纪,却显得面容憔悴,还有些神经质。这位姐姐特别喜欢罗伯特,而且后来还非常顺从于他。罗莎对家务事很有一套,而这些恰恰是他这位弟弟的短板。从1908年秋天开始,他们一家人便搬进了位于苏黎世霍赫大街(Hochstrasse)的一处宽敞公寓里[62],

图56　1906年前后的马亚尔公司苏黎世事务所（资料来源：M.-C.布卢默尔-马亚尔夫人）

图57　1906年前后的马亚尔公司苏黎世预制构件厂（资料来源：M.-C.布卢默尔-马亚尔夫人）

在那里，他们能够俯瞰湖水，并且经常坐着马车出游（图58）。

一天下午，马亚尔出差回到事务所后，惊讶地发现玛丽亚又走了，这次带着两个孩子，甚至没有提前告诉他出行安排。她的这个旅行习惯一直延续到1914年搬到俄罗斯才有所收敛，即使1909年10月31日第三个孩子勒内（1909-1976）的出生也几乎没有影响玛丽亚的旅游兴趣[63]。正如往常一样，马亚尔总是人在差旅中，1909年9月初，作为瑞士出席国际建筑材料大会的两位代表之一，马亚尔将要前往哥本哈根，他非常希望玛丽亚可以陪他一起去，然而她的第三次怀孕却抹去了这次长途行程的可能[64]。马亚尔已经习惯了妻子的长期缺席，有时甚至利用她不在场的机会来追求自己的兴趣。

1911年春末，劳芬堡桥在建，莱茵菲尔登步行桥正在施工，奥格斯特-维伦项目也如火如荼地全面展开。马亚尔从来没有这么忙碌过：苏黎世和库尔的多处建筑都在等着他；仅6月份，他就来回奔波于布里格（Brig）、日内瓦、库尔、塔瓦纳萨和纳沙泰尔市（Neuchâtel）之间多次。6月份的一个星期六，他坐火车从布里格西北沿罗讷河（Rhône）出发，决定在日内瓦湖上游的谢布尔（Chexbres）下车，并在那里过夜。第二天早上，他乘火车来到了埃斯塔瓦耶（Estavayer），这是一处位于纳沙泰尔湖东岸上风景如画的古镇，他在那里停下来津津有味地享用了丰盛的晚餐（马亚尔也心知肚明，美味的乡村饭菜比城里要便宜得多）。随后，他便前往小镇阿旺什（Avenches），这里从前便是古代瑞士海尔维第（Helvetia）的都城，也是曾经罗马的一个要镇，接下来，马亚尔大约步行了7公里来到了莫拉（Morat）。那是一次"天气宜人、景色秀美的壮丽之旅，这些城镇的环境和建筑都很有价值。[65]"和以前在格劳宾登州一样，马亚尔喜欢独自一人漫步乡间。虽然现在可以享受奢华，但他仍然愿意品味简单生活的乐趣。此外，他还与母亲、姐姐和三个兄弟保持着密切的联系（图59）。

图 58　1908 年前后，四轮马车上的马亚尔、罗莎与玛丽亚（资料来源：M.-C. 布卢默尔 – 马亚尔夫人）

图 59　1908 年前后的四兄弟：保罗、阿尔弗雷德、罗伯特和马克斯·马亚尔（资料来源：M.-C. 布卢默尔 – 马亚尔夫人）

沃尔塔街上的赞助人马亚尔

到1912年9月,马亚尔的地位已经足以让他考虑购买一所私人住宅。在10月份去俄罗斯出差之前,他就物色好了位于沃尔塔街(Voltastrasse)30号自家公寓拐角处的宅院(图60)[66]。乔迁之喜让夫妇二人感受到了生活的充实与舒适(图61),这是玛丽亚第一次在家里感受到了小范围朋友圈的欢乐气氛。当年马亚尔公司的年轻工程师之一卡尔·莱尔(1887-1978)几年后回忆道:"我多次被邀请到马亚尔的家里参加聚会,我记得马亚尔夫人是位完美的主妇,从生活方式来看,我觉得马亚尔是位有钱人。[67]"

搬到沃尔特街后,这家人的生活有了翻天覆地的变化:在家有仆人,出门坐新车——一辆马亚尔1913年2月购买的敞篷霍普轿车,男管家阿曼多(Armando)成了司机。最引人注目的还是马亚尔本人的风采,他现在看起来的确像是位有钱的大老板,除了表面上富有的生活以外,马亚尔身体状况良好。晚餐通常是和朋友一起解决,饭后则会与他们一起打桥牌。打牌是他的最爱,甚至常常对饭桌上必要的闲聊都变得不耐烦了,因为闲聊所需的干果和坚果会拖延上菜的时间。为了让丈夫能够多点儿人情味,玛丽亚还特地写了一份包括"半小时水果和坚果"的菜单,打那以后,这位大老板便欣然接受了由老婆安排的这种强制性社交活动[68]。

除了打牌,玛丽亚也喜欢跳舞,尤其是学习新舞步,如探戈。她每周都会与舞蹈教练举办一次晚会。在晚会上,餐桌被推到了一边,玛丽亚和另外四五对夫妇一起试图教会马亚尔跳舞,这位丈夫学得倒是很认真,甚至把工程计算都用到了脚步移动的技巧上,然而结果并不自然。马亚尔经常会在一个新舞步的中途无助地环顾四周,每当这时,他年轻的女儿便确信父亲一定是正在计算着自己的身体将要在哪里就位[69]。

马亚尔不仅非常宽容妻子变化无常的行为,而且

图60 马亚尔位于苏黎世沃尔塔街30号的宅邸(资料来源:M.-C.布卢默尔-马亚尔夫人)

他还愿意做任何事来取悦她。马亚尔的女儿曾回想起了以下往事:

> 那时,我们家有一只叫"叙泽特(Suzette)"的乌龟,她是大家的朋友。每天早上六点钟,这只小乌龟都会经过母亲卧室的门,然后向她的床边走去。让我感动的是:有一天,叙泽特感冒了,母亲看到它难受的样子后很伤心,甚至有些害怕,于是,她赶紧给父亲打电话,很快他便从事务所回来了,我看见父亲匆忙爬上楼梯,深情地看着叙泽特,然后把它放在小篮子里去看兽医,然而这只可怜的小乌龟最后还

图61 1913年，玛丽-克莱尔、罗伯特、埃德蒙、勒内和玛丽亚·马亚尔于苏黎世（资料来源：M.-C. 布卢默尔-马亚尔夫人）

是死了。父亲的这些行为举止令我动容……尽管他工作严谨，但还是做了这样的善事[70]。

周末，玛丽亚喜欢乘坐家里的车出行，有时他们也会沿湖自驾出游，但通常都是马亚尔和玛丽亚坐在后排。有时，他们也会和马克斯·冯·米勒组织一个聚会，米勒也有一辆汽车，他们几个人会去乡下度周末。在这样的集体远足活动中，三辆车里坐满了穿着优雅的男男女女，以及马亚尔的孩子们和他们的家庭教师。一个半小时之后，他们到达了旅行的目的地，其位于苏黎世北部吉伦巴德（Gyrenbad）的一家豪华旅馆。星期日晚上，在回家的路上，车队被警察拦住了。因为在当地牛群中发现了正在流行的口蹄疫，每位离开该地区的人都必须从撒落在脚下的木屑层上走过，因为这层10米宽的木屑层已经浸透了消毒剂。眼瞅着脚下这些脏兮兮的东西，那些衣着优雅的女士们犹豫不前了，这回马亚尔当起了护花使者，他把所有人都排在自己后面，打着节拍开始行军，马亚尔开始在一条曲折的道路上蜿蜒前行，每个人也都遵照着同样的队形紧随其后。原本看起来是一种枯燥的折磨，结果却变成了喜庆的康加舞（conga）[71]。马亚尔的幽默感和近乎孩子气的玩耍与他处理个人和职业问题的严肃程度形成鲜明对比。他与同事交往缺乏人情味，甚至偶尔对玛丽亚也粗暴无礼，对于大多数人来说，很难同时拥有这样双重的古怪个性。

职业冲突

1913年，马亚尔开始撤出瑞士，转而与俄罗斯签订一些利润率更高的竞标合同。当时的他，已经提出了许多有关设计、研究和教学的创意，这些想法与大多数欧洲学者所接受的截然不同。而到了这个时候，马亚尔的设计才能还未在瑞士大放异彩，但显而易见的是，他那些过人的工程技术，即使业内人士还没有意识到这些结构形式的美学价值，但马亚尔轻巧建造、经济新颖的天赋却已经得到了行业认可。正如巴塞尔的虹吸渠所表明的那样，当面临困难问题时，政府官员和工程师同僚们常常就会有求于马亚尔。然而，马亚尔太多的独立想法却从来都不受大众欢迎。他公开质疑官方的判断，并公开批评了他最顽固的竞争对手之一——耶格。由于他非同寻常的工程理念远远超出了城市和州政府工程师的经验，所以他们不得不依靠一些知名顾问的建议来批准马亚尔的设计——里特尔的去世就意味着弗朗索瓦·舒勒必将质疑他的许多基本理念。因此，在马亚尔的整个职业生涯中，他被迫与学术机构以及专业同事们进行持续且经常是尖刻的对话。

在被盗用的古格尔斯巴赫桥的公开信件中，马亚尔的语言带有明显的道德寓意，作为对许多抽象学术理念的回应，他的文字具备很强的实践元素。正如工程专业教师更多地参与分析而较少地参与设计一样，一线工程师们也越来越关注于设计，而很少关心施工过程。专业化是20世纪的标志，并在这个新纪元的头十年里不断加速，其结果是，人们越来越相信在一个由学术研究人员、建筑师、咨询工程师和承包商组成的分门别类的领域内进行合作的内在必要性，而这一切背后的想法是，只有通过专业化才能跟上时代发展的步伐。

马亚尔反对这种趋势。他做了自己的研究，论证了它的正确性；在其他工程师只强调技术问题的时候，他表达了自己的美学思想；他宁愿自己做计算和详图，而不愿按照别人的体系来建造；最后，他还努力将自己的设计蓝图转化为现实，他认为，只设计不施工是徒劳且无意义的。

如果马亚尔在事业上没有出现别的亮点，那么他最伟大的设计恰恰就是那些没有咨询过建议的作品。但为了获得1914年之前瑞士重要桥梁的设计合同，他就必须与建筑师合作。在马亚尔看来：计算、构造和美学应该融为一体，只有这样，重大创新才会随之而来，然而业内的大部分人并不认同他的上述理念。1906年，随着国家规范委员会的成立，瑞士正式开始将结构计算与施工建设和设计剥离，而这正是马亚尔强烈反对的做法。

个性与规范：实践还是研究？

1906年10月31日，瑞士规范委员会开会讨论弗朗索瓦·舒勒（图62）提出的关于新规范取代1903年颁布的临时性条款的建议。舒勒的建议是基于苏黎世联邦理工学院一份关于钢筋混凝土梁的重要研究报告[72]。而马亚尔和舒勒都在这个委员会工作。

舒勒的报告给人的印象是，在进行恰当设计之前，还需要进行更多的研究；显然，这意味着更多的知识将会带来更安全的设计。正如舒勒所说，"对于钢筋混凝土构件内部的真实应力而言，通常的计算方法是不正确的，且只能提供近似的定性结论。"舒勒和该委员会另一位成员埃米尔·默施都认为，结构设计必须依赖建立在实验研究基础之上的计算方法。而研究结果也将纠正实践中的错误和疏漏。

马亚尔和规范委员会的同事爱德华·埃尔斯克斯发现：对这个行业来说，舒勒的报告弊大于利。舒勒绝口不提梁研究中存在的问题，首先，在实验室条件下，梁被支撑在精制的金属滚轴和铰点之上，从而使得其两端得以自由转动；这样的情况在实际工程中几乎不可能存在。其次，舒勒关注构件内部的应力；但马亚尔认为（并于1909年公开指出），内力大小与结构行为几乎无关。在马亚尔看来，估算破坏荷载并预测挠度和裂缝这些直观性能的证据才是至关重要的，这些正是20世纪末公认的规范基础。最后，舒勒是按照埃内比克体系的观念设计了试验梁，然而人们很快便发现：这些观念比马亚尔在1906年舒勒报告之前经常应用于工程实践中并最终被普遍采用的方法更不安全[73]。

图62 弗朗索瓦·舒勒（1860-1925）（资料来源：苏黎世联邦理工学院档案馆）

马亚尔受过扎实的科学训练，具有设计师的远见，喜欢具体的工作；尽管舒勒也有扎实的实用知识，却更愿意站在应用科学家的视角，力图寻找可以遵循的一般规则。

爱德华·埃尔斯克斯和马亚尔希望对实际结构进行足尺实验，这种愿望与支持实验室科学研究的愿望背道而驰。因此，每当舒勒召开规范委员会会议时，马亚尔通常都会唱反调[74]，即使是在一些无关紧要的问题上也是如此，比如，在混凝土的用料质量问题上，马亚尔就反对制定任何固定规则的做法，认为这将可能增加不必要的成本[75]。在大问题上，没有人会质疑实验的必要性；但问题在于这样的实验是否仅限于实验室研究（埃米尔·默施和其他学者的观点）[76]，抑或还应包括实际结构的足尺试验（马亚尔和埃尔斯克斯的观点）。这个问题延续了里特尔和恩格泽在同一问题上的较早辩论。现在，里特尔的学生们在反对里特尔的德国继任者的立场上争论不休[77]。

舒勒在他的研究报告中已经暗示了，1903年的临时性规范包含着不安全的规定。马亚尔直言不讳地反对舒勒的结论，理由是他们主张根据研究而不是实践来改变规范内容。默施也反对这些改变，但原因却是他想要获得更多的（迫切希望来自法国和德国的）研究成果来支持这种改变。进一步讨论之后，在马亚尔的坚持下，舒勒同意把当下的情况报道出来，并保留1903年的规范继续有效（他的文章于1907年初发表在《瑞士建筑学报》上）[78]。

马亚尔和舒勒的主要区别在于他们处理工程项目的方式。马亚尔将结构看作一个完整的形式，并努力寻找一个能够预测最终整体结构性能的分析过程。对于马亚尔来说，在设计完成后，对构件进行研究，构件的性能在它们所形成的整个结构之外没有意义。因此，不与桥面结合的弯板（例如，施陶法赫尔大桥）与构成空腹箱形底部的类似曲面板（比如，楚奥茨桥）完全不同。马亚尔不想为梁、柱、板和拱设定预先的规则，然后再要求按照预先设计的构件进行建造，就像一套拼装组件那样。而舒勒和其他的研究人员则恰恰将结构看作不同类型构件的集合，并试图单独定义每种构件的性能表现。

在当时，规范已经开始在其他国家出现，并伴随着标准化的计算流程和系统化设计的过程。尽管马亚尔对应用规范持谨慎的保留意见，但却在这项早期活动中发挥了主导作用。除了限制设计师的自由之外，规范和那些诸如默施所提倡的教科书还允许任何没有经验的工程师参与钢筋混凝土设计，从而与马亚尔和其他经验丰富的从业者竞争。马亚尔并不是一味地要限制这种无序竞争，而是强调设计师在独立完成重要设计之前需要有实践经验。瑞士的规范出版于1909年初，多亏了马亚尔，这本规范才能够相对简明，并沿用了25年之久[79]。

教学与理念的冲突

由于马亚尔在国家规范委员会中的突出地位，1911年，苏黎世联邦理工学院邀请马亚尔就钢筋混凝土结构举办了15次讲座[80]。这个荣誉使他有机会整理自己的那些创意并对瑞士的下一代设计师产生影响。到了1912年秋季，学校又希望将每周1小时的授课时间延长至5小时。而此时，另一位项目工程师马克斯·里特尔（1884-1946年；与威廉·里特尔无关）正在上每周2小时的钢筋混凝土结构分析课程，而他的设计观念便与马亚尔截然不同。

里特尔的教育背景与舒勒相似，在开始职业生涯时都遵循着同样的学术工程传统。里特尔比舒勒小24岁，他和舒勒一样相信理论和数学。里特尔也是一名桥梁设计师，并且曾经为马亚尔的前雇主也是竞争对手韦斯特曼工作。另外，里特尔还与建筑师奥托·普夫勒加德（Otto Pfleghard,）的合伙人是姻亲关系，而马亚尔恰恰在1908年也与这位建筑师闹翻了[81]。因此，无论是在学术理论、设计还是商业实践活动中，马克斯·里特尔和马亚尔都是竞争对手；如今，他们也正在讲授着两种相互竞争的理念。

马亚尔的教学方式不系统，教学内容涉及广泛的结构问题，却并不进行详细讨论，只是重点强调构成工程项目的设计要素[82]。而里特尔则侧重于理论背景下的分析过程。马亚尔和里特尔以完全不同的方式来表现示意图和数学知识[83]。里特尔的简图是一套抽象概念，每个概念都旨在说明诸如扭转这样的单一原理（图63），而马亚尔的简图以说明实际结构性能表现为主（图64）[84]。例如，对于筒仓，里特尔和马亚尔都给出了公式，但里特尔的简图是抽象的线条，而马亚尔则显示出了实际的筒仓结构（有一张马亚尔的示意图甚至画出了6个筒仓一组的传送系统）。

里特尔在讲课时会提供参考书目，并且会不断参考最新的分析方法，他甚至会讨论来自《数学期刊》（Journal for Mathcmatics）上的材料；而马亚尔

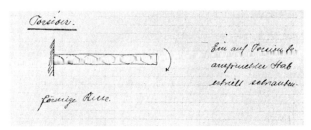

图63　马克斯·里特尔有关扭转的讲课笔记（资料来源：苏黎世联邦理工学院档案馆）

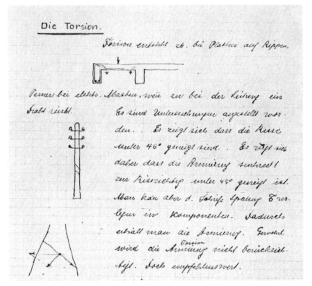

图64　马亚尔有关扭转的讲课笔记（资料来源：苏黎世联邦理工学院档案馆）

则更喜欢讨论如何利用空腹墙（马亚尔正在起草专利的一部分）里的空气来为筒仓通风这类的实际问题。马亚尔的课充满了丰富的实践经验，而里特尔则更像是一位偏好数学的分析家。学生们是幸运的，因为他们获得了两种截然不同的方法。然而不幸的是，随着时间的流逝，想要维系更加面向设计的方法愈发困难。

当我们阅读这两套80年前的便笺时，便会有一种奇怪的印象：毫不学术的马亚尔笔记材料竟几乎没有过时，他的细节和形式看起来就像是今天的建筑物；而里特尔的分析却几乎都已经过时了。基本的数学知识是永恒的，但是分析过程很快就会被新鲜事物所代替，

从 20 世纪 30 年代的简化方法到 70 年代更为复杂的、依赖于电子计算机的数值分析过程。由于马亚尔能够从结构的全面性能出发，所以他的理念，就如同温度变化、重力以及钢和混凝土的性能那样更经得起时间的洗礼。

当然，正如他的实际设计计算所显示的那样，马亚尔了解现代的分析流程，但他更希望学生能够像威廉·里特尔那样在学术研究中思考实际问题。尽管马亚尔强烈意识到理论分析已经取代了苏黎世联邦理工学院的教学实践，然而自己却与老师不同，并没有那么多的时间和耐心来使课程系统化。显然，理论分析的教学是不能忽视的，因为即使在 1912 年，也有许多基于错误分析和对钢筋混凝土不完全理解的可疑设计。而且，伴随着对钢筋混凝土这种新材料使用的普及，它已经不再是那些经验老到者的专利，而成为普通工程师必备能力的一部分。最后，由于钢筋混凝土是一种比钢材更复杂的材料，其性能更取决于设计。因此，所有这一切都强烈地需要该学科系统化，并沿着 19 世纪末库尔曼、威廉·里特尔等人的结构分析系统化方式继续前进。

因此，到了 1912 年，便出现了两条教学路线：一条来自实践，另一条来自研究；一条来自对完整结构的经验，另一条来自对计算方法的发展。这两条主线早在 1911 年就出现在苏黎世的罗伯特·马亚尔和马克斯·里特尔的笔下，是当时大多数技术型大学的典型代表[85]。理念的冲突能够变为个人的冲突，马亚尔和里特尔正是如此；但直到 20 世纪 20 年代，有关他们之间深刻而痛苦的对立关系才被公开，而这也将严重影响马亚尔的职业生涯。

时间来到 1914 年，除了为自己建筑事业而奋斗并最终取得了成功外，马亚尔也已经教学了 4 年之久，并也在瑞士的多个重要行业协会任职，另外还投身于自己的研究和设计工作。由于西班牙和俄罗斯等国家的快速工业化，建筑活动在国外依旧如火如荼地展开，而正是由于这些国外的建设项目，才让马亚尔在 20 世纪的第二个 10 年里经常人在旅途。

走向俄罗斯

圣彼得堡（1912-1913）

由于大型建筑合同在瑞士已经寥寥无几，因此从 1912 年开始，马亚尔在对一些桥梁建设机会做出反应的同时，也开始认真地寻找瑞士以外的可能性。设计创新和建筑利润之间的紧张关系减弱了，他几乎没有时间做桥梁设计。作为设计师和建筑商，马亚尔在第一次世界大战前设计的最后一座瑞士大桥位于瑞士三个最古老州之一的施维茨州（Schwyz）的穆奥塔河（Muota River）上。这座桥的钢筋混凝土空腹箱形结构三铰拱仿照了塔瓦纳萨桥，并且在非评审制设计竞赛中击败了州政府工程师赫尔曼·古贝尔曼（Herman Gubelmann）的钢筋混凝土三铰拱方案，从而使马亚尔有机会根据自己的想法去设计一座具有挑战性的桥梁[86]。然而，正当他忙于上述项目时，却在国外出现了更大的设计机会。马亚尔有位俄罗斯同学，名叫本杰明·佩尔松（Benjamin Person，1867-1937），1912 年的佩尔松就已经是圣彼得堡著名建筑商。在第一次世界大战前夕，正是通过这个人，马亚尔才进入了蓬勃发展的俄罗斯经济生活中。

当时的瑞士银行正在寻找渠道设法投资俄罗斯和西班牙这些相对不发达的国家，因为那里的工业化进程逐渐加速，并且起源于法国、德国和瑞士等国家的先进技术理念在这些国家的应用时机已经成熟[87]。马亚尔对钢筋混凝土的整体把控，尤其是他的无梁楼盖理论也已经做好了技术出口的准备。因此，当他在瑞士完成了一系列重要项目之后，便开始寻找俄罗斯部分西化城市潜在的巨大应用市场，其中就包括了里加（Riga）和圣彼得堡。1912 年 4 月初，马亚尔启程前往俄罗斯帝国北部。

图65 1912年，位于圣彼得堡一家冷库的地下室（资料来源：M.-C.布卢默尔－马亚尔夫人）

圣彼得堡由彼得大帝于1702年建立，它本身就是一个重要的土木工程项目。位于涅瓦河（Neva）沼泽三角洲上的圣彼得堡，是彼得大帝试图将俄罗斯带回欧洲的一次尝试：从彼得时代起，这座城市的建筑技巧和文化生活就一直在向西欧看齐[88]。在19世纪后期，圣彼得堡经历了迅速工业化和城市化潮流，其特点是人口急剧增加，建筑行业飞速发展。从1850年到1890年，这个城市的人口翻了一番，达到100万，到1912年，人口又翻了一番，达到220万。这种"疯狂的步伐"是大量广泛利用国外投资和国外技术人员的结果，也导致1908年到1913年间的产值增长了60%[89]。

马亚尔于4月15日星期一上午抵达圣彼得堡，佩尔松接站并径直将马亚尔带到了自己的事务所，并将马亚尔介绍给了自己的朋友伯恩斯坦（Bernstein）先生，伯恩斯坦是一家公司的经理，正为一座冷藏仓库的项目找到了佩尔松，而马亚尔则将成为他的分包商（图65）。在接下来的6天里，马亚尔在圣彼得堡处理合同，视察现场，进行计算。佩尔松和他的妻子热情地款待了马亚尔，晚上他们带马亚尔去了一家非常棒的餐馆并欣赏了芭蕾舞表演。马亚尔在第二周的周初回到了瑞士，他确信仓库只是"一个微不足道的开始"[90]。7月初，马亚尔再次回到俄罗斯，负责施工初期的监理工作。闲暇之余，马亚尔饶有兴趣地品味着俄罗斯的夜生活，对此，在给玛丽亚的信中，他写道：

我的朋友佩尔松来接我，我们每天晚上去

不同的"休闲夜店"（jardin-variety），大约10或11点左右我们共进晚餐，在那里，人们可以找到足够多漂亮的俄罗斯女孩来助兴。佩尔松和我一样都是个"准单身"，当然，也和我一样，很正统[91]。

每当马亚尔想起他的妻子，一位严肃的瑞士女人时，他就不会在享受这种温柔夜生活时放纵自己。另外，由于仓库施工进展非常缓慢，而且马亚尔发现，当地的工匠也都比较懒散，所以，自己的这种生活状态反倒让他有些担心。马亚尔在圣彼得堡待了很长一段时间后，便让公司的一位瑞士工程师过来接替他的工作。在接下来的一周里，他途经斯德哥尔摩、布加勒斯特、布达佩斯和维也纳后返回了苏黎世[92]。

阿尔堡大桥已建成，莱茵菲尔登桥也快要竣工了，但在穆奥塔河大桥的施工场地上发现的软弱地基，迫使马亚尔放弃了塔瓦纳萨式的结构方案，并彻底开始重新考虑这个设计。因此，在这个大规模商业谈判和高利润的建设时期，他却不得不花费相当多的时间在一个不会给他带来任何利润的新设计方案上[93]。

伴随着如此之多的项目进账，马亚尔便有能力买下了合伙人察恩的全部股权，从而让他拥有了更多的财务控制权以便配合自己的技术路线。新的公司信笺抬头显示了马亚尔如今能够涉及的各个领域，并也强调了自己已经完全独立的事实[94]：但与此同时，他也被迫必须一定程度地下放权力。1912年夏天，合伙人去了圣加仑，冯·米勒在服兵役，为让事务所正常运转，马亚尔就必须放弃去旺根（Wangen）的旅行机会，转而去洽谈一个新的项目合同。然而这次他偷懒了，派出了总工程师阿诺德·莫泽（Arnold Moser），虽然后者不辱使命，却在价钱上大打折扣！很显然，这样的结果令马亚尔很恼火，看来他非得事必躬亲不可[95]！

尽管马亚尔已经拥有了沃尔塔街上层中产阶级的舒适生活，但他们在这栋套房生活的19个月里，全家共度的时光却屈指可数——除去马亚尔单独在瑞士的差旅时间，加起来一共只有10个月[96]。1912年12月至1914年7月，马亚尔到俄罗斯出差了10次，每次时间从10天到3周不等，而玛丽亚则继续长期在意大利旅游[97]。在1913年4月去圣彼得堡的一次旅行中，马亚尔写道，"这里没有太多的新项目，但我们为待建桥梁进行了多次讨论"。四天后，马亚尔写道，"我将要拜访一位圣彼得堡的顶级建筑师，再过几天，我还要在沙皇的住所彼得霍夫（Peterhof）拜访两位将军，因为我想知道，那位顶级建筑师是否认为我们的桥梁设计足够漂亮！[98]"然而，在俄罗斯，实际上却没有任何马亚尔大桥的足迹[99]。

马亚尔在俄罗斯的社交生活是有趣的。在他给妻子玛丽亚的信中写道："我们去看了一场俄国轻歌剧和随后的午夜综艺节目，伯恩斯坦的夫人没有与我们随行，所以伯恩斯坦先生便邀请了轻歌剧的女主角共进夜宵。我给人的印象是有点愚蠢，或者说非常愚蠢，因为她只会说俄语，所以我就只能当个随从。之后，我决定积极学习俄语。但请放心，你不必担心我会马上接受这些女主角，就算是可能，我也首先会选择那些小芭蕾舞演员。由于这里的商业并不十分兴旺，所以干什么事都更便宜。然而，我还是希望在这儿能抓住机会挣点儿钱，他们要找我来是为了看看他们的项目。"一边是芭蕾舞演员，一边是商业合同，生活与事业交织在一起，反映出马亚尔即便在面对长期存在的实际问题时，也能够保持镇定与幽默。人际交往笨拙的马亚尔真的会为了勾引女演员而去学俄语吗？这也许对熟知他的人来说是个有趣的话题，尤其是对玛丽亚和马亚尔本人来说[100]。

1913年9月，马亚尔的国外业务扩大到了巴塞罗那，他在那里新开了一家事务所。像俄罗斯一样，西班牙也正在经历着20世纪初期的快速工业化进程，而巴塞罗那首当其冲。马亚尔正在建设的一座大型电缆厂（图66）便位于巴塞罗那，这也促使他派了一位最好的年轻工程师去那里拓展业务[101]。

图 66　1914 年，位于西班牙的比利亚努埃瓦－赫尔特鲁（Villanueva y Geltru）的倍耐力工厂（资料来源：M.-C. 布卢默尔－马亚尔夫人）

里加（1914）

像当时的许多其他人一样，马亚尔对 1914 年的政治事件并没有多加注意。当他能够自由穿行于意大利、法国和西班牙时，当他能够畅游德国、俄罗斯和奥地利时，马亚尔似乎并没有比那些欧洲领导人和外交官们更能够预见到任何重大混乱的出现。1914 年初，欧洲经济高速发展，国际活动频繁，这些活动大多集中在俄罗斯。当时的法国正在大笔放贷，而德国则在大规模出口[102]。正是由于这些法国投资，马亚尔才能在 1913 年底在里加建造起一家大型橡胶厂[103]。1914 年 1 月 6 日星期二早上，他回到了苏黎世为本杰明·佩尔松的到访做准备，并打算再次出手投标一个大项目[104]。

尽管跨国投标会带来不菲的差旅开支并且对公司的业务能力要求也很高，不过还好马亚尔的公司已经开始有了可观的回报。1914 年，他在圣彼得堡建成了两座仓库，在里加也竣工了一家工厂（图 67）。2 月中旬，玛丽亚、姐姐罗莎·维基、朋友马克斯·冯·米勒和保罗·尼森（Paul Nissen）在苏黎世湖边的奥德翁咖啡厅（Odéon Café）喝咖啡。玛丽亚顺手在报纸的一角上写道，"2 月的记忆"，接着，她在纸上写下了那年 2 月份在家里发生的大事儿，其中包括 2 月 14 日"在俄罗斯挣到的第一个 100 万"。事实上，截止 1914 年，马亚尔的工作回报就达到了 100 万法郎，（折合 1996 年的 1 千万美元），如今的马亚尔已经是一位不折不扣的富人了[105]。

1914 年，马亚尔的主要活动地区一直都是波罗的海的首府里加，这座城市建于 13 世纪，早在成为俄罗

图67　1914年，马亚尔在里加的在建工厂（资料来源：M.-C. 布卢默尔－马亚尔夫人）

斯本土城市之前，就已经是一个工业中心了。作为拉脱维亚的首都，得益于便利的港口以及与发达西欧国家的接近，到了19世纪末，里加在许多工业领域里便已经相当发达了，如金属加工、铁路及汽车制造、造船领域等。在20世纪早期，它的电气、化学工业以及橡胶制品生产迅速增长[106]，人口数量也从1897年的282230急剧增加到了1913年的517522[107]。迅速扩张不仅吸引了大量的拉脱维亚工人，也让大批外国人口也涌入了这座城市。与圣彼得堡一样，1914年的里加正在举行一场建筑行业的盛宴。

在这种氛围下，施工速度是必不可少的；繁荣时期的经济形势要求迅速建设工厂或仓库，因此，设计与施工质量的严格把控就显得不再那么重要了，而这却正是马亚尔的瑞士声誉之所在，建设速度的压力迫使马亚尔采取和在瑞士项目的实践非常不同的工作方式。在里加，俄罗斯-法国联合橡胶公司自己已经进行了初步设计，马亚尔只负责建造其中的部分项目，其余的则由一家德国公司完成[108]。这种分段施工要求施工现场密切协调和详细规划，当然这也是马亚尔的强项。为此，他必须考虑其他人的设计内容、图纸表达和规范要求，必须设想如何才能在最短时间内如何将结构组装在一起。通常，在拿到一份施工合同之后，马亚尔就要制定出详细的施工计划，雇用当地工人，进行脚手架结构的计算并订购相应的建筑材料。为此，他也不得不和当地的工程师打交道，就像在圣彼得堡与佩尔松一样，在里加，马亚尔与一位名叫施耐德（Schneider）的工程师一起工作，在施耐德的事务所里，他不仅要绘制图纸，而且还要进行业务谈判、规划设计甚至购买材料。一旦项目开工，马亚尔就会调来自己的瑞士工程师，一方面是为了进行现场监理，另一方面是为了确保施工流程的经济可行。

通常，马亚尔都会为每个项目重新组建一支建设团队，到了1914年，他已经是这方面的行家了。正是这种专业化与大规模的施工现场组织才能，使他几乎凭借一己之力便能够撑起几家高利润的建筑公司。在俄罗斯，由于马亚尔的管理费用极低，所以利润率很高。1913-1914年，马亚尔在里加市的主要项目是一家大型橡胶厂，工期要求为一年多一点，最终，该建筑于6月14日竣工，比原计划提前了整整两个月[109]。

1914年，马亚尔的苏黎世事务所还有大约6位很有能力的工程师和另外6位绘图员，然而，瑞士的业务正在萎缩，于是，他便派出了一位工程师去俄罗斯。在瑞士的可施工季节里，马亚尔手头还有一百多名工头和工人在施工现场，但这些人并非永久性雇员，他们只是根据施工需求而聘请的。在这段时间里,马亚尔始终穿梭于苏黎世和俄罗斯的不同城市之间,密切关注着工程建设,又累又孤独,于是,他开始催促妻子玛丽亚与他一道前往俄罗斯[110]。

在俄罗斯,人们没有办法判断马亚尔的工程质量,因此,他不能指望靠自己的技术声誉来赢得合同。马亚尔必须花更多的时间进行自我推销。四月份,他再次前往圣彼得堡,为争取另一家橡胶厂的一份大合同[111],然而却未能如愿。第二天,他写信给玛丽亚:"橡胶厂的大合同飞了,而对手也已经开始为他们工作了,甲方不想放弃他们!尽管我们的出价比较便宜。"更糟的是,马亚尔开车时撞倒了一位行人,为了避免带来更多的麻烦,他当场给了那人10颗红宝石,这倒是促使那人奇迹般地康复了。对此,马亚尔开玩笑地说道:"看起来,那位老兄好像他希望能够再被撞一次!"

1914年夏的里加海岸

因为在圣彼得堡一事无成,马亚尔决定第二天去里加,由于四旬斋(Lent)期间禁止庆祝和音乐,所以里加显得有些阴沉。马亚尔在建筑工地待了几天后,便动身回家[112],一个多星期后,全家又聚在了苏黎世,团聚的喜悦让玛丽亚最终同意全家在6月份去里加度夏。

然而事与愿违:4岁的勒内染上了猩红热,这使得6月份的旅行计划被迫取消了。虽然现成的旅行日期还无法确定,但马亚尔的度假愿望却与日俱增,于是5月29日,他便作为先行官独自一人乘坐火车从苏黎世北部出发了[113]。

早在1825年,人们就逐渐意识到了里加海岸的夏季乐趣;到了1844年,一条定期的渡轮服务把海岸与里加市连接起来;1877年,铁路使通行变得更加简单快捷。事实上,这条海岸的国际声誉真正开端于20世纪初欧洲经济的繁荣。1895年,有两万名夏季游客;到1914年,这个数字便已经增长到7万人,而其中只有1.1万名当地居民[114]。

1914年6月初的一个下午,由于工程项目进展缓慢,马亚尔下午4:30离开里加市前往海岸。一踏上海边的度假胜地爱丁堡(Edinburg),他就立刻去检查之前自己为家人所订的房间[115]。在这里,真正的旅游旺季要到6月中旬才正式开始,但准备工作显然已经先行了:搭建浴室,重新装修小咖啡馆,虽然溜冰的地方几乎没有人,但却也倍受期待。马亚尔渴望家人和他在一起,在写给玛丽亚的信中,他说:"度假的旺季将在两周后开始,而且在刚开始的时候是最美的。请你们不要迟于6月26日出发。[116]"马亚尔将自己的时间都留给了工作和家庭,看来,他并不会关注近几天的欧洲新闻了,6月4日,也就是他返回圣彼得堡的同一天[117],发生了一件看似微不足道的事——奥地利王位继承人弗朗茨·斐迪南大公(Archduke Franz Ferdinand)计划前往奥匈帝国的波斯尼亚省首府萨拉热窝访问[118]。马亚尔于6月23日返回苏黎世,帮助准备家庭北行。

1914年6月28日注定成为历史上不平凡一天。上午11:30,奥地利大公弗朗茨·斐迪南和他的妻子被刺杀。尽管外交官们已经意识到暗杀奥匈帝国王位继承人的危险影响,但大多数欧洲人还是认为1914年和其他年份没有什么不同。正如一位历史学家所言,"如果在这个充满信心的时代(1900-1914)中穿插着一个致命的缺陷,或者说是一个天大的错觉——那就是人道主义的信念,即欧洲人之间的一场全面战争确实是不可想象的。[119]"正是在这种背景下,马亚尔一家人在6月下旬忙碌地进行着俄罗斯的夏季之旅。这里没有足够的理由来证明离开瑞士度过一个完整的夏天是合理的,恰恰相反,马亚尔在法国和西班牙还正开展着新项目,另外,日渐衰落的瑞士国内业务也需要关注,但是,为了和家人一起度过1914年的这个夏季,马亚尔决定忽略这些生意上的顾虑[120]。

7月11日,司机兼管家阿曼多开着敞篷霍普轿车送马亚尔一家人来到苏黎世恩格(Zurich-Enge)火车站。车站成了欢乐的海洋,穿着白色礼服的优雅妇女们向他们告别,并祝愿他们旅途愉快。一家人乘坐卧铺向

走向俄罗斯

北前行,先到汉堡,然后是吕贝克,在那里,他们乘船(图68)在海上航行了四天,眼前就是里加了。而更令玛丽亚惊喜的是,她再次看到了一辆敞篷霍普轿车和另一位司机;原来,马亚尔在几个月之前就把同样的轿车运到了俄罗斯,因为他希望妻子得到一种在外如在家的享受。

马亚尔一家人住在里加市附近爱丁堡村的寄宿学校里,享受着田园诗般的生活[121]。马亚尔定期往返于里加,监督那里的几个不费事儿的小工程:两座仓库和一家橡胶厂的食堂。然而谁也想象不到,8月来得如此之快。7月23日,奥地利向塞尔维亚发出了关于暗杀事件的最后通牒,表达了对塞尔维亚答复的不满,并于7月28日宣战。接下来,在圣彼得堡举行了罢工,旨在声援塞尔维亚的斯拉夫同胞,7月30日,俄罗斯进行了战前动员,随后便是法国和英国。几天之内,德国向法国宣战,并入侵比利时,从而也使英国卷入了冲突。8月4日,第一次世界大战爆发了[122]。

图68　1914年在去里加的途中,马亚尔站在甲板上

第 4 章

战争与革命

(1914-1919)

俄罗斯(1914-1916)

八月的沙丘

1914年7月,马亚尔眼里的里加避风港在他的瑞士朋友们看来却完全不同。"难道你还没有听到隆隆的炮声吗?"一位好友写道;另一位同事也奉劝马亚尔一家应该尽早在7月中旬回到瑞士,因为战争的威胁已经越来越明显了[1]。在马亚尔度假的这段时间里,俄罗斯军队开始向东普鲁士挺进,8月20日,在贡比涅(Gumbinnen)击败了德国人,从而促使德军参谋长小毛奇(von Moltke)由比利时向东派出了三个军团和一个骑兵师,并调来了比利时战役中最好的将军埃里希·冯·鲁登道夫(Erich von Ludendorff)。到了8月底,俄国人的攻势得到了遏制[2],然而与此同时,德国的西线战役却失败了,于是,战争陷入了僵局。

战争的僵局让那年夏天的俄罗斯与波罗的海诸国之间处于和平状态。在松软的海滩后面是升起的沙丘,后面是淡水溪流喂养的凉爽树林。在那里,马亚尔的孩子们经常和工程师汉斯·伯彻(Hans Bircher)在一起欢快地跑着,享受着周末的野餐。而马亚尔则穿梭于里加的工地之间去监督那些小项目的施工[3]。那是一段宁静的田园诗般的时光,是1914年中之前欧洲空前工业繁荣所带来的宁静的副产品[4],然而战争改变了一切,而可怜的马亚尔并没有意识到这种变化。

9月底,伯彻被召回瑞士服兵役。马亚尔夫妇在火车站给他送行,现场一片混乱:火车站人满为患,车厢里水泄不通。伯彻必须先去圣彼得堡(现在改名为去德国化的彼得格勒),然后在那里绕到芬兰和瑞典再到柏林和苏黎世[5]。看来,回家之旅是漫长而痛苦的,玛丽亚不愿意以这样的方式回程,于是,在马亚尔的建议下,他们在里加租了一套公寓,10月初,一家人便在里加定居了下来。

里加的冬天

马亚尔继续寻找着新项目,而公司在瑞士的业务几乎停止了,俄罗斯的项目也将会在年底结束[6]。时局如此紧张,马亚尔已经无法再与瑞士国内或其他的事务所取得联系了,现在的马亚尔只是一位没有士兵的将军。俄罗斯正面临着所有不发达国家在20世纪都将面临的核心问题——使国家的军事、政治或工业活动可以在每个单独的地点能够继续获得成功。宏伟的战略是好的,但如果没有专门的地方组织来执行,这些战略也将注定失败。马亚尔正好拥有整个俄罗斯社会所缺乏的成功的施工现场组织能力。就像那些因善于打仗而受到奖励的瑞士老雇佣兵一样,马亚尔是建筑工地里的总指挥,而且很成功。然而在1914年,俄罗斯很难将马亚尔的才干与其工业需求的现实相匹配。

1915年新年刚过，马亚尔便将孩子们托付给爱丁堡村上一位年轻的瑞士女家教，自己与玛丽亚则到莫斯科旅游去了[7]。大儿子埃德蒙的学校教育就成了这位年轻小姐的家庭工作，而另外两个孩子玛丽-克莱尔和勒内就没有那么幸运了，他们在俄罗斯从未受到过正规教育。在冬季的海滩上，孩子们被北方海岸的神奇景色迷住了。海浪被冰冻成了破冰般的模样，远远望去，高低起伏，孩子们称之为"俄罗斯山脉"。他们喜欢坐着雪橇滑过积雪覆盖的沙丘，滑下海滩，滑到里加湾一动不动的海浪上[8]。1915年2月，大自然仿佛都静止了，孩子们在寂静的海上玩耍，而向南300英里之外的维尔巴伦（Wirballen），鲁登道夫和兴登堡（Hindenburg）将军则刚刚击溃了另一支俄罗斯军队，1912年4月以来，马亚尔也曾多次途经那里，而发生在附近的马苏里亚（Masuria）冬季战役则大大消耗了俄罗斯的第十军团[9]。

冬天结束时，马亚尔全家去了一趟彼得格勒，这给8岁的玛丽-克莱尔留下了难忘的印象。当他们沿着涅夫斯基大道（Nievski Prospekt）散步时，他们留意到了冬宫的活动。当马亚尔夫妇经过宫殿大门时，大门豁然敞开，一队三驾马车疾驰而出，车上坐着的正是沙皇[10]。

回到里加，马亚尔和玛丽亚又住进了他们的公寓里，而孩子们则回到了爱丁堡村的凯维奇寄宿学校（the Pension Kevitch）。他们现在可能已经意识到，要过一段时间才能回到瑞士了[11]。5月初，德国人冲破了克拉科夫（Krakow）附近的俄罗斯防线，导致后者又一次大规模撤退，削弱了他们从罗马尼亚到东普鲁士的整个阵地。到了6月份，甚至从德文斯克（Dvinsk）到里加的北部前线也受到了明显威胁。然而，当温暖的天气回归时，马亚尔夫妇又去到了海边，但不到一个月之后，里加城外的德国枪声便迫使这位工程师撤退到俄罗斯的首都了[12]。

撤退：从彼得格勒到乌克兰

马亚尔把玛丽亚、孩子们和他们的年轻家庭教师打发上了开往彼得格勒的宽轨火车，而与此同时，他与司机欧内斯特（Ernest）则驾驶着霍普轿车向北行驶在通往俄罗斯首都的糟糕公路上。在彼得格勒，这一家人遇到了佩尔松，他带他们来到了城市以西25英里外一片广袤无边的森林，林边整齐地排列着一些避暑木屋，而在林间的一处空地上便坐落着佩尔松自己的夏日别墅[13]。佩尔松将其中的一间分给了马亚尔一家，这里就成了他们1915年夏天的家，虽然不方便，但随行而来的仆从人等却也弥补了自来水和电力的缺乏。从7月下旬到9月中旬的大部分时间，马亚尔要么在彼得格勒德要么在更远的地方寻找项目。在此期间，他唯一的项目就是设计并负责建造了12座小桥，用于彼得格勒和奥拉宁鲍姆（Oranienbaum）之间新修建的电气化铁路[14]。

整个夏季，俄罗斯的战事都在不断恶化。到了9月下旬，由于俄罗斯境内的东部前线稳如磐石，所以，数百万的沙皇臣民便从西部逃到了据称安全的东部地区。然而，士兵和平民的痛苦和死亡是如此可怕，以至于经验丰富的将军们也畏缩不前了[15]。9月5日，沙皇亲自接管了军队的指挥权，并计划把支撑战争的工业系统移到远离德国进攻的地方。这个举措的前奏就是里加一家大型综合工厂的改造计划。为了从事电气设备的生产，位于哈尔科夫（Kharkov）的新工厂将取代里加的旧厂，而这项庞大的任务便委托给了马亚尔[16]。

虽然俄罗斯遭受了重大损失，但欧洲人普遍认为这个东欧帝国能够团结一致，而且很少有人察觉到这个国家的内部弱点。对此，马亚尔也保持乐观，并决定一旦哈尔科夫的合同签订下来，就把全家搬到那个更偏远的地方，显然，那里不会发生战斗。直到9月21日，马亚尔一家还都暂住在火车站旁边的哈尔科夫酒店里，他们只把13岁的埃德蒙和他年轻的老师送回了瑞士。而此时的马亚尔则陷入了在有限时间内编制一套庞大建筑施工组织规划的挑战[17]。

盟军的战略是打算对俄罗斯的丰富人力资源进行

武装配备，但实现的速度至关重要。为了让德军从法国和英国的西部撤退，东线就必须保持完整；然而即便是英国控制着海洋，向俄国防线运送装备还是很困难的，尤其是在1915年之后，因为当时的盟军在打通达达尼尔海峡（Dardenelles）的战役中失利了。这样一来，俄罗斯的地方工厂就必须加班加点地生产，由此俄罗斯通用电气公司（the General Electric Company of Russia）的哈尔科夫工厂也就成了关键的一环，而这也是马亚尔正在建设的。

哈尔科夫（1915-1916）

在这家电气公司瑞士经理的协助下，马亚尔毫无悬念地获得了项目合同 [经理的弟弟在格拉里谢（Glarisegg）开办了一所瑞士男生寄宿学校，埃德蒙现在就读于该学校]，而且后来这位经理还给马亚尔提供了一些额外项目。来到哈尔科夫之后，马亚尔夫妇便发现这里简直就是一处瑞士的世外桃源，一个名叫本德尔（Bender）的瑞士家庭租给了他们一套大而优雅的公寓（图69），位置也很理想，在霍斯皮特尔尼亚大街（Hospitalnaya）上，毗邻一处城市公园。从10月初一直到1916年夏天，马亚尔就一直居住在此[18]。

图70　1916年2月2日，勒内和玛丽-克莱尔站在哈尔科夫的公寓大楼前（资料来源：M.-C. 布卢默尔-马亚尔夫人）

马亚尔很快便开始组建起了一支值得信赖的瑞士工程师团队，其中，理查德·怀斯（Richard Wyss）来自现已关闭的里加事务所，汉斯·伯彻是从瑞士返回的退伍军人，刚从瑞士来的维克多·柴费利（Victor Tchiffely）也在马亚尔这里找到了一份工作，而他最有才华的工程师之一恩斯特·艾根黑尔（Ernst Eigenheer）也来自苏黎世。另外，马亚尔还写信给其他在瑞士的工程师们，希望他们也能够到哈尔科夫工作。一时间，这里的工程设计突然繁荣起来，与战争引发的瑞士大萧条形成了鲜明对比。冯·米勒答应几周后过来，那时他也刚刚从军中退役。在众人的帮助下，马亚尔完成了哈尔科夫工厂的总体设计，其中包括5座主要建筑物，由于大部分结构构件均采用标准化设计，因此大大简化了施工流程。

图69　1916年，马亚尔位于哈尔科夫市霍斯皮特尔尼亚大街22号（第二层）的公寓（资料来源：M.-C. 布卢默尔-马亚尔夫人）

俄罗斯（1914–1916）

图71　1916年，由马亚尔负责修建的哈尔科夫工厂内部（资料来源：M.-C. 布卢默尔－马亚尔夫人）

1916年初，战争重新开始，而且比以前更加残酷。凡尔登成为德国在西线的主要目标，著名的凡尔登战役开始于2月21日。作为对法国和英国要求俄罗斯帮助的回应，沙皇慷慨地在杜纳堡（Dunaberg）以南展开了三月份的攻势[19]。从俄罗斯经瑞典到苏黎世的回家之路已经完全封锁了，甚至连邮寄都非常困难[20]。

在2月底到3月中旬之间，马亚尔夫妇决定不返回苏黎世过复活节（4月23日），而是至少在夏季留在哈尔科夫。近期，马亚尔又拿到了几个项目，而且随着战争在西线凡尔登和东线纳罗奇湖（Lake Narotch）附近的展开，完成这些项目的压力也在迅速增加。俄国人用纸币代替了银币，马亚尔也开始积聚了一小笔财富[21]。

马亚尔经常带着9岁的玛丽-克莱尔（图70）一起出现在施工工地，她至今都能回忆起那座1000英尺长建筑的模样（图71和图72）[22]，而这家工厂在俄罗斯全国都很有名，甚至英国商业出版物《1916年俄国年鉴》（*The Russian Year Book of 1916*）中还特别提到了这个项目："里加的电气工程已经被移到了哈尔科夫……战后将会投入大规模生产……战前，一些小型电气设备都是从国外引进的，主要是德国。[23]" 5月份，冯·米勒也来到了哈尔科夫，而这个工厂项目将在仲夏时竣工。马亚尔已经开始提前作打算了，因为他不愿意白白浪费掉如此庞大而有效率的工程师、工人和机械设备，马亚尔希望能够寻找到更多的工程项目，然而他万万没有想到的是，这个项目的完成也意味着这些人分道扬镳的开始[24]。

6月，布鲁西洛夫（Brusilov）将军在普利佩特（Pripet）沼泽地和罗马尼亚边境之间的西南前线发起了一场大规模针对俄罗斯的攻势，主战场位于哈尔科夫

图72　1916年，由马亚尔修建的哈尔科夫工厂：立面图（资料来源：M.-C. 布卢默尔－马亚尔夫人）

以西约500英里[25]。整个6月和7月，当德国人和法国人在凡尔登作战时，俄国人则稳步向西移动。这些优势增加了马亚尔为政府工作的机会，因为时局的稳定取决于军事上的成功。

6月下旬，另一名工程师卡尔·莱尔从瑞士来到哈尔科夫郊区，协助进行施工监理；他搬进了帕斯特罗伊卡（Pastroyka）建筑工地附近的一间小屋，与早些时候已经到达的恩斯特·艾根黑尔住在一起。这两个人连同理查德·怀斯和汉斯·伯彻都是马亚尔的重要员工，当然还包括时常作为商业经理而非工程师的维克多·柴费利。战前，这些人都是马亚尔在苏黎世的干将，是建筑高质量的可靠保证。由此一来，在炎热的夏季当帕斯特罗伊卡的温度攀升到制高点时，马亚尔、冯·米勒便与他们的主要员工会师了[26]。

工厂大楼的混凝土施工于8月中旬结束，到了10月份，工厂开始运转，11月1日正式开工。在接下来的冬天里，马亚尔还继续进行着一些零星的项目。但谁也不会想到，1916年成为了马亚尔在俄罗斯大规模施工建设的最后一年。虽然那一年里他还在卡曼斯卡亚（Kamemskaya）建造了一座钢厂，却还是无法找到更多的新项目来继续维系1000名混凝土施工人员、进口机械设备以及他的瑞士工程师团队，万般无奈，马亚尔只好不情愿地解散了这支高效率的团队[27]。虽然马亚尔已经从哈尔科夫项目中里赚了一笔小钱，但1916年10月之后就几乎再也没有什么新的希望了。

玛丽亚在俄罗斯（1914-1916）

顾家的丈夫

马亚尔的大型建筑合同发端于瑞士，然后是西班牙和俄罗斯。在合同履行期间，他主要关注的是现场组织、合同谈判和施工质量。马亚尔的那些俄罗斯大型项目在形式上并不引人注目，并且很快就完成了。有别于瑞士的工程项目，俄罗斯的项目几乎无须车马劳顿，首先在里加，然后辗转于彼得格勒，最后一站是哈尔科夫。因此，尽管俄罗斯离家很远，还有举家迁徙的不便以及许多看不见的陷阱，但在那里却给了马亚尔更多与家人在一起的时间[28]。

战争将人们困在了原地，然而，即使没有这种障碍，随着玛丽亚健康状况的恶化，马亚尔也觉得有必要花更多的时间陪伴她（图73），因为他是一个天生顾家的男人：虽然工作满足了马亚尔的智力需求，但在妻子和孩子的身上，却表现出了马亚尔性格中顽皮的一面。甚至对马亚尔来说，只有当他能和家人一起分享工作的快乐时，工作才具有完整的意义。例如，与塔瓦纳萨桥相比，比尔威尔桥就是一个更大的成就，因为玛丽亚愉快地参加了它的竣工仪式，但前者却因妻子的缺席，令马亚尔无法获得完全的满足感。

凡是熟悉马亚尔的人都知道，这位工程师有主见，有追求，但如果说他还很有家庭观念，就难免会有人怀疑。然而，事实的确是如此，与家人在一起能够让他感到放松，里加海岸酒店所发生的事情就是鲜活的一例。

这次突发事件出现在大家去吃晚餐的路上，其间一只蝙蝠突然扑了过来，随后马亚尔便听到那些时髦女士们歇斯底里的尖叫声，于是，已经谢顶的他就用法语"秃头老鼠"一词来挖苦这只蝙蝠。马亚尔还故意用毛巾把头包了起来，以便保护住他那根本不存在的头发，他告诉那些女人："听着，像我一样，如果你担心蝙蝠会飞落到卷发上，就用毛巾围住你的头……"就像在瑞士跳康加舞那样，马亚尔设法让穿着考究的同伴们跟着他安全地下楼，远离所谓的危险[29]。

这位工程师对家庭的忠诚是无可挑剔的。在哈尔科夫，马亚尔会通宵寻找一只家里走失的狗鲍比（最终，小家伙独自一人找到了回家的路）；女儿玛丽-克莱尔永远都不会忘记父亲会毫不犹豫地竭尽全力取悦母亲的那些时刻；不管是急匆匆地带着海龟去看医生，还是寻找母亲的小狗，更不用说经常陪在母亲床边，安慰她度过疾病的痛苦[30]。

然而，乘坐三匹马拉雪橇到大雪封路的修道院的冒险之旅，以及1915年圣诞节的快乐，也都无法

图73　1916年，罗伯特与玛丽亚·马亚尔在哈尔科夫（资料来源：M.-C. 布卢默尔 - 马亚尔夫人）

掩饰玛丽亚腹痛加剧的事实[31]。1916年1月20日晚上，她到哈尔科夫以南约500英里的基斯洛沃茨克（Kislovodsk）去疗养。基斯洛沃茨克有着北高加索最时尚的温泉，在那里，玛丽亚泡了三个星期，她觉得这里"跟卡罗维发利（Karlsbad）的温泉小镇一样好[32]"。2月中旬，玛丽亚回到了家中，并且正好赶上了忏悔节（Shrove Tuesday）的盛大化装舞会[33]。

玛丽亚觉得可以组织一次聚会了。那是个盛大的活动，她和丈夫邀请了许多好朋友，还雇来了一支小型管弦乐队，并聘请了一位演奏俄式三弦琴的歌手。每个人都穿着戏装，马亚尔装扮成了恶魔梅菲斯特（Mephistopheles）：一套红色的外衣，以及带黑角的红色头巾，与他尖尖的胡须很相配（图74；马亚尔在后排）。但到了最后一刻，玛丽亚还是由于身体不适而无法出席。妻子的缺席让这场化装舞会显得有些无精打采，于是马亚尔将大家组织起来，搞了一个沙龙舞，他把大家慢慢地送进了玛丽亚的卧室，这样她就可以和每位客人打招呼了。马亚尔始终站在妻子的床边，开心地看着她微笑着注视着眼前这些热心的朋友们[34]。

1916年春天，玛丽亚决定不回瑞士了，于是，一家人又来到了哈尔科夫郊外5英里处租用的一所假日乡间别墅，在这里渡过了整个夏季[35]。当时玛丽亚身

图 74　1916 年 2 月，哈尔科夫的化装舞会（资料来源：M.-C. 布卢默尔 - 马亚尔夫人）

体已经越来越虚弱了，但她仍然被建议在夏天结束之前能够回到瑞士，尤其是当地的医生不建议她做手术时。玛丽亚想念着儿子埃德蒙，夜幕降临，走到户外，凝望着星空，这一切都会让她感到安慰，只因她知道儿子也在注视着星河[36]。

在复活节那天房东夫妇回来了，于是马亚尔一家不得不放弃了他们豪华的哈尔科夫公寓。他们把所有的东西都收集起来，全都搬到了郊区的乡间木屋。马亚尔每天从那里乘坐着他的霍普轿车往返于城市另一边的帕斯特罗伊卡。1916 年春天，除了冯·米勒抵达了哈尔科夫之外，马亚尔的英国朋友乔治·基茨（George Kitts）也来了，所以，尽管玛丽亚远离家乡，病情严重，但还是能与许多老朋友待在一起。

那年春天，玛丽亚在乡间木屋留下了一段愉快的时光，虽然偶尔也会在外面的亭子里待上一会儿，但大部分时间还都是在屋子里度过的。在那里，她可以和朋友们叙旧，在天晴时漫步于没有灌木丛的白桦林中，享受着林间那公园般的气氛，这里有马厩，有为仆人们准备的小房子，还有附近为外族人准备的乡间小木屋[37]。

玛丽亚

玛丽亚像往常一样扮演着那位和蔼可亲的女主人，但朋友们已经意识到了她的变化。在这片瑞士侨居地里，周末有很多聚会，玛丽亚总是中心人物。如今，迎来了夏季中最盛大的节日——8 月 1 日的瑞士国庆节，然而，在马亚尔的家庭午宴中，却看不出节日庆祝的欢乐氛围，照片（可能是乔治·基茨拍的）中每个人都显得很沉重，玛丽亚虚弱地笑着，似乎是生病了（图 75）[38]。而事实上，她非常痛苦，第二周就被送入了哈尔科夫医院，在那里，玛丽亚接受了胆囊手术。在接下来的两个星期里，她一直躺在病床上，孩子和朋友们都去探望她，而马亚尔则始终陪在她身边。

到了 8 月 21 日清晨，马亚尔走进了乡间木屋孩子们的房间里，轻声叫醒了女儿玛丽 - 克莱尔和小儿子勒内，他坐在床边，用胳膊搂着两个孩子，告诉他们，他们的母亲已经去世了[39]。

第二天的葬礼上挤满了人，甚至还包括许多来自帕斯特罗伊卡的工人[40]。玛丽亚被安葬在了哈尔科夫，一块突出的墓碑让人们永远记住了这位不平凡的女人。当地的俄文报纸在头版用法语刊登出讣告：8 月 22 日星期二上午 10 点，在天主教堂里举行了玛丽亚的葬礼，随后还进行了神圣的弥撒仪式[41]。从那一刻起，玛丽亚便安息在她所爱的教堂里，这里远离阳光明媚的意大利和她曾经居住过的瑞士。

马亚尔和埃德蒙

在妻子去世两周后，马亚尔（9 月 3 日）给他 13 岁的儿子写了一封长信。玛丽亚死后不久，他就给瑞士的家人发了电报，而现在，他必须安慰这个和自己一样因为失去了她而损失最为惨重的人：

当这封信到达时，你就会收到你可怜的妈妈已经去世的噩耗，那位无限爱你的妈妈。你

图75 1916年8月1日，瑞士国庆节，位于哈尔科夫郊外的夏日别墅

的离去对她来说是一个巨大的牺牲，你的健康就是她最大的幸福。她渴望再见到你，她的思绪总是伴随着你。

马亚尔知道玛丽亚和儿子的分离是多么痛苦，但他实在是不知道应当对失去妈妈的埃德蒙说些什么：

> 想到我们在这个世界上再也见不到她了，真是万分悲哀。但是你必须学会安慰自己，她的精神总是与你同在，她会永远陪伴你。因此，当你对任何行动或决定都犹豫不决时，你应该问问自己："妈妈会怎么想？"然后，你的内心就会告诉你必须做什么，这是件好事，你会尊重母亲的教诲，因此，便会改正

一生中可能会犯下的错误，重新补偿她所经历的一切痛苦，使自己成为一个好男孩和一个好男人。

这是对一个孤独男孩的崇高期望。马亚尔在自己的生活中实现了这些理想，年轻时，他时刻牢记着母亲对自己所付出的一切，如今，他又希望将悲痛转化成对儿子未来的忠告。在回答儿子埃德蒙8月3日从阿罗萨的来信时，马亚尔立刻摆脱了工程顾问的角色，他写道："读了你的这封信，妈妈会多么高兴啊！重要的是，你的这封信写得特别好。对我来说，它让我回想起了过去经常去阿罗萨和达沃斯的情境，我曾在那里建了一些旅馆。后来，我也多次经过了富尔卡山口（Furka），还两次穿越了弗吕埃拉山口（Flüela）！"

在这些罕见的情感大爆发中，马亚尔流露出了对瑞士深深的思乡之情，尤其是对广袤的格劳宾登州。然而，他再次给兴高采烈的儿子增加了一个负担，因为他提到了玛丽亚：

> 你一定知道老师对你最近的表现不是很满意，而且妈妈很担心，但我安慰她说，这只是暂时的、粗心的行为，你会仔细考虑的，我们会从你那里得到更好的消息，你要尽量做到这一点，因为奶奶也担心你上次的成绩单[42]。

埃德蒙在听到母亲去世的消息后，在收到9月3日的来信之前，已经从日内瓦给他的父亲写过信。10月3日，马亚尔回复了儿子的信：

> 你给我帮了大忙。我确信你写给我的不仅仅是文字，而是你确实会按照承诺去做。就我而言，我深知永远无法弥补你所失去的一切，我将尽力来填补现在围绕在你周围的巨大空虚。你必须放心，即使我对你的爱不能像你母

亲那样明显而有益，但也会同样深厚。

马亚尔知道，他有时会表现出热情的一面，正如在向玛丽亚求爱时所表现的那样，但更多的时候会显得冷漠无情。马亚尔完全不能像他的意大利妻子那样公开而热情地表达自己的情感。然而，不像他的父亲，埃德蒙拥有着意大利和德国瑞士的双重性格，既有着父亲那样的专业天赋——在学校里，他已经在技术上出类拔萃，但同时从母亲那里也继承了许多东西——有时会显得难以捉摸，有时又很轻率。

后来，马亚尔在和小儿子勒内相处时，便认可了这种行为举止，就像他和玛丽亚相处时所学会的那样。但是对大儿子，马亚尔的要求却更高，并期望得到儿子更加认真的回报。也许，马亚尔想到了自己的大哥保罗曾经给母亲造成的失望，但无论如何，他的态度并没有让年轻的埃德蒙生活变得容易。马亚尔在埃德蒙十四岁生日那天写了第二封信：

> 这是你的派对！这是一个节日。我们已经共同走过了14年，你一直是我们满足和希望的源泉。作为一个婴儿，作为一个小孩，作为一个大男孩，妈妈都把你当成掌上明珠，看到你成长为一个男人是我们始终所坚信的。小伙子，现在你已经长大了，我坚信你一定不会辜负了我们的希望。

再一次，马亚尔没有给埃德蒙以爱的安慰，而是提醒他履行自己的义务。在信的结尾，他感到安慰，认为战争结束时他们会在一起，玛丽-克莱尔和勒内渴望见到她们的哥哥[43]。

在这两封信之后，发自哈尔科夫的信件就中断了。10月份，布罗希洛夫将军停止了进攻，而当兴登堡取得了各兵种的指挥权之后，德国的气焰又迅速复苏了，这意味着战争仍将继续[44]，也意味着马亚尔一家又要在俄罗斯度过这个冬天，并将再次面临一切不确定性。

革命与毁灭

马亚尔的财富

伴随着冬天的到来，马亚尔在哈尔科夫市中心托尔戈瓦亚广场（Torgovaya Square）的一栋大楼里租到了一套大公寓。在楼上，他们和来自里加的贵族难民朋友伊娃（Eva）、俄国厨师玛莎（Masha）以及马亚尔的侄女玛格丽特·维基（Marguerite Wicky）住在一起。玛格丽特是一名护士，还参加了红十字会，玛丽亚死后，这位侄女便不知何故来到哈尔科夫担起了照顾孩子们的责任[45]。马亚尔在公寓的楼下留出了一间办公室，他与工程师们时常都会在这里工作，因此怀斯、伯彻、柴费利和莱尔这些同事们经常和马亚尔一家人同桌吃饭，如果没有什么特别的事情要讨论，他们就会把10岁的玛丽-克莱尔当作这家的女主人对待，在饭后表示感谢时，同事们便会按照俄罗斯的习惯礼节亲吻她的手，渐渐地，马亚尔也就不仅把她当作自己的孩子，也当成了妻子玛丽亚的化身[46]。虽然女儿接替已故母亲的角色在当时并不稀罕，但对于一位如此年轻的女孩来说，受到这样的尊重却是不寻常的。

就算是1916-1917年的冬天，马亚尔仍然有机会离开俄罗斯，尽管那个夏天俄罗斯的战线已经被迫向东撤退了，但战争似乎还是很遥远，对于一个瑞士家庭来说并没有多大危险。马亚尔从不对政治感兴趣，就像他从不深入涉足金融领域一样。除了家人和几个密友之外，他的主要兴趣只有工作。这种对政治经济意识的缺乏，再加上俄国战败的令人难以置信，便解释了他对帕斯特罗伊卡巨额财富的处理方式：除了少量易携带的珠宝和黄金之外，马亚尔把大部分钱都投向了顿涅茨（Donetz）的煤矿。

马亚尔的政治觉悟实在是太低了，甚至是1916-1917年秋冬季间的重大政治事件也没有使他认识到处境的不稳。伴随着对德作战的溃败，俄罗斯军队发生了叛乱，官员们公开支持推翻沙皇政府。1917年3月20日，沙皇尼古拉斯二世被迫退位，俄罗斯两次革命中的第一次就这样爆发了[47]，宪政民主派领导的临时政府取得了政权。

像当时的大多数人一样，马亚尔认为这些事件是一些欧洲国家经历的从君主制到宪政民主的必然过渡。毫无疑问，新政府将很快恢复稳定。事实上，在3月初，当卡尔·莱尔告诉马亚尔自己需要回瑞士服兵役时，他的雇主还劝他把红宝石留在俄罗斯，以便等待一个与瑞士法郎的更优汇率。对此，莱尔回忆道，"马亚尔本来也可以把自己的钱兑换成现金，但他决定等待一个更好的汇率；另外，马亚尔还从瑞士银行借钱来支付他的俄罗斯项目。"幸运的是，莱尔没有听从马亚尔的劝告，那年春天，他带着瑞士法郎回到了瑞士[48]。而与此同时，弗拉基米尔·伊里奇·列宁则登上了严严实实的列车从瑞士出发，于4月19日抵达了彼得格勒，而列宁带来的则是彻底的改变。

持续的革命

列宁来自瑞士这个精心设计过的民主国家，他给俄罗斯带来了一种与完全独裁截然相反的理念，这种理念建立在包容一切的意识形态之上，当然也包括客观的道德法则。对列宁来说，真正的敌人不是第一次革命所针对的俄罗斯贵族君主制度，而是取代那些曾经的沙皇拥趸们。对于资产阶级的马亚尔来说，列宁所代表的权威似乎是巨大的，目前的后果之所以还不十分明显，那是由于1917年春天民主党人士依然控制着时局[49]。然而随着俄罗斯军队的疲惫，时局已经变得岌岌可危了，到了7月15日就已经完全失控了。克伦斯基（Kerensky）辞去了武装部长一职，仅仅几天后便又回到了临时政府总理一职。如今的俄罗斯军队已经不再是生力军了，9月份，作为总司令的科尔尼洛夫（Kornilov）试图向彼得格勒推进以恢复国家秩序时，但他的军队在到达首都之前便解散了。11月7日，当列宁和布尔什维克党推翻临时政府时，革命的火焰便达到顶点[50]。

在困难重重的时候，马亚尔一家又找到了一处可以度夏的世外桃源。由于哈尔科夫的项目已经竣工，马亚尔决定南下去克里米亚的度假胜地费奥多西亚（Feodosiya）。在那里，俯瞰黑海，一处夏日别墅环抱于延绵沙滩的果园之中[51]，于是，来自瑞士的这一家人便在此度过了一小段的美好时光。1917年夏末，哈尔科夫镇相对平静，直到11月政变之后，马亚尔一家才体验到了革命的力量。从公寓的窗子向外望去，被革命者靠着院墙排成一排，然后枪声响起。他们的瑞士国籍成了唯一的护身符。吃饭都变得困难了许多，而要是没有他们忠实的仆人玛莎，马亚尔一家吃的苦会更多。她和布尔什维克关系很好，总能从当地农民那里得到食物[52]。勒内·马亚尔回忆时说道，她是当地首领的情人[53]。

著名的布列斯特-立陶夫斯克（Brest-Litovsk）会议开启了俄德之间一系列复杂的谈判。由于列宁为了寻求和解，以便更好维护这个幅员辽阔的俄罗斯帝国，所以，他牺牲了一些领土给德国人。1918年春天，德国占领了哈尔科夫[54]，现在，马亚尔公寓院墙外排队的人变成了革命党，开枪之人则变成了新的征服者[55]。

1918年的大部分时间里，马亚尔继续在帕斯特罗伊卡工地开展着一些附属项目，公司经理柴费利一直驻留在那里，而其他瑞士工程师则在夏末之前都离开了。当时的马亚尔，自己有矿井，也有忠实的霍普牌轿车，为了防盗，他在厂区工地的一大片简易棚屋之间修建了一处隐秘居所，这间又长又宽的房子里安顿着柴费利和他的员工。1918年9月之前，在德国的统治下，马亚尔仍能过上相当安全的生活。但是，此时的他与瑞士失联已快一年了，而且干活的机会也越来越少。

11月11日停战协议生效，这个消息令多数欧洲人感到欣慰，然而，那些像马亚尔一样留在俄罗斯的中产阶级们却感到人心惶惶，因为他和他的同龄人代表了资本主义、民主和西欧宗教传统这些令人憎恶的价值观，而列宁正在致力于摧毁所有的这一切。随着德国的撤退，布尔什维克又回到了乌克兰。

逃离

哈尔科夫正在受到暴力反俄派和德国人的反复蹂躏，虽然这里名义上仍处于政府控制之中，但人们却急切地想把权力移交给任何一方，只要他们能够保证城里的人安全返回德国。12月20日，政府军队收复了位于哈尔科夫以北40英里的别尔哥罗德（Belgorod），准备向南移动。每一个留在哈尔科夫的中产阶级都疯狂地寻找逃离城市的方法。他们都为获得一张开往南方的火车票支付了大把的银子[56]。

不到一周时间，哈尔科夫就开始缺少电力，供水系统也受到了威胁，街上持续的交火表明这里已经完全处于无政府状态。持续的恐惧和每次公寓门铃的响起令马亚尔一家感到神经紧张。12月30日星期一清晨，这样的铃声再次响起。玛格丽特·维基一打开大门，马亚尔的一位从帕斯特罗伊卡回来的工头便神色匆匆地走了进来，他非常激动，恳求玛格丽特带他去找正在家中办公的马亚尔。当着马亚尔的面，这位工头说："我知道你在名单上，也许明天早上他们就会来抓你。"很明显，现在是政府军控制着这座城市，他们打算杀死马亚尔，如果不是因为这位忠实的工头，马亚尔的人生也许就会画上句号了。工头的义举是出于对马亚尔的感恩之情——因为当他的妻子身染重病之时，马亚尔曾花钱请专家救治了她，所以如今的他也会冒着生命危险去救他的雇主。马亚尔果断地作出了最后的决定："我们得逃了！[57]"

他们把能带的东西都装好，只留下首饰，以免途中被偷，因为马亚尔仍然相信他很快就能再回来。临走时，他给了玛莎一些钱，而玛莎也因他们离开而痛哭流涕。柴费利将继续留在帕斯特罗伊卡，显然，作为一名雇员，他还没有在名单上，所以至少可以待到1919年6月下旬[58]。那天晚上，马亚尔、玛丽-克莱尔、勒内和玛格丽特·维基四人只带了三个小袋子就出发去了敖德萨（Odessa）。幸运的是，马亚尔通过法国驻哈尔科夫领事馆买到了几张火车票，抵达车站后，他才发现月台边只有一列火车，车厢里摆着木凳，看起来像是运输家畜的，然而除了上车别无选择，因为没有人能知道下一班火车是什么时候。

出发地距离尼古拉耶夫（Nikolayev）371英里，那里是布格河（Bug River）上的一个主要海港，通常乘火车要花14个小时，然后乘轮船去敖德萨还要花费7个小时[59]。但是1918年12月没有什么是正常的，马亚尔搭乘的家畜运输车从哈尔科夫开出，穿过白雪茫茫乌克兰的肥沃乡村田野。当时的乌克兰地区还处于内战状态[60]。当列车中途靠站时，一位年轻的士兵邀请火车上的一些人到站厅里和他一起吃饭，虽然好客却令人后怕，因为虽然吃得很好，但那位士兵竟然在喝醉了之后摇摇晃晃地走到人们面前，手里还颤颤巍巍地拎着一颗手榴弹[61]。

历经磨难，马亚尔的火车跑了将近一个星期才到达尼古拉耶夫。随即，马亚尔便想立刻买一张去敖德萨的船票，显然，很多人也有着同样的想法，所以他必须先找个地方歇脚，然而所有的旅馆都客满了，他们只好钻进了一栋可以睡觉的办公楼。幸运的是，仅仅几天之后，全家人就都登上了开往敖德萨的轮船。1919年1月10日，这一家瑞士老小终于踏上了敖德萨的土地，虽然疲惫不堪，但能够顺利逃离变革中的俄罗斯还是令他们如释重负，逃跑实在是不像他们希望的那样容易。

从哈尔科夫到敖德萨，在一位历史学家的眼里，马亚尔的这一路遭遇"浓缩了俄罗斯南部的所有问题[62]"。虽然法国人或多或少地控制着敖德萨，但这里始终存在着三股势力威胁：来自白俄罗斯的志愿军、乌克兰民族主义分子以及更加强大的布尔什维克。由于盟军刚刚击败了德国黑海海军（前俄罗斯帝国海军），因此，随着德国和土耳其的失败，从敖德萨通往地中海的道路畅通无阻。然而逃离哈尔科夫几个星期后的马亚尔，这位曾经富有且社会地位显赫的工程师，如今却沦为一个身无分文的难民，因此，拿到回家的通行证几乎是不可能的。

据玛丽-克莱尔回忆，在敖德萨期间，马亚尔全家挤在一家廉价旅馆三楼的单人间里，老板是个女人，"她又脏又恐怖，一定是个酒鬼……"玛丽-克莱尔和勒内睡在地板上，马亚尔躺在唯一的一张床上。经过了几个星期的舟车劳顿，马亚尔的健康大不如前了，玛格丽特立刻发现，这位工程师患上了肺炎，几天下来，马亚尔看上去快不行了。医生告诉他们，病人必须每天喝些温牛奶来增强体力，于是，热牛奶的任务便交给了女儿玛丽-克莱尔，每天一大早，她都要跑到楼下在爬满蟑螂的厨房里加热牛奶，然而，她坚持下来了。终于，父亲可以站起来，步履蹒跚地出门了[63]。随后，他们与瑞士领事馆开展了数周的讨价还价，领事馆定期给他们颁发一些文件，但这些文件既非离开俄罗斯的有效授权，也不能作为回国的通行证。其中的一份文件是用来证明马亚尔在哈尔科夫项目中的角色的，文件指出："马亚尔是一些重要工程的建筑商，是许多预制构件厂的拥有者；由于俄罗斯内战，他被迫离开了哈尔科夫"，并要求相关军事和民用部门帮助他尽快返回哈尔科夫。[64]"这些文件是马亚尔争取的结果，因为他相信，当地政府军的威胁是暂时的，而目前俄罗斯急需技术援助。在他看来，不久之后自己就会被邀请从瑞士回来继续工作，从而让他能够要回那些原本属于他的不动产、资本和个人物品。

最终，在2月初，马亚尔的坚持得到了回报——他们被允许搭乘法国海军征用的一艘客轮，于2月3日离开敖德萨，前往君士坦丁堡[实际上，他们买的是到希腊的塞萨洛尼基（Thessalonika）的船票]。到达当天，疲惫不堪的一家老小收拾起他们的三个小手提箱向码头走去，虚弱的马亚尔倚着玛格丽特和玛丽-克莱尔。在他们脚下的是著名的193阶花岗石"波将金"（Potemkim）台阶，上端连接着城市，下端便是敖德萨港口，病态的工程师艰难地穿行在混乱的各色人群之中，突然，马亚尔意识到有人抓住了他腋下的公文包，虽然，他已经意识到这里面可全是他在俄罗斯的主要工程项目文件[65]。然而，马亚尔太虚弱了，他无法追赶，只能无助地看着小偷消失在人群之中。

君士坦丁堡、塞萨洛尼基和家

尽管损失惨重，但令9岁的勒内印象深刻的是，父亲好像更关心被偷公文包里面的西服硬领！事实上，当他们在第一个停靠港口——罗马尼亚的康斯坦察（Constantsa）休整期间，马亚尔便花了相当长的时间找领结。他可以变得很穷，也可以身体虚弱，但他讨厌自己看上去很邋遢，即使作为难民也不行。他也讨厌无所事事，在当下这种无事可做的窘境下，马亚尔便当起了老师，向儿子勒内传授一些桥梁的基本常识[66]。

他们在君士坦丁堡停留了很长一段时间，马亚尔带着大家走街串巷，参观了这座古城圣索菲亚大教堂（Hagia Sophia）的巨大穹顶。在古城老区一条狭窄街道上的小餐馆吃饭时，马亚尔坚持要让众人品尝几杯香浓的土耳其咖啡。这次乘船旅行使马亚尔恢复了活力，而逃亡又使他的身体素质得到了提高。马亚尔一直都被钱的问题困扰着，要么担心入不敷出，要么担心如何保住自己挣来的那些钱。如今钱没了，他却似乎得到了一种愉快的解脱。

在离开敖德萨的11天后，马亚尔全家最终在爱琴海的古希腊北部港口塞萨洛尼基登陆了。由于他们乘坐的客轮再也不启动远航了，所以马亚尔只好先找个客栈落脚，然后再设法找到其他船只来继续这趟回家之旅。幸运的是，马亚尔恰好认识一位住在这里的瑞士企业家，这位善良的成功人士帮助了衣衫褴褛的一家人，给他们找房子、借马车，还请他们吃了一顿饭。整整1个月后的3月14日，马亚尔前往意大利的小汽船最终启程了，3月21日他们抵达了那不勒斯[67]。

自那不勒斯坐火车到达罗马之后，马亚尔带孩子们去参观了圣彼得大教堂的圆顶，他还把这里的圆顶和之前的圣索菲亚圆顶做了比较。尽管境遇如此凄凉，马亚尔还是愿意利用短暂的中途停留时间来教育他的孩子们，并享受过去的伟大建筑。随后他们继续向北出发了，3月24日到达博洛尼亚，第二天到达多莫多索拉（Domodosola）上方的瑞士边界。

马亚尔一家进入瑞士的情境注定是令人难忘的。跟苦难的逃亡相比，入境时的三等车厢都是一种享受，就像玛丽-克莱尔写的那样，感觉自己是一个三等车厢里的难民：

我们穿着糟糕，没拿手提箱，只有几个袋子。说起来不好听，但仿佛是我们污染了空气，所以售票员让我们一直坐在车尾，我相信，遇到了我们这样的乘客，他一定会感到很尴尬[68]。

4年8个月零22天，在他们坐进优雅的头等车厢北行离开苏黎世之后，3月25日那天晚上，马亚尔一家人从日内瓦那节臭气熏天的三等车厢里走了下来，迎接他们的是温暖的家庭怀抱：贝尔塔·马亚尔站在中间，周围是16岁的埃德蒙以及罗莎·维基、保罗和玛丽·马亚尔等其他人。尽管个人物质上损失巨大，但团聚的喜悦更胜一筹。复杂的国际局势丰富了马亚尔的人生阅历，而回到了自己的瑞士小国也让他感到更加自由自在。

第 5 章

学者与设计师

(1920-1927)

燃烧的圣火

负债累累

1919年3月，马亚尔回到了日内瓦。俄罗斯之行真可谓是喜忧参半，可喜的是，在流亡了将近5年之后，他终于回到了自己的祖国，与母亲、兄弟姐妹和其他亲戚团聚了；可悲的是，他在事业高峰期离开瑞士，回来时却孤身一人，而且几乎一贫如洗。这位可怜的工程师如今不仅身无分文，而且还失去了他的商业团队，并且更无力偿还多家瑞士银行的债务，而正是这些银行为他在俄罗斯的项目提供了资金支持。如今的马亚尔甚至已无容身之处，当然也包括他那些可怜的孩子们。

沃尔塔街豪宅（玛丽亚去世后，他卖掉了这栋房子，同时还关闭了苏黎世事务所）里钟鸣鼎食的奢华生活一去不复返。马亚尔一家四口搬进了一栋联体公寓楼（two-apartment complex），同时入住的还包括贝尔塔、罗莎、罗莎的两个女儿、玛格丽特以及马亚尔最喜欢的侄女伊迪丝（Edith）。在同一栋大楼里，保罗和玛丽与察恩一家两个十几岁的孩子住在一起。现在，马亚尔一家老小终于又住进了宽敞宜人的居所里，生活也有些体面了，但美中不足的是他们只是受邀的房客。而直到接下来的几个月里，马亚尔才逐渐体会到时过境迁的感觉。

一旦安顿好了孩子们，马亚尔便动身前往苏黎世，试图重新建立起来一些业务联系。在集中精力网罗那些曾经得力干将的同时，他还拜访了保罗·尼森，并见到了柴菲利夫人，而这位夫人的儿子仍然在哈尔科夫过着微不足道的生活。马亚尔在苏黎世待了几个星期，在写给孩子们的信中，他说："非常遗憾，我们还没有找到自己的家以及那些我们所爱的人，因此，我们必须努力发现如今待在日内瓦的幸福，在这里，友爱围绕在每个人身边。[1]"

由于负债累累，马亚尔决定在日内瓦开设一家工程设计事务所，并试图恢复他在巴塞罗那的分公司。为此，他不得不向家人和朋友借了23.7万法郎（大约折合1996年的132万美元[2]）。到了春夏两季，当孩子们和保罗·马亚尔一起度假时，这位工程师在日内瓦和苏黎世之间来回穿梭，但仍然没有找到任何重要的工程项目[3]。

秋天来了，马亚尔准备好了回国后的第一次出国旅行。1914年，他把自己最好的工程师之一维克多·哈西格（Viktor Hässig）安排到巴塞罗那，在战争期间，哈西格在巴塞罗那完成了两项大型公用事业项目（一家火力发电厂和一座煤气电站），然而，如果想指望西班牙分公司继续盈利，新的项目必不可少。10月8日，马亚尔乘火车离开日内瓦，一周后抵达巴塞罗那。在这里，他与哈西格一道同当地的潜在客户进行了深入的讨论[4]。马亚尔在巴塞罗那度过了富有成效的两周，并最终获得了四份重要的建筑合同。为了继续寻找项目，他在11月初离开加泰罗尼亚自治区首府巴塞罗那，去到了奥维耶多（Oviedo）、马德里、科尔多瓦和塞维利亚，但并未取得任何商机[5]。12月初，马亚尔回到日内瓦，在马尔谢路（Rue du Marché）18号开始了事务所的正式工作。

巴黎与日内瓦

虽然已经来到了1919年的年关，但瑞士国内的工程项目仍然很少。相比之下，法国北部却因西线的摧毁而正在如火如荼地重建中。北部十个政府部门的80多万座建筑物被夷为平地，数以千计的运河、公路和铁路化为了焦土，无数桥梁需要重建[6]。马亚尔确信：战后的法国工程师需要建设项目来重塑自我，因此外国人很难与法国工程师竞争，然而即便如此，法国巨大的重建工作必将会给他分一杯羹[7]。

元月中旬，马亚尔动身前往巴黎。为了减少开支，他住进了埃图瓦勒广场（Place d'Etoile）附近一家由玛丽亚·马亚尔兄弟经营的旅馆。为了进一步配合这次法国之旅，回到日内瓦后，他开始着手用法语写一本详细的宣传册，就像1913年他为了打开俄罗斯市场所做的那样。为了这本新的小册子，马亚尔收集了大量照片，撰写了项目概况，并从前客户那里征集了推荐信。随后，为了寻找工程项目机会，他在巴黎和日内瓦之间来回奔波了几个星期[8]。马亚尔并不中意巴黎，他更喜欢工作在"一个空气纯净的小地方，而不是人群密集的大城市，因为那里总会有一缕薄雾遮挡住阳光，使空气变得沉重。"如今，他又想起了玛丽-克莱尔，并希望她能原谅因经济压力大以及心情沮丧的冯·米勒给她带来的不愉快，并表示"比别人更友好并不是件坏事。[9]"

马亚尔不断鼓励孩子们专心致志地接受教育，而这种教育在俄罗斯之旅中被大幅削弱了。他知道，在经历了革命的兴奋和逃离之后，他们很难适应这种有秩序的严格生活，这种生活是典型瑞士式的，也是他自己经历的一部分。他并没有看出被埃德蒙表面上的轻浮掩盖了的某种由于失去母亲而引起的深深抑郁，当然，这更多的是由于他面对父亲的自卑感。

在这段时间里，马亚尔对孩子们成绩不佳所表现出的不耐烦都写在了信中，但给玛丽-克莱尔的信和给埃德蒙的信在语气上却有着明显的不同。他试图劝告他们二人，但信中的幽默和讽刺却削弱了他给予玛丽-克莱尔的劝告；然而这样的语气在和埃德蒙的信中却很少见[10]。就此而言，是因为埃德蒙和父亲在一起的时间太少了，马亚尔觉得自己几乎不认识这个儿子。现在，他们越来越疏远了，因为马亚尔把他的精力都投入到了生意振兴上。像他母亲一样，埃德蒙也易受情绪波动的影响，而且对自己成就的价值知之甚少。

虽然并非漠不关心，但这位工程师却不能给他的孩子们提供更多的安慰。对大多数年轻一代来说，马亚尔的内心世界是陌生的。确实，42岁时，他那套固执的新思想使自己的职业生涯比他那一代工程系的同学都要成功。马亚尔一直在情感上被孤立，只有玛丽亚才能解放他。妻子去世后，他把教育当作孩子们现在被剥夺的家庭生活的替代品。在埃德蒙身上马亚尔看到了他的技术职业道路，于是他强迫自己的儿子去提高在学校的表现。

一开始，马亚尔没有意识到，他一直在女儿玛丽-克莱尔身上寻找着她母亲的影子；而玛丽-克莱尔仿佛也开始意识到自己与父亲有一种特殊关系。不像埃德蒙，她没有本事与自己的父母论高下，在某种程度上，这也反映出了儿子和女儿之间的差别，当儿子的就希望自己在事业上要比父辈强，而做女儿的，就希望在生活方面把家庭经营好。当然这还有一部分性格上的原因，那就是玛丽-克莱尔比她的母亲或哥哥在情感上更稳定。

马亚尔又回到了原来的生活轨道：平时在日内瓦事务所上班，晚上总是和察恩或自家人打牌；每到周四、周五，他就经常去苏黎世，住在旅馆里，和保罗·尼森共进晚餐，周六下午再返回日内瓦[11]。马亚尔几乎从不在晚上或礼拜天工作，这些时间都是留给和家人出行的。

疲惫的欧洲人

3年的瑞士艰苦奋斗对减轻马亚尔的债务几乎没有什么作用，于是，他使出了减少生活开支的杀手锏。1922年8月，这位工程师决定放弃自家公寓，搬去与察恩一家同住[12]。这个决定使母亲和妹妹的生活圈子更小了：玛丽-克莱尔被送走和她叔叔埃克托尔·马亚尔（Hector Maillart）住在一起。埃克托尔·马亚尔是一位著名医生，也是日内瓦人物肖像画的收藏家[13]。在马亚尔看来，依靠察恩对自己的慈善中心过活实在是一种苦恼。从一开始，他就一直认为与察恩及冯·米勒的合作具有很强的目的性，那是为了扩大业务和更好地满足玛丽亚个人追求的一个折中。马亚尔更愿意和察恩的太太交往，但跟她丈夫却要保持距离。名义上，察恩为马亚尔公司工作，但是除了提供维持公司所需的一些经济帮助之外，他几乎没有为公司做过任何事情。战后，冯·米勒没有回到公司。现在，除了察恩，马亚尔在日内瓦只有两名工程师和一名绘图员[14]，虽然公司人少，但仍然能够维系1922年末和1923年那些已经到手的工程项目。

马亚尔的大部分时间都花在了那些没有即时回报的活动上：找项目，提出新的设计方案，以及参加学术委员会会议。在瑞士国内和周边，马亚尔已经使出浑身解数，1923年夏天，他作出了最后一搏，决定再到里加找找机会。当他准备再次前往这座波罗的海城市时，债务、混乱和被拒的设计沉重地压在他的心头[15]。

马亚尔首先去了柏林（8月9—11日），他几乎不可能选择更糟糕的时刻来德国首都，1月，法国占领了鲁尔河谷（Ruhr Valley），试图迫使日耳曼人为过去的战争赔款；德国则下令进行消极抵抗。与此同时，整个冬天和春天，通货膨胀以令人眼花缭乱的速度增长，部分原因是政府需要支持鲁尔地区失去工作的抵抗者[16]。

所有这些动荡都集中在柏林，并都在马亚尔访问时达到了顶峰。巨大的人群聚集在威廉大街（Wilhelmstrasse）；群众的压力导致威廉·库诺（Wilhelm Cuno）政府于8月12日垮台。马亚尔深感不祥地预见到了这种日益加剧的紧张局势，这使他想起了1918年的哈尔科夫，于是，他毫不犹豫地离开了德国前往波兰北部的港口城市什切青（Stettin），并从那里乘船去里加。餐车价格在几天内翻了两番，甚至一张寄往瑞士的明信片也需要大面额邮票[17]。这位工程师在刚刚独立的拉脱维亚首都里加逗留了两个礼拜，在那里，他看望了战时的朋友，参观了建筑结构，还做了两个方案设计——里加的一座桥和立陶宛中南部城市考纳斯（Kaunas）的一幢楼，但却仍然没有得到任何合同[18]。这是一次徒劳无益的旅行，让马亚尔感到伤心的是对过去的回忆，以及再也无法恢复在俄罗斯曾经拥有的一切或继续工作的机会。

从拉脱维亚回来一段时间之后，他仍然梦想着得到330万法郎的补偿，因为这些钱是在俄罗斯有案可查的，然而随着政局的变化，这些希望迅速破灭了。到了1927年12月苏共第十五次全国代表大会召开时，斯大林已全面掌权，苏联也开始了它的第一个社会主义五年计划，因此，向瑞士这个资本主义国家的企业家支付工资的所有希望便彻底落空了[19]。

1923年秋天，马亚尔又设计了许多新作品，但当年实际竣工的却只有两个项目。原因很简单：这是整个国家经济拮据的一年。1924年元旦，在给玛丽-克莱尔的一封短信中，马亚尔表达了他回到日内瓦四年后的感受："我是一个疲惫不堪的欧洲人。"

马亚尔反复敦促女儿玛丽-克莱尔不要忘记回信[20]，这种保持联系的需要说明了他日益增长的孤独感。马亚尔已经越来越依赖那些身边的朋友和家人们了——尼森、耶格尔、他的母亲、姐姐，且尤其是他的孩子们。

马亚尔过着最简单的生活：无暇度假，安于贫困，并且拒绝讨好那些可能给他带来生意利益的人。除了家人和一些工程界的老朋友之外，他不再渴望寻求任何新的合作伙伴。显然，这种人很容易苛刻地评判他人，尤其是那些获得名誉、金钱和地位却道德不完整的人。我们将会看到，马亚尔是如何评价那些工程专业的对手的。另外，由于种种原因，他甚至对大儿子埃德蒙的评价有时也显得过于严厉了[21]。

父亲与女儿

马亚尔开始操心玛丽-克莱尔的事了。尤其是1924年初，女儿与一位年龄稍大的名人坠入爱河之后，日内瓦的马亚尔家族内部骤然掀起了轩然大波，家人和亲朋好友对玛丽-克莱尔的严厉批评使她毅然决然地离开了这座城市。虽然玛丽在日内瓦也有朋友，但她并不觉得自己是那个古老贵族城市的一部分。自1914年以来，那些不一般的生活经历已使自己显得比其他同学更老成、更独立，而她的这些同学们却是在一个相对安全的传统社会中长大的，他们习惯了结婚生子、安居乐业。然而，玛丽-克莱尔却是一位有强烈个性的女人，就像她母亲一样，热爱冒险，愿意浪迹天涯、四海为家，当然也继承了她父亲的敏锐判断力。如今的马亚尔给不了女儿一个家，也几乎没有经济上的帮助，更谈不到一个安全的未来。当玛丽-克莱尔离开日内瓦时，伯尔尼的意大利伯母（阿尔弗雷德的妻子）收留了她。五月下旬，马亚尔把她送入沃尔布（Worb）附近的一所家政学校，当然，玛丽-克莱尔讨厌这类专业并且憎恨自己在日内瓦的遭遇。

在沃尔布安顿好之后，她开始与马亚尔进行书信交流，就像他与玛丽亚所做的那样。渐渐地，她开始向父亲吐露出自己的孤独感和信心的丧失。女儿的信任给了马亚尔最大的慰藉。他在8月1日写道："很高兴你能够向我吐露心声，我会告诉你我的想法。"马亚尔找到了他余生最需要的伴侣：并非那种在物质生活上给予他无微不至的人，而是一个会占据他思想，成为他内心生活一部分的人[22]。父亲和女儿已经找到了一种正在成熟并不断加强的心灵沟通纽带。秋初，她进入了蒙米赖（Montmirail）的摩拉维亚女子学校（Moravian Girls School），在那里，她可以学习园林和设计而不是家政[23]。

玛丽在蒙米赖只待了一个学期后，马亚尔就不得不向女儿承认，经济困难使得他不得不推迟支付她的学费[24]。为了回应女儿的担忧，他解释说，虽然经济拮据，但这与幸福几乎没有什么关系，他把其归咎于一个人"接纳生活"的态度问题[25]。宗教信仰的缺失使玛丽觉得"生活很丑陋"。虽然马亚尔没有去过教堂，但他把自己强烈的道德感归功于基督教。他没有建议玛丽重返传统信仰，而是建议她发展自己的性格，使其达到"最大可能的回报"（就像人们谈论机器一样）。

马亚尔试图向他的女儿表达自己对生活在社会之外，没有与世俗成功相关的变幻莫测的生活的满足。他开始在自己的项目中寻找有助于提升专业水平的解决方法，并将客户的经济利益与惠及公众作为己任，而并不再追求如何使自己的财富最大化。

马亚尔不希望女儿将工作看成是一种必要的受罪，而应是一种"令人充实，令人具有存在感的东西。你是否拥有工作的热情，这就是问题的关键！"接着，马亚尔表达了自己的信念："如果是，公正的奖赏会自动到来；如果不是，即使你取得了好的成绩，也会有失去这种满足感的风险。"马亚尔的建议是对自己回到日内瓦以来所进行的内心斗争的忏悔，筋疲力尽的感觉并没有熄灭马亚尔的工作热情。

抨击权威：教育和理论（1920-1924）

日内瓦的宣传册

1920年，在为开拓法国市场而准备的宣传册中，马亚尔总结了第一次世界大战前自己在钢筋混凝土领域所完成过的最杰出工作，其中包括了三个方面的重要实践：使用范围广泛的特种结构（列举了其中的 11 项），从 1902 年储气罐到旺根运河的混凝土板桩（被压入地面以下的薄壁墙）；10 座最重要的桥梁；无梁楼盖建筑、里加工厂项目以及 1920 年的巴塞罗那发电厂。贯穿于整个宣传册的是，马亚尔特别强调的美学与结构效率的重要性[26]。

这本小册子总结了一位设计师 18 年的工作成就，这在当时是一个无人能够企及的高度。虽然韦斯-弗赖塔格公司、德国地伟达建筑公司（Dyckerhoff and Widmann）、法国埃内比克等大公司也完成了更多的工程项目，但却没有任何一家公司能够创造出如此多的、不同寻常的形式，当然也没有哪位设计师能超过马亚尔的总产值。然而，如果马亚尔的职业生涯就此结束，那么他现在也恐怕只能成为工程史上的一处脚注。一些建筑历史学家可能偶然发现了塔瓦纳萨桥，或者认识到无梁楼盖的创新之处，然而，其混凝土结构的精湛技术和令人惊叹的视觉感受，却只有在马亚尔生命的最后 20 年里才变得格外耀眼。1920 年日内瓦宣传册中的建设准备工作对马亚尔的后期作品是必不可少的，但就其本身而言，却并不值得进行传记研究。

在 20 世纪 20 年代早期，许多不寻常的事件令马亚尔走上了一条出人意料的发展道路，从而使其非凡的结构艺术呈现在公众面前。然而，眼下的当务之急是他首先需要一些普通的项目合同来重新组建一家事务所。

凭借着刚出炉的宣传材料，马亚尔在法国首都开始了认真的商务洽谈活动，并最终成功地完成了一个项目。这个项目在法国的博讷维尔（Bonneville）附近，位于日内瓦东南 35 公里的马里尼耶镇（Marignier），是一座跨越阿尔沃河（Arve River）的三跨拱桥，原设计于 1911 年由上萨瓦省（Haute Savoie）的公共工程局完成，但由于战争并未实际建成。而此次马亚尔事务所将主要负责计算和施工详图。对马亚尔而言，桥梁的形式是已知的（图 76），因此他所要做的事情就是把相关计算、绘图和说明工作交给他在日内瓦的一小组设计人员。马里尼耶大桥标志着马亚尔在战后工程设计与咨询工作的开始，然而由于这个项目并不代表马亚尔的风格，因此，他也从来不把该项目当作自己的设计作品[27]。

目前，马亚尔还看不到什么希望[28]，即使没有沮丧，也会倍感无聊，而徒劳地寻找项目简直就是对其设计才智的浪费。因此，这也是他这么多年以来首次转向对技术文献的学习，并重新开始研究结构工程的现状；要知道当时自 1905 年之后，当公司业务塞满脑子时，结构工程问题便不再吸引他的注意力了。如今，激发马亚尔创造力的恰恰是自己的无所事事，以及一位即将成为瑞士最有政治影响力的工程师的积极活动。

对教育的批判

马亚尔的反思主要是源于他对苏黎世迅速崛起的学术明星亚瑟·罗恩（Arthur Rohn，1878-1956）的技术研究和美学思想的回应。1920 年，鉴于马亚尔的设计师和建筑师声誉，苏黎世联邦理工学院校友会任命他为六人委员会成员，负责审查学院的课程设置[29]。伴随着这项任命状的生效，罗恩和马亚尔开启了一场旷日持久的大辩论，同时，这次的辩论还将涉及有关人士在第一次世界大战前对马亚尔观点的评判，这些人包括马克斯·里特尔、弗朗索瓦·舒勒和罗伯特·莫泽。时间来到了 1919 年，罗恩开始在瑞士各大城市公开谈论桥梁美学[30]，同时还拓宽了苏黎世联邦理工学院的结构工程研究项目，在那里，他开始指导一系列高层次的学生[31]。1921 年，罗恩当选为瑞士工程师与建筑师协会的主席，并迅速成为瑞士的重量级工程师，参与评判重大桥梁设计竞赛和提供结构咨询（图 77）。

尽管罗恩经常从事桥梁咨询业务并在评审团任职，但就已公开的文献来看，他在瑞士设计的桥梁

图76　1920年，位于法国马里尼耶镇的阿尔沃河大桥：原设计于1911年由法国当局完成，1920年经马亚尔修改（资料来源：戴维·P.比林顿）

却很少（如果有的话）。在罗恩的工作能力证明材料中，可以找到其在德国的8年职业履历，但鲜见有关设计经历的介绍，甚至在他的讣告中也是如此，显然，罗恩更多的是以行政管理者的姿态出现[32]，在大家面前的罗恩，是一位天才的职业经理人、组织者和管理者，但技术能力与其前任的桥梁结构讲席教授们却不可相提并论，这些人包括库尔曼、威廉·里特尔和默施。罗恩没有像他们那样对结构理论做出长久的贡献，也没有创造出任何具有清晰辨识度的结构设计。虽然罗恩感受到了"同台竞技"的压力，但在瑞士，却很少有人挑战他。在这个小国里，一个人的影响力往往是很大的，尤其是当他刚刚30岁时就被授予了瑞士土木工程学最光荣的教授职位。人们经常将罗恩比作"狮王"，但也有些人说他性格傲慢。马亚尔不仅对罗恩主宰的桥梁设计竞赛以及侧重学术研究的观念感到恼火，还不满他对德国技术传统的认同感。

1920-1923年间，在一次结构史上可能史无前例的非凡活动中，马亚尔用一系列论文公开批评了罗恩的每个研究项目：槽形截面梁、铆钉和水坝。马亚尔的这些文章充满了他固有的争议性，就如同他对结构性能特别是钢筋混凝土的理解方式一样。

与钢结构设计师不同，那些进行混凝土结构设计的人还必须掌握构件的施工方法，因此，在混凝土的成型技术上有着一套严格的准则。混凝土是一种新材料，其字面上的意思是未成形的半流体，只有在理解了它的材料特性之后才能为结构艺术提供手段。

这种理解至少有两个障碍：首先是来自科学恐吓的危险，设计者过多地关注数学公式的不确定性，而这正是马亚尔对罗恩研究项目的批判所在；其二，是相信要想创造出最富诗意的形式，就必须给混凝土这种新材料穿上审美的外衣。勒·柯布西耶曾写道，"工程师通过计算创造了和谐，但建筑师实现了一种纯粹自我精神世界的秩序创新。"工程师必须进行计算与理性思考，但建筑师则可以通过进一步的幻想而产生美[33]。当然，以上这些都是柯布西耶写给建筑师的，既而使用工程美学的手法来怂恿自己的同行去逃避双重陷阱，而这种易犯的错误正是马亚尔在20世纪20年代早期所感同身受的，即，要么是轻率的理性主义，有时被称为功能主义，要么是对过去缺乏创造性风格的模仿。对于马亚尔来说，这两个陷阱似乎都是罗恩的工作所建立起来的障碍。

此外，这两大阻碍结构工程新艺术发展的因素盘根错节且相互支持巩固。罗恩试图把工程学仅仅看成是计算，因此，当需要考虑美学时，他便十分相信建筑师的必要性。虽然勒·柯布西耶的确看到了建筑中的美，然而他却也只把工程学当成了计算的一种表现形式。为什么应用美学（建筑即艺术）和应用科学（建筑即公式）看起来似乎是相互加强，并引起了马亚尔的强烈反应呢？

究其原因，在于计算与美学有着密切的联系。正如数学家们所周知的，计算中蕴含着强烈的美学意味。优美一词既是数学家的语汇，也是科学家关注的焦点。数学中的优美是指一个证明中使用了最少计算量的稀疏之美——最少的认证步骤。最简单、最直接的往往总是首选，而这也是数学家眼中的少有的美。

这种优雅是结构工程师内在审美标准的一部分。对于工程师来说，计算代表的不只是一个数学证明，也是一种物理模型，是由人创造的模型，因此，就必须服从于某种社会范式（建筑的经济性）和自然规律（重力和风）。然而，这些自然法则却并不能解释社会范式，因为两者是相互独立的变量。任何创造高精度

图77　阿瑟·罗恩（1878-1956，资料来源：《瑞士建筑学报》）

物理模型的企图都将因社会范式中固有的不确定性而变得毫无用武之地，这些不确定因素主要来自成本和政治。

物质因素与社会因素之间的相互作用是复杂的，专业化是解决之道，即各项目元素由项目团队中的不同构成要素去解决：建筑（美学）、工程（计算）、建造（成本）和业主（功能）。这个解决方案假定所有元素在某种程度上都将与最终的产品质量息息相关，而团队的领导者则扮演着管理人的角色。

解决上述问题的另一个方法是让一个人把所有元素集成到一个独立的设计中，而相应的，领导者就变成了设计师。一个人能够掌控大型结构设计不同方面的唯一方法是在保留设计元素基本特征的同时从根本

上简化每个元素。此时，优雅的审美变得不可匮缺，因为没有谁能够把自然科学、数学、社会科学和建筑形象中所有的微妙之处结合在一起。由此可见，整合是关键，并且只有当设计元素清晰且简单时，整合才能够释放设计者的想象力。

因此，试图整合结构方方面面的设计师必须简化每个设计元素。20世纪20年代早期的许多优秀艺术家猜想：这种对精致性的牺牲是与现代技术相适应的美学根基，但是他们无法想象，在这种朴素艺术中会产生出怎样的美。20世纪的钢筋混凝土新材料为马亚尔开创了一种新的艺术形式，这种艺术形式允许个人的审美表达，其特点是创新的自由性，它摆脱了对优雅形式的追求，结合并超越了结构形式的效率和经济性要求。

如果我们将马亚尔早期发明的空腹箱形截面和无梁楼盖相合起来，就会发现其创新研究的共同特点，即，他在寻找一种新形式，通过整体形状而非质量获得强度和结构形式上的精炼。他试图通过简单的数学公式和在役工程的性能表现来描述结构，从而使设计师摆脱任何条条框框的约束。他很高兴，因为自己理解了那个年代纯技术争论中的重大议题，并对能够挑战最高权威而感到兴奋。虽然马亚尔尊重自然的权威——藤蔓、岩石、重力和风力的自然法则以及混凝土的特性，但却怀疑社会强加的权威——教科书、规范、教授的说教和行业共识。

1920年末，马亚尔开始间接地抨击罗恩的方法，当然没有明说，却若有所指地批判了德国著名的结构实验研究专家卡尔·巴赫（Carl Bach）的工作[34]，后来，马亚尔还在评述巴赫的重要论著《弹性与强度》（*Elastizität and Festigkeit*）一书时表达了自己的一些早期观点，这些观点是在1906年与舒勒的争论中发展起来的，并用在了后来对罗恩的批判中[35]：

使用广泛的公式和数字来解决技术问题通常都被奉为最高成就，这是十分虚假的。在实

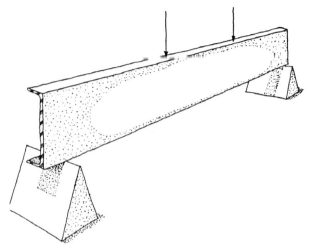

图78　槽形截面梁（绘图：马克·雷德）

践中，工程师需要应付的计算越少，他们的日子就越好过。

这个论调并非一种典型的工程论述，在任何技术文章中都很少见，更不用说是在瑞士工程专业领域内了。20世纪早期的工程师们知道，使用数学方法来预测结构性能比试图根据物理试验和收集现场经验更容易、更经济，然而，马亚尔却意识到这种数学预测有时是不可靠的，并且常常难以检验。

1920-1921年间，马亚尔抨击了过分强调数学理论的观点，其批评对象主要是《瑞士建筑学报》中的一系列五篇简要评论，其中又以关于巴赫著作的文章最多[36]。从1907年开始，巴赫对槽型钢梁进行了一系列试验（图78），得出了他不能解释的结果。问题是，当槽钢在加载弯曲时，巴赫的测量应力[图79（a）和79（b）]与按当时经典梁理论[图79（c）]计算的应力完全不同。作为一位优秀的实验家，巴赫不能忽视他的测试结果；而作为一个知识渊博的学者，他也不能质疑已被证明的经典理论。于是，他只好另辟蹊径了。

对于普通的工字钢而言，梁理论的计算值符合实验结果，然而槽钢却不是一个对称截面（关于垂直方

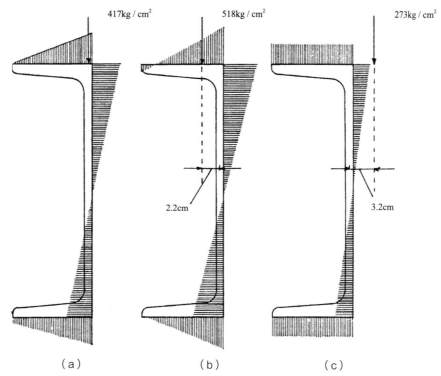

图 79 槽形截面梁理论导致了马亚尔对"剪切中心"的发现（绘图：马克·雷德）

向）。因此，巴赫的结论是，经典梁理论只适用于对称截面，而对于非对称截面，则必须通过其他尚不能确定的理论去解释[37]。大概是由于第一次世界大战的原因，这种理论上的空白持续了12年。到了1920年，伴随巴赫著作的第八版上架，马亚尔便开始着手解决这个问题，为此，他援引了一个简单的物理概念，而马亚尔将其称为"剪切中心"[38]。

"剪切中心"大论战

巧合的是，罗恩的一个学生阿道夫·埃根施威勒（Adolph Eggenschwyler）也正在研究上述问题，并在1920年12月发表了一篇相关论文，该论文的提交日期晚于马亚尔的文章，但却早于马亚尔刊登在了《瑞士建筑学报》上[39]。与埃根施威勒等人不同的是，马亚尔的方法主要是物理而非数学上的，并且出发点非常简单。他将巴赫的结果带入两种不同的工况进行测试，其结果显示，随着荷载向左移动了2.2cm，"偏差"在增加[参见图79（b）]，因此，马亚尔认为，如果将荷载向右移动，那么"误差"必然会减小，并且存在一个位置"误差"为零，接下来就是如何才能找到这个位置。

实际上，马亚尔的方法如下：如果从正确的点（起初是未知的）出发并且将荷载向腹板[槽钢的垂直部分，图79（a）]移动x，那么"误差"将为144kg/cm^2（巴赫发现的应力值，即，417-273=144）；如果再向左移动2.2cm，那么按照试验结果，"误差"就会增加到245kg/cm^2（即518-273=245）。因此，剪切中心与腹板中线的距离x与144之比必然等于x+2.2与245之比（即，$x/144=x+2.2/245$），由此可得，x=3.2cm。马亚尔用这种方法确定出剪切中心应当在距离槽钢腹板3.2cm的虚位置处[图79（c）][40]。

即便马亚尔已经作出了上述极其简单的解释，

但仍然需要再给出一个力学专业学生不曾明白的、一般意义上的理论证明。1921年，马亚尔提供了这个证据，但在接下来的三年多时间里，它并未被完全认可，而且罗恩对此一直强烈反对。作为对另一位德国工程师反对声音的回应，马亚尔在第二篇文章中含蓄地指出，我们不应当对学术专家不加鉴别地过分依赖，同时他也强调，需要通过试验来证实自己的理论正确与否[41]。

第二年，在回应马亚尔的批评意见时，罗恩承认，"在处理剪切中心的问题时，马亚尔确实目光敏锐"[42]。然而1924年初，当马亚尔发表了一篇有关剪切中心实验项目的详细结果后，罗恩却收回了他的上述溢美之词。在这篇文章中，马亚尔援引了居住在瑞士巴登（Baden）的南斯拉夫工程师米尔科·罗斯（Mirko Ros）的槽形截面梁试验，该试验结果足以证实他1920年提出的剪切中心理论：问题不在于巴赫所谓的"误差"，而在于其对试验结果的错误解释[43]。马亚尔并不满足于几个新的测试结果，他想强调更为普遍意义上的概念，"人们可能会问自己，那些出现在课本上或大多数学校课程中的基本错误将来是否还会继续下去，"除了表达自己的忧虑外，马亚尔进一步揭示出巴赫这类错误是如何出现在其他一些重要的德国工程上的[44]。

马亚尔这种挑衅性的陈述最终引起了罗恩的直接反应。在3月22日，罗恩坚决表示：剪切中心并非像马亚尔声称的那样是一个横截面的固有特征，罗恩还宣布，马亚尔的观点不适用于角钢梁，并且需要试验来发展新的理论[45]。4月12日，马亚尔反唇相讥，要求罗恩提供证据而不是观点，并说明了自己的方法恰恰适用于角钢截面[46]。这场辩论既是一次苏黎世学术权威与马亚尔之间的攻防战，又是一场别开生面的技术论战。

当时，虽然剪切中心的提出不能全部归功于马亚尔，但已经有了足够多的文献认可他的观点。站在技术角度来看，马亚尔毫无疑问是正确的，剪切中心就如同重心一样确实是一种截面特性。虽然马亚尔没有考虑加载类型，但这并不影响其观点的普遍适用性，而且角形截面的剪切中心位置也很容易找到[47]。

罗恩的弱点部分源于他最近当选为苏黎世联邦理工学院校长，部分原因是他缺乏深入的技术洞察力[48]。罗恩被公认为优秀的管理者，但却不是一位像威廉·里特尔、埃米尔·默施或罗伯特·马亚尔那样优秀的工程师。甚至埃根施威勒也对罗恩教授的论点也提出了质疑[49]，并于5月31日公开表示几乎完全支持马亚尔的观点。在同期的《瑞士建筑学报》上，马亚尔对剪切中心论战进行了总结，在他看来，技术问题的中心议题如下：

> 毕竟，数学方法并不比实验方法更优越，相反，两者都是从事物本质出发，是一种纯理性甚至直觉性的思考过程，否则数学计算或者测试结果都将是肤浅的、没有根据且没有支撑的。只有当一件事情首先被考虑清楚时，它才能够被计算并被实验所解释。

剪切中心是罗恩与马亚尔之间最具历史意义的一场大辩论，对整个工程界影响深远。1953年，20世纪材料力学史上的著名学者S.铁木辛柯（S. Timoshenko）写道："罗伯特·马亚尔提出了剪切中心的概念，并展示了他是如何发现的，从而澄清了（剪切中心）这个问题。[50]"

20世纪末结构工程学的杰出理论家之一的埃里克·赖斯纳（Eric Reissner）进一步指出："马亚尔的论文之所以能够吸引当代读者，是因为其对该问题物理学原理的深入浅出，以及对该问题数学本质上的分析能力。而在当时，'学术权威们'还没有准备好进行如此的分析。[51]"

到了1924年春天，马亚尔已经解决了剪切中心这个问题，而代价则是失去了与当权派罗恩及其新门徒马克斯·里特尔之间的融洽关系。这位新门徒随后便听命于罗恩并且成为苏黎世的教授。通过对这些学术权威的公开指责，通过证明他们是错的，通过从具体技术问题中总结出学术方面的不足之处，马亚尔使自己永远站在了那些权威工程师们的对立面，而正是这些人控制着第一次世界大战后的瑞士技术教育并标定着结构理论的标准。

抨击权威：研究与实践（1920-1924）

阿尔卑斯的失利

马亚尔对理论和教育的关注以及由此引发的学术对立只是其20世纪20年代早期专业活动的一部分，而其他内容则还包括一系列再次针对罗恩的设计。这也从一个侧面反映出马亚尔头脑中永无止境的好奇；在很多情况下，正是在这种好奇心驱使了他用自己的技术创新来公开挑战罗恩的威望。在1920年前后，罗恩的公开身份是工程咨询顾问、研究者和设计师，而马亚尔则站在了他的对立面，尖锐地批判了罗恩的许多工程设计方案，而首当其冲的便是罗恩有关水力发电厂的工程咨询活动。

在当时，整个欧洲对电力的需求迅速增加，瑞士以湍急的河流和高山湖泊而闻名，那里的人们便将重点放在了水力发电站的建设上。战后的瑞士，水电成了主要技术问题。两本重要建筑学术期刊《瑞士建筑学报》和《瑞士法语区技术公报》（Bulletin technique de la suisse romande）围绕着电厂建设和运营展开了广泛的技术论述和科学分析[52]。在所有的这些电厂设计中，位于圣哥达山口（Gotthard Pass）提契诺河（Tessin River）上游的里托姆湖（Ritom Lake）电厂的结构难题最为显著。这个棘手问题连同罗恩那份有缺陷的相关咨询报告都促使马亚尔投身于压力隧洞问题的研究上。

这个电厂是在瑞士国家铁路公司的指导下建造的，是圣哥达铁路电气化的两个配套电站之一。电厂的输水管道将水从高山湖泊引入山谷中的水轮机组中。1919年底，管道混凝土浇筑完毕；1920年2月20日管道与电厂连通；5月4日的第一次注水压力测试显示，管道存在渗漏问题。人们将水排空后，发现了管道内部的大量裂缝，而且多为水平缝；5月7日至6月29日的进一步的试验更加剧了裂缝的开展；甚至到了7月1日，由于上次试验中的大量泄漏使得管道下方斜坡处的树木都被渗水冲跑了。在倍感震惊和担心的同时，铁路管理部门打电话给管道建设专家费迪南德·罗特普雷茨（Ferdinand Rothpletz），后者实地调查后，又将事故情况通报给苏黎世的阿瑟·罗恩和经验丰富的水电建设工程师雅各布·比希（Jakob Büchi）[53]；最后，经过对渗漏现场的取证和新的测试，由这三人组成的里托姆委员会撰写了一份详细报告，该报告被刊登在连续七期的《瑞士法语区技术公报》上[54]。

上述技术难题一经发现，《瑞士建筑学报》就发表了一系列电厂建设的相关论文[55]。学报的资深编辑奥古斯特·耶格尔（August Jegher，1843-1924）以独立和善于批判而闻名，在一篇8月21日的评论文章中，耶格尔直言不讳地指出，令其特别反感的是，委员会的报告没有给出漏水的具体原因，委员会认为一切都在掌控之中，并且正在进行测试以便找出管道应该承受多大的压力，甚至还为三人的工作辩解说，对于使用加压管隧洞的每个发电厂而言，上述试验都是必要的。这简直就是一种谎言的专利，因为管道允许的压力肯定是应当事先设计好的。委员会的狡辩就类似于桥梁竣工后再进行加载测试，以便确定它应该通行何种交通工具一样，都属于本末倒置。

《瑞士建筑学报》的编辑指出了里托姆委员会的政治立场及其所产生的令人质疑的技术路线。这位编辑以他的工程师职业道德标准结束了这篇评论文章：

> 最新的进展令我们越发体会到了问题的严重性，这也提醒了我们建筑领域的所有同人，

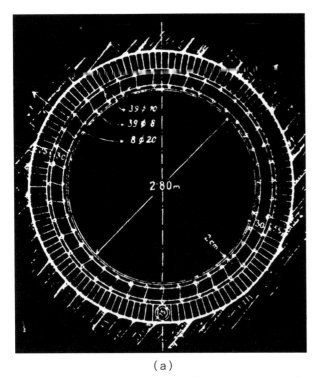 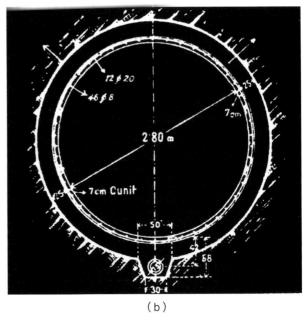

图 80　压力隧道：(a) 委员会的方案；(b) 马亚尔的方案 [《瑞士罗曼德技术公报》47（5-11）（1921 年 3 月 5 日—5 月 28 日）：104-105]

只要有可能，我们就有义务反对这种轻率的政治粉饰，无论是在城市或者乡村，无论是在何处或者何时。不管走到哪里，我们都应该争取全面的、不被掩盖的真相[56]。

马亚尔没有参与这场有关政治和道德的辩论，因为他更喜欢关注技术问题。马亚尔首先分析了 1921 年春季当时委员会报告发表后里托姆的困局[57]。在这里，我们可以通过比较他们各自的解决办法来说明罗恩和马亚尔之间的理念差异。罗恩的委员会推荐"赫拉克勒斯"（herculean）式的解决方案，其中包括一个由预制砌块构成的隧道衬砌，以及其上直接浇筑的混凝土薄面层，然后再用两层环型钢圈紧密加固——一层贴在砌块上，另一层贴在混凝土衬砌内表面，最后用一层薄砂浆对混凝土层覆面 [图 80（a）][58]。

相比之下，马亚尔设计了一个没有任何钢筋的、直接浇筑在岩石上的混凝土衬砌，仅在衬砌上浇筑的高质量混凝土薄层中使用了钢筋 [图 80（b）]。这种更实用的设计只需要简单的计算，成本更低，并且能够更有效地控制裂缝[59]。马亚尔的这种解决方案后来被瑞士和奥地利的许多项目所采用[60]。

其中的项目之一来自阿姆施泰格（Amsteg）附近的发电厂。起先，他们采用了罗恩委员会的设计方案，然而由于其施工困难，管道加固了 100 米后就放弃了。随后，阿姆施泰格的总工程师和罗恩委员会的另一位成员便都敦促采纳马亚尔的设计方案。在此，罗恩与马亚尔的设计形成了鲜明对比，显而易见，后者方案更加经济与优雅，它的管壁更薄（32 与 57 厘米的对比），虽然只有一层而非两层钢筋，却提供更多的防止开裂的安全储备[61]。

1921 年 1 月下旬，马亚尔为克洛斯特斯 - 屈布利斯（Klosters-Küblis）电厂拟定了一个类似于里托姆电厂的、与罗恩的方法截然不同的压力隧道解决方案[62]。这次的核心问题是设计一个混凝土衬砌，用于长度超过 8 公里的管道，而该管道则负责将高山湖泊中的水输送到山谷里的涡轮机组当中[63]。施工开始时，他们首先钻出一个圆形隧道，然后向粗糙的岩石表面喷射了一层廉价的混凝土，再在上面铺设一层无筋混凝土衬砌，衬砌之上布置钢筋，再用高质量喷射混凝土进行覆面。马亚尔设计的优点是成本低，而且保证不会渗漏。

马亚尔相关隧道论述的最后一部分发表在 1923 年早期的《瑞士法语区技术公报》上。此后不久，他又在《瑞士建筑学报》上发表了一篇论文，而这篇论文是对以上论述的总结。这篇关于隧道施工设计的文章显示出马亚尔愿意将他的兴趣延伸到地质学方面。为此，他有力地批判了早在 1878 年由瑞士著名地质学家阿尔伯特·海姆提出的岩石压力标准理论。海姆担心深埋隧道的安全，他认为随着地下深度的增加，岩石内部的垂直压应力会增大，隧道埋深达到一定程度时，其顶部便会塌陷。对此，马亚尔反驳道，隧道的安全性不受其上方岩石重量的控制，即使在很深的地方，也会存在更大的水平压力（如水施加于筒壁上的压力），只要隧道是圆形的，这种压力就能防止岩石垂直塌落[64]。

马亚尔利用他对混凝土拱结构的研究来解释自然现象。他对结构工程知识的精通成为更好理解自然现象的一种手段，将科学变成了应用工程学。在这里，他像对待罗恩的学生们那样，批判性地探讨了海姆的工作，当然，这并非一种诋毁，而是为了修正那些早期的工作成果并为安全和经济的设计奠定基础。与罗恩的情况不同，马亚尔明确表示，自己的结果"原则上与海姆教授的意见并不矛盾。"马亚尔的相关文章一经发表，就立刻寄给了海姆一份，而这位教授也马上回复道：尽管他不完全同意马亚尔的观点，但也承认这位工程师的基本做法是合理的[65]。那年冬天，马亚尔又与苏黎世的查尔斯·安德烈埃教授（Charles Andreae，1874-1964）讨论了自己的想法。在一篇关于相同问题的论文中，这位接替罗恩担任苏黎世联邦理工学院校长的安德烈埃教授观察到了马亚尔的工作代表着"到目前为止对这个问题最令人满意的答案[66]。"

在上述这些理论研究过程中，马亚尔以全新的、令人惊讶的简单方式将自己的许多理念汇集在了一起。他很享受修正瑞士知名科学家的成果所带来的挑战。虽然如今，马亚尔的理论工作的大部分已经被人们所遗忘，但这些却足以说明他的工作方式，他能够在工程学科框架内创造性地工作，马亚尔既承认这个学科体系，同时也在不断寻找有助于实际工作的清晰思路。

铆钉之美

在对罗恩研究成果的反思过程中，马亚尔有时也可能会被理论上有价值但却不切实际的想法所迷惑。在深入探索那些几乎没有结构经验的领域时，成果也许很知性，但有时在技术上却过于复杂。这样的例子出现在了马亚尔 1923 年有关钢结构铆钉连接的研究中。虽然罗恩曾经通过一个详细的实验项目解决了铆钉连接的问题，但马亚尔却没有这种资源可供支配，所以，他提出了一种新的设计概念——使铆接板具有优雅的形状，从而提高它们的性能。（马亚尔于 1920 年开始对铆钉进行研究，并先后在 1921 年初和 1922 年分别申请了相关成果在德国与瑞士的专利；1923 年 7 月 28 日，马亚尔将该成果公开发表[67]。）

连接两个钢板的标准方法是将实心钢制圆柱体——铆钉——插入每个钢板的匹配孔中 [图 81（a）]。马亚尔观察到，在工程实践中，这种连接方式的一个先天缺陷是其忽视了疲劳或应力改变的问题，比如，在机车运动荷载作用下的铁路桥梁中会出现上述疲劳问题。钢材在往复荷载下的破坏应力比静载时低得多。因此，如果设计载荷（通常是失效载荷的 ½ 左右）导

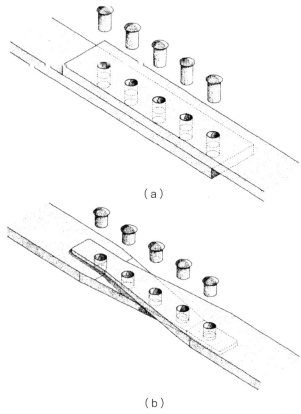

图 81 （a）传统的铆钉连接；（b）马亚尔的铆钉连接专利（绘图：马克·雷德）

致一些铆钉产生高应力，这些铆钉将更容易疲劳，进而过早失效。

于是对这个问题，马亚尔的解决办法便是将铆钉连接板重新成形，他通过计算，以每个铆钉均等受力的方式，改变了连接板的宽度和厚度[图 81（b）]。在这种方式下，连接板被设计成一个具有计算结果的形状，设计者具有了主观能动性，并可以决定结构的细节表现。相比之下，在罗恩的苏黎世联邦理工学院的研究过程中，研究人员只是被动地接受工程实践给出的细部构造，并简单地研究这些连接构造是如何工作的。对马亚尔来说，设计师是决定结构性能表现的主动参与者；而罗恩却仅仅是个被动的观察者，只会盲从于科学研究的成果[68]。

看了马亚尔关于铆钉的文章后，罗恩非常生气，即便此时的他正在度假，还是立即给《瑞士建筑学报》发来了回复声称，马亚尔的文章不能没有人答复，因为该论文"给非钢结构专业人士留下一个印象，即迄今为止，钢结构设计始终都忽略了这样的一个最基本的观点[69]。"在没有解决往复荷载和疲劳问题的前提下，罗恩坚持认为，某些铆钉的应力过大问题是微不足道的。他断定马亚尔的理论有缺陷，在实践中毫无用处。事实情况是：马亚尔关于铆钉的论点基本上是正确的，只是其关于细化铆板形状的观点在钢结构实践中并不实用[70]。

铆钉之争表明了马亚尔在结构最细节方面也极力推崇新形式。他对疲劳问题（the problem of fatigue）的洞察力也同样重要，在这个问题上他显然是领先于那个时代的。在马亚尔的论文出现之前，疲劳问题还是个研究空白[71]。也许是因为《瑞士建筑学报》在美国并没有广泛的读者（仅三家图书馆收录了该期刊的完整版本），所以，马亚尔的研究也从未进入过有关铆接接头疲劳问题的主流文献。从 1924 年开始，当马亚尔终于如愿以偿地得到更多的设计委托时，学术研究的时间便开始减少了。与此同时，马亚尔与罗恩之间的嫌隙也越来越深，并逐渐开始直接影响到了他的设计生涯。

罗恩控制的策林格大桥设计竞争

在 1920-1923 年间，《瑞士建筑学报》广泛地讨论了六项重要桥梁工程，罗恩在其中的四项中都发挥了核心作用。而当中没有什么能比他在 1920 年宣布的、直到 1923 年 4 月才被报道的"策林格（Zähringer）大桥"比赛中所扮演的角色更能清楚地表明他的想法了[72]。这是一次不寻常的竞赛，因为弗里堡市委托了两个官方设计。一项是重建一座自由跨度为 271.6 米的悬索桥，以取代 1835 年建成的当时世界上最长的旧悬索桥（跨度为 273 米，折合约 900 英尺）；另一项则是由耶格和卢塞尔（Lusser）设计的、跨度 56 米的混凝土拱及位于超高混凝土桥墩上跨度 190 米的高架桥，当然，这

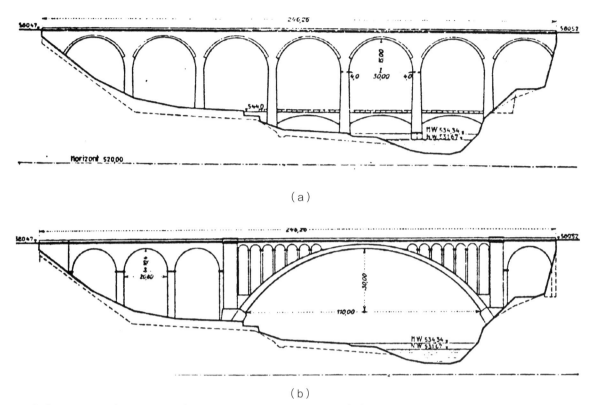

图 82 （a）咨询委员会（由罗恩领导的）提供的策林格大桥方案，1923 年；（b）1921 年，策林格大桥设计竞赛中的马亚尔方案（资料来源：《瑞士建筑学报》）

两人还曾经设计了位于附近的佩罗勒斯（Pérolles）桥。建筑商既可以根据上述官方设计进行投标，也可以自己重新设计。这次竞赛共提交了 27 个方案，其中包括 1921 年初马亚尔的一个设计方案。3 月初，"专家委员会"（非正式的评审团，因为这不是正常的比赛）开始就这些方案进行研究。

研究的结果是，委员会对所有的上述方案均不满意，最后决定由委员会自己重新设计一座 7 跨混凝土高架桥，然后再要求耶格和卢塞尔进行详图设计 [图 82（a）]。1922 年 4 月，佩罗勒斯大桥刚刚竣工后不久，旭普林（Züblin and Company）公司便获得了建造新策林格大桥的合同。1923 年 4 月，当罗恩的桥梁论文发表时，建筑业已经相当发达了。显然，罗恩是这个评议专家委员会的领导，在很大程度上，最终设计方案的决定权在于他 [73]。

罗恩的文章公开表明了委员会反对其他设计方案取代委员会自己方案的论据，这也体现出了他和马亚尔之间的根本区别。罗恩错误地认为马亚尔的设计既不符合山谷地貌，也不符合城市的轮廓。随后，他又为委员会自家的石材高架桥进行辩护，说这种形式具备"古罗马式的峡谷穿越感"。显然，罗恩的设计方案并非源于现代工程，而是对景观的肤浅理解，和对传统材料制成的古典形式的偏好。可见，罗恩的理念还停留在罗伯特·莫泽的战前状态。这回与压力隧道和铆钉的情况不同，马亚尔并没有公开攻击罗恩，而是把机会留给了自己的朋友卡尔·耶格尔，这位《瑞士建筑学报》的编辑马上就看出了罗恩的封闭心态，并指出罗恩做出这些决定是基于"在某种程度上的主观感受"。卡尔·耶格尔明确表示不同意委员会的观点[74]。

尽管马亚尔的设计代表了一个完全不同于罗恩的理念，但其桥梁形式实则更适合于混凝土而非石材，马亚尔1921年的策林格拱桥设计更类似于他1908年的佩罗勒斯桥，而不是他的后来作品。马亚尔的主拱具有现代设计的轮廓，但他也使用了传统的罗马拱形式作为短跨，并在主起点上设计了厚重的桥墩 [图82（b）]。正如战前的佩罗勒斯和洛林大桥方案那样，这种设计在尺度上是大胆的，但还缺少新结构理念的特征。1923年，这样的创意在马亚尔的头脑中慢慢发展起来，并且和往常一样，它需要在一个小项目上仔细试水，然后才能全面实现。

7月初，马亚尔收到的消息预示着他将在瑞士工程界出现大麻烦：罗恩被多数人选举为苏黎世联邦理工学院的校长。显然，马亚尔的这位主要对手如今已成为了瑞士的首席工程师，当然，马亚尔也曾希望成为苏黎世的教授，这并非不可能，而且他在1920年到1923年间的研究成果已经具备了教授的水平，他对正确技术教育的关注也预示了这一点。然而，随着罗恩当选为校长，这种可能性消失了，而且更重要的是，现在桥梁设计比赛将更加安全地受制于罗恩的控制。恰恰就是因为罗恩，马亚尔输掉了1923年的三大桥梁比赛——策林格、巴登-韦廷根（Wettingen）和锡特河（Sitter）——所有的比赛方案都被拒绝了，拒绝的理由均来自建筑设计而非工程结构概念[75]。而由于罗恩和他日益增加影响力的同盟德国建筑师保罗·博纳茨（Paul Bonatz），桥梁设计的"建筑学"标准在瑞士变得更加根深蒂固了[76]。

从1920年到1924年，马亚尔对罗恩的敌意加剧了。在每次公开场合，马亚尔似乎都会公开反对罗恩[77]。但是马亚尔不能对其与权威之间的争吵如此耿耿于怀，因为马亚尔必须专注于确保有足够多的常规或大规模的项目来偿还他的债务，并重建一个高利润企业。

新业务，新形式（1921-1924）

复职

对于一家实力不俗的设计咨询公司而言，大笔的资本支出是没有必要的，即便如此，马亚尔也花了两年多的时间才在苏黎世找到了一个项目，从而为他这家小事务所的职员提供了工作机会。直到1921年7月中旬，他才拿到为骑士巷（Reitergasse）的雷奇（Rentch Company）公司建造多层办公楼的设计佣金。为此，马亚尔决定采用他的无梁楼盖设计：他只需要设计出方案；公司的任何一位工程师和绘图员都可以完成设计和绘图。

1922年2月，马亚尔在日内瓦获得了他的第一份重要设计委托——瑞士国家银行大楼[78]。随后不久，又取得了日内瓦的另外四个项目，这使他有条件聘请到经验丰富的工程师阿尔伯特·胡贝尔（Albert Huber）来承担大部分计算工作并负责管理绘图员。次年，令人沮丧的里加之行以及1925年撤销巴塞罗那事务所的决定，使得马亚尔将目光从向国外扩张转至瑞士的国内项目。1925年，另一家位于伯尔尼的事务所也正式开业了。

马亚尔马不停蹄地寻找新的设计合同，为此，他会经常提出一些新的设计概念，有时甚至是一些从未建造过的新结构类型。这样的例子出现在了1922年位于韦吉河谷（Wägital）的一家瑞士新建水电站上。在该项目中，马亚尔提出了一个拱坝的设计概念，由于使用了空腹筒形拱和非常薄的混凝土面层，从而大大减少了材料的用量（图83）。在设计过程中，马亚尔又一次间接地抨击了罗恩和他的研究。作为韦吉河谷大坝的建设顾问，罗恩教授正在指导一名博士生设计大坝[79]。1921年9月，马亚尔在德国申请专利的同时，也正在为罗凯莫莱斯（Rochemolles）大坝提交上述设计方案，但未获成功。第二年，他在瑞士为该设计方

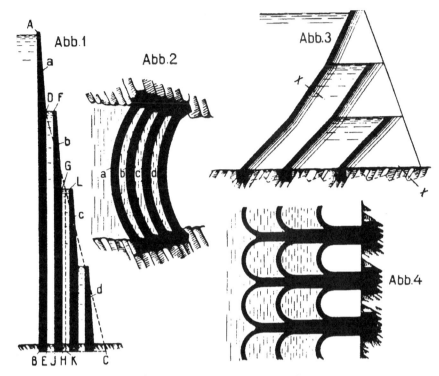

图 83　马亚尔的大坝设计专利（资料来源：瑞士专利所，伯尔尼）

案申请了专利[80]。

1927 年，马亚尔开始重新思考拱坝设计问题，当时《瑞士建筑学报》的一篇关于法国拱坝的文章促使他稍微修改了一下他的专利论文，并首次发表。然后，在 1928 年的《瑞士建筑学报》的第二篇文章中，马亚尔指出，在一定范围内，大坝越薄，设计就越好，也就是说应力越低，而这也正是他在自己的设计中一直追求的目标[81]。

就像他的铆钉设计一样，马亚尔的大坝设计理念完全基于结构在荷载作用下的性能，但是工程师们却认为这是不切实际的，因为他们从来没有按照马亚尔的模型建造过大坝。马亚尔在 20 世纪 20 年代早期曾设计过两座大坝，并继续寻找着这类项目，但直到 1931 年都没有获得成功[82]。这当中还有另外一些结构创意的案例，虽然已经提出，但却没有实际建成用以证明其经济性。当马亚尔能够将自己的想法建立在足尺试验和在役结构基础之上时，这些想法就将被实践证明是可行的，并将最终影响整个设计行业[83]。

重大创新

即便是像马亚尔这样的先驱人物，也很少会有某个单独的设计作品改变整个行业的发展方向。然而，在 1923 年韦吉河谷山谷的高处，一座桥梁却代表了 20 世纪设计史的一次重大变化：马亚尔在弗林格利巴赫（Flienglibach）大桥上的桥面加劲拱创意。截止 1923 年夏末，在位于韦吉河谷的苏黎世湖上，马亚尔已经完成了七座桥梁的设计和新建水电站的各种小型结构，同样是在此地，他的朋友西蒙·西莫内特（Simon Simonette）也获得了一份筑路合同，是一条沿着堰塞湖水流之上的路[84]。在弗林格利巴赫大桥项目中，马亚尔把拱壁厚度降到了实用的最小值。另外，他还设计了混凝土护墙，从而起到了加强薄拱刚度的作用，

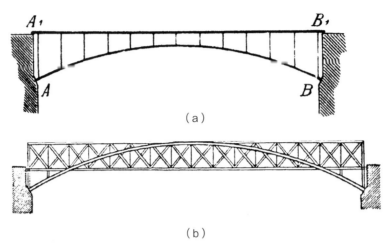

图84 （a）1883年，威廉·里特尔的设计图（资料来源：《瑞士建筑学报》，1883年1月6日，第1卷，第1期，第6-7页）；（b）美国的加劲桁架拱[资料来源：威廉·里特尔，《美利坚合众国的桥梁结构》（*Der Brückenbau in den Vereinigten Staaten Amerikas*），1894]

在不增加结构中混凝土用量的情况下实现一个更轻的拱[图85（c）]。他意识到，拱和桥面之间必要的垂直连接迫使这两个部分共同作用，因而桥面便具有了加强拱刚度的作用。马亚尔已经看到了在传统设计的施陶法赫尔桥中空腹箱形结构体系的潜力。在1920年马里尼耶大桥的常规设计中，马亚尔的任务仅限于计算和制图，其中的护墙只作为安全屏障，而他现在却看到了一种新形式的可能性，在这种形式中，护墙成为了结构的组成部分[85]。

然而，马亚尔的洞察力主要来自他的其他三次经历：首先是他与威廉·里特尔的研究，即1912年在他的阿尔堡大桥设计经历，以及里特尔对楚奥茨-塔瓦纳萨桥的设计指导方针。1883年，里特尔写了一篇关于钢结构桥拱与桥面相互作用的文章，该文章指出桥面刚度可以降低拱的弯曲[图84（a）]。马亚尔在里特尔课程中的课堂笔记显示了木制和钢制的桥面加劲拱。一个典型的例子就是美国廊桥，桁架提高了薄壁木拱的刚度，并充当了廊道的侧翼[图84（b）][86]。

第二个激励来自阿堡大桥服役后在截面高度不大的桥面梁上出现的裂缝[87]。和楚奥茨桥相似，这些裂缝表明了一个新概念——桥面与桥拱必定是共同工作的，因此必须加强这种相互作用。在阿尔堡桥上，虽然护墙看起来很结实，但实际上却很薄弱，这是因为护墙的配筋率很低，而且墙下的桥面小梁没有得到适当加强[图85（a）]。马亚尔意识到，他可以利用深护墙对桥面梁进行适度加强，从而可以按照里特尔的理念大幅减少拱的厚度。

最后，马亚尔在1902年的专利申请给他提供了一个重要设计理念，并且这个理念在1923年得到进一步迸发。在立面上，实体护墙与施陶法赫尔桥（只是在外观上）、楚奥茨桥和比尔威尔桥相似；在剖面上，桥面和拱体通过横墙连接。当然，在1902年，这并不意味着横墙是桥面和拱的主要连接构件；在1902年的专利中马亚尔指出，这种连接是通过纵墙进行的。而相关的专利图纸也清楚地表明，正如马里尼耶桥上的类似连接[图85（b）]那样，横墙可以提供桥面和板之间的重要连接。马亚尔甚至在他的专利声明中暗示了这种可能性："连接钢筋的布置方式并不重要，重要的是，这三大主要结构构件相互之间恰当的连接。因此，除了图中所示之外，还可以有其他的结构布置方式，甚至完全使其作为框架来建造。"此处，马亚尔已经考虑过减少其他墙体而只用主要横墙作为连接构件的可

新业务，新形式（1921-1924）

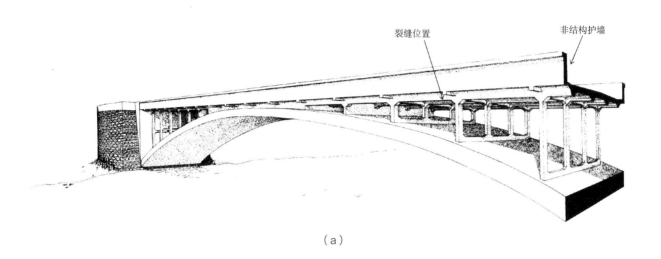

(a)

(b)

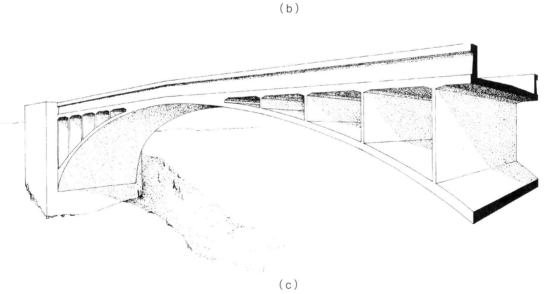

(c)

图 85 （a）阿尔堡大桥，1912；（b）马里尼耶大；（c）弗林格利巴赫大桥，1923（绘图：科林·雷普利）

能性。总之，空腹箱形结构体系的专利包含了桥面加劲拱概念的雏形：首先，通过将桥面和拱连接在一起以节省材料的技术原理；其次，在视觉上，通过横墙而非纵墙作为连接构件的建议。

从弗林格利巴赫大桥开始[图85（c）]，在接下来的10年里，马亚尔将建造12座桥面加劲拱桥，以1933年壮观的施万巴赫（Schwandbach）大桥和1934年的特斯河（Töss）人行桥为终点。然而即使罗斯的负荷测试证实了这些桥梁的高品质，并且欧洲艺术家们也惊叹于它们优美的造型，但是与苏黎世联邦理工学院的宿怨却仍然严重妨碍了马亚尔桥梁设计理念在教学过程中的体现。马克斯·里特尔负责桥梁教学，并开始了长达20年的复杂分析研究活动，而且他还嘲笑马亚尔的简单计算，并极力阻挠学生学习这些新思想[88]。

在美国，几乎没有哪位工程师知道马亚尔这个人。复杂分析的学术偏好诱使工程师们远离了马亚尔的新设计思想。在20世纪20年代，混凝土拱的分析技术因其复杂性而得到了人们的青睐，1925年，查尔斯·惠特尼（Charles Whitney）固定拱（无铰拱）的数学分析方法更是获得了复杂性高的声誉[89]。因此毫不奇怪，美国相关的委员会召开会议，并发表了拱桥设计指南，他们将固定拱与拱肩墙和路面桥板相连，从而令这个充满复杂性的问题雪上加霜。正如委员会在最后的报告中所写的那样：

对空拱肩和桥面的理论分析是如此复杂，以至于很少有工程师可以获得能够使他们信服的分析方法去解决这个问题。此外，这种理论分析所需的时间也是过长的[90]。

甚至美国最著名的结构工程学术权威内森·纽马克（Nathan Newmark）对此也是一筹莫展，在其关于桥面加劲拱的博士论文中仅仅得出以下简单结论："常规的设计方法忽略了拱结构的相互作用，通常来说这是合理的，因为如此的设计结构显然更便于维修。[91]"上述结论发表在其1938年的一篇论文中。纽马克和他同样著名的导师哈迪·克罗斯（Hardy Cross）已经认识到了桥面加劲的可能性，但是他们没有理解或领悟到这种结构体系的潜力，也从未提及过马亚尔所完成的设计作品[92]。

直到第二次世界大战之后，由于皮埃尔·拉迪（Pierre Lardy）这位在苏黎世联邦理工学院取代里特尔的新老师，这些想法才从20世纪20年代初开始渗透到苏黎世联邦理工学院的课程体系中，并逐渐开始影响新一代的设计师。而这其中就有克里斯蒂安·梅恩，他从20世纪50年代末开始便设计出许多引人注目的桥面加劲拱。到了1972年，这个想法在美国开始流行，如今它已成为一种完全被接受的桥梁形式[93]。

基亚索仓库

1923年初，马亚尔在他的混凝土输水管设计中也同样意识到了结构整体性的潜力，这根混凝土水管从重要的韦吉河谷大坝下游穿过特雷布森巴赫（Trebsenbach），马亚尔只是拆除了输水管下方的独立结构（管桥），然后依靠管道的自然刚度跨越溪流并抵抗内部水压（图86）[94]。同样，在1924年的头3个月里，马亚尔在施拉巴赫（Schrähbach）桥的设计中，再次使用了桥面加劲拱[95]；另外，他还正在开始着手基亚索（Chiasso）的仓库和屋面设计。在每个设计项目中，他都试图通过集成结构构件来创造出新的结构类型。曾经的五层仓库巨大荷载直接造就了无梁楼盖，而如今的基亚索仓库却带来了截然不同的新问题，这个问题直到过了夏天才被马亚尔解决。

在基亚索仓库设计中，无支跨度必须覆盖整个仓库宽度（25米），而不仅仅是封闭的无梁楼盖建筑内的5米长度。为了便于从铁路沿线和站台上转运货物，基亚索仓库必须三面敞开，而在高度上也只有一层，另外，该建筑的挑檐还应与相邻仓库楼二楼上方的悬臂挑檐对齐。马亚尔认为基亚索仓库的混凝土屋面板

图86 穿过特雷布森巴赫的输水管（资料来源：M.-C. 布卢默尔-马亚尔夫人）

设计可参照韦吉河谷河上许多小型桥梁的混凝土护墙。于是他把相关的结构构件与规定的受力构件集成在一起。而对于每个结构构件而言，这种集成都能够大幅减少混凝土的用量，同时也能够确保结构的刚度是偏于安全的。在弗林格利巴赫和施拉巴赫设计的激发下，马亚尔认识到了这个仓库的主框架就如同一个倒置的薄拱通过细长的垂直拉杆连接到上方的刚性肋板上一样（图87）。

在马亚尔的建筑设计中没有比基亚索仓库更值得研究和讨论的了，然而其形式的真正起源却依旧还是一个谜。关于马亚尔是如何提炼出桁构架形式的，大概有三种解释：来自现代建筑，来自纯粹的功能需求，或来自早期的现代工程。一些作家已经注意到某些植物的骨架形状，并将它们与新艺术派（Art Nouveau）装饰以及巴塞罗那建筑师安东尼·高迪（Antonio Gaudi）的作品进行了比较。马亚尔当然很熟悉高迪的设计，因为他到访过高迪的巴塞罗那事务所，并通过《瑞士建筑学报》所报道的相关建筑学及工程学知识了解到了新艺术运动[96]。然而，如果你仔细观察这间仓库的形式，就会明显地排除第一种解释，因为这种解释将马亚尔的设计直接归因于建筑学影响。对结构力学和仓库功能的详细分析表明，没有任何结构构件偏离了这些纯粹的功能要求[97]。尽管在视觉上有一些相似之处，但其骨骼却和植物有着根本不同的功能，而且

图 87 基亚索仓库的标准视图（资料来源：M.-C. 布卢默尔－马亚尔夫人）

并没有哪位一流的结构工程师能根据这些相似性创造出如此伟大的作品。

然而对上述功能的正确理解是否决定了第二种解释所假定的形式呢？马亚尔对结构的精湛把握和对使用功能的仔细研究，能够帮助他找出解决这个看似简单的问题的最佳方案吗？不，马亚尔并非仅仅出于功能才发展出他的这种形式，而是因为该功能为其设计形式提供了前提。许多形式适应许多功能，而马亚尔的形式也只是其中之一，不过对于马亚尔来说，功能从不会支配形式[98]。

第三种解释认为，它的演变源于结构自身传统范围内对现有形式的新综合。截至1924年8月，当马亚尔完成仓库设计时，至少有三种具有启发性的结构形式已经存在。首先，在圣达哥铁路线上有许多经过加固的桥梁，在20世纪20年代早期，马亚尔经常看到的就是带有薄壁抛物线桁架的桥梁[99]。第二种是1897年比利时人A.菲伦代尔（A.Vierendeel）关于空腹桁架的构想；到了1924年，菲伦代尔的构想在整个欧洲便已广为人知[100]，事实上，在1925年有一座桥梁便是根据这些想法在瑞士建成的。第三种结构形式，也是迄今为止对马亚尔最有影响的一种，便是他自己在韦吉河谷设计的桥面加劲拱桥[101]。

与那些桥梁不同，基亚仓库的拱（倒置）不是受压的曲线板，而是受拉混凝土棱柱。此外，垂直腹杆是细支柱而不是类似于韦吉河谷桥中的横墙。因此，马亚尔在轮廓上保留了那些桥梁构件的厚度，同时在水平方向上又将它们减少到相对很小的相同厚度。这种非凡的精致尺寸与混凝土空腹桁架形成鲜明对比，因为后者的所有构件都显得笨重，特别是在结点处。起源于金属桁架形式的空腹概念非常不同于马亚尔的基亚索仓库设计理念，因为后者是桥面加劲概念的产物。

菲伦代尔和马亚尔设计的纯功能性需求表明，许多其他与之相似的可能的设计在技术上也是正确可行的。马亚尔总是喜欢设计出亮丽的外观，他的出发点是美学，但是他对功能的尊重意味着六榀构架中的每一榀都完全相同并且关于中心线对称（图88）。在这种限制条件下，马亚尔以他非凡的视觉想象力领悟到了一个解决旧问题的新方案，他既不抄袭过去，也不受当今时尚的影响[102]。

图88 施工中的基亚索仓库（资料来源：M.-C.布卢默尔-马亚尔夫人）

1924年的基本理念

韦吉河谷大桥和基亚索仓库屋面都是源于索多边形的构思，即，索弦在自重荷载作用下形成的自然形状。该形状确保了结构（索弦）纯粹依靠沿着弦线方向上的张力来承担垂直方向上的载荷，而这是因为弦线本身不可能像柱那样承受任何压缩变形或像梁那样承受任何弯曲变形。在桥面加劲拱中，拱的形状是一个简单的倒置受力弦线，从而使得混凝土薄板能够通过压缩变形（对于混凝土是理想的）来承担桥梁恒载。而对于基亚索仓库屋面而言，索线则是直接悬挂于柱支撑及双坡屋面的山尖处[103]。因此，马亚尔这个重大创新的基本思路是源于对索多边形的发展和延伸（图89）。

无论是桥梁结构还是屋面结构，其形式都只适用于恒载，桥面或屋面下方的薄壁构件都不能承受活荷载（桥上的卡车或屋顶上的雪）所引起的弯矩，因此，桥面或坡屋面可以当作梁，通过弯曲来承担活荷载。它们之所以能做到这一点，是因为它们可以与下方的薄壁构件相互作用，而这样得来的刚度比构件本身的刚度要大得多（图90）。上述正是马亚尔的第二个基本思路——通过结构各部分的相互作用来改进形式。马亚尔不是第一个发现或使用这些想法的工程师，但他却是第一个将它们扩展到钢筋混凝土范围的工程师，而且在很大程度上正是由于他，才使这两个思路拓宽了后来设计师的视野，只是从马亚尔创意中延伸

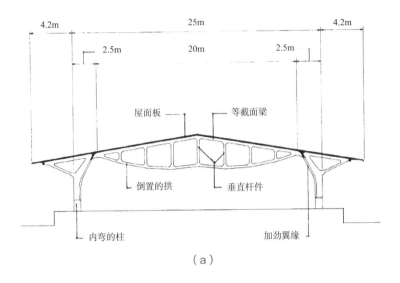

(a)

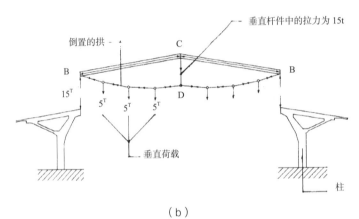

(b)

图89 基亚索仓库：(a) 跨度尺寸与结构杆件；(b) 将20米中跨与柱支撑进行分离，便显示出中跨结构会像索一样承受垂直载荷（绘图：马克·雷德）

图90 马亚尔设计的基亚索仓库侧立面，瑞士，1924（资料来源：M.-C.布卢默尔-马亚尔夫人）

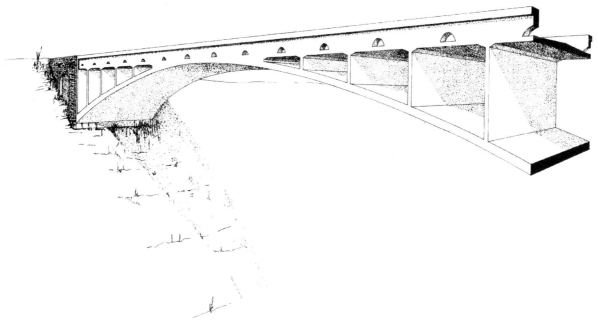

图 91　瓦尔齐尔巴赫桥（绘图：科林·雷普利）

出来的新形式却要到 20 世纪 90 年代才开始慢慢得到重视。

马亚尔在瑞士展开业务重组的头 5 年里，穷困潦倒，也并无多少惊世骇俗的利润：虽然他的事务所在 1920-1924 年间承担了 100 多个项目，但拿到钱的合同却只有 20 个。然而令马亚尔欣慰的是，在挑战罗恩和其苏黎世同事的理论过程中，他已经找回了信心和勇气。如今，1925 年伊始，他找到了属于他自己的设计表达方式，这种方式可以创造出一种实用新形式，从而摆脱对旧形式和复杂公式的依赖。

源自桥梁的复兴（1925-1927）

诗歌般的桥：瓦茨基尔巴赫

从基亚索的多个建筑设计项目开始，直到职业生涯的最后一次伟大创新结束，马亚尔始终沉浸在热情奔放的设计创新当中。从 1924 年末到 1925 年，他的想象力化成了三座桥：瓦尔齐尔巴赫（Valtschielbach）、沙泰拉尔（Châtelard）和大菲（Grand Fey）。虽然这些大桥没有重大创新，也没有对结构工程技术的发展做出特别的贡献，但每一座却都代表了一种独特的美学成就。

瓦尔齐尔巴赫桥的设计可以被理解成是一次创作能量大爆发的结果（图 91）：大致类似于一首十四行诗、一只即兴曲或者一幅线描画。它穿越于荒野之间，薄壁拱以它如此少的材料承载着如此多质量。这座桥的影响是直接的，虽然进一步的研究可能会丰富我们的观点，但最终只会肯定我们的第一感——一种新造型。轻盈的拱体与坚固的桥面之间形成了一种情绪化的对比，这种对比令人愉悦（图 92）。这就像之前的塔瓦纳萨桥和之后的萨尔基那山谷大桥那样，瓦尔齐尔巴赫桥吸引来了更多的游客：它的简单就是它的优点。而更深入的研究则会揭示出实现这个目标将会面临的重重困难。

图 92　瓦尔齐尔巴赫桥（资料来源：格劳宾登州康德土木工程研究所）

　　瓦尔齐尔巴赫大桥的视觉冲击力来自它的侧立面，站在侧立面的角度，整个跨度、拱的厚度和峡谷的深度都显而易见。正是这些尺度之间的比例关系激发了马亚尔1925年初的想象力。他迅速设计了该桥，并在几个小时内就计算出了桥面与拱体之间复杂的相互作用[104]。他的设计被当地建筑商提交给格劳宾登州的工程师，并最终赢得了比赛。这个项目工程的施工一直持续到1925年夏末（图93），1926年9月的一次负载测试则证实了马亚尔的简单计算。这座桥作为第一座极度纤细的现代混凝土拱，已成为了一座标志性建筑。在马亚尔生前，工程师们就一直在议论着这座桥的外观[105]，但8年后马亚尔自己对它的评论也许最能说明问题，并且也将因此而产生一件新的杰作。

戏剧般的桥：沙泰拉尔

　　马亚尔当年的第二项重要项目是沙泰拉尔的渡槽，这座桥用来输水并配有狭窄的车道，渡槽横穿福尔克拉山口（Forclaz Pass）上方附近的高速公路与小河，而法国夏蒙尼（Chamonix）与罗讷河上的马蒂尼（Martigny）之间的一条公路恰好通过这个山口。马亚尔参考并完善了瑞士铁路公司的设计方案（图94），使其成为一座更坚固、更优雅的结构。1924年10月3日，他提交了这个完善后的新方案，其中，材料用量大幅减少，成本降低了大约30%，并且彻底改变了外观造型[106]。由建造商西莫内特提交的马亚尔方案，通过倾斜两个主要支座，使其形成一个拱结构，从而大大减少了中间跨度（图95）。此外，在薄柱与空腹箱形渡槽大梁相连的地方，他创造性地采用了加腋设计，正如他在提交方案时所述的那样（比较图96和图97）[107]：这样既提高了结构的强度，又"使结构看起来不过于生硬"。1925年2月9日，他完成了最后的设计，随后同年，便由西莫内特完成了渡槽建造。

　　在这个设计中，马亚尔采用了一个比瓦尔齐尔巴赫桥更复杂的形式，它不再是一个严格对称的单跨结构，这是由于瓦尔齐尔巴赫深谷与沙泰拉尔渡槽流经的平坦且高度不对称的山谷有着根本的不同。水承载于空腹箱形截面内，只有箱体的深侧壁出现在外立面上。由于水荷载恒定，所以除了支座处呈现略微的锥

图 93　施工中的瓦尔齐尔巴赫桥（资料来源：格劳宾登州康德土木工程研究所）

形（加腋）外，大梁截面从头到尾恒定不变。马亚尔仔细布置了渡槽支架的位置，并通过保持 16 米的主跨跨长不变，使得这个恒定的截面梁完全合理[108]。

渡槽大梁分为三种结构形式：连续梁（引桥）、悬臂梁（两个梁接头两侧的长度）和刚性构架（主跨加斜柱）。这种形式的组合，其合理性来自渡槽所需的等高梁要求；只有当我们研究了渡槽的全长结构之后，才能够理解马亚尔如此简单的解决之道，而其综合分析问题的能力又是如此极具天赋。渡槽箱形截面的顶部起到了车道的作用，并且由于整个结构又窄又长，因此马亚尔加宽了支座处的引桥支柱间距以便获得更大的横向刚度。马亚尔的一个创新亮点在于，他将双支柱的下部与柱脚之间进行了分叉设计（图 97 中最

右侧）。与瓦尔齐尔巴赫大桥不同，这座渡槽的戏剧性自于其结构的动感，它是流动的而非静止的，渡槽的特征随时间的推移而发展，因此这更像是一出戏而不只是一首诗。

如果作为这出戏的学生，我们便会更深入地涉及情节的机制，届时可能可以发现马亚尔是如何选择一种更进一步的结构对称性的，这甚至被他的一些最不懂戏剧的学生所诟病。在一本关于马亚尔的畅销书中，艺术家马克斯·比尔发现了一处突出地面用以支撑斜柱的石基（图 98）。也许比尔更愿意将两侧的斜支撑柱设计成非对称形式，一侧的柱腿可以更长一些，从而创造出一个不对称的结构构架来适应不对称的山谷背景[109]。

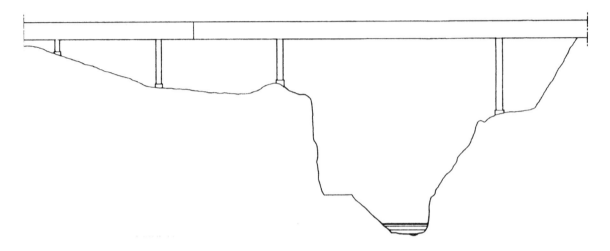

图 94　瑞士铁路公司提交的沙泰拉尔渡槽方案 [绘图：克拉克・费农（Clark Fernon）]

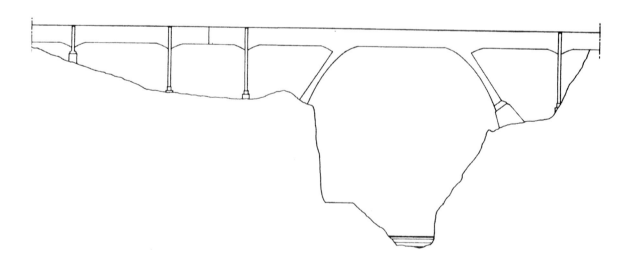

图 95　马亚尔的沙泰拉尔渡槽方案（绘图：克拉克・费农）

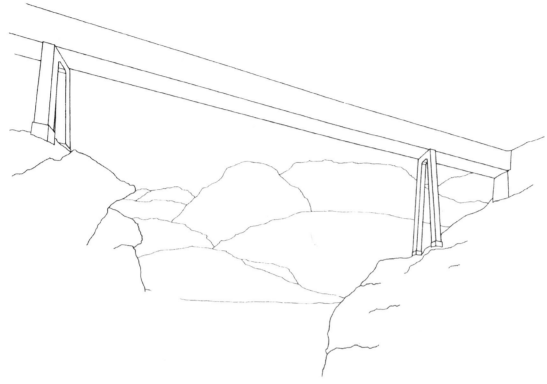

图 96 瑞士铁路公司提交的沙泰拉尔渡槽方案（绘图：克拉克·费农）

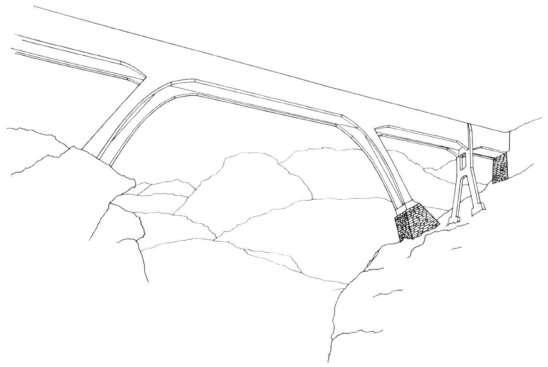

图 97 马亚尔的沙泰拉尔渡槽方案（绘图：克拉克·费农）

图 98　沙泰拉尔（资料来源：M.-C. 布卢默尔 - 马亚尔夫人）

然而，这个石材基座恰恰反映了马亚尔追求极简的另一个方面。由于混凝土构架是对称的，所以他就可以很简单地计算出结构内力，从而使分析结果服务于结构设计。这样一来，他便能够不再关心受力，而是专注于跨度的比例问题，尤其是斜撑柱与大梁的节点、斜撑柱和基础的连接，以及大梁接头处的防水问题。马亚尔的对称构架设计反映了他对结构简单性的关注多于对特定景观视觉一致性的关注。从对材料的利用和对地形的适应方面，马亚尔的结构设计已经非常优秀了，因此，他显然没有理由再对地形因素做出任何妥协[110]。然而，比尔的判断是合理的，马亚尔在这里使用石头的做法与通往瓦尔齐尔巴赫大桥的石头引桥一样令人不安。

小说般的桥：大菲桥

瑞士大菲高架桥的设计方法是与众不同的，面临的问题是比瓦尔齐尔巴赫桥或沙泰拉尔更多的约束条件，以及更大尺度和更少的形式创新机会。第一次世界大战后，瑞士国家铁路公司加强了对 19 世纪铁桥的修复计划，以便使其能够承载更重的货物。跨越弗里堡北部萨林河的大菲高架桥便成了当时此类项目中的最大一个，它要求在不中断铁路交通的条件下在原位置建造一个全新结构。这些限制条件催生了在旧铁桥内兴建混凝土高架桥的计划，即，要将原有的平面桁

图99 施工中的大菲高架桥结构，弗里堡（资料来源：M.-C.布卢默尔－马亚尔夫人）

架改造为筒形拱结构。对此，马亚尔提出了上部结构设计及施工方案[111]。

在这种情况下，瑞士铁路公司的工程师设计了整体形式，并要求马亚尔研究确定拱的尺寸以及与水平铁路桥面的垂直连接构造。严格的约束条件以及宏大的规模，带来了大菲高架桥的全新设计理念：在巨大的锥形混凝土桥墩之间出现了一系列轻质的、新混凝土拱，而这些锥形桥墩的作用就是包裹住旧的铁制立柱，并将其一直延伸到桥面[112]。在最终的造型里，拱体上方桥墩延伸段的额外长度是不必要的，但在施工过程中这部分的存在却是必需的，因为在上部混凝土结构竣工前，这些支墩将给列车通行提供支撑，也是一种重要的施工约束（图99和图100）。与桥墩相比，拱和垂直构件显得格外轻盈，以至于站在侧立面的角度上有一种瓦尔齐尔巴赫桥的惊喜感[113]。然而在大菲河桥上，有六个跨径穿过宽阔的山谷，在平坦的水流和两侧森林茂密的河岸衬托下，桥梁结构裸露的白色混凝土与周围环境形成了鲜明的对比。

当从铁路线下方的大菲河岸接近大桥或者进入桥跨本身时，人们便会有一种截然不同的体验。在轨道正下方的拱冠处有一块贯穿了整个383米高架桥的混凝土薄板，而这便成为远处伯尔尼高地（Bernese Oberland）的前景，简直就是一处无与伦比的景观（图101）。在这里，桥梁呈现出一种完全不同的感觉——强度、约束性和耐久性。它的拱门巨大，垂直面坚固，金属护栏为穿越山谷的长途步行提供了安全感。1925年，正是在这条道路上，马

图 100　施工中的大菲高架桥，弗里堡（资料来源：M.-C. 布卢默尔－马亚尔夫人）

亚尔欢喜地同玛丽-克莱尔一起散步，并向她展示正在建设中的桥梁，以及它又是如何在极大的程度上挑战了他的技术能力。

通过利用走道上方的厚重桥面和众多的垂直线条，马亚尔能够使拱变得更加轻盈，也使得这座桥具有了高度可辨识性。然而，这个亮点是针对纵断面（从下游公路桥的方向上最好看）而言，而如果从近处的河岸或人行道上观察，上述亮点就不明显了。拱门显然是重要的受力构件，而马亚尔的手法则导致了其在周围空旷背景下显得有些单薄。最重要的是，就像一部漫长而复杂的小说，这种结构需要时间和耐心来理解。它不会像瓦尔齐尔巴赫那样爆发出来，也不能像沙泰拉尔那样被一次单一的观察所接受。再一次，和其他两件作品一样，在本例中，石材的质感通过拱板体现了出来。

瓦尔齐尔巴赫桥、沙泰拉尔渡槽和大菲桥的挑战标志着马亚尔对设计的重新关注。如今的马亚尔不停地穿梭于日内瓦、伯尔尼和苏黎世之间，而国外的长途旅行则变得越来越少、越来越短了。另外，在资金问题上马亚尔也没有之前那么紧张了。1925 年 2 月的巴塞罗那之行已经对他没有什么吸引力，正如之前对巴黎的感受，1925 年初的巴塞罗那是一座巨大的城市，而与之相比，"日内瓦却像一个村庄"[114]。

事实上，与西班牙、法国，特别是俄罗斯相比，瑞士本身都不过是一个建筑规模永远不会很大的村庄。就在这时，他的瑞士同龄人奥特马·阿曼和弗雷德·内茨利（Fred Nötzli）开始了他们在美国的独立事业。在美国，大规模建设的动力比世界上任何地方都

图 101　马亚尔寄给母亲的明信片（资料来源：M.-C. 布卢默尔-马亚尔夫人）

要大。阿曼于 1924 年开始他的乔治·华盛顿大桥设计，而内茨利在加利福尼亚州的高坝设计也几乎同时开始。阿曼于 1904 年来到美国，担任 1916 年建成的地狱门大桥 [Hellgate Bridge，由古斯塔夫·林登少（Gustav Lindenthal）设计] 的总工程师，这是一座跨度最长的拱桥，全长 978 英尺。到了 1931 年，阿曼已经成为钢结构桥梁的主要设计大师之一。

对马亚尔来说，他从来没有考虑过要离开瑞士，在那里，他必须面对更普通的结构设计问题，以及更严格的经济约束条件。虽然许多著名工程师对马亚尔的想法并不感兴趣，但他不再孤单了，因为阿曼、内茨利、林登少都已经成为他的坚定盟友，他们也是他后来成功的关键。当然了，马亚尔也更喜欢住在离家近的地方。

第6章

孤独的设计师

（1927-1932）

同事与家人（1927-1930）

教授、编辑和建筑商

1925年1月4日，曾担任瑞士联邦材料实验室主任的弗朗索瓦·舒勒在退休一年后去世。他的继任者是米尔科·罗斯，此人曾经指导过能够证明马亚尔剪切中心理论的实验。现在是1925年年初，罗斯再次与马亚尔合作，开始计划对后者提出的一项前所未有的技术进行重新测试。1924年底，苏黎世校友会任命了一个包括马亚尔在内的三人委员会，旨在与罗斯合作，为他的这个新技术展开工作。整个1925年，他们这些人聚在一起，计划对瑞士在建的各类重要混凝土结构进行测试[1]。

在此期间，罗斯和马亚尔一见如故并结下了终生的友谊。这两位男士会经常结伴出现在很多不同的工地测试现场，两人的穿着很容易辨认：罗斯穿着他向来奇怪的野战装束，而且还扎着绑腿；马亚尔总是穿着保守，天气寒冷时就会披上长冬衣（图102）。没有人会比罗斯更能理解马亚尔设计的高技术质量以及他对复杂结构简单分析的正确性。同样重要的是，罗斯将马亚尔的设计当作艺术作品来进行评价。

罗斯是一位热情洋溢的南斯拉夫人，他很快就在马亚尔身上看到了纪律性和娱乐性的完美结合，这与他自己对生活乐趣和精湛技术的理解非常吻合。更重要的是，与罗恩不同，罗斯并没有将自己视为一名设计师，因此从未感到过与马亚尔的竞争。罗斯是以传统图解方式进行结构分析的库尔曼和里特尔的继承者，但现在需要系统地强调足尺实验的实际结果，因为这是对图解静力学的自然补充。如果图解分析是库尔曼所谓的工程语言，那么足尺测试就是这种语言在发声。我们可以带着专业兴趣去阅读马亚尔优美的计算过程，但要实现他的创意，就必须将纸上计算转化成实际工程中的性能表现。与罗斯的合作给了马亚尔另一个契机，让他有机会设计出令人信服的实验。正是罗斯在1927年晚些时候于《瑞士建筑学报》上发表的一篇重要文章[2]，才让我们首先了解到马亚尔所设计的瓦尔齐尔巴赫、弗林格利巴赫、施拉巴赫和沙泰拉尔桥。

卡尔·耶格尔像罗斯那样与马亚尔建立起了同样深厚的友谊。自1924年父亲去世后，耶格尔就完全控制了《瑞士建筑学报》，并开始鼓励马亚尔写一些关于他那些如今已经变得更加活跃的设计思想。耶格尔对马亚尔的尊重要强于其他任何工程师，这主要是因为马亚尔在《瑞士建筑学报》的文章中所表现出的正直：从1908年被盗用的古格尔斯巴赫桥设计开始，到后来的1911年洛林大桥比赛丑闻，再到与罗恩所进行的持久辩论。

奥古斯特·耶格尔对1911年伯尔尼评审团的正面

同事与家人（1927-1930）

图 102　马亚尔与罗斯在瓦尔齐尔巴赫（资料来源：M.-C. 布卢默尔 - 马亚尔夫人）

批评和 1920 年里托姆委员会的报告为他的儿子卡尔树立了榜样。正如卡尔对罗恩教授在策林格大桥中的行为所做的抨击那样，在对工程项目或设计竞赛的评论中，他本人是站在一个完全中立的立场上的，不会让个人喜好左右评论方向。恰恰正是这种思考的独立性吸引了马亚尔，并将自己与卡尔·耶格尔联系在了一起，共同努力表达出新的设计理念。当时的期刊编辑聘请了建筑师彼得·迈耶（Peter Meyer）定期写一些关于工程美学的文章，对于一本工程杂志而言，这个话题的确是个新创意。在 20 世纪 20 年代中期，迈耶的文章有助于激发人们对钢筋混凝土结构作为艺术品的欣赏兴趣，这一主题后来又被西格弗里德·吉迪恩所采用。卡尔·耶格尔坚定地认为，这些理念是工程学的重要组成部分，卡尔的坚持使得后来的许多相关论文得以发表。

1925 年初，耶格尔说服马亚尔写了一篇关于尤金·弗雷西内（Eugène Freyssinet, 1879-1962）的文章。弗雷西内是法国最著名的混凝土设计师，并且刚刚完成了一系列大型结构的设计工作[3]。来年，耶格尔又请马亚尔写了一篇展评文章，这是一次由苏黎世艺术学院举办的重要展览，主旨在于将公共工程和工业结构视为艺术作品[4]。耶格尔的坚持和鼓励直接导致了马亚尔结构设计思想的问世。对马亚尔来说，这些文章的价值不仅限于单一的宣传效果，更让他重新思考了自己以往的设计作品，从而在提出新的解决方案时有了对过往问题的参考。

对马亚尔来说，最有意义的是反思自己那些正在进行中的工程项目，无论这些项目是正在罗斯的实测中，还是已经写在了耶格尔的期刊上，因为在建项目往往都考虑到了早期的问题。其中的一个例子可能就是瓦尔齐尔巴赫桥所采用的厚重的罗马风格不久便让位给了萨尔基那山谷桥的开放式边跨的问题。马亚尔的创新来自逐步稳定的改进而非每项设计中的刻意新奇。在当时，思考的独立性、对创意游戏的热爱以及纪律性成为马亚尔的主要个性特征（图 103），而同时在他的那些好友身上，也反映出了这些特征。

马亚尔的纪律性和游戏情怀是互补的，而不是矛盾的。严格意义上讲，游戏是在运动、博弈、舞台制作或音乐表演背景下的快感，有着严格的规则、缜密的实践和审美的情趣。在明确的限制范围内，幻想是游戏活动的特征，这与桥梁设计异曲同工，因为在设计中，设计者的游戏对象是形式，但其必须满足结构安全的要求与施工经济的目标[5]。1919 年后，马亚尔需要一位有才华的施工工程师以合理的成本来实现他的那些与众不同的设计。西蒙·西莫内特便扮演起了这个角色，也正是由于西莫内特，

图103 抽雪茄的马亚尔，大约于1926年（资料来源：M.-C. 布卢默尔－马亚尔夫人）

马亚尔的韦吉河谷项目才能于1922年正式开工，而且同期，西莫内特也参与了沙泰拉尔渡槽及大菲桥的工程施工。

西莫内特是1925年夏季在建的大菲桥的主承包商。10月4日，马亚尔和尼森带着玛丽-克莱尔详细参观了这项即将竣工的伟大工程[6]。马亚尔与西莫内特关系融洽，对工程进展也非常满意。在第一次世界大战之前，马亚尔甚至与自己的外勤人员都很难取得联系，而如今，他对项目施工也失去了财务控制权，所以，能够找到像西莫内特这样可靠的工程师来实现自己的理念就显得比以往任何时候都难能可贵。西莫内特和耶格尔均来自格劳宾登州，甚至西莫内特的另外两个合伙人——西蒙·梅恩（Simon Menn）、弗洛里安·普拉德（Florian Prader）也和卢西恩·梅斯赛尔（Lucien Meisser）一样都是格劳宾登人，而梅斯赛尔则也于1924年被聘为马亚尔在日内瓦事务所的总工程师。马亚尔的许多早期桥梁作品都建在这个偏远的地区，他也有许多亲密朋友都来自这个州。

可悲的是，1925年10月24日，西蒙·西莫内特毫无预兆地死于中风。马亚尔万分悲痛，也非常失落[7]。这种失落感也预示了在1920年之后能够在他的职业生涯中发挥重要帮助作用的杰出建设人才将会越来越少。幸运的是，年轻的伯尔尼工程师普拉德接管了西莫内特的公司，并与梅恩结成了合作伙伴。后者将为马亚尔建造出几座最为重要的桥梁，这也使得马亚尔在格劳宾登州的桥梁建设可以继续保持下去。

隔离和惯例

伴随着生意场上的兴隆，马亚尔也逐渐进入了结构创新的高峰期，然而与这些红红火火的氛围不协调的是，他的个性却显得越发孤僻了。1926年12月，玛丽-克莱尔去英国工作，来年夏天临近时，女儿还没回家，两个儿子勒内和埃德蒙也都在国外求学，只剩下马亚尔独自一人待在日内瓦。马亚尔对女儿玛丽-克莱尔宠爱有加，春末时节，当女儿一个月都没有给他写信时，马亚尔向她抱怨道："你不知道我每天都在想你吗？你不知道周围的空虚感已经让我越来越痛苦了吗？难道命运要把我们分开，让这种长久的沉默使我们距离感越变越大，这还不够可悲吗？[8]"然而当玛丽-克莱尔再次建议和他同住时，这位父亲却拒绝了，理由写在了他给她的信中："事情的逻辑顺序是我必然会在你之前离开这个世界……我最大的幸福就是看到你结婚！这是一个自然的解决办法，而它消除了我们共同生活的必要条件。[9]"

1927年1月初，房东阿道夫·察恩的妻子死于肺炎。几天后，察恩告诉马亚尔，虽然他可以继续住在这里，但再也不可能像以前那样一家人共同吃饭了[10]。于是，马亚尔便开始了以事务所为家的生活，在那里，他有张沙发可以休息，而且还能简单烹饪。马亚尔慢慢养成了在市中心马尔谢路18号的事务所里休息的习惯；有时，他会在事务所与大家一起吃饭，有时也会出去在餐馆吃饭。不到一年下来，马亚尔就干脆搬进了事务所，这个主意倒是大幅节约了他的生活开支。尽管三个事务所的生意都不错，但偿还战后留下的巨额债务以及日常开销之后，也就剩不下几个钱了[11]。女儿玛丽总是怂恿着父亲想法子挣更多的钱，但这位父亲好像对此漠不关心，倒是更愿意接受这种近乎修道院式的生活方式，因为他有着加尔文派的教养而且生活目标单一。

虽然马亚尔当下的银行存款不多，也没有一个真正的家，然而1928年的他却显得兴高采烈，因为这一年整个西欧都充满了希望和繁荣。20世纪20年代早期的通货膨胀已经被克服；另外，大洋彼岸的美国也同样经济繁荣，至少到目前为止，美国的经济对欧洲至关重要。德国也已经从战争的沮丧中恢复过来，正在迈向繁荣。作为一个乐观主义的象征，8月27日，德国签署的《白里安—凯洛格非战公约》（Kellog-Briand Pact）引起了民众高涨的热情[12]。

欢乐氛围中的悲伤来自2月初的马克斯·冯·米

勒的死讯[13]，但此刻的马亚尔，在难过之余却也有了与女儿一起偷闲的机会。此时，玛丽-克莱尔搬回苏黎世，并找到了一份景观建筑师事务所的工作。她住在尼森公寓[14]，偶尔会陪父亲从苏黎世到日内瓦度周末，然后他们还会进行一番离奇的活动：父女二人先在事务所狭长的走廊尽头支起靶子，然后再掏出这位工程师父亲的那只精制且火力强大的运动手枪，两人竟然在楼内进行了一场竞争激烈的射击比赛；清脆的枪声诡异地回响在空荡荡的建筑中，年长的男人和年轻的女人都陶醉于这种不同寻常的技能比赛[15]。

1926年秋天之前，马亚尔的伯尔尼事务所小到只能摆下两张桌子了，一张是绘图桌，另一张是工程师的办公桌。感谢洛林大桥委员会的公正评议结果，让马亚尔获得了足够费用的项目来雇用恩斯特·施泰特勒管理这个事务所[16]。同时，马亚尔于1921年在苏黎世开启的一系列大型建筑项目也使他得以扩展刚刚起步的事务所[17]。而日内瓦事务所则始终是马亚尔的业务核心，人员配备也最多——通常是三到四名工程师和一到两名绘图员外加一名秘书及一名会计师[18]。马亚尔每周都会从日内瓦到伯尔尼再到苏黎世，无论在哪里，所有重要决定都由他本人亲自下达。从20世纪20年代中期一直到1940年，没有一个结构工程师可以像马亚尔那样工作，亲自指挥三个独立的事务所并进行所有的创新设计。

他经常出现在城市之间的火车上，在纸上或用过的信封上勾勒出一个新的想法。在伯尔尼事务所，马亚尔很少检查下属施泰特勒的计算结果。有一次，当施泰特勒提出复查要求时，马亚尔则幽默地回答道："你也是在苏黎世联邦理工学院学习过的人，我知道你可以胜任这项工作。"后来，这位年轻的工程师慢慢意识到了，其实马亚尔已经提前知道了正确答案[19]。

事务所的工作经常会被造访城市建设部门之类的工作所打断，马亚尔似乎对这项拜访工作失去了兴趣，倒是更愿意邀请一伙人出去吃饭，其中包括施泰特勒、有时还有他的妻子、建筑师克劳斯（他与克劳斯一起设计了洛林大桥），市政府的工程师阿明·雷伯、尤金·洛辛格（Eugen Losinger，一位年轻工程师，其所在职的公司正在修建洛林大桥）、西蒙·梅恩（洛林大桥的总工程师）和其他人。一顿丰盛的晚餐之后，马亚尔就会邀请这些人一起玩"革命者"，这是他曾在俄罗斯设计过的一种纸牌游戏，用来打发在十月革命后没活儿干的时光。"革命者"比"Wist"更具挑战性，但并不像桥牌那么要求苛刻，因此，在不排除桥牌这种过于伤脑筋的娱乐项目下，它吸引了马亚尔的兴趣。马亚尔一辈子都不爱闲聊，作为对此的补充，纸牌游戏成了他的社交手段，同时也足够挑战智力，并让晚上的时光不再那么无聊[20]。

娱乐后的第二天早上，马亚尔便会坐快车赶回苏黎世，在那里，他会与总工程师阿洛伊斯·凯勒（Alois Keller）共度下午茶。在1928年，这间苏黎世事务所几乎比伯尔尼事务所也大不了多少，通常只有凯勒和另外一名绘图员盯班，好在事务所设有一小间私人房间供马亚尔使用，在那儿，他可以接待来访者，或者在一尘不染的写字台上写信，起草报告或者进行计算。在检查完苏黎世事务所的工作之后，马亚尔通常都会和保罗·尼森一起共进晚餐，然后再到女儿那里唠家常（图104）。星期六，马亚尔通常会在一家叫作"射手座"的餐厅（Schützen Restaurant）吃午饭，他会提前预订好桌子，邀请的人包括罗斯、耶格尔、普拉德及其他雇员，包括活泼可爱的普拉德的私人秘书奥克斯林小姐（Mlle. Oechslin）。往往玛丽-克莱尔也会加入这桌饭局，成为欢乐且杰出的瑞士工程师俱乐部的一员，他们这群人完全不像罗恩、里特尔、瑞士铁路公司的阿道夫·比勒（Adolph Bühler）及其门生这样保守派的工程师圈子。马亚尔的星期六午餐，就像伯尔尼夜晚与尼森一起度过的时光那样，完全不必说一些行话、套话。马亚尔的性格决定了他不会因为迎合大客户而牺牲自己的休闲时间，他的工作节奏非常适合他。

图 104　马亚尔与玛丽-克莱尔于 1928 年（资料来源：M.-C. 布卢默尔-马亚尔夫人）

爱德华·布卢默尔

马亚尔也举办过几次正式的午餐会，以示对那些来访的权威们表示敬意。其中的一次是在 1928 年初夏，是为弗里茨·恩佩格（战后，他放弃了"冯"的贵族姓氏）准备的，这位活跃的维也纳工程师曾在第一次世界大战前发表过有关马亚尔开创性设计作品的文章。恩佩格到苏黎世找罗斯和罗恩是为了讨论即将在维也纳举行的国际会议，这将是罗恩在 1922 年苏黎世会议期间筹备的第二次这类活动。恩佩格一直是马亚尔的崇拜者和好朋友，两人都充满着幽默感并对所谓的"权威"持怀疑态度。

午餐会在马亚尔经常出入的苏黎世圣哥达酒店举行，约有 20 人参加。像往常一样，马亚尔和玛丽-克莱尔一起来了，罗斯也有几个年轻的工程师陪同[21]。席间，一位风度翩翩年轻人引起了父女二人的注意，这位来自格拉鲁斯州（Glarus）的年轻人名叫爱德华·布卢默尔（Eduard Blumer, 1901-1980）。布卢默尔 1924 年毕业于苏黎世联邦理工学院，1927 年在服完兵役后便跟随罗斯工作；1928 年底，又在荷兰东印度群岛（印度尼西亚）的荷兰皇家壳牌公司获得了一个更有希望的新职位，布卢默尔计划明年到那里报到[22]。这位青年才俊对玛丽-克莱尔的感觉就如同 27 年前马亚尔对玛丽亚的反应一样强烈。在冲动之下，这对一见钟情的年轻男女索性放弃了当天的午宴活动，在中午的聚餐活动结束后，共度了一个美好的下午。

一番热烈的追求之后，玛丽-克莱尔于 1929 年 1 月 9 日宣布与布卢默尔订婚。他们 2 月份在高高的阿尔卑斯格拉鲁斯（Glarus Alps）雪山上举行了婚礼，随后便共同乘船驶向了印度尼西亚。尽管马亚尔还不太了解布卢默尔，但女儿的开心就是他的高兴。另外，他告诫玛丽-克莱尔："生活的开始是艰辛的，但如果你战胜困难，那么，你就会非常满意这种无依无靠的斗争过程，也会为自己的努力而感到骄傲[23]。"可见，马亚尔将婚姻视为人生的第一次真正独立，这种观点恰恰是来源于马亚尔自己的婚姻经历。

与此同时，马亚尔的两个儿子都在瑞士以外开始了自己的事业。埃德蒙在一家专门从事钢结构焊接的英国公司工作[24]。同年 5 月，他被派回瑞士，针对格里姆瑟尔（Grimsel）水电站项目中一根断裂的钢管问题展开调研工作，延续了父亲曾经的发电厂工程咨询活动[25]。与此同时，另一个儿子勒内则在姑姑的兄弟帮助下，逐渐开始涉足巴黎的酒店行业[26]。虽然两个儿子会经常出现在瑞士，而且马亚尔也试图和他们保持联系，但兄弟俩却更想走自己的路，一条可以吸引父亲的路。这种独立性对埃德蒙尤其重要，他需要把自己和父亲的名望分开。马亚尔对勒内的期望值低于埃德蒙，所以，尽管马亚尔并不总是赞同小儿子的冒进行为，但他们两人之间却几乎没有出现过任何紧张关系。

12 月 9 日，马亚尔收到一封电报，电报上说玛丽-克莱尔生了一个女儿，而且取名也叫玛丽-克莱尔；高兴之余，他马上用德语给这对新父母写了一封信，在信的结尾，他写道"爸爸和爷爷也可以写成（1+ 爸爸的）爸爸[27]。"

其实，马亚尔还特别想知道女儿在印度尼西亚不加掩饰的真实生活状况,正如他了解自己桥梁上的所有裂缝那样[28]。新婚燕尔并不总像美好的散文,生活中的缺陷和瑕疵告诉了马亚尔更多关于女儿 家的情况。1929年美国股市崩盘引发了全球的经济萧条,将会给荷兰皇家壳牌公司带来重大损失,这些传言让爱德华·布卢默尔担心自己的工作。女儿玛丽-克莱尔突然间的沮丧坦白使马亚尔顿生疑虑,之前女儿那些关于她们夫妇在热带国家里的美好生活也许并不是那么真实;马亚尔开始担心这场席卷全球的经济危机,并在信中不断抱怨经济萎缩的危险,当然也会提到许多自己的烦心事儿。然而马亚尔很释怀,一旦把这些困难写了出来,就可以将其放在一边,转而把注意力集中到新的设计项目上。

从塔瓦纳萨到萨尔基那山谷（1927-1930）

莱茵河上的废墟

1927年9月,卡尔·耶格尔准备发表一篇由米尔科·罗斯撰写的长篇插图文章,内容涉及马亚尔战后设计的主要桥梁:瓦尔齐尔巴赫、弗林格利巴赫、施拉巴赫以及沙泰拉尔桥。这是第一篇总结马亚尔新思想的论文,罗斯在文章的最后以"沙泰拉尔上的渡槽为特征,说明了这是一种体现工程师技术经济思想和艺术设计的结构,它与塔瓦纳萨桥的基本结构设计思想有着明显的联系,而这座桥则是早在1904年便由马亚尔公司设计并建造的[29]。"然而,正当罗斯的文章付梓之时,塔瓦纳萨桥却迎来了劫难,被一股任何桥梁都无法抵抗的力量摧毁了。

1927年9月24日星期六晚,前莱茵河(Vorderrhine)沿岸的村庄遭遇了雨水侵袭,次日午前,河水迅速上涨,冲毁了塔瓦纳萨上方500米处的一大片山丘,导致山谷右岸发生山崩,房倒屋塌,7人丧生,马亚尔设计的桥也被摧毁了,大部分的桥梁废墟都被堆积到了河床左岸(图105)[30]。在对这座桥梁的废墟考察过后,米尔科·罗斯教授强调说:"塔瓦纳萨桥是瑞士桥梁艺术的一个小而典型的杰作,如今,它的废墟成了造物主对其技术作品热爱的无声见证[31]。"

马亚尔曾经劝说玛丽,不要将不幸归咎于突发事件,而应该试着控制自己的行为,使它们不会成为你后悔或痛苦的根源。当塔瓦纳萨桥被冲毁后,马亚尔的主要反应是重新评估原设计,而不是哀悼它的毁灭。重新研究的第一步是由米尔科·罗斯提供的,他仔细测试了受损的混凝土,以显示其强度和耐久性。马亚尔从来没有怀疑塔瓦纳萨的设计与施工质量,但他意识到其形式仍然有改进空间,于是,马亚尔开始着手设计一个比原来更好的替代品。

在1927那个年代,没有人比马亚尔更了解钢筋混凝土,新的塔瓦纳萨桥设计方案正是基于其对混凝土的理解。马亚尔以此为契机,实现了桥梁设计的最后一步——彻底摆脱了两千年来传统石桥的约束。为了重建塔瓦纳萨,马亚尔首先研究了类似于瓦尔齐尔巴赫那样的桥面加劲设计,然后又考查了1905年原桥本身的三铰拱方案[32]。他开始注意到,旧塔瓦纳萨桥仍然保留了过去的砌体痕迹:沉重的石材桥台和坚固的拱冠石。马亚尔决心消除这些不合时宜的错误,因此新的设计形式将不再参考旧的结构样式。他把自己新的设计方案交给了建筑商弗洛里安·普拉德,以便与他共同参与这项重建工程的设计施工竞赛,然而,事与愿违,两人落选了。第二年,一座由当地工程师设计的没有什么特色的新桥竣工了。旧桥毁坏和新桥失利的双重损失引发了马亚尔关于桥梁设计思想的根本改变。

爬上萨尔基那山谷

那年夏天,马亚尔意识到,也许刚刚被拒的塔瓦纳萨新桥设计理念另有他用。新的机会位于偏远的格劳宾登地区一处高地上,在那里,一条不起眼的土路连接着小村庄舒德斯(Schuders)和山谷小镇希尔斯

图105　塔瓦纳萨桥废墟（资料来源：M.-C. 布卢默尔－马亚尔夫人）

（Schiers）；虽然土路已经被缓慢地推上了阿尔卑斯山，但前面却面临着一个巨大障碍——萨尔基那（Salgina）河的深谷。显然，那里需要一座新桥[33]。为此，州政府决定举办一场设计及施工方案竞赛，其中的必要条件就是低成本，另外，联邦政府也同意给予补贴。7月10日，竞赛正式开始，提交方案的截止日期为9月15日。于是，马亚尔再次与普拉德联手，1928年8月31日，马亚尔完成了方案草图，他的日内瓦事务所也完成了比赛所要求的三张方案详图[34]。

我们从这些图纸上能够明显看出，此时的马亚尔已经放弃了石材这个遮羞布。伴随着萨尔基那山谷（Salginatobel）桥的设计落成，钢筋混凝土结构的"青春期"逐渐开始。马亚尔也终于实现了一个属于新世界的设计形式。与此同时，在英国，哲学家科林伍德（R. G. Collingwood）则将钢筋混凝土描述成了一种"进步的哲学"：

> 一个特定时代也意味着必须以特定的方式去体现美。例如，既然发明了钢筋混凝土，那么，我们的任务就应当是探索如何使其更美观，而不应将其伪装成石头或木材，因为它有着自己本身决定性的属性。通过理解其材料性质并将其体现在设计中，我们便能够用钢筋混凝土建造出美的事物[35]。

在1928年的设计中，马亚尔表现出了钢筋混凝土桥梁的本质，他的三张详图、剖面图及横截面图，传达出了整个桥梁的结构形式。在开发萨尔基那山谷结构形式的过程中，马亚尔所画的8幅草图也都是外形和截面草图，并没有透视图或观察者视角上的桥梁实景图。马亚尔从自己的角度出发，并没有像建筑师那样从三维角度考虑问题，而是站在了工程师的二维角度[36]。这种思维上的根本区别在于两种艺术形式的区别：结构和建筑。

在塔瓦纳萨、瓦尔齐尔巴赫和沙泰拉尔的设计中，结构的外观造型体现在跨度方向上，这一点就如同基亚索仓库的平面设计。而在后两个案例中，横截面图也具有视觉效果。马亚尔就像大多数结构工程师那样，通过造型来控制内力，而建筑师则通常利用造型去控制空间。即使在基亚索仓库设计中，马亚尔也尽可能保持柱距和所有细节的规则性，而建筑师们则看到了允许自由布置的无梁楼盖设计概念。正如我们稍后将看到的，马亚尔开发了一系列桥面加劲拱桥，这些拱桥在平面上是弯曲的，而在剖面和截面上却无法完整定义，虽然如此，它们却也是直接从平面形式发展而来的。

工程师必须将重力和风载的作用可视化，并确定必须利用脚手架及混凝土湿作业的施工顺序。这些因素都是超越设计约束条件的：前者决定了结构最终形式在使用过程的性能表现，后者决定了结构形式的产生方式。原则上，这两个约束条件都是如此复杂，以至于设计者必须以尽可能简单的方式来表示它们，或者对它们进行建模，以确保最终的结果。基本的简化方法是一次只研究一个平面上的力，这种方法与桥梁荷载的性质非常吻合。重力为垂直作用，风载主要为水平作用。因这两种主要荷载相互独立作用在结构上，所以可以分别考虑。

桥梁的外观与整体结构的重力荷载有关。例如，拱形结构提供了一种将整个结构自重及交通荷载传递到两端桥台上的途径。于是在设计这种力的传递过程时，设计者可以利用结构造型来控制荷载。对于萨尔基那山谷大桥来说，马亚尔将焦点放在了90米的主跨长度上，并仔细研究了拱的矢跨比（最终的设计矢高大约为13米）以及整个跨度中拱深的变化。经济可靠、技术合理的结构形式不止一种，马亚尔将在其中选择一个最引人注目的外观造型。而如果只关注于桥梁外观而非结构剖面，无论这种外观是出自两岸的视角还是其他任何视角，那么，他也许也就不会太介意对矢跨比和拱深变化的研究。

人们只需看看按照透视原理缩小后的竣工桥梁侧视图，就可以从其强度表象中认识到马亚尔所追求的轻盈与精致轮廓的视觉矛盾，这就是为什么几乎所有发表的有关萨尔基那山谷桥的照片都是从附近的山上拍摄的，因为在那里可以清楚地看到其整体轮廓。马亚尔在1928年夏天画的正是这个视角。对于某些批判人士来说，这种限制似乎是艺术创造力的致命约束，但它实际上是对画家或摄影师的一种限制。在一个平面上表现视觉的规律从来不会妨碍艺术形式的创造。正如绘画的本质有别于雕塑一样，工程结构必须与建筑学区分开来[37]。

这些图纸还显示了马亚尔是如何将桥面和拱体融合成一个结构的，这种结构带有从头到尾的笔直护墙，两边还有细长的垂直构件。这种结构形式无法衍生于石材或木材，它自然只能来源于现场浇筑的材料，而非切割的砌块或锯开的圆木。在最终的萨尔基那山谷桥上，瓦尔齐尔巴赫的罗马风格、大菲桥下厚重的柱子以及塔瓦纳萨的石材桥台都已经不复存在了。而引桥部分则出现了两种变化：一种是罗马式石拱桥；另一种是混凝土直梁。显然，马亚尔在传统美学的问题上仍然采取了回避的态度，但实际的桥梁并没有保持这种古老的形式。马亚尔对这些形式的研究虽进展缓慢，但结果却令人惊讶；然而到了1928年，他的实际桥梁则相当激进，完全没有了砖石的传统，并在外观与剖面的规制下极力发挥出了创造潜力。

萨尔基那山谷桥

1928年9月15日,普拉德提交了马亚尔的设计方案,其中包括了两种不同的引桥造型。9月底,马亚尔的方案便得到了格劳宾登地区工程师的大力支持。到了10月19号,他和普拉德已经明显胜出,而州政府想要的是不带引桥拱的低成本设计方案[38]。马亚尔更偏好三铰拱方案,因为当舒德斯一侧峡谷上的岩壁发生微小位移时,三铰拱的拱体可以不产生内力[39]。在某种程度上,马亚尔选择了塔瓦纳萨的形式,因为它与峡谷和周围地形形成了鲜明的对比。

事实上,这位工程师的主要灵感来自他与威廉·里特尔(图106)对平面静力学的研究以及他自己过去的设计,尤其是1905年的塔瓦纳萨桥,以及他在1927年末和1928年初所做的那些项目,当然,那些都是徒劳地试图为了赢得塔瓦纳萨的新桥委托而作出的努力[40]。随着萨尔基那山谷桥建筑方案的确定,马亚尔将注意力转移到了施工图的设计上,他亲自对拱的轮廓和横截面进行了研究,并作了计算的准备工作,随后便把详细计算的工作交给了他最好的桥梁工程师——伯尔尼的恩斯特·施泰特勒[41]。

通过这些计算,我们可以看到马亚尔是如何思考力与形式之间的重要关系的[42]。首先,他画出了剖面图(图107),并将其分为大致相等的长度。接下来,计算出每段长度的自重,并把它们加在一起得到拱的总重量。由于桥的对称性,他只需要计算一半。然后,马亚尔设想半拱试图绕着支座旋转(图107中的点A),但在跨中(图107中的点C)受到水平力H的阻止,他令已知自重的转动效应(力矩)与力H的相同效应相等,但方向相反(A点逆时针方向)。根据上述方程,马亚尔得到了力H的大小,从而找到了桥梁重量引起的拱内力。

从理论上讲,这些力只可能造成压缩而不会发生弯曲变形,但令人惊讶的是,马亚尔竟然允许在恒载作用下产生的一些弯曲变形,原因是他认为很难估计

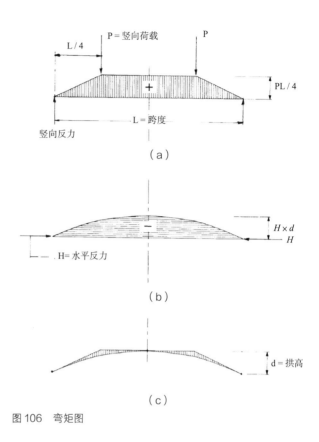

图106 弯矩图

出怎样的拱轮廓才能消除其重量所产生的弯曲变形,而这需要大量的试错,显然,马亚尔对冗长的试错计算并无耐心。因此,他决定采用一种在理论上不完美的形式[43]。除了对简单计算的偏好之外,马亚尔还有一个更有力的理由来解释他这种不准确的恒载方式,即活载不可避免地会引起弯曲,而主要问题则是要防止恒载和活载的组合效应对混凝土所带来的过大应力。马亚尔对桥面和拱体的配筋确保了整个结构的低应力,他将两铰之间的截面高度设计为最大,而此处的活荷载弯矩恰恰也最大。

拱的最大实测应力为790 psi(磅/平方英寸),远低于萨尔基那山谷桥所用混凝土的大约1575 psi的容许应力[44]。如果马亚尔再通过费力的计算更仔细地调整拱的形状,那么,他将会使最大应力降低到600 psi左右,显然,这在上述保守的设计中并没有优势,另

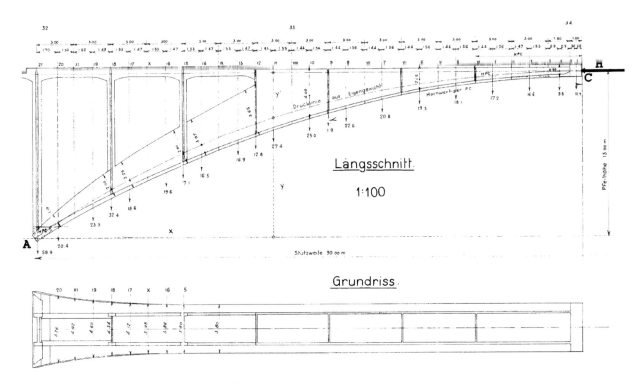

图 107　用于自重计算的萨尔基那山谷桥半跨拱的剖面图（资料来源：马亚尔公司，图号：第 168/11，页码：32-34，1929 年 6 月 1 日）

外，即使调整了形状，我们在外观上也未必会有所察觉，因为马亚尔的设计与理论上的最优解差别很小。

1929 年春天，马亚尔完成了设计，施泰特勒完成了详细计算，5 月 7 日至 6 月 5 日，日内瓦事务所完成了图纸绘制并开始着手施工[45]，6 月底，马亚尔前往施工现场，监督桥拱基础的岩壁施工这一关键工序[46]。然而，此时灾难却正在悄悄临近。

这个项目的脚手架设计师及主建筑商是理查德·科雷（Richard Coray, 1869-1946），当科雷在现场监督这一非常高且轻的临时性木结构脚手架的安装时（图 108），不慎从大约 120 英尺的脚手架上坠落[47]，虽然没有生命危险，却要在医院里躺上几个星期。由于马亚尔的设计，这种脚手架非常轻质，它只需承载空腹箱形底部弯曲薄板的重量，一旦其混凝土硬化，那块板就可以在没有脚手架帮助的情况下支撑上方的墙与桥面板。显然，对于如此轻质的临时性结构，科雷的现场监理是必不可少的。科雷的因伤缺席则意味着仲秋之前无法继续开工，混凝土浇筑必须推迟到冬天以后[48]，这让马亚尔很失望，因为萨尔基那山谷大桥是 1929 年最有价值的一个项目[49]。当然，随着科雷的身体恢复，这座桥于 1930 年顺利完工，到了那年夏天，大桥的竣工仪式就已经准备完全了。

萨尔基那山谷大桥的揭幕

1930 年 8 月 18 日清晨，罗伯特·马亚尔沿着从希尔斯到萨尔基那山谷的单行道土路走去。在那里，他和米尔科·罗斯一起等待着大约 50 人的官方代表团的到来，当所有人就绪后，大家一同走上了这座新桥，白色的桥面熠熠生辉，但仍有木质脚手架的支撑。待官员们就位后，科雷将脚手架支杆下放了 3 毫米，伴随着罗斯的年轻工程师团队读出了"3 毫米"这个数字，

从塔瓦纳萨到萨尔基那山谷（1927-1930）

图108　萨尔基那山谷大桥的脚手架（资料来源：M.-C. 布卢默尔－马亚尔夫人）

萨尔基那山谷大桥自己"站立"起来了,正如马亚尔所说的那样,"它已经不需要再借助于任何帮助,也没有任何人会怀疑[50]!"

午餐后,马亚尔做了一个简短的演讲,他盛赞道:"在桥梁建设方面,格劳宾登州提供了开创性服务[51]"。而事实上也的确如此,马亚尔的所有重要作品几乎都诞生在这里:有史以来第一座空腹箱形截面桥(1901年在楚奥茨),还有第一座空拱肩空腹箱形三铰拱桥(1905年在塔瓦纳萨),第一座大型桥面加劲拱桥(1925年在瓦尔齐尔巴赫),还有第一座水平弯曲的桥面加劲拱(1930年在克洛斯特斯)。然而,马亚尔在格劳宾登州的最重要作品恰恰就是目前这座萨尔基那山谷大桥。罗斯和卡尔·耶格尔也都承认这座桥是一件艺术作品,它的设计师是一位伟大的工程师和艺术家[52]。而另外两位瑞士人——西格弗里德·吉迪恩和马克斯·比尔很快就开始以艺术家的身份描写马亚尔的作品了。正是这座桥的美丽吸引了其他艺术家、建筑师和工程师,使马亚尔的设计超越了其他任何同类作品,成为众多艺术博物馆争相展览的明星(图109)。

萨尔基那山谷桥开通八年后,马亚尔带着包括玛丽-克莱尔在内的一些家人返回到那里(图174),也许那次旅行代表着必要的朝觐,因为大桥以强有力的形象概括了他的职业生涯[53]。萨尔基那山谷桥表达出这样一种亘古不变的理念,即所有的结构都应该是高效、经济和美观的。在一定程度上讲,这种理念是如何形成的是一个谜,而能做到这一点的设计师则是一位魔法师。

萨尔基那山谷桥经常出现在教科书中,不免给人留下这样一种印象:马亚尔的许多作品,其环境背景都是如此之与众不同,以至于对普通桥梁问题毫无意义。然而,对其主要三铰拱桥的简要回顾将很快表明:在40多年的职业生涯中,马亚尔始终致力于三铰拱结构形式的开展工作,其中最多有11座桥具备与众不同的环境,萨尔基那山谷大桥是第5座,而其余的都是那些建在小河低岸上的普通桥梁,只有萨尔基那山谷大桥跨越了如此险峻的悬崖峭壁。

对于这座大桥而言,马亚尔在多大程度上作出了美学选择而非技术选择?我们有两个马亚尔的明确声明,首先,"在萨尔基那山谷大桥的拱冠处,内弧面已经根据设计传统被磨圆了[54]"。这在某种程度上讲是一种自我批判,他在后来开始于费尔塞格(Felsegg)的三铰拱桥设计中便克服了这一点。在第二份声明中,马亚尔还提到了他是如何在支座处加宽了拱截面,以避免侧向不稳定(窄拱侧倾的视觉感)的感觉的。我们看得越清楚,就越能意识到马亚尔是如何在不违反效率和经济原则的情况下,利用这种形式来适应他的愿景的。

萨尔基那山谷大桥和洛林大桥

1930年是值得记住的一年,因为马亚尔的另一座大型桥梁——洛林大桥也开通了。萨尔基那山和洛林大桥竣工典礼的差异也体现出了两者结构间的差异,并且同样意义重大。在桥梁之城伯尔尼,加载测试进行了整整7个月后,洛林大桥终于在5月17日的庆祝游行活动之后开放了,瑞士全国甚至国际上均给予了高度关注,马亚尔也在庆祝活动中发表了公开演讲(图110)[55]。相比之下,萨尔基那山谷桥的开通与加载试验则是同时进行,并且还邀请了地方和州政府官员亲自参与。然而,从那一刻起,萨尔基那就被认为是"一个壮丽的奇观[56]",甚至被看成是瑞士"与穷山峻岭做斗争的象征",大桥成为连接现代世界的纽带,避免了"人口减少的威胁[57]"(在大桥落成之前,所有货物都必须通过一条崎岖的小路骑着马送到舒德斯)[58]。除了其新颖的外形,萨尔基那山谷大桥是伯尔尼联邦政府为县级公路(包括桥梁)提供补贴的第一例[59],因此在社会上,这座桥的竣工有着深远的意义。

一位评论员指出,尽管萨尔基那山谷桥的造价远低于所有其他投标人,但与所服务的人数相比,它仍

从塔瓦纳萨到萨尔基那山谷（1927-1930） **143**

图 109　竣工后的萨尔基那山谷大桥（资料来源：M.-C. 布卢默尔-马亚尔夫人）

图110　马亚尔在洛林大桥开通典礼上的讲话，伯尔尼，1930（资料来源：M.-C. 布卢默尔 – 马亚尔夫人）

然很昂贵。这条公路和桥梁的造价为 70 万法郎，为拥有 80 名居民的村庄舒德斯提供服务，这意味着人均造价约为 8800 法郎，而洛林大桥的造价为 36 万法郎，在伯尔尼的 20 万人中，人均仅 20 法郎[60]。因此，这座桥象征着连接小村庄的巨大困难，同时也证明了最便宜的设计也可能是最美丽的。

洛林大桥的最终形式与施工过程都不重要（图 111 和图 112），甚至今天几乎已经被大家遗忘了；然而，萨尔基那山谷桥却成了 1937 年巴黎世博会瑞士馆的焦点，也是 1991 年第一座被命名为"国际土木工程历史古迹"（International Historic Civil Engineering Landmark）的混凝土桥（图 113）[61]，它标志着马亚尔生命中最后一个也是最具创造力的 10 年的开始。

通过对 1905 年塔瓦纳萨桥的回溯，马亚尔继承了形式，抛弃了石材引桥，并开启了 1930 年的探索创新，这种创新不带有任何结构或艺术参考。他努力提炼自己的过去，摒弃传统形式的审美包袱，并表达出对新鲜事物的向往。但不幸的是，传统的瑞士市政官员们却没有准备好接受马亚尔的这些理念，伯尔尼的洛林大桥更是导致了马亚尔与"权威"的进一步疏远。

虽然伯尔尼的洛林大桥有利可图，但同时也招来了伯尔尼瑞士国家铁路公司的桥梁工程师阿道夫·比勒的敌意，因为这个项目也曾是他梦寐以求的。事实上，这座桥梁的设计之争早在第一次世界大战之前就开始了。1911 年，马亚尔在该桥的设计竞赛中失利，然而却得到当时《瑞士建筑学报》的力挺，从而帮助

图 111 施工中的洛林大桥（资料来源：M.-C. 布卢默尔 - 马亚尔夫人）

图 112 洛林新桥（资料来源：M.-C. 布卢默尔 - 马亚尔夫人）

图113 1991年，萨尔基那山谷桥被指定为"国际土木工程历史古迹"的情境（资料来源：J.韦曼·威廉姆斯）

他最终赢得了大桥比赛的冠军。在某种程度上讲，正是由于这种支持，伯尔尼市才于1923年再次要求马亚尔对洛林桥设计进行重新研究；次年年初，在伯尔尼召开的工程师和建筑师专业会议上，马亚尔提交了自己的方案[62]。随后，比勒也提出了一个不同的设计，于是，评判的工作便交给了瑞士工程师和建筑师学会伯尔尼分会。1925年年底，这座城市最终选择了马亚尔的方案[63]。

马亚尔的洛林大桥设计最终以典型的瑞士方式在1927年中期通过了伯尔尼市的全民公投[64]。这座桥于1929年夏季竣工，罗斯在1929年10月6日星期天主持了加载测试，最后，在圣诞节前便向行人开放了[65]。

马亚尔与比勒的个人恩怨将进一步妨碍他获得铁路公司或伯尔尼州的大型桥梁项目，因此，他被迫在比勒影响不大的大型建筑上做文章，或者在当地工程师负责的严格预算的小型桥梁上下功夫。这样一来，马亚尔不仅个人生活大不如前，职业圈子也在缩小。然而，塞翁失马，焉知非福，伯尔尼的荒原将把马亚尔在小型项目上的创造力推向一个新高度，而这正体现出了格劳宾登人早先艰苦奋斗的精神。

荒野中的大桥（1930-1931）

克洛斯特斯的曲线桥

尽管备受赞誉，洛林大桥对马亚尔来说却是个死胡同，因为正如萨尔基那山谷桥所揭示的那样，伴随着大桥的通车，马亚尔已经放弃了伯尔尼洛林设计所秉持的理念。他从洛林项目中获得了快感，尤其是在1923-1926年间，当他对这个项目的设计和建造进行思考时，这种感觉便尤其强烈。然而，由于韦吉河谷和瓦尔齐尔巴赫的挑战，他的桥梁设计理念一直在改变。接下来，随着塔瓦纳萨新桥的失利以及萨尔基那的荣誉，他的兴趣从对桥梁质感的表现转向了对多余材料的完全消除上，并最终在萨尔基那山谷桥上达到了极致。早在1930年，马亚尔就开始致力于桥梁设计的轻量化，而此时，格劳宾登的一座大桥则更加激发了马亚尔的这个理念。

甚至在1930年春天，标志性的萨尔基那山谷桥建成之前，马亚尔的心思就已经转向了不那么壮观的克洛斯特斯桥。这座30米跨的铁路桥，沿着一条弯曲的路径穿越过兰德夸特河（Landquart River），因此，马亚尔将面临一个新课题，即如何将拱的垂直曲线与水平弯曲的道路桥面结合起来。此外，右岸的引桥还必须能够使其下方的道路穿过。这意味着，尽管瓦尔齐尔巴赫的桥面加劲拱可以用在这里，但在克洛斯特斯，那种沉重的石材引桥却无法应用[66]。

1930年初，马亚尔研究了由两位雷蒂亚铁路工程师参与的官方设计，并与普拉德再次合作提出了一种替代方案。马亚尔提出的拱桥方案，其混凝土用量仅为官方设计要求的39%，他的主要构思就是在不增加其他任何结构构件自重的前提下减少拱的质量，虽然听起来有些不可思议，但他戏剧性地却做到了这一点。

马亚尔在弗林格利巴赫和瓦尔齐尔巴赫桥上已经取得了上述效果，而如今的问题则是一个需要水平弯曲的桥面[67]。官方给出的答案是将拱笔直地穿过河流，然后在桥面上设置水平弯折点，使铁路线在引桥处呈曲线形式（图114）。这是一个笨拙的解决办法，而马亚尔却采用了瓦尔齐尔巴赫桥的设计思路，实际上，这个方法在更早的韦吉河谷的齐根巴赫（Ziggenbach）小拱桥上就已经使用过了。

另外，1928年的萨尔基那山谷大桥设计也成为马亚尔本次解决方案的参照。在萨尔基那山谷大桥方案里，为了更好地抵抗侧向风荷载，他加宽了靠近支座处的拱截面宽度。按照马亚尔的解释，无论是从技术还是视觉上考虑，萨尔基那桥的这种加宽拱都是可取的，他解释道："尽管不加宽也可以毫无危险地承受住横向荷载，然而，考虑到侧向力以及桥面的狭窄程度，我们还是加大了支座附近的拱板宽度[68]。"通过简单的数值计算就可以证明，即使更为细长且恒定不变（constant）的拱宽也是合理的，但这样的外观还是显得过于大胆了。在马亚尔看来，考虑到桥下沟壑的深度，以及加大拱截面宽度所带来的结构精致性，萨尔基那方案并没有失去原本应有的轻盈感。显然，在这里马亚尔愿意为了突出视觉效果而添加上一些不必要的结构材料，但这并不会损失任何成本方面的竞争力，马亚尔的整体结构仍然是19个竞标方案中最便宜的。此外，加宽的截面还有助于降低应力，至少在理论上减少了钢筋用量。

1930年初，马亚尔以萨尔基那的设计经验为指导，将克洛斯特斯的大桥的水平曲线视为实现薄壁拱桥设计新理念的一种手段，用他的话说，在薄壁拱设计中，"桥面梁上尖锐且丑陋的弯点"是可以避免的。最重要的是，支座处的拱可以充分加宽，这样，当我们从上方观察时，便能够看出：在水平方向上，加宽后的拱将会使弯曲的桥面沿着拱曲线（凹的一侧）的内侧延伸，但加宽的效果实际上主要出现在了外侧（凸的一侧）。因此，拱的截面宽度在拱顶或中跨处最小，支座处最大（图115）。然而，拱和桥面的内侧曲线在视觉效果是光滑的，在外侧，梯形横墙却显得很突兀。正如马亚尔所言，这些连接桥面和拱的薄壁墙在视觉上表现出了"结构上的清晰度"，同时还可以使拱在横向上受力均匀（与此相对的是，更常见的拱桥都是采用若干多数量的柱子来支撑桥面）[69]。

马亚尔在1930年2月对这次设计首先想到的是一个"最经济和最漂亮的解决方案[70]"。出于视觉和

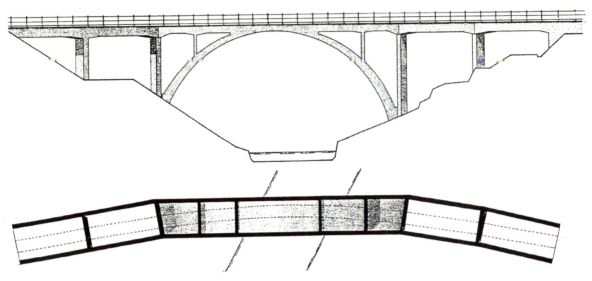

图114　克洛斯特斯的兰德夸特跨河桥，官方设计方案，1930（绘图：马克·雷德）

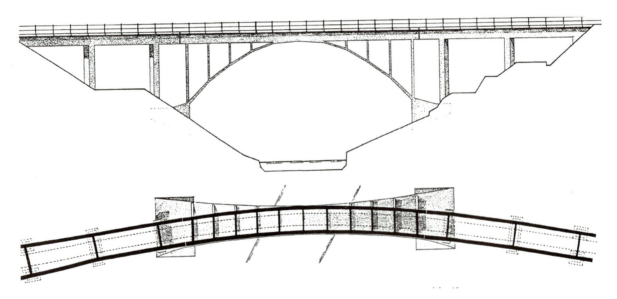

图115　克洛斯特斯的兰德夸特跨河桥，马亚尔的设计方案，1930（绘图：马克·雷德）

承载力方面的原因，他设计了桥面梁并通过提高断面尺寸而使其能够承受全部弯矩，这在美学上是可取的，因为引桥也必须有深梁。这一必要性导致马亚尔使加劲梁和引桥跨梁具有相同的截面高度，以便让"整个结构作为一个整体共同工作[71]"，而不是那种稀松平常的官方解决方案（图116）。在所有

关于这座小桥的文章中，马亚尔从来没有把技术论据和美学论据分开，他为这两个问题寻找到了相同的解决办法。在第一份克洛斯特斯大桥的报告末尾，马亚尔提到了一个拱基础的技术问题：虽然问题的答案是令人满意的，但后来，岸边山坡的意外位移还是给结构带来了一些麻烦[72]。1930年克洛斯特斯大

图116　竣工后的兰德夸特跨河桥，马亚尔寄给罗莎的明信片，1931（资料来源：M.-C. 布卢默尔 - 马亚尔夫人）

桥给人的启发是，桥梁能够整合成一个连贯的形状，而马亚尔对这座大桥水平曲线的研究则进一步改变了他的设计理念。

失利的比赛和盈利的设计

11月份，巴塞尔的一次桥梁设计竞赛颁发了5等奖金，从1万到1.5万法郎，但却没马亚尔的份儿。"我们失败了"，在给女儿布卢默尔夫妇的信中，他写道，"我提出了一项并不烦琐的创新，然而评审团里的建筑师们却认为这个造型是无法实现的……在这些比赛中，最重要的竟是揣摩评审团的意见，而不是自己的意见！[73]"。显而易见，如果马亚尔要想获得瑞士建筑界的物质地位和赞誉，他就应当雇佣一名建筑师，并做出符合主流模式设计，然而，这回马亚尔不准备再为此劳神了[74]。

1930年结束时，马亚尔发现，世界经济危机的头一年并没有多么痛苦。在股市崩盘后的几个月里，马亚尔的公司还在正常运转着，他本人也经常受邀发表公开演讲，撰写文章并服务于几个重要的瑞士专业委员会[75]。1929年，他获得了令人满意的收入，第二年，他的苏黎世与日内瓦事务所依然业务繁忙。然而不幸的是，在洛林大桥建成后，即便伯尔尼事务所的总工程师施泰特勒已经百般努力，但那些小型桥梁项目却还是不足以维系公司的长期盈利。大萧条还没有完全降临到瑞士头上，无论如何，马亚尔的名声现在已经非常响亮，足以度过瑞士建设行业的冬季"休眠期"。他怀着一贯的、特有的乐观情绪结束了这一年，"我们不想抱怨，因为这一年我们过得挺好的[76]。"

1931年5月，马亚尔终于和近30年的合伙人阿道夫·察恩分道扬镳了[77]。他很高兴能够摆脱察恩，察恩缺少幽默感，带有很强的军国主义性格，这让马亚尔感到很不舒服。如今，察恩的离职令马亚尔倍感轻松，他现在完全依靠自己，对合伙人再也没有了经济义务。察恩离开日内瓦之后，事务所里除了马亚尔外，还有三名工程师[梅斯赛尔、亨伯（Humber）和胡贝尔]、一名秘书、一名会计和一名绘图员。最令马亚尔头痛的是如何才能确保这些工程师们有事可做，显然必须依赖有利可图的合同，而不是他那些自娱自乐式的咨询报告，虽然这些报告有助于提升他的品位，但却不值得花费如此多的时间。尽管如此，对马亚尔来说，1929年的确是个好年头，因为这一年里有几个大项目进账——洛林大桥、日内瓦的瑞士信贷银行大楼以及苏黎世的邮政大楼（后两个项目是受建筑师的委托）[78]。这些大型项目都需要大量的结构计算和图纸说明（在瑞士信贷银行大楼项目中，钢筋混凝土结构及无梁楼盖的蘑菇柱设计共计90余张大图）。马亚尔可以在这类建筑项目中获得丰厚利润，因为事务所的工程师们已经从他身上学会了如何快速地进行简单计算，另外，他还培训了绘图员以惊人的速度绘制详图。正如施泰特勒回忆的那样，马亚尔"从建筑师那里拿项目是因为有利可图，带蘑菇柱帽的无梁楼盖可以在半天或一天之内计算出来，然后交给绘图员德特维勒（Daetweyler），他是根据我的草图绘制所有这些详图的专家[79]。"

阿曼与马亚尔

当马亚尔在一系列跨度没有超过100英尺的小桥上折腾时，他的同胞奥特马·阿曼回到了瑞士，就他近期为纽约市设计的方案进行报告：跨度为3500英尺的乔治·华盛顿悬索桥和跨度为1652英尺的贝永拱桥。这两座钢结构已经到了施工的尾声，并将成为当时世界上最长跨度的同类工程项目。在纽约大桥的巨大规模上，阿曼已经做出了创新，尽管他的美学内涵仍然带有砖石建筑理念的痕迹，就像1927年之前的马亚尔一样。阿曼此次回国恰逢苏黎世联邦理工学院成立75周年，学院也将借此机会在1930年11月6日至8日举行一系列研讨会。但令人遗憾的是，马亚尔并未赴会，他给出的解释为"这件事的成本太高"；然而出于对朋友罗斯的忠诚，马亚尔还是参加了9月10日由罗斯主持的瑞士国家联邦实验室（EMPA）的50周年庆典活动。

在罗斯的敦促下，马亚尔不情愿地为罗斯的庆典活动写了一篇短文。在文章中，与庆典有关的内容寥寥可数，却迫不及待地表达了自认为最重要的想法——设计背后的创意[80]。"混凝土结构的体积与质量"——马亚尔的这个话题今天读起来仍然令人信服，但在当时却并没有立刻引起共鸣，且直到第二年才进入工程师们的视野。马亚尔的长篇大论包含了如下基本主题：通过体积与质量的直接对比，总结了结构工程艺术对古典建筑传统以及对滥用复杂数学计算的挑战，而当时这类计算却在学术工程界大行其道。

马亚尔的技术论据一如既往地加强了他的美学论据。"毫无疑问，轻盈、纤细的结构总有一天会得到大众的青睐，因为他与那些大体量的家伙同样优美，甚至更加优美，而在此，只有更高的效率才值得一提。"马亚尔坚持认为，由于会产生较大的地基沉降量和较大的温度应力，因此大体积的钢筋混凝土结构可能不太安全，而其中的温度变化要么来自外部，要么来自水泥和水相结合时的化学反应。

苏黎世联邦理工学院研讨会之后，在位于城市高地处豪华的多尔德大酒店（Grand Hotel Dolder）举行了盛大午餐会。威廉·里特尔的两个最杰出学生——马亚尔和阿曼坐在一起，俯瞰湖面，促膝长谈。阿曼刚刚获得了荣誉学位，并处于专业的最高水平（图117），在罗斯主持的联邦实验室庆典活动上，虽然法国人梅纳热（Mesnager）恭维了瑞士的小桥，却对马亚尔的名字只字未提，而整个瑞士桥梁界也都在盛赞阿曼的创纪录设计，也不知此刻的马亚尔心里

图116 竣工后的兰德夸特跨河桥,马亚尔寄给罗莎的明信片,1931(资料来源:M.-C. 布卢默尔 – 马亚尔夫人)

桥给人的启发是,桥梁能够整合成一个连贯的形状,而马亚尔对这座大桥水平曲线的研究则进一步改变了他的设计理念。

失利的比赛和盈利的设计

11月份,巴塞尔的一次桥梁设计竞赛颁发了5等奖金,从1万到1.5万法郎,但却没马亚尔的份儿。"我们失败了",在给女儿布卢默尔夫妇的信中,他写道,"我提出了一项并不烦琐的创新,然而评审团里的建筑师们却认为这个造型是无法实现的……在这些比赛中,最重要的竟是揣摩评审团的意见,而不是自己的意见![73]"。显而易见,如果马亚尔要想获得瑞士建筑界的物质地位和赞誉,他就应当雇佣一名建筑师,并做出符合主流模式设计,然而,这回马亚尔不准备再为此劳神了[74]。

1930年结束时,马亚尔发现,世界经济危机的头一年并没有多么痛苦。在股市崩盘后的几个月里,马亚尔的公司还在正常运转着,他本人也经常受邀发表公开演讲,撰写文章并服务于几个重要的瑞士专业委员会[75]。1929年,他获得了令人满意的收入,第二年,他的苏黎世与日内瓦事务所依然业务繁忙。然而不幸的是,在洛林大桥建成后,即便伯尔尼事务所的总工程师施泰特勒已经百般努力,但那些小型桥梁项目却还是不足以维系公司的长期盈利。大萧条还没有完全降临到瑞士头上,无论如何,马亚尔的名声现在已经非常响亮,足以度过瑞士建设行业的冬季"休眠期"。他怀着一贯的、特有的乐观情绪结束了这一年,"我们不想抱怨,因为这一年我们过得挺好的[76]。"

1931年5月,马亚尔终于和近30年的合伙人阿道夫·察恩分道扬镳了[77]。他很高兴能够摆脱察恩，察恩缺少幽默感，带有很强的军国主义性格，这让马亚尔感到很不舒服。如今，察恩的离职令马亚尔倍感轻松，他现在完全依靠自己，对合伙人再也没有了经济义务。察恩离开日内瓦之后，事务所里除了马亚尔外，还有三名工程师 [梅斯赛尔、亨伯（Humber）和胡贝尔]、一名秘书、一名会计和一名绘图员。最令马亚尔头痛的是如何才能确保这些工程师们有事可做，显然必须依赖有利可图的合同，而不是他那些自娱自乐式的咨询报告，虽然这些报告有助于提升他的品位，但却不值得花费如此多的时间。尽管如此，对马亚尔来说，1929年的确是个好年头，因为这一年里有几个大项目进账——洛林大桥、日内瓦的瑞士信贷银行大楼以及苏黎世的邮政大楼（后两个项目是受建筑师的委托）[78]。这些大型项目都需要大量的结构计算和图纸说明（在瑞士信贷银行大楼项目中，钢筋混凝土结构及无梁楼盖的蘑菇柱设计共计90余张大图）。马亚尔可以在这类建筑项目中获得丰厚利润，因为事务所的工程师们已经从他身上学会了如何快速地进行简单计算，另外，他还培训了绘图员以惊人的速度绘制详图。正如施泰特勒回忆的那样，马亚尔"从建筑师那里拿项目是因为有利可图，带蘑菇柱帽的无梁楼盖可以在半天或一天之内计算出来，然后交给绘图员德特维勒（Daetweyler），他是根据我的草图绘制所有这些详图的专家[79]。"

阿曼与马亚尔

当马亚尔在一系列跨度没有超过100英尺的小桥上折腾时，他的同胞奥特马·阿曼回到了瑞士，就他近期为纽约市设计的方案进行报告：跨度为3500英尺的乔治·华盛顿悬索桥和跨度为1652英尺的贝永拱桥。这两座钢结构已经到了施工的尾声，并将成为当时世界上最长跨度的同类工程项目。在纽约大桥的巨大规模上，阿曼已经做出了创新，尽管他的美学内涵仍然带有砖石建筑理念的痕迹，就像1927年之前的马亚尔一样。阿曼此次回国恰逢苏黎世联邦理工学院成立75周年，学院也将借此机会在1930年11月6日至8日举行一系列研讨会。但令人遗憾的是，马亚尔并未赴会，他给出的解释为"这件事的成本太高"；然而出于对朋友罗斯的忠诚，马亚尔还是参加了9月10日由罗斯主持的瑞士国家联邦实验室（EMPA）的50周年庆典活动。

在罗斯的敦促下，马亚尔不情愿地为罗斯的庆典活动写了一篇短文。在文章中，与庆典有关的内容寥寥可数，却迫不及待地表达了自认为最重要的想法——设计背后的创意[80]。"混凝土结构的体积与质量"——马亚尔的这个话题今天读起来仍然令人信服，但在当时却并没有立刻引起共鸣，且直到第二年才进入工程师们的视野。马亚尔的长篇大论包含了如下基本主题：通过体积与质量的直接对比，总结了结构工程艺术对古典建筑传统以及对滥用复杂数学计算的挑战，而当时这类计算却在学术工程界大行其道。

马亚尔的技术论据一如既往地加强了他的美学论据。"毫无疑问，轻盈、纤细的结构总有一天会得到大众的青睐，因为他与那些大体量的家伙同样优美，甚至更加优美，而在此，只有更高的效率才值得一提。"马亚尔坚持认为，由于会产生较大的地基沉降量和较大的温度应力，因此大体积的钢筋混凝土结构可能不太安全，而其中的温度变化要么来自外部，要么来自水泥和水相结合时的化学反应。

苏黎世联邦理工学院研讨会之后，在位于城市高地处豪华的多尔德大酒店（Grand Hotel Dolder）举行了盛大午餐会。威廉·里特尔的两个最杰出学生——马亚尔和阿曼坐在一起，俯瞰湖面，促膝长谈。阿曼刚刚获得了荣誉学位，并处于专业的最高水平（图117），在罗斯主持的联邦实验室庆典活动上，虽然法国人梅纳热（Mesnager）恭维了瑞士的小桥，却对马亚尔的名字只字未提，而整个瑞士桥梁界也都在盛赞阿曼的创纪录设计，也不知此刻的马亚尔心里

马亚尔在苏黎世的扩张

虽然马亚尔追求的结构问题对其他人来说或许都是微不足道的,然而他的一些设计作品却开始在工程界之外引起轰动。此时有两位局外人走进了马亚尔的生活,并将他捧成了艺术家。第一位是个年轻的建筑师,刚从苏黎世联邦理工学院毕业,名叫汉斯·克鲁克;第二位则是现代运动的领军人物——西格弗里德·吉迪恩。在学校里,克鲁克听说过马亚尔的无梁楼盖创意,毕业后,他去了法兰克福,为荷兰著名现代建筑师马特·斯坦(Mart Stam)工作。早在德国时,克鲁克就写过一篇有关马亚尔的文章,其中指出"建筑的支撑结构必须是建筑整体的一个组成部分,而不仅仅是一个悬挂建筑的框架,"而这种评论则与马亚尔的理念不谋而合。

1929年底,克鲁克在日内瓦拜会了马亚尔,正如几年后他回忆的那样,"第一次见面的情景仍然依稀可见,这是我第一次发现一个男人可以用眼睛微笑。"在评论一些德国人的高效率之后,克鲁克觉得自己的话扯得有点儿远了,但马亚尔只是轻轻一笑,并请他坐下[82],虽然很忙,但和往常一样,马亚尔态度平和,他想看看这个年轻人对自己最新的桥梁设计有什么反应,于是,便将萨尔基那山谷的设计规划摊在克鲁克面前,面带微笑地看着他,克鲁克默默无语地端详着图纸,却不敢吱声,只是推诿说难以从工程图纸的二维空间中看出什么门道。马亚尔用观察打破了克鲁克的沉默,他说:"如果你现在不能形成一个观点,那么,到了我的苏黎世事务所就肯定能做到。"克鲁克对马亚尔如此轻易地就雇用了他而感到惊讶[83],马亚尔也为克鲁克的工作热情而感到高兴,并且已经对年轻人有了自己的想法,他坚信这位年轻的建筑师在苏黎世事务所会大有所为,而当时的事务所也正在紧锣密鼓地准备着一个大型建筑设计合同。事实上,马亚尔之所以雇佣汉斯·克鲁克,还有一个重要原因是这位年轻人的父亲古斯塔夫·克鲁克是苏黎世一位有影响力

图117 1930年前后的奥特马·阿曼(1879-1965)[资料来源:《五位瑞士桥梁建设者》(fünf Schweizer Brückenbauer),第31页]

在想些什么?

在给玛丽-克莱尔的一封信中,马亚尔描述了与阿曼会面的场景,并表达了自己的感受,"无论如何,我都不会嫉妒一位内外兼修的人,因为他比我走得更远。我可以说,非常满足现状,只希望尽可能地继续现在的生活[81]。"或许马亚尔也欢迎大型桥梁的设计项目,然而他却选择了"释怀"并且也做到了。事实上,正是这种内心的平静才让马亚尔有了清晰的视野,当机会出现时,他可以从平凡的项目中创造出不平凡的事物。马亚尔的物质回报微乎其微:在克洛斯特斯大桥设计上,他得到了1万法郎(大约折合1930年的2000美元),这是他那一年最大的桥梁设计项目。

图118 1931年，恩斯特利根河（Engstligen）上的施皮塔尔桥：正立面（资料来源：FBM工作室）

的政治人物，并且曾在他韦吉塔尔的项目中发挥了重要作用[84]。

1931年，马亚尔获得了许多小型桥梁的设计合同以及大量的咨询请求，而且这些项目大多是"不请自来"的[85]。尽管丰厚的收入使他能够考虑去苏门答腊看望女儿布卢默尔一家，但他的经济需求似乎太大了[86]，甚至直到1931年仲夏，他仍然没有感受到世界经济危机的影响[87]。然而大萧条却增加了布卢默尔夫妇对爱德华雇主的担忧[88]，在德国，激进的政治氛围日趋沉重，但在给女儿的信中，马亚尔却毫无察觉地把阿道夫·希特勒形容成"愚人节的笑话"。元旦那天，马亚尔独自坐在事务所的公寓里，回忆着过去的1930年。尽管1931年的前景黯淡，但他决定不追随瑞士银行悲观的论调，而是继续给员工加薪，甚至还发了圣诞节奖金[89]。虽然马亚尔也看出了经济危机正在逼近瑞士，但却没有做好准备，也许是他相信新的项目随时都会到来，也许是他一厢情愿地不想考虑将来的困难。通常情况下，马亚尔的头脑里只装着设计和结构问题，却对周围的经济和政治问题漠不关心，就像先前俄罗斯的经历那样。

1931年夏天，马亚尔需要再雇一名工程师，但却始终没有出现合适的人选。到了8月份，克鲁克恰巧碰到了正在找工作的老校友马塞尔·福尔内罗德，克鲁克便自告奋勇地配合马亚尔在苏黎世的事务所进行了一次面试。10月3日星期六，他把福尔内罗德介绍给马亚尔，而马亚尔当时正在办公室处理一些日常工作，于是，克鲁克离开了办公室，只留下了他的老校友与马亚尔两人，随即，一场面试便顺理成章地开始了。福尔内罗德回忆道："面试进行了大约两个小时[90]，不像之前克鲁克的面试那样，马亚尔始终都很安静，大部分时间带着微笑，显然，老板知道这是在面试，营造轻松的氛围是非常必要的。"

福尔内罗德在美国工作了两年，马亚尔对他工作经验进行刨根问底，尤其是涉及了多层混凝土框架结构和混凝土拱坝的许多问题。马亚尔要求福尔内罗德详细介绍了美国的拱坝简化分析方法，一是想通过介绍测试出这位年轻工程师的业务能力；二是因为他也一直在寻找解决这类复杂问题的简单方法。马亚尔对拱坝的浓厚兴趣令福尔内罗德感到惊讶，当然，他还没有意识到，美国的拱坝处理方式竟然与马亚尔20年前在圣加仑气罐上的开创性理念相同[91]，更不知道马亚尔在20年代有关拱坝设计的专利和文章。马亚尔对福尔内罗德的见解感到满意，并答应可以支付每月600法郎的工资，于是，福尔内罗德欣然接受了这份工作。

在福尔内罗德前来报到的10月5日那个星期[92]，马亚尔的事务所不仅扩充了人员数量，而且还搬入了位于苏黎世布莱克韦格（Bleicherweg）的新址，这里可以远眺苏黎世湖和南部的玉特利山脉（Uetliberg Mountains）。如今的公司得力干将主要包括总工程师兼总经理阿洛伊斯·凯勒、建筑设计师汉斯·克鲁克、工程师福尔内罗德和另外几位绘图员。事务所的大部分项目都是钢筋混凝土建筑，并且建筑师已完成了相关设计，所以马亚尔只需对结构构件进行简单计算，然后再画出施工详图，竣工后的建筑几乎看不到任何结构的痕迹。

凯勒对钢筋混凝土的细节了如指掌，他可以组织计算并指导福尔内罗德，而且这个人一点儿也不贪功，从来不会将大家的成果归为己有。不必马亚尔亲自到场，凯勒就能搞定一切常规项目，而且无须过多的指导，他也可以在那些非常规项目中贯彻马亚尔的设计理念。这样一来，苏黎世事务所在1931年获得了财务上丰收，并且几乎没有让马亚尔操心。实际上，在当年年底让他最放心不下的是日内瓦事务所，因为那里员工多而项目少。在这三家事务所里，马亚尔对位于家乡的伯尔尼事务所感情最深，尽管这里仍然只有施泰特勒和一位绘图员，但小型桥梁的项目却越来越多，虽然其利润微薄，却最能挑战马亚尔的智慧水平。

伯尔尼的小桥

伯尔尼州与和格劳宾登州在面积上相差无几，但有着更高的山脉。完成了1930年格劳宾登州挑战性的萨尔基那山谷桥和克洛斯特斯桥之后，时间来到了1931年，马亚尔不得不从长计议了。"无论设计或者咨询，现在就只剩下不起眼儿的小项目了，200座这样的桥才能顶得上一座洛林大桥，"马亚尔在9月1日写道[93]。然而，伯尔尼州也许再也没有洛林大桥了，州政府也认识到，在瑞士，对于经济主导的小型地方项目而言，马亚尔的设计能力是无与伦比的。

从商业角度来看，马亚尔本应努力讨好州建筑师伯辛格（Bösiger）以及像比勒和罗恩这样的大人物，当然还包括手上握有大型城市工程项目的建筑师。但马亚尔却反其道而行之，宁可去琢磨一些小型桥梁项目，比如施皮塔尔桥（Spital）和布尔巴赫桥（Bohlbach），这或许是因为马亚尔更愿意留在亲朋好友这个人际交往的小圈子里的缘故。

阿德尔博登（Adelboden）附近的一座新桥给马亚尔提供了研究桥面加劲拱新问题的机会。这座跨度120英尺的桥与溪流斜交，也就是说，路面不与水流垂直。为此，马亚尔设计了两道相互独立的薄壁拱，拱与拱之间并不平行，而是斜交的[94]。尽管这座桥的侧视图并不显得特别稀奇（图118），但如果从桥底仰视，马亚尔的设计还是会给人带来一种奇特的视觉印象（图119）。

因特拉肯（Interlaken）河上的布尔巴赫桥是一次尝试，也为马亚尔后来的大项目提供了一个初步的小规模实验。这座桥的桥面穿过一个小山涧并自行折回，有点儿类似于瓦尔齐尔巴赫桥在引桥端部的弯折。然而，正如1930年的克洛斯特斯桥设计方案那样，马亚尔决定让布尔巴赫大桥以平滑的曲线方式越过河流，从而避免之前那种引桥端部的弯

图119　1931年，恩斯特利根河上的施皮塔尔桥：从桥下仰视（资料来源：FBM工作室）

折感（图120）。通过将水平方向上弯曲的加劲桥面与垂直的弯曲薄壁拱结合在一起，马亚尔创造出了一种新的结构表达方式[95]，布尔巴赫桥面的水平弯曲程度要比之前的克洛斯特斯大得多，具备显著的曲线形式，也成了两年后施万巴赫大桥的设计参考。马亚尔通过这些小项目来积累经验，同时又通过苏黎世的大型常规项目来增加收入，尽量避免经济危机带来的影响。

图120　1932年的布尔巴赫桥（资料来源：恩斯特·施泰特勒）

声誉与不幸

建筑师与历史学家

1930年3月1日，克鲁克刚刚进入事务所开始工作，就在办公室里开辟了一间暗室，用来满足他的摄影激情。那年夏初，虽然曾多次拒绝，马亚尔最终还是同意了克鲁克的拍照请求，影棚就设在苏黎世事务所的阳台上，虽然马亚尔老板甚至还没来得及收拾一下子，就被架到了克鲁克的相机前面[96]，但留下的这张照片却最终成为马亚尔的经典肖像之一（图121）。除了经常使用之外，这张标准照还被马克斯·比尔用作了封面，出现在其所著的《罗伯特·马亚尔》一书中。马亚尔的家人并不太喜欢这张照片，他们认为应该对照片进行润色以消除皱纹[97]，但马亚尔本人却很满意这张看起来"又老又多毛"的脸[98]。

克鲁克的照片捕捉到了深藏在马亚尔眼睛里的世界，这是在第一次接受采访时便流露出来的：对周围环境的平和与愉悦。这并非一个多愁善感或随和之人的样子。相反，在某些人看来，克鲁克镜头里的马亚尔是如此有魅力，而在其他人眼里，却又可能令人生畏。很快，克鲁克就发现马亚尔可能有时会显得唐突无礼、有棱有角，但大部分时间都是很安静的、专心致志的、善于观察的或马亚尔声称的"纯粹的观察"。如果仔细端详克鲁克拍摄的照片，我们便有一种独特的感觉，

图121 汉斯克鲁克镜头下的罗伯特·马亚尔（资料来源：M.-C. 布卢默尔-马亚尔夫人）

仿佛马亚尔正在观察着我们。

星期五的一天，克鲁克到苏黎世事务所找马亚尔，恰好撞见一张陌生的面孔。这个瑞士小伙名叫西格弗里德·吉迪恩，曾在苏黎世联邦理工学院学习机械工程，来马亚尔这里是为了谈工作。吉迪恩曾写过一篇关于弗雷西内建筑的文章，现正把笔又对准了马亚尔[99]，然而当这篇报道刊登在1930年初夏的《艺术手册》(Cahiers d'Art)上时[100]，马亚尔并没有太认真地对待它，甚至称其"一无所有，因为文章的作者并不是一位人物，这本书的其余部分也许更有趣。"马亚尔仅仅向女儿炫耀了一下——"也许阅读本文会增强你的自尊心"，显然，对他来说，这篇文章就根本不值得评论[101]。

虽然别人的溢美之词在当时没有引起被赞美人太多的兴趣，但它却让马亚尔以文化急先锋的姿态呈现在读者面前。在巴黎出版的《艺术手册》是一本插图丰富的月刊，包含了艺术、建筑、音乐、电影和舞台剧的最新理念和图像。就像现代主义本身一样，《艺术手册》也在努力寻找著名的、能够引起争议的或者最新的形象。它的编辑克里斯蒂安·泽尔沃斯(Christian Zervos)已经为1926年的第一期写了一篇文章，"那些关注生活品质的精英们在问，作为艺术家创作内容的诗歌是否已经隐藏到工程师的项目里去了[102]？"马亚尔1930年夏天的"诗歌"正在等待被人发现，而这个发现者正是吉迪恩。然而，对于马亚尔来说，八月份的萨尔基那山谷大桥加载测试和伯尔尼州那些有关小桥的新闻比这些前卫的散文更令他感兴趣。马亚尔对现代运动不感兴趣，尽管现代运动对他产生了新的兴趣。

英国人眼中的马亚尔

除了吉迪恩，一些建筑作家也开始认识到马亚尔的开创性思想。其中之一便是英国散文家及建筑评论家P. 莫顿·尚德(P. Morton Shand)。他在洛林大桥竣工后不久参观了马亚尔的事务所，并在1931年用英语写了第一篇关于马亚尔作品的文章，文中将马亚尔列为"钢筋混凝土工程师中的国际知名人士"，并将洛林大桥的拱形容成"美不胜收"。尚德还在文章里配了如下插图：克洛斯特斯桥、萨尔基那山谷桥、塔瓦纳萨大桥、沙泰拉尔渡槽以及1924年的尚西-普尼水塔(Chancy-Pougny，图122)[103]。1932年，马亚尔获得了《英国建筑师杂志》(British Architects' Journal)的提名奖，另外，尚德还在《混凝土方法》(The Concrete Way)上发表了马亚尔的基亚索仓库设计，同时也谴责了英国混凝土结构的落后状态，他写道"瑞士、德国和斯堪的纳维亚人正在从现代生活中获得越来越多的、实实在在的高品质。他们是如何做到的？"他自问自答道："最重要的是，利用我们这个时代已经完善了的建筑材料去进行合理的以及经济的建造"，这种材料就是钢筋混凝土[104]。在20世纪30年代，尚德与马亚尔建立了友谊，而他也使这位工程师在英国获得了相当大的声誉。

1938年，尚德再次发表了一篇关于马亚尔的重要文章，当中他声称马亚尔"肯定会比任何一个还未出生的人更彻底地改变了混凝土桥梁的结构设计……他提出的设计变革具有深远影响，直接带来了一种全新的桥梁建筑形式美学。[105]"令人惊讶但同时也可以理解的是，像尚德这样的桥梁结构业余爱好者已经看到工程界花了半个世纪才掌握的东西。尚德在马亚尔身上所看到的与约翰·拉斯金（John Ruskin）在约瑟夫·特纳（Joseph Turner）身上或麦克斯威尔·珀金斯（Maxwell Perkins）在欧内斯特·海明威身上所看到的并无不同，他们既发现了一些全新的东西，也发现了首次揭示某些基本真理的人。

除了桥梁之外，尚德还将专注于马亚尔的两种创新结构体系——无梁楼盖和索桁架屋面。在描述1912年阿尔特多夫（Altdorf）联邦谷仓的多层建筑时，尚德问道："显然，随着建筑高度的抬升，柱子的尺寸也在理论上慢慢减小，这些尺寸的比例具有纯粹的古典风格，而那些扇形的柱头支托也正以自己的方式体现出优雅，这一切难道不正是古典柱式之美吗？"尚德将四张照片叠放在一起，于是呈现在我们眼前的是："八角形的柱子一层叠放在另一层之上，柱子的尺寸逐渐变小，断面大的犹如地下室中的普通窖柱，断面小的则像阁楼中哥特式天窗的拱棱。"这一组照片展示了那些我们无法观察到的事物，因为在封闭的谷仓里，一个视图只能反映一层结构。尚德正确识别出了这些带有光滑喇叭顶的新柱式，柱头的周长代表着上部结构的组合重量，但他仍然无法摆脱用传统建筑语汇来描述马亚尔已经开始的结构新形式。

尽管尚德的描写有瑕疵[106]，但马亚尔还是为这样

图122　1924年，马亚尔完成的尚西—普尼水塔（资料来源：M.-C. 布卢默尔-马亚尔夫人）

的赞扬而欢喜。在尚德的报道中有这么一句——"或许马亚尔对结构工程的最大贡献就在于，他敢于冒着超出目前计算限值的实际加载测试风险[107]……"显然，这种夸张的叙述往往会给人产生普遍的误解。虽然马亚尔敢于设计一种并不存在标准计算方法的新形式，但在马亚尔看来，这种形式一定不会涉及工程风险。他喜欢挑战人们对安全和正常的固有观念，"现在我们应该给大家来点新东西，"他总爱笑着如是说。但马亚尔从来不会让他的结构冒着物理性能的风险，也从来不会在安全问题上妥协。

马亚尔的国际化声誉还在继续扩大着。1934年1月11日，纽约的《工程新闻记录》（Engineering News Record）刊登了一篇关于马亚尔桥面加劲拱的插图文章[108]。同年3月，《艺术手册》的编辑在巴

黎总部组织了一场现代建筑展,对此,《新苏黎世报》(Neue Zürcher Zeitung)写道:"马亚尔的瑞士桥梁照片完全占据了头版头条",这是个极高的评价,因为展览的一大特色就是瑞士设计师,比如勒·柯布西耶,当然还包括英国人保罗·尼尔森(Paul Nelson)的大型建筑模型,其原型为法国里尔(Lille)的城市医院,这是一个宏伟但有争议的项目,由马亚尔负责结构设计[109]。大约两年前,马亚尔在巴黎遇到了这位美国建筑师,当时,尼尔森正在巴黎工作。1933年4月,尼尔森在苏黎世演讲之后,两人便决定联手合作。而令马亚尔更加声名鹊起的则是吉迪恩发表于《艺术手册》上的另一篇特写,文中提到了马亚尔的两座新桥——1933年的施万巴赫桥与1934年的特斯河人行桥。当吉迪恩活跃于法国艺术界时,尚德也在英国扮演着同样的角色,1934年赫伯特·里德的《艺术和工业》(Herbert Read's Art and Industry)一书中也配有萨尔基那山谷桥的图片,提供者也正是尚德[110]。即使在遥远的澳大利亚,马亚尔的桥梁也开始进入人们的视线[111],显然,当1930年马亚尔第一次遇到克鲁克和吉迪恩时,他一定没有料想到自己将会获得如此之高的国际声誉。

新生代

1930年圣诞节,马亚尔一家欢聚在伯尔尼这片福祉的绿洲。尽管全球经济危机迫在眉睫,也尽管身体老态龙钟,但86岁的母亲贝尔塔·马亚尔还是乐在其中。她的儿孙们差不多都来了,每一个孩子也都身体健康、快乐成长:罗伯特处于事业巅峰期,阿尔弗雷德成了牙医,保罗是位毛皮商,马克斯开了一家照相馆。用瑞士人的话来说,这就是两次世界大战之间典型的资产阶级家庭,他们以瑞士为荣,以母亲贝尔塔为荣,以"家有一老,如有一宝"为荣(图123)。

然而,贝尔塔的孙子辈大都出生在20世纪20年代,这些孩子们有着不同于父辈的愿景。对他们来说,瑞士太小了,几乎没有什么发展机会。他们以罗伯特的三个孩子为榜样,都搬出了瑞士狭小的空间,罗莎的儿子一家人旅居澳大利亚,保罗的女儿艾拉(Ella)则成了一名四海为家的新闻记者。

马亚尔惊喜地看到了儿子埃德蒙身上所发生的变化。"很自然,见到他让我很高兴……因为他变得非常和蔼可亲,显得很绅士,钱包鼓鼓的,并且跟他老爸的关系还很铁[112]!"如今的埃德蒙不仅是一位好同事,更是一位好朋友。这些本质上的变化反映出埃德蒙在离开瑞士之后所取得的成功、所获得的独立。

1930年12月,艾拉·马亚尔一从俄罗斯回来,就立刻在日内瓦发表了有关苏联问题的演讲,会场上座无虚席,以至于四天后她只得再来一次。这次活动令艾拉信心大增,她已经可以开始以记者和作家的身份来养活自己了。艾拉是当时在国际上树立职业女性声誉的少数人之一,她渴望探索新奇和异域情调,有着充沛的精力和才能来追求自我兴趣。另外,艾拉还是跳高运动员、水手和滑雪健将(瑞士女队的队长)。她热情洋溢地描述了俄罗斯这个新生的非资本主义国家,语言生动,令人信服,但遗憾的是,罗伯特叔叔却不信。"作为一个老外,她肯定见到了一些宣传造势活动,她天真地相信一切。毫无悬念,俄罗斯政党的同情者在她演讲时高呼口号,并与她促膝长谈,对此,艾拉的父母也都情绪高涨,没有人会反驳她的言论。这一切就像是场传染病。"

媒体完完整整地报道了艾拉的谈话。在给女儿玛丽-克莱尔的信中,马亚尔评论道:"读了这篇报道,我只想大笑,但很遗憾,却有人对一个历史上最伟大的强盗集团感到钦佩[113]!"马亚尔目睹了俄国人的所作所为,他从来没有失去对艾拉的感情,但也没有轻信在西方大萧条时期那些似乎有损于民主资本主义声誉的宣传攻势。

至于玛丽-克莱尔,自从她离开日内瓦以来,就一直渴望能够离开瑞士。虽然女儿的冒险精神使马亚尔感到不安,但也令他感到钦佩。与艾拉不同的是,玛丽没有政治思想。1930年末,她最关心的是荷兰皇家

图123 20世纪30年代早期的马亚尔一家：（从左至右分别为）阿尔弗雷德、罗莎、贝尔塔、罗伯特、保罗以及马克斯（资料来源：M.-C. 布卢默尔－马亚尔夫人）

壳牌公司的财务稳定和丈夫爱德华的工作问题。尽管不墨守成规，但她还是选择嫁给了一位真正的来自山区的瑞士德国人，也正是这位丈夫，在自己忙于土木工程时，也容忍了他爱冒险的妻子与朋友们在丛林中进行的狩猎探险。

玛丽-克莱尔很担心他们回到瑞士后找不到工作，于是便问父亲是否会考虑雇用她的丈夫，在回信中，马亚尔表达了对女婿的信心，他相信爱德华会很容易找到公路设计和施工方面的工作，并感觉为他这个岳父工作可能不是个好主意[114]。马亚尔没有说出口的是，爱德华的公路建设经验与自己的结构设计根本不对路子。在与女儿讨论家庭成员关系这个微妙话题时，马亚尔明确表示，尽管很后悔让玛丽夫妇走得这么远，但却重视他们两人的独立性，他向女儿保证，永远都不会忽视他们两口子。

乐善好施的好人

10月14日，星期三，马亚尔像往常一样从苏黎世出发前往伯尔尼去谈生意。州政府的工程师特雷切尔（Trechsel）已经约谈过马亚尔，希望就阿德尔博登市吉利巴赫（Gilbach）河上一座混凝土拱桥的重建项目进行磋商。10月15日，星期四上午，马亚尔、施泰特勒和特雷切尔开车离开伯尔尼。他们沿着阿勒河向南行驶到施皮茨（Spiez），然后右转沿着坎德山谷（Kander）一直开到伯尔尼高地（Bernese Oberland），在那里，马亚尔刚刚完成了两座横跨狭长英格利根（Engstligen）激流的桥梁。

这条公路的尽头是海拔1356米的阿德尔博登市，

也是马亚尔在一战之前经常去的度假胜地。而此刻，工程师们正在与建筑商 O. E. 卡斯特利（O. E. Kastli）一道检查重建工作。当天傍晚，他们启程返回伯尔尼。卡斯特利请马亚尔与他乘同一辆车，而马亚尔则更愿意陪同他的客户，也就是州政府的工程师特雷切尔，因为特雷切尔的轿车更大，另外还配有司机。于是，他们出发了，后排坐着马亚尔和特雷切尔，前面是施泰特勒与司机[115]，卡斯特利跟随其后，行程很顺利，他们径直朝北开过了图恩湖（Thun）。

在小镇海姆堡（Heimberg）附近，司机发现路边有一顶帽子和一辆翻倒的自行车，感到可能是出了事故，他便把车倒回去，然后将车转了一个角度，让车头灯照在自行车上，他们可以看到一个人躺在沟里。而令人吃惊的是，这个家伙竟然翻身站起来开始责骂他们吵醒了他，沟里的人显然是喝醉了。出于好意，马亚尔一行人等跳下车伸出了援手，好事做完，几位工程师准备起身上车。然而，不幸就在这一瞬间发生了：由于事发突然，他们的车便直接斜停在行车道上，车屁股已经跨过了马路中线，就在马亚尔打开车左后门的刹那间，对面一辆车向南疾驰而来，施泰特勒疯狂地挥手示警，马亚尔的身体也急忙躲进了特雷切尔的大轿车里，但一切还是太迟了，迎面而来的车撞到了他们的车尾。马亚尔被扔到了马路对面，冥冥之中的他只觉得"这最后一次飞跃……自己倒在路边，不知道身上的零件是否还在一起！"其他人立刻意识到马亚尔受伤了。恰好，卡斯特利的车也从后面赶了过来，他们将迷迷糊糊的马亚尔抬了进去。而那辆高速行驶的飞车竟然继续向南行驶，并没有停下来（事后他们才知道，那辆肇事车属醉酒驾驶，开车的士兵准备返回他们设在图恩的基地）。警察来了之后，卡斯特利和特雷切尔将马亚尔送到了伯尔尼，把损坏的车留给了司机和施泰特勒。

第二天早上，一位医生来给这位工程师做了检查，认为没有骨折，但确实扭伤了脚。整个星期五，马亚尔都躺在医院里，腿疼得直冒火，他给女儿写信，打电话给其他人，他意识到自己的伤势不容乐观，至少在接下来的一段时间里需要大量帮助。到了第二天早上，病情还未确诊，于是，医生只好叫马亚尔去昂热兰德诊所（Engeried Clinic），在那里，医生给马亚尔腿上打了石膏，但仍然坚持认为没有骨折。马亚尔待在诊所里，度日如年，好在到了星期天早上，儿子埃德蒙、朋友尼森和侄女玛塞勒（Marcelle）便都赶到了医院，他们准备开车将他送回日内瓦，为了行动方便，三人还给马亚尔买了一副拐杖。终于可以摆脱昂热兰德诊所了，在马亚尔看来，回家的感觉真好，享受众人陪伴的旅程就更好。

在经过洛桑北部的一处瑞士农舍时，一行人从车里爬出来喝了一杯节日盛茶，然后沿湖径直驶回日内瓦，到达时，已经是晚上 7 点钟了，四人直接去了环球饭店（Globe Restaurant），几乎所有日内瓦的亲友们都等候在那里，寒暄之后大家坐在一起吃了顿团圆晚餐。随后，埃德蒙和尼森把马亚尔送回了他的办公寓所，并扶他上床，最后还陪马亚尔打了一阵子牌[116]。家是回来了，但疼痛却未减，不过令马亚尔欣慰的是，第二天早上姐姐罗莎把自己的女佣阿梅莉（Amélie）派来照顾他，为他准备饭菜。1931 年 1 月 19 日星期一，阿梅莉来到了马亚尔的身边，并一直陪他共度了余生。

岁月不饶人

接下来的 60 多天，马亚尔大部分时间都是在床上度过的。疼痛如影随形，特别是到了晚上，虽然马亚尔几乎不能离开房间，但他却每天都在想着工作。当然，前来探望的亲友也络绎不绝：乔治·基茨与住在蒙特勒（Montreux）的他的母亲、尼森、儿子埃德蒙以及日内瓦的亲友们[117]。事故发生两周后，医生告诉马亚尔，大概是由于车门撞击的缘故，他的脚踝骨上还有两处小裂纹没有愈合，这个新发现意味着他还要卧床一段时间[118]。虽然到了 12 月底，马亚尔又能行动了[119]，但疼痛感却始终伴随着他。2 月 6 日，马亚尔 60 岁了，他自我解嘲道，"如今或多或少都会受人尊敬……尤其当我走路不便时，每个人都得把我当成了老头儿[120]……"

5月26日，罗莎从伯尔尼打来电话，告诉了家人们一个不幸的消息——母亲贝尔塔于12月12日下午7点平静地去世了[121]。母亲的意外去世以及葬礼深深刺痛着马亚尔的内心。"尽管说这是不可避免的，但还是来得太快了，让家人们产生了巨大的空虚感。家庭的中心消失了，母亲以及母亲的那一代人都不健在了。仿佛现在该轮到我们了，我和我的兄弟姐妹们一下子都成老人了[122]。"一场车祸、时年60岁、唯一的父母如今也都不在了，1932年的年中，一切突然全来了，这让马亚尔开始思考自己的命运又将怎样。

终于到了6月，姐姐罗莎劝马亚尔去看她的医生[123]，星期六刚一返回日内瓦，马亚尔就发现医生给他开了一张便条，要求他开始严格饮食与药物治疗，"好吃的东西都禁止了！"马亚尔抗议道。尽管不喜欢，但他还照章办事了，因为这是第一次有位医生意识到，他的疼痛并非由腿引起，而是由内脏引起的，很可能是由于事故造成了肝或肾的损伤[124]。到了1932年的年中，马亚尔看起来变老了，比他的同龄人更老。

然而，身体上的衰老并不代表着智力上的衰老，恰恰相反，马亚尔的头脑依然年轻，甚至还像个小伙子。事实上，他把自己的残疾变成了一种自律，这给了他额外的时间，使他在身体受限的条件下精神上更加自由。如今，马亚尔不仅使设计焕发出新的活力，而且与权威的冲突也变得更加公开，而在技术上也更加引人注目。1922-1932年间，这场冲突的战场通过新的组织形式从瑞士蔓延到欧洲。新的组织名叫"国际工程代表大会"，几乎与国际联盟（国联）同时成立，也与国联的政治理想类似，希望通过国家之间的合作来帮助实现和平的愿望。马亚尔对这些国际会议的反应揭示了这位保守瑞士人的职业态度，即一个反革命者的态度。

第 7 章

相由心生

(1932–1934)

两次世界大战之间的国际工程大会

罗恩与工程大会（1922–1928）

1926-1932 年间，马亚尔参加了一系列国际会议，并且每次都会发表重要论文；然而此后，随着他自己的想法变得越来越非主流，他对这些会议的兴趣也就逐渐淡了。马亚尔参加的第一个工程师国际会议是在 1922 年 9 月 29 日和 30 日，地点位于苏黎世音乐厅，会议主持人为阿瑟·罗恩。在这次会议上，大家讨论最多的是桥梁与钢结构建筑设计，然而罗恩还有另外一个议程，他希望成立一个国际结构工程师协会，宗旨是促进各国间的交流，特别是能够将法国和德国团结在一起[1]。显然，中立的第三国瑞士是建立这个组织的绝佳场所，而且只有通过这样一个跨国组织，才能充分体现出罗恩的组织才能。

20 世纪 20 年代早期是战后欧洲的困难时期。直到 1926 年，罗恩才成功地组织了另一次会议，当时他和罗斯一起在苏黎世主持了一次题为"瑞士的工程结构、理论和实践：桥梁与结构工程国际大会"的会议。上述标题的最后 11 个字成为 1928 年维也纳国际工程师协会会议的官方术语，而其第一次正式会议于 1932 年在巴黎举办。即使到了 1997 年，国际桥梁与结构工程师协会仍是一个蓬勃发展的组织，总部依旧设在瑞士苏黎世联邦理工学院。

在 1926 年的会议上，大家几乎都在讨论瑞士的桥梁话题，而唯一有关建筑的论文则出自马亚尔[2]。大会发言时，马亚尔对自己的无梁楼盖设计进行了一番演说，而这一下子便成了他与罗恩争吵的导火索。很显然，无论会议的组织者是谁，马亚尔的发言都应当围绕着桥梁设计展开，因为那时他是瑞士最著名的桥梁设计师。

次年 9 月，马亚尔在阿姆斯特丹主持了第一届国际材料试验大会。他在那里展示了战前进行的混凝土梁的研究成果[3]。就像 1926 年苏黎世论文中所详细描述的那样，他再次公开了自己作为建筑承包所进行过的试验研究。马亚尔的这些试验内容既包括具有持久价值的无梁楼盖，也有一些稀松平常的钢筋混凝土梁，试验为马亚尔提供了第一手资料，使他在 20 世纪 30 年代为瑞士规范提出了新的激进设计方法。

这些国际大会是工程界的新生事物，它反映了一种诉求，即把会议主题放在科学的基础之上，从而使工程师们能够像科学家那样分享他们的研究发现，分享关于结构的想法。1928 年，在维也纳召开了第一次真正意义上的国际工程结构大会，而大会的举办地恰恰是最多产的建筑宣传家弗里茨·恩佩格的故乡（图 124）。恩佩格正是在到苏黎世拜会马亚尔期间才计划了这次会议，当时，马亚尔和罗斯还以盛大的午餐会招待了他，而女儿玛丽-克莱尔也恰是在午餐会上遇到了未来的丈夫。

图124 1928年的维也纳工程结构大会，照片中包括马亚尔、马克斯·里特尔、鲁道夫·塞里格（Rudolph Saliger）以及前排留胡子的恩佩格 [资料来源：J. 艾克霍恩、林茨（J. Aichhorn, Linz）]

维也纳结构大会（1928）

1928年9月下旬，马亚尔作为瑞士官方代表兼《瑞士建筑学报》的通信记者与罗斯准备共同参加维也纳国际工程结构大会。他先在苏黎世接上玛丽-克莱尔，然后两人乘坐阿尔贝格东方快车（Arlberg Orient Express）前往哈布斯堡王朝（Hapsburg）的前首都维也纳。对这位工程师来说，开会就是个假期，可以让他从夏季紧张的萨尔基那山谷桥设计竞赛中解脱出来，并且有了与女儿独处的机会。他们于9月23日星期天抵达了奥地利首都，并在著名的萨赫酒店（Sacher Hotel）入住，罗斯也住进了隔壁的房间，于是三人共同度过了美好的一周。罗斯和马亚尔开玩笑地说，据他预言，他们的对手，当然也就是瑞士代表团的团长罗恩肯定会在大会发言时使用一些诸如'国家间的桥梁''思想间的桥梁'等陈词滥调。罗斯果然言中了[4]，在开幕式当天，罗恩便大声疾呼"正是我们的工程师受到召唤，来创建出这样个相互理解的大会，只有那些建设过物质桥梁的人才知道精神桥梁在国与国之间的价值。[5]"

马亚尔并不反对这个想法，而是反对它的不断重复和工程师们的自命不凡，他们把自己的技术思想膨胀成政治思想。他知道，无论不同国家之间的工程师多么友好，其对政治事件的影响却微乎其微。马亚尔一点也不喜欢用工程术语来描述国际关系的理念，正如他抵制将过度设计的大桥视为政治纪念碑的肤浅想法一样。对于马亚尔来说，这次会议纯粹是一次工程活动（图125），重点是新设计和老朋友，也是一次让女儿参加庆典活动的机会——包括在歌剧院演出的《玫瑰骑士》（The Rosenkavalier）以及在美泉宫（Shönebrunn Palace）举行的豪华招待会。

感冒病愈的罗斯在国际工程结构大会中发挥了重要作用：主持会议、发表论文、不停地讲话。即使生病在床，他也敦促马亚尔做一场拱桥的介绍[6]，于是在9月25日，马亚尔便谈到了作为洛林大桥一次预演的1912年的劳芬堡大桥案例，也提及了混凝土砌块拱的一般概念[7]。一份重要的钢筋混凝土德语期刊的编辑想要发表马亚尔的这次谈话内容[8]，但却未能如愿，最终，这些文字内容被写入了会议论文集，以及另一份德语杂志也就是《瑞士建筑学报》中。

马亚尔认为，会议最大的亮点是有机会听到尤金·弗雷西内讲解他的普卢加斯泰勒桥（Plougastel Bridge）的施工过程，尤金用电影展示了用于移动三个预制拱之一的巨大浮动脚手架[9]。正如马亚尔后来在《瑞士建筑学报》中所写的那样，这个报告"将为所有参会者留下不可磨灭的记忆。"在谈到法国工程师卡科（Caquot）尤其是弗雷西内时，马亚尔写道："无论是在设计上，还是在精心组织的施工上，都给人留下了深刻而非凡的印象。[10]"

马亚尔很少发表如此激动的评论，这样的赞美之词也反映出他投入了极大热情，显然，受到震撼的不止马亚尔一人。弗雷西内的普卢加斯泰勒桥由三个空腹混凝土拱组成，每个拱的跨度为610英尺（1英尺≈30.48厘米），代表了1928年世界上跨度最长的混凝土拱和最杰出的施工设备之一——可悬浮在河口上的单拱木模。施工开始后，在其上浇筑第一个拱，混凝土初凝后，移去木模并使它悬浮到邻近水面，然后再在上面浇筑第二道拱，以此类推，直至第三个拱全部施工完毕。如此规模的施工工艺以前无人敢尝试，尤其是对于这种仍然相对较新的钢筋混凝土材料。对于当时世界各地的土木工程师来说，弗雷西内是大胆的，而弗雷西内的作品也是鼓舞人心的[11]。

从维也纳到列日（1930）

维也纳会议刚刚过去两年后马亚尔又出发了，这一次是和儿子埃德蒙去列日，而此时的玛丽-克莱尔则已经去了印度尼西亚。在维也纳，大会的关注焦点是国际合作，旨在通过以瑞士为纽带的国家之间的桥梁来实现（马亚尔不赞同这一观点）。维也纳的魅力连同享受不尽的音乐，为普遍具有结构应用价值的技术报告提供了愉快的氛围，这些报告大都以美学为出发点，但视角却集中于作为设计师的工程师，而非作为唯美主义者的建筑师[12]。

相比之下，在列日的国际会议上，外立面、装饰

图125 1928年维也纳工程结构大会，其中包括玛丽-克莱尔、马亚尔及罗斯（资料来源：M.-C.布卢默尔-马亚尔夫人）

和形式分析的建筑理念盛行，而作为美学产生手段的工程理念却消失殆尽[13]。会议的另一个主要内容就是参观工厂，对国际合作问题几乎避而不谈。罗恩出席了会议，却没有了维也纳会议上的突出作用，显然，这次会议不是由他的苏黎世新协会所组织的。维也纳与列日最重要的区别是，后者的重点是仅仅将混凝土作为了一种建筑材料。

与之相反，马亚尔在列日会议上的论文是唯一一篇把结构当作艺术形式来表述的文章，其重点内容是对自己已完成作品的全面反思。在维也纳会议上，他的简短谈话只集中在位于劳芬堡和伯尔尼的混凝土砌块桥上，而到了列日，马亚尔的篇幅则开始于1890年的维尔德格桥，结束于自己1930年的众多作品，并回顾了那些久负盛名的瑞士拱桥，尽管内容广泛，但主要还是集中在自己的设计上，是第一次对其作品意义的反思。马亚尔的会议论文给了他追溯过去的机会，从1898年的施陶法赫尔桥到当时正在建设中的萨尔基那山谷桥和克洛斯特斯桥，体现了他从大体量到追求轻盈的转变，从形式模仿到全面创新的转变。在报告

结束时，马亚尔重申了自己的理念，即，桥梁性能表现的实测是具有相当重要意义的[14]。

然而，马亚尔的报告又一次失色于弗雷西内的光芒之下，后者的地位仍然主宰着整个行业。尽管1932年巴黎国际工程大会之后，弗雷西内已经并无新的建树，但在列日，他的视野已经远远超出了巨大的拱桥设计，并正在努力从1928年的预应力设计专利中获得商业上的成功。

维也纳会议本着恢复渴望已久的、正常的战前欧洲稳定局面。而在列日，大家已经开启了典型的20世纪国际专业技术会议的传统。任何美学（除了像马亚尔这样的孤立论文）或历史感都消失了，所有的目光都集中在最新完成的作品、学术研究、模仿自然科学新理论上，尤其是在对未来的研究上。就像两年后在巴黎举行的下一次大会议那样，1930年的工程界还没有感受到经济大萧条的到来。虽然马亚尔觉得有必要在列日待上整整一个星期，但却没有太多热情[15]，在维也纳，他曾为弗雷西内和卡科发狂，但如今的列日却并没有什么新鲜感。

巴黎大会（1932）

尽管马亚尔与大多数瑞士工程师意见不合，但他却在国际上受到广泛尊重，以至于新成立的国际桥梁与结构工程协会组委会邀请他担任副主席，与其他两位副主席共同主持巴黎大会的第二次工作会议。尽管罗恩在这个协会中的地位举重若轻，但马亚尔仍然成了协会的中央委员之一[16]。在巴黎，马亚尔有幸再次见到了他的一些老朋友（图126），还有儿子勒内。

1932年5月19日，巴黎国际工程会议在索邦大学剧院（Grand Ampitheatre of the Sorbonne）正式开幕。第二天，在宣读了一系列关于楼板（slabs）的论文之后[17]，马亚尔发表了"无梁楼盖新注解——马亚尔体系"一文[18]。他谈到了两个无梁楼盖设计创意的基础：第一，无梁楼盖是一个整体结构而非一系列板带的组合；第二，通过在柱顶加宽柱头，可以大大减

图126　1932年巴黎国际工程大会期间，马亚尔与弗雷西内在枫丹白露，明信片女儿寄给了玛丽-克莱尔（资料来源：M.-C. 布卢默尔-马亚尔夫人）

少板的弯曲。在这些设计概念背后又有两个更基本的想法：第一，作为独立的结构单元，钢筋混凝土板的受力方式与从前的结构元素没有任何关系，马亚尔拒绝将其与木头或金属材料进行类比；而第二个想法则表现出了他一贯的经验主义，马亚尔不会"寻求建立一个数学理论，因为我们需要考虑多重因素所带来的困难，到目前为止，我们搞清楚的也许只有柱子的弹性模量[19]。"

总体而言，1932年巴黎大会的重点是结构分析而非设计和既有结构。自从舒勒的1906年规范委员会会议以来[20]，马亚尔一直反对过多强调数学分析的设计方法，如今，他将继续挑战这些学术工程师，不仅是罗恩，而且还有罗恩的捍卫者马克斯·里特尔，因为作为秘书的后者，在协会中的地位已经越来越突出了。马亚尔认为，科学会议不是工程的范例，与之前的含糊其辞不同，从1932年起，马亚尔将自己的这些非正统观点广为宣扬。与此同时，他继续以己之力，通过完善改良而非另起炉灶的方式寻找更好的设计。

马亚尔的方法（1932）

朱比亚斯科大桥

与阿曼的大桥或弗雷西内的拱桥相比，马亚尔的设计内容可能更为广泛，因为他的桥梁大都为中等跨度，伴随着汽车交通的需要，这种类型的桥梁会变得更加普遍。1931年的交通事故之后，马亚尔也开始涉足长跨桥梁，朱比亚斯科（Giubiasco）大桥便是其中一例。这座桥横跨提契诺河（Tessin River），位于朱比亚斯科和塞门蒂纳（Sementina）两镇之间的贝林佐纳（Bellinzona）小城正南方向[21]。马亚尔起初的草图是一座总长262米、跨长70米的拱桥；当他还卧病在床时，就调整了局部尺寸，并做了一些粗略计算。11月27日，他的绘图员完成方案设计。在接下来的几周内，他写出了一份报告，其中包括简明而仔细的计算过程以及一张主跨略微变更的图纸[图127（a）]。

1932年初，马亚尔继续投入这个项目，完善细节，虽然这些细节并不十分影响桥梁的性能或成本，但在视觉效果上却有着显著变化。从这两个数字中，比较1931年12月14日[图127（b）]与1932年2月2日的方案[图127（c）]，我们就能看出马亚尔的三个变化。首先，他移动了A柱[图127（b）]，并将起拱点上方的柱[图127（c）]和高架桥第一根B柱的跨度设计成了14.6米。这一变化明显地将带密柱的桥面加劲拱与大间距柱的高架引桥分开了。在最终设计里，高架桥与拱桥上的桥面大梁截面高度相同，从而加强了桥梁在视觉上的整体感。在马亚尔看来，A柱离拱过近是不协调的，因为从结构上讲，这里并不需要A柱；其次，马亚尔降低了高架桥柱的基座，使其位于地面以下，因此也就看不到了，这样做的好处在于引桥显得更纤细、更简洁了[22]。

最后，在第三次变更中，马亚尔稍微抬高了桥面，从而使桥面大梁不会与拱冠打架，也更清晰地呈现了两端铰接薄板拱的形状。而在最初的方案中，拱与跨中上部的桥面梁合并，就像早前的瓦尔齐尔巴赫桥那样。可见，马亚尔一如既往地将早期设计作品当成最新项目的前例。

第一个高架桥柱靠近最后一个桥面加劲柱的想法直接取材于1930年的兰德夸特桥，然而这种设计缺乏主跨和引桥之间的视觉整体感。在本次的初步方案中，高架桥的柱基是可以在地面上看到的，这一点来自萨尔基那山谷桥，而桥面大梁与拱板的视觉融合则出自瓦尔齐尔巴赫桥以及后来如1931年施皮塔尔桥面的加劲设计。在提契诺河这一关键但未建成的项目中，马亚尔感觉自己找到了一个视觉上更令他满意的桥梁形式。

1931年，朱比亚斯科大桥新方案出炉了，但由于3.72米主跨柱距和14.6米高架桥柱距相差过大，该方案还是未能令人完全满意，而在认识到上述缺陷后，马亚尔很快就将朱比亚斯科的设计美学思想融入更为复杂的伯尔尼州施万巴赫大桥项目中[23]。

特斯桥

时间来到了1932年春天，此刻的马亚尔仿佛已经嗅到了经济危机的味道，他对日内瓦的一无所获感到不安，也因此再次将自己的宅邸迁回了苏黎世[24]，并开始把一些伯尔尼和苏黎世的项目带到日内瓦事务所，目的只是为了能让那里的工作人员忙碌起来。其中一个项目便是温特图尔（Winterthur）附近特斯河上的小型人行桥。当地工程师瓦尔特·菲弗（Walter Pfeiffer）已经做了一个桥面加劲拱的初步设计，还在图纸上清晰地将其标注为马亚尔型结构，1932年4月，马亚尔收到了这个谦虚的方案[25]。

菲弗的设计为：10厘米厚的拱，90厘米厚的桥面加劲肋，拱两侧各有三道横墙，在桥中部的半跨长度内，拱与加劲板合二为一，形成了1米深的微弯梁。看过这位工程师的方案后，马亚尔立即重新进行了设计，

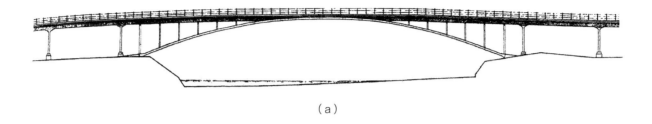

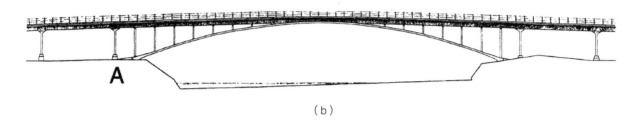

图127 1932年的朱比亚斯科大桥项目:(a)马亚尔1931年11月27日的方案;(b)马亚尔1931年12月14日的方案;(c)马亚尔1932年2月2日的方案(绘图:马克·雷德)

并于4月下旬返给了菲弗。马亚尔激进地将加劲肋的厚度从90厘米减少到了40厘米,同时将拱厚增加到14厘米,另外,他还在桥的两侧增加了额外一道横墙,从而减少了中部拱与桥面加劲梁的合并长度,这样一来,拱口数量达到了八个而非之前的六个。马亚尔的设计变更令这座桥变得更轻、更优美了,体现出了结构艺术家的价值[26]。正如朱比亚斯科大桥的方案那样,马亚尔是用心在设计,并对其反复修改,直到令他满意为止。

马亚尔的最初草图为一个非常薄的拱和更深的桥面,拱与桥面在跨度的中间三分之一处合二为一 [图128(a)][27]。在6月中旬重启这个项目时,马亚尔保留了基本形式,但做了两处重大改动。首先,他进一步将薄拱延伸到桥台以外,略微增加其跨度,从而更加强调拱桥在视觉上的轻盈感 [对比图128(a)和图128(b)],同时,此举也有助于拱板端部恰好位于横墙正下方,从而在视觉上消除了横墙和拱端的偏置外观,强调了拱、墙和桥台三者之间恰到好处的交叉形状[28]。就像马亚尔的一贯风格那样,虽然这种变化对桥梁性能和成本的影响是可以忽略不计的,但它确实改善了其外观。

马亚尔继续自己的优化之旅并很快发现了第二个可优化之处。四月的草图显示,桥面路缘沿直线下行至河岸,6月中旬,马亚尔改变了这个局部,他在桥面路缘端部设置一道弯折线,以便桥面延伸段更加水平。对于马亚尔来说,虽然这种变更不会影响结构性能或造价,但平滑的过渡看起来更好。然而,这一变化仍然让他不满意,因此在7月下旬,在第三次对这座桥进行研究后,他决定消除这条弯折线,并采用更加光滑的曲线桥面延伸段。正是这最后一次变化[图128(c)]赋予了这座小桥不同寻常优美的反向曲率[29],马亚尔的美学思想随着对细节的研究而升华,而他之所以有时间去研究这些小细节,是因为最初的形式将问题分析的难度降到了最低。根据马亚尔的重新设计,菲弗在夏天完成了施工详图,这座桥最终于1933年落成(图129)。

6月24日的计算报告显示,这座跨度38米的桥梁仅用了10页纸的计算量,其中的简单公式也反映了马亚尔的长期经验和革命性的理念[30](几年后马克斯·里特尔所做的一个类似计算却用去100多页纸,并且还不如马亚尔的计算完整,详见第8章)。事实上,在开始这些计算时,他便引入了刚刚发表于《瑞士建筑学报》上的革命性方法[31]。1931年,同样是在这条特斯河上,P. E. 苏特(P. E. Soutter)也设计了一座人行桥(图130),两桥相比,孰轻孰重,孰贵孰俭,一目了然[32]。

罗塞拉本桥

1932年夏天,伯尔尼州又有三座桥梁在建:设计于1930年的特罗巴克桥(Traubach);马亚尔仅仅作为咨询顾问的阿伦巴赫桥(Allenbach);以及罗塞拉本桥(Rossgraben)。最后这座桥位于施瓦岑堡(Schwarzenburg)以北,连接着黑水河(Schwarzwasser)上方的一条小山路。前一年夏天,萨尔基那山谷桥设计方案成形之后,马亚尔就提交了两张罗塞拉本桥的设计图纸,他的方案与早期官方设计的三跨直梁桥形成了鲜明对比,而后者的最大不足表现在厚重的实体桥墩,以及桥墩之间只有50米的开洞尺寸[图131(a)]。

在1931年夏季的设计竞赛中,施瓦岑堡的建筑商阿尔伯特·宾格利(Albert Binggeli)提出了跨度约60米的三铰拱桥方案,而与其竞争的马亚尔则在9月16日提交了两个方案[33]:一个跨度也是60米,另一

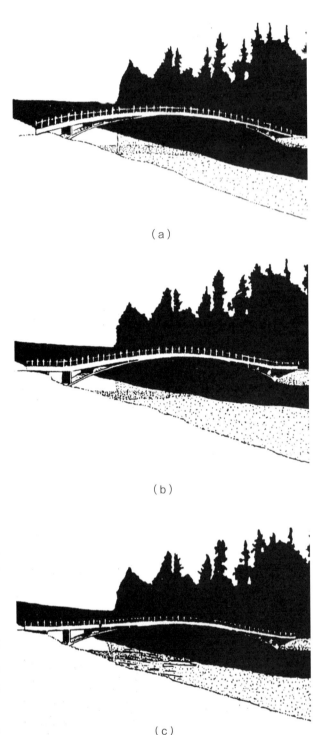

图128 1932年,温特图尔附近的特斯河人行桥:(a)1932年4月21日的设计透视图;(b)1932年6月24日的设计透视图;(c)具有优美反向曲率的最终设计方案(绘图:马克·雷德)

图 129　马亚尔设计的特斯河人行桥（摄影：D. P. 比林顿）

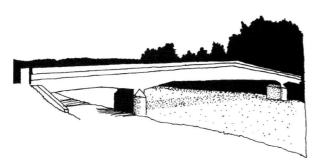

图 130　1931 年，由 P. E. 苏特设计的特斯河人行桥（资料来源：马克·雷德）

个则为 80 米［图 131（b）］。马亚尔认为，从技术和美学方面讲长跨更好。地方当局同意了马亚尔的建议，1932 年 1 月，在施泰特勒详细计算的基础之上，马亚尔完成了 80 米跨度的最终设计图纸。同年 2 月 18 日，马亚尔正式接受了委托，与建筑商洛辛格和宾格利联合承包罗塞拉本桥项目[34]。3 月份，施泰特勒制定了详细的脚手架方案，并在 5 月份进行了最终计算，而当时的马亚尔则正在巴黎[35]。

在黑水河上，大桥的施工速度飞快；到了 9 月初，桥拱脚手架安装完毕，10 月底大桥竣工，施工总时长仅 3 个多月。尽管不像两年前在伯尔尼开通的洛林大桥那样宏伟，但从技术上讲，罗塞拉本桥的竣工典礼具有更大意义：首先，因为正如马亚尔所观察到的，它的施工周期只有 3 个月，这在当时就是一个世界纪录，尽管这个记录从未被证实过，却被所有当地报纸引用了[36]。第二，这是一座 82 米跨的空腹箱形截面三铰拱桥，它的外观比萨尔基那山谷桥还要轻盈（图 132 和图 133），另外，其造价极低，仅为 82840 法郎。在罗塞拉本大桥庆祝活动的照片中，马亚尔站在中央位置，周围的女孩都穿着施瓦岑堡的古装，他手扶拐杖，胡子花白，但昂首挺胸（图 134）[37]。大约就是在这个时期，马亚尔又去了一趟萨尔基那山谷，远眺大桥，反思着他的设计（图 135），他正在准备以微妙但实质性的方式改变自己的某些设计观念。

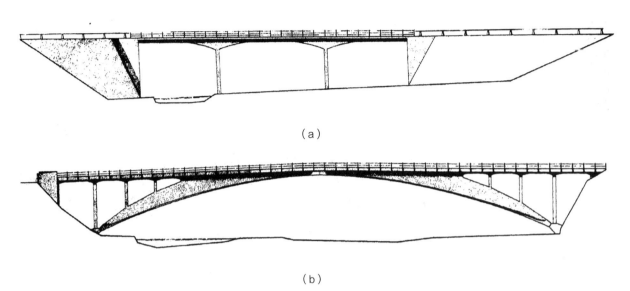

图131 罗塞拉本桥:(a)官方的设计;(b)马亚尔的设计(绘图:马克·雷德)

图132 1932年,位于施瓦岑堡的罗塞拉本桥(资料来源:洛辛格公司,A.G.,伯尔尼)

图 133 罗塞拉本桥的全貌（资料来源：洛辛格公司，圣加仑市）

图 134 1932 年 11 月 19 日，罗塞拉本桥的竣工典礼：马亚尔居中，施泰特勒站在右三位置（资料来源：洛辛格公司，A.G.，伯尔尼）

图 135　20 世纪 30 年代早期，马亚尔远望着他的大桥（资料来源：M.-C. 布卢默尔 - 马亚尔夫人）

圣加仑的成功

随着罗塞拉本大桥建设的进展，马亚尔又开始在圣加仑市与州政府工程师讨论位于费尔塞格的图尔河新桥项目，这座桥离他 1904 年设计的比尔威尔桥不远。九月份，州政府自行设计了一个四孔重型罗马式拱桥，每孔跨度约为 20 米 [图 136（a）]；马亚尔于 10 月份提出用一座 72 米跨度的拱来取代四孔方案，这个方案几乎与之前的罗塞拉本桥相同 [图 136（b）]。然而，州政府的工程师反对马亚尔的建议，认为这是对自家设计的挑战，虽然马亚尔对该项目并不乐观，但他还是坚持采用自己的方案，因为事务所正在迫切需要苏黎世的项目[38]。

圣诞节那天，马亚尔登上了开往圣加仑的火车，伴随着列车的轰鸣声，马亚尔对图尔桥有了坚定的设计思路。于是，他拿出纸笔，开始给玛丽 - 克莱尔写信。这是一次漫长的旅行，圣加仑的美好时光渐渐浮现在他的脑海之中：大约 30 年前，他和妻子玛丽亚乘火车前往比尔威尔参加大桥的开通仪式，那是以马亚尔体系建造的第一座桥梁；他还想起了一位曾经的圣加仑州政府工程师，这家伙还试图讨好玛丽亚。

突然，马亚尔想起了一名如今的州政府工程师，他的名字叫阿尔特韦格（Altwegg），听起来像"老古董"（old way）这个词。马亚尔心想，"这家伙一点儿魅力都没有，不喜欢现代桥梁，也不买我的账。"马亚尔觉得有点儿伤感，因为未曾想到这样一个不十分起眼的设计委托也有一大堆麻烦，何况他已经投入了自己以及福尔内罗德的大把时间。火车翻过瑞士伯尔尼肥沃低矮的新月沃土（fertile crescent）时，马亚尔情不自禁地想起了从前在这个小镇的境遇，这里的一切都组织严密，许多小事儿都必须小心翼翼，谨慎行事[39]。

然而，在这个圣诞节，马亚尔没有理由感到沮丧，

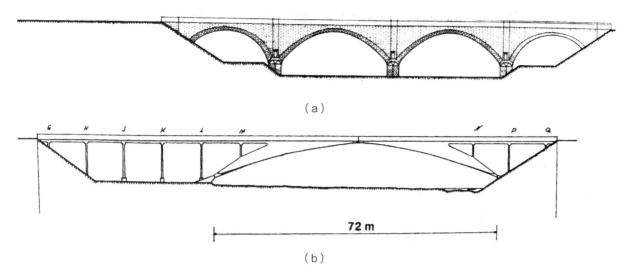

图136 （a）位于费尔塞格的图尔桥，1932（资料来源：苏黎世马亚尔档案馆）；（b）位于费尔塞格的图尔桥，马亚尔的设计方案，1933（资料来源：马亚尔公司，苏黎世）

因为一位高层人物推翻了州政府工程师的主张，于是，刚刚走下圣加仑的火车，他便得到了图尔河新桥的设计委托[40]。多亏这个新成立的图尔河大桥委员会，马亚尔才能兴高采烈地回到日内瓦。在节日晚宴上，他与日内瓦的家人分享了成功的喜悦以及1932年的新年前夜[41]。然而不幸的是，圣加仑的好消息只是一个例外，如今，工程项目的严重短缺已经蔓延到了苏黎世和日内瓦事务所，即便令人垂涎的图尔河大桥设计委托也仅仅只能维持几个月的公司运转。拿到合同后，他们首先写出正式的计算报告，然后再由绘图员根据福尔内罗德的草图绘制出施工详图，当然，后者又是遵从马亚尔的思路进行设计的[42]。

在图尔桥项目上，马亚尔的设计方式有了两点改变，从而与萨尔基那山谷桥以及罗塞拉本桥形成了对比。首先，他通过创建出一个缺口拱来强调拱冠铰，其次，他打开了桥下横墙，使之变为人字形立柱，从而增加了桥梁框架的线条感，并由此使得拱体在四分之一跨度处的截面高度更大，从而让结构能够轻松地承载较宽的路面。这座桥是一条双车道主干公路，而非之前空腹箱形三铰拱的萨尔基那山谷大桥和罗塞拉本桥的单车道二级公路（图137）。

每周的最后一个工作日，马亚尔都会进行设计评议。在3月份的最后一个星期五，他把设计好的一整套34张图纸带到了圣加仑，在那里，市议会接受了图纸，接下来便是完成为施工所进行的设计变更以及几张新图。到了4月1日，项目完全结束，马亚尔的苏黎世事务所再次陷入了冷清[43]。6月中旬，日内瓦的生意也非常糟糕，马亚尔只好采取了全员半日工作制，即便如此，无事可做的依旧大有人在。

施万巴赫桥（1933）

施万巴赫的设计

尽管利润率很低，但马亚尔还是把更多时间花在了小型桥梁而非大型工程项目上。回想起来，他的许多设计思想似乎如此简单，以至于我们没有意识到它们到底需要多少思考时间。经过三个多月断断续续的研究之后，特斯人行桥面上很小的反向曲率才进入了

图137 位于费尔塞格的图尔桥，1933年（资料来源：M.-C.布卢默尔-马亚尔夫人）

马亚尔的脑海。如果说特斯桥看起来毫不费力但又需要仔细考虑的话，那么施万巴赫就需要更深层次的反思了（图138）。就像罗塞拉本大桥一样，阿尔伯特·宾格利在1932年10月提出了一个桥梁设计方案，用于跨越施万巴赫一处没有名字、距离罗塞拉本只有几公里的山谷小溪。宾格利的方案是一座直桥，而两侧的引桥路面呈水平弯曲状（图139）。最终的结果是：二级公路管理局选择了马亚尔的设计，而洛辛格则成了建筑商。

实际上，马亚尔至少从1923年就开始考虑桥梁弯曲的问题。他曾在韦吉河谷的齐根巴赫河上设计了一座笨拙的多边形拱桥，而在1925年的瓦尔齐尔巴赫桥设计过程中，他又通过在直桥和弯道之间设置常规转折线的方式避免了上述问题，直到1930年的克洛斯特斯桥和1932年的布尔巴赫大桥，马亚尔才实现了具备拱上平滑弯曲路面的目标。面对如今的施万巴赫，正如他在1933年6月预料的那样，曲线桥的问题就更难解决，因为这里的跨度要比布尔巴赫大得多，曲率也比克洛斯特斯大得多[44]。

马亚尔关于施万巴赫桥的初步报告只有两页，主要讨论了他所建议的解决复杂平面布局的椭圆曲线问题（图140）。他只用了一句话来描述这个结构："最经济的桥梁体系是桥面加劲多边形拱，它也最适合特殊平面布局的道路要求[45]。"这座大桥的设计及工地监理费仅为5300法郎（折合1996年的大约2.7万美元），占该州5.3万法郎（约合27万美元）设计与建设总成本的10%[46]，显然，这种收入很难支撑一家事务所[47]。

10月24日，洛辛格完成了施万巴赫桥的混凝土浇筑，四天后，维尔纳·耶格尔（Werner Jegher）在《瑞士建筑学报》上发表了一篇文章，耶格尔不仅描述了马亚尔在弯曲桥梁上的技术工作，还赞扬了他的美学理念，同时驳斥了近期赫尔曼·鲁克维德（Hermann Rukwied）在德国出版的《桥梁美学》（*Bridge*

图 138　施万巴赫桥，1933（资料来源：洛辛格公司，伯尔尼）

Aesthetics）中有关瓦尔齐尔巴赫桥的指责。年轻的耶格尔曾对该书作出了负面评价，如今他再次抨击了该书中——与笨重的、石材质感的混凝土桥梁相比，马亚尔的桥面加劲拱显得更丑陋的观点[48]。

大约就在此时，罗斯向马亚尔提出了施万巴赫桥的测试话题。伯尔尼的二级公路局对赞助测试没有兴趣，因此，罗斯向瑞士联邦国民经济基金会（Federal Foundation for National Economy）提出了 6000 法郎的资助申请，以便展开这项异常复杂的加载测试工作，重点是研究曲线桥面对结构性能的影响。但不幸的是，基金会的主要领导成员之一马克斯·里特尔却执意要否决这项动议，理由是"可以通过数学理论来确定水平曲率对结构性能的影响。"虽然里特尔表面上对这一独特形式的研究不屑

一顾，但私下里却让他的助手卡尔·霍法克（Karl Hofacker）展开研究。三周后，在做了两个模型和大约 30 页的初步计算之后，霍法克报告说这个问题可以用数学方法解决，然而，他却并没有继续花时间进行完整的计算[49]，由于里特尔不愿意根据不完整的报告作出同意资助的决定，所以他顺理成章地反对了资助这个试验。

尽管如此，基金会最终还是同意在 1935 年，也就是提出资助申请后满一年时，启动了这项测试工作。最终，由罗斯进行了加载测试，由已经成为独立咨询师的福尔内罗德撰写了试验报告，结果显示：马亚尔的简化分析方法是准确的，这座桥梁的整体工作性能良好[50]。施万巴赫桥广为流传直至马亚尔生命的尽头，甚至从那年春天开始，它的艺术价值

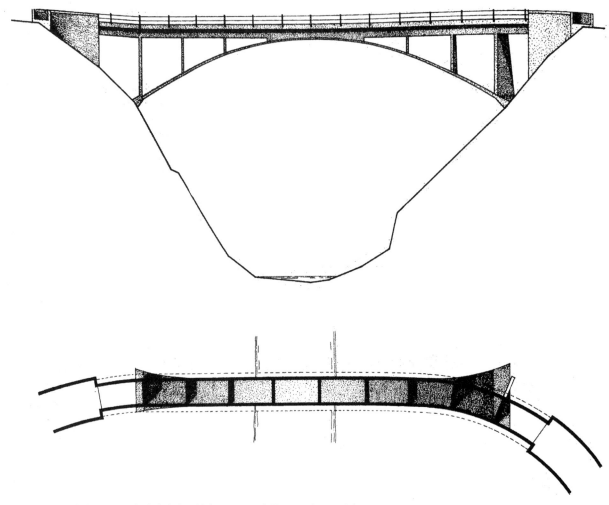

图 139　施万巴赫桥，1933 年竞赛方案，轮廓及平面图（绘图：马克·雷德）

也得到了巴黎同行的认可，并最终成为 20 世纪六大桥梁之一[51]。

施万巴赫桥是一件杰作，因为它完全遵循结构艺术的原则，几乎没有浪费任何材料，而且建造成本低廉。在许多同类型桥梁中，施万巴赫之所以能够独树一帜，非凡的形式是主要原因：圆滑的水平弯曲桥面通过梯形横墙与同样光滑的垂直弯拱融为一体（图 138）。这些横墙在顶部与桥面同宽，在底部与拱壁同宽，这样的整体效果是令人惊讶的，因为大多数此类横墙只可能作到部分与拱同宽。

施万巴赫桥展示了马亚尔在完成瓦尔齐尔巴赫桥设计后的 8 年时间里的思想是如何成熟的。两幅图就能说明一个艺术进步：1925 年的瓦尔齐尔巴赫是技术经验的顶峰，但不是美学的杰作。在瓦尔齐尔巴赫，横穿沟壑的 U 形曲线由一个笔直的道路桥面和拱构成，并结合了急剧过渡的引桥曲线（图 141）；而到了施万巴赫，相同的 U 形曲线是通过一个光滑的椭圆曲线桥面实现的，该桥面由拱支撑，拱的

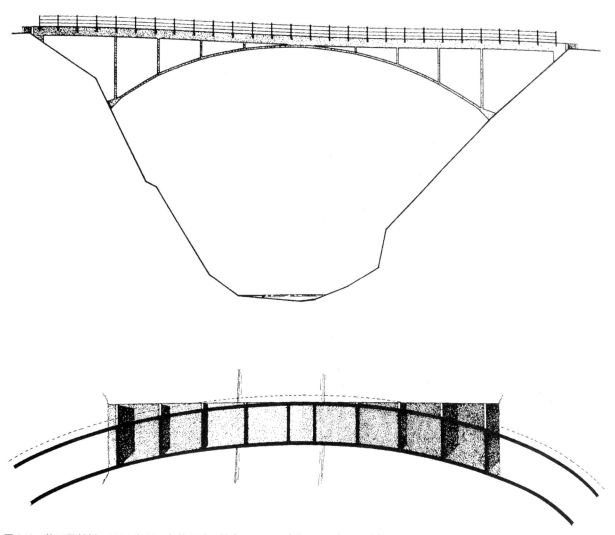

图 140　施万巴赫桥，1933 年马亚尔的设计，轮廓及平面图（绘图：马克·雷德）

凹侧在平面上是弯曲的，凸侧则在平面上是笔直的（图 142）。在瓦尔齐尔巴赫，两边的引桥是厚重的罗马式石材拱（图 143），拱是弯曲的，并与拱冠处的护墙合并。而到了施万巴赫，引桥结构是轻型和开放的，并且有一个与桥面加劲肋相同高度的梁，拱呈多边形，除拱顶之外，其与较轻的桥面梁完全分离（图 144）。

两座桥最大的区别在于马亚尔将拱与桥面连接起来的方式。在 1925 年的桥上，拱和桥面完全平行，矩形的横墙很容易起到连接作用。然而到了施万巴赫，拱比桥面宽，马亚尔引入的梯形横墙不仅从技术上提供了正确传力途径，而且在视觉上提供了引人注目的转换形式。

1934 年初，马亚尔在《瑞士建筑学报》上为他的施万巴赫设计辩护，他展示了来自德国莱茵兰（Rheinland）地区施泰克拉德（Sterkrade）的工程师 F. 博尼（F. Bohny）所提出的替代方案，并认为其在技术和美学上都略逊一筹。图 145 说明了马亚尔的设计思

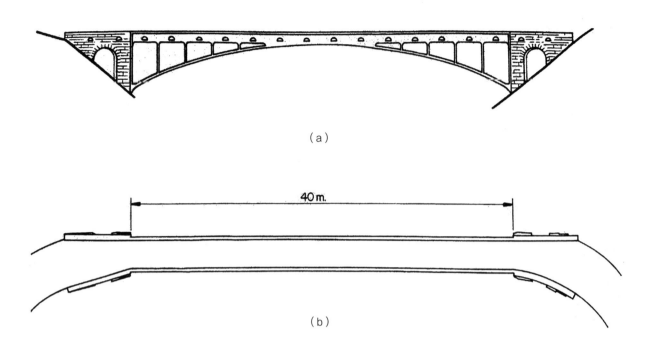

图 141 瓦尔齐尔巴赫桥的立面与平面图，1925 [绘图：T. 阿甘斯（Agans）、A. 埃文斯（Evans）]

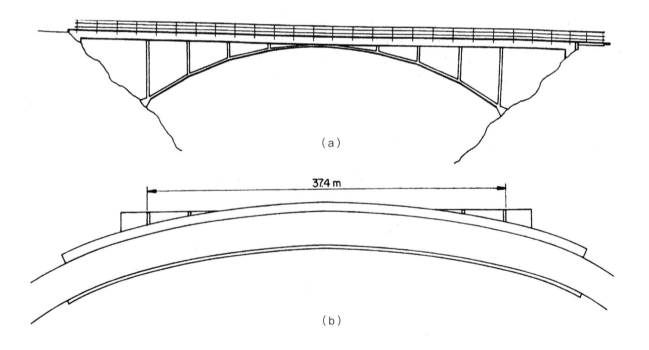

图 142 施万巴赫桥的立面与平面图，1933 [绘图：T. 阿甘斯（Agans）、A. 埃文斯（Evans）]

施万巴赫桥（1933）

图143　1925年，马亚尔设计的多纳特（Donath）附近的瓦尔齐尔巴赫桥 [资料来源：R. 居莱尔（Guler），图西斯]

路[52]，其中的第一幅为实桥竣工图，第二幅为博尼的方案，第三幅图为博尼的备选方案。对于第二张图，马亚尔指出，等宽拱（按照弯曲道路的平面图）呈现出向右侧倾斜的外观，而他的设计是在支座处将拱加宽，从而"呈现出稳定的外观和一种依托感"。至于第三个方案，其在平面中拱将是直的，马亚尔继续评论道，除了会带来更高的成本和更多的材料外，"它的美学价值几乎不值得讨论。"对工程师而言，施万巴赫桥的拱与横墙在外形上是大胆的薄，对于一位审美达人来说，相比于厚重的水平桥面梁，拱与墙就显得更薄了（图144）。

使用阶段的设计分析

马亚尔对施万巴赫大桥的分析表明，他的设计观点与马克斯·里特尔的应用科学方法不同。马亚尔像以前的罗马人那样，将拱设计成依靠压力来承担自重。因为只有轴向压力，所以钢筋混凝土拱可以很薄。如果仅就恒载而言，拱可以看成是倒置的缆索，悬挂在缆索上的重量形成了一种使缆索产生纯粹拉力的形式。在同样的荷载作用下，当相同的形状倒置时，便会使拱产生纯压力。上述设计理念在19世纪已经广为人知，并被广泛应用。

图144 施万巴赫桥，1933（资料来源：洛辛格公司，伯尔尼）

马亚尔的创新主要体现在对活荷载的处理方式上。众所周知，一旦我们确定了拱的形状以适应相应的恒载，那么这个形状就不能改变，于是，这就意味着活载会导致拱发生弯曲。例如，当活载仅作用于桥梁的半跨时，索就变成了半曲半直的形状，将其叠加到拱上便会得出弯矩图。如果拱仅承受这种荷载，那么它的弯曲变形会很大，因此，其必要的厚度也会远远大于马亚尔的设计结果。

为此，马亚尔的解决方法是将拱与水平桥面相连，使桥面刚度大于拱的刚度，这个方案最初用在了1923年的弗林格利巴赫大桥设计上。由于拱和桥面必须同时弯曲，因此，实际弯曲力（或称弯曲力矩）将在拱和桥面之间，按两者的相对刚度比进行分配。对于施万巴赫大桥，总力矩为32.8m·t，非常薄的拱仅占该值的5%，其余的由桥面承载[53]。因此，拱内的活荷载弯矩基本上可以忽略不计，这样一来，拱就可以设计得非常薄（图144）。

马亚尔的设计理念使他创造了一种形式，在这种形式中，活荷载弯曲的复杂分析问题变得不必要了。而为了确保设计的有效性并为罗斯教授的测试结果提供确凿证据，也只需简单的分析便足矣。

与此同时，在整个20世纪30年代里，马克斯·里特尔一直在研究拱桥分析问题，其中还考虑了桥面与拱的相互作用因素。里特尔的应用科学观使他千方百计地想构造出一个涵盖所有类型的拱桥体系的普遍性"科学"理论；然后再借此理论去分析任意尺度的拱桥体系，并获得各构件（拱、立墙和桥面）相应的精确结果。然而，里特尔的观念是盲目的，因为他的眼中只有抽象的图表和代数公式，而没有具体的工程设计实例，他的出发点是公式而不是形式。例如，对于施万巴赫桥而言，里特尔需要36个联立方程才能得到一个"正确"解，甚至为此还必须忽略水平曲率的影响。难怪在高性能计算机诞生之前，里特尔的报告只会告诉你这个问题有答案，但却不可能在三周内告诉你答案。与此相反，马亚尔却用不了一个下午便会提交解决方案。

在马亚尔的思想中，一般理论的权威与专制人格有着直接联系。有时，他会用这种方式来形容德国人，尽管他也有许多不符合这种贬义标签的德国朋友。不过里特尔也许是最符合马亚尔所谓的专制权威的典型，随着施万巴赫大桥接近完工，他与这位教授最大的对抗将开始于锡尔霍兹利体育馆的设计（Sihlhölzli Gymnasium，详见第 8 章）。然而在这场争论爆发成法律问题之前，马亚尔还必须面对经济萧条加剧的后果。

经济萧条与堤岸坍塌

随着大萧条最终蔓延到瑞士，马亚尔的生意逐渐萎缩，但他的设计理念似乎开始盛行。在努力维持三家事务所正常运转的过程中，马亚尔对施万巴赫桥中出现的问题给出了一种令人耳目一新的解决方案，而这个思路在朱比亚斯科桥和特斯桥的设计时就初见端倪。然而，随之而来的是业务量的急剧萎缩。到了 2 月下旬，在得知自己失去了对埃泽尔沃克（Etzelwerk）发电厂的投标项目后，马亚尔不得不解雇了苏黎世的两名绘图员[54]，这样一来，他的事务所就只剩下了五个人（凯勒、克鲁克、福尔内罗德和两个绘图员），即便如此，这五个人的活儿也不多。

4 月份的最后一个星期五，马亚尔在苏黎世收到了一个好消息，他赢得了苏黎世市政大厦的设计委托。尽管这个结构几乎没有什么设计难度[55]，但却是个大项目，马亚尔当然求之不得。虽然市政大厦项目一直持续到了 1934 年初夏，但这个项目几乎不牵扯工程施工，只需要凯勒和绘图员就能够完成。因此，在整个 1933 年里，马亚尔的工程施工团队几乎没活可干。

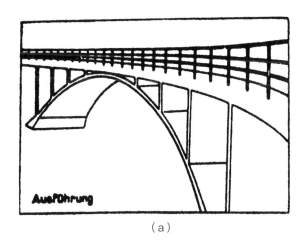

(a)

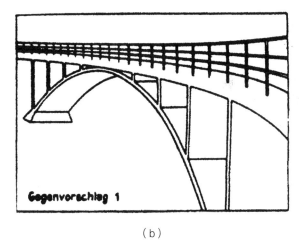

(b)

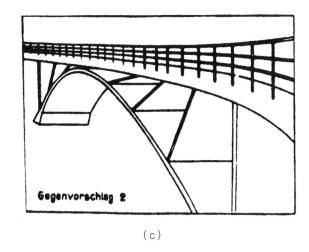

(c)

图 145 施万巴赫桥及其备选方案：(a) 马亚尔的设计；(b) 博尼的方案Ⅰ；(c) 博尼的方案Ⅱ（资料来源：《瑞士建筑学报》）

那年秋天，苏黎世事务所的项目匮乏终于将马亚尔的经营推到了悬崖边上：10月31日，他被迫解雇了马塞尔·福尔内罗德[56]，对马亚尔而言，这是一次可悲的决定，也意味着苏黎世事务所的不复存在。在福尔内罗德身上，马亚尔看到了不畏惧新思想的品格，也看出了其对自己设计理念的支持。就在几个月前，福尔内罗德向马亚尔介绍了美国哈迪·克罗斯教授提出的计算复杂混凝土结构的简单新方法，马亚尔对此很感兴趣，他鼓励福尔内罗德能就此发表几篇相关文章，并承诺会亲自把文章引荐给《瑞士建筑学报》的卡尔·耶格尔。结果是，福尔内罗德失业后的第4天，他的长篇文章便刊登在了那本杂志上[57]。

1933年1月28日，《瑞士建筑学报》的两篇专题文章都描述到了马亚尔的设计作品：刚刚竣工的日内瓦瑞士信贷银行大楼以及正在施工中的沃韦堤岸（Quai in Vevey）[58]。后者由马亚尔设计、洛辛格建造，其结构设计是欧洲同类工程项目的首创[59]：堤岸的独特之处在于混凝土浮式沉井，当沉井锚定后，堤岸的一部分坐落于沉井之上。像许多马亚尔的设计一样，仅从技术上来说，它就值得在《瑞士建筑学报》上发表一篇重要文章[60]。从1932年底开始，马亚尔的这项技术为日内瓦事务带来了一些工程项目[61]。虽然马亚尔的这个创新既有商业价值又有挑战性，然而单凭此仍然无法维持事务所的长期经营。

1933年3月22日星期三晚上，在伯尔尼拜会了施泰特勒之后，马亚尔坐下来和建筑商洛辛格打了一圈Jass纸牌，玩到兴头时，洛辛格出去接了个电话，回来时就变得浑身颤抖、面色苍白，他告诉马亚尔，沃韦堤岸在施工过程中倒塌了。第二天一早，洛辛格和马亚尔驱车前往沃韦，在那里，他们发现恰恰是与1877年旧堤岸相连的那部分新堤岸垮掉了，幸运的是没有人受伤。早些时候，马亚尔就曾警告过沃韦市政府，在开始修建新堤岸之前应先拆除旧结构，但那些官员们坚持要保留旧工程。对于咨询工程师来说，结构垮塌是最让人头痛的事故，重新施工将花费大量时间，而且没有任何回报[62]。

大型定制结构的风险在于施工问题可能会消耗无法补偿的工程时间，施工事故可能会使设计的利润化为乌有。马亚尔会经常感到进退两难，一方面要为保证事务所的正常运作而承揽一些常规工程项目；另一方面又要为了满足自己的设计创意而苦恼。前者需要营销技巧和人脉，因为他的许多竞争对手也同样能够完成相同的工作；后者则相反，通常只需要马亚尔本人，因为只有他自己才能想出不同寻常的设计方案，比如特斯桥。堤岸项目的最终结果是以洛辛格的完成修复而告终，整个项目于1934年9月完工[63]，在10月20日，州长正式剪彩，市民们涌上这条新河路，并且"教授先生"的荣誉送给了马亚尔[64]，教授也很开心，因为自己被大众认可成了学术人物。

钢筋混凝土上的杂技（1933-1934）

探索新形式

1933年6月26日，马亚尔在日内瓦与洛桑工程学校的学生举行了联谊活动，向他们展示了自己的施万巴赫桥和其他设计作品。而他的朋友，市政工程师罗伯特·佩松（Robert Pesson）在向学生介绍马亚尔时，将其形容为活力四射的"钢筋混凝土杂技演员[65]"。在当时，马亚尔大胆且优雅的设计已经渗透到了行业的方方面面甚至于到了课堂教学上。然而在位于苏黎世自己的学校里，情况却并非如此，因为这里是由马克斯·里特尔主宰着。直到1945年里特尔去世后（马亚尔死后5年），里特尔的年轻助手皮埃尔·拉迪才把这位工程师的"杂技"带到苏黎世联邦理工学院的教育中，从而帮助创造出了新一代瑞士结构艺术家。

然而在 1933 年，马亚尔的注意力已经从教学转移到了工程实践上。当洛辛格和宾格利进行施万巴赫桥的施工时，他已经开始了位于旺根附近阿勒河上另一座新桥的设计工作。马亚尔做了两个新奇的方案：扁平的椭圆形三铰拱，有点儿像罗塞拉本桥，然而却又像楚奥茨桥，因为铰是藏在暗处的。此刻，马亚尔开始面临一个越来越普遍的设计问题，即拱并不适用于低矮的公路渡口桥。旺根大桥促使他离开了罗塞拉本式的设计，并开始着手研究更扁平的三铰结构形式[66]。9 月初，他又开始了另一座位于伯尔尼州的桥梁设计项目，这座桥位于因纳特基兴小镇（Innertkirchen）的因特拉肯河。这回，他采用了与旺根桥相似的结构形式，并为这座低矮的只有 30 米跨的桥梁进行了详细计算[67]。马亚尔正在努力寻找一个看起来更为轻盈的扁平结构形式，然而这次他只成功了一半。

9 月中旬，马亚尔在给美国研究生米洛·凯彻姆（Milo Ketchum）的信中反映了这些问题，他指出，当桥面加劲拱过于扁平（例如因纳特基兴桥）时，其优势就消失了，而他在 1901 年提出的空腹箱形梁则更为合适[68]。马亚尔再次想起了楚奥茨桥的设计经历，当时他提出了一个三铰拱方案，铰是隐藏式的，就像因纳特基兴桥那样。1901 年，正是在与上述结构形式的权衡过程中，他走向了塔瓦纳萨桥的设计方向，32 年后的今天，曾经的创新将再次引领他走向连续梁的新方向。

在因纳特基兴桥施工之后，马亚尔再次将注意力转向了旺根桥。10 月 10 日，他提出了一个全新方案，这次不是拱桥，而是一座三跨梁桥。这是一个优雅的概念，尤其是在当时，中心跨度达到了 52 米，然而，当州政府公共事业总监伯辛格看到这个方案时，竟然直截了当地说："不行，太不混凝土（实在）了"，尽管已经支付了设计费，但伯辛格依然拒绝建造[69]。

从因纳特基兴的扁平拱到旺根的连续梁，标志着马亚尔设计理念的决定性转变。虽然他在那之后再也没有完成过像因纳特基兴桥那样的作品，但 1933 年后他持续研究梁桥，生命最后的 11 座桥梁中 5 座都是梁桥结构。事实上，马亚尔对梁桥的探索开始于 1932 年，为伯尔尼的魏森施泰因街桥（Weissensteinstrasse）进行了初步设计，由于这是一次没有回报的设计，所以直到 1934 年他才重新开始认真研究梁桥问题。那年晚些时候，马亚尔在利斯伯格大桥（Liesberg）设计过程中再次利用了梁式结构，并做出了令自己满意的设计方案（见第 8 章）。

1933 年底，马亚尔开始思考这样一个问题——如果把他的两种拱形式发挥到极致将可能产生怎样的成效？而这种成效第一次便出现在 1934 年初的南斯拉夫西拉科沃大桥（Sirakovo）上，在该项目设计过程中，马亚尔对两跨空腹箱形三铰拱结构进行了一系列研究，并采用了一种大胆的原始方式来处理结构形式[70]，他设计的柱子顶部和底部均为铰接，并加宽了柱的中部截面尺寸，而且还将拱铰延伸到了跨内（图 146）。萨尔基那山谷、罗塞拉本和费尔塞格大桥的设计经历使马亚尔能够很好地理解这种结构形式，而如今也都体现在了他的设计作品上。由于中央支座的突出，两跨拱在视觉上存在着某些特殊问题，对此，在很久之前的施陶法赫尔桥设计过程中，威廉·里特尔就曾争辩道：一个长的中央跨总比两跨更优美。

寻找新方向

1934 年 9 月中旬，马亚尔为圣加仑州的锡特山谷设计了一座壮观的 200 米跨的多边形薄壁拱桥[71]。同时，他还为塔瓦纳萨上方约 15 公里的迪森蒂斯（Disentis）附近的罗塞纳山谷（Russeinertobel）设计了一座 80 米跨度的三铰拱桥，其形状与 1904 年的设计相同，但经过了修改，跨度更长，轮廓也变成了多边形[72]。此外，他还在日内瓦开始了两座新桥的设计，并且再次利用了成熟的设计风格：朗西桥（Lancy）

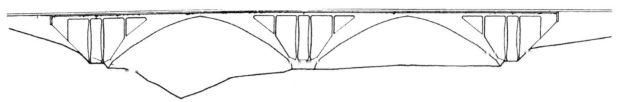

图 146 三铰拱形式的发展：西拉科沃高架桥立面图（资料来源：马亚尔公司）

为多边形桥面加劲薄壁拱结构，韦西桥（Vessy）为空腹箱形三铰拱结构[73]。

在所有这些设计中，马亚尔将他的创意扩展到更大的规模和更具棱角的外形上。伴随着1934年5月和7月西拉科沃高架桥草图（图146）亮相，马亚尔的设计技巧也越来越娴熟。在这种设计风格的演变过程中，两个显著的事实是马亚尔在坚持两种形式的同时也勇于自我批判。马亚尔认为，对于刚性纵墙空腹箱形截面而言，萨尔基那桥显得太过传统，拱的曲线过于平滑；他还发现，在瓦尔齐尔巴赫和特罗巴克的加劲薄壁拱设计中，护栏在视觉上过于沉重。这些自我批判使他在再次设计以下两类桥梁时采用了多边形的轮廓方案：锡特桥向我们清楚地展示出了马亚尔关于大跨度拱的构思，其跨度甚至比1930年弗雷西内在普卢加斯泰勒桥创造的180米的世界纪录还长出20米[图147（a）]。通过对这些概念的视觉比较，我们很容易发现，马亚尔非常重视结构的轻盈性、棱角感、表现力以及整体形式的一致性。

到了1934年，马亚尔已经证明了薄壁多边形拱在技术上是完善且可行的。但之前的设计跨度却从未超过40米，而这种结构形式要如何才能延伸到200米并保持视觉审美上的轻盈性，正是马亚尔所力图寻找的答案。而他的答案在于将拱设计成一个槽形截面，在靠近支座处，分成两个倾斜的互相张开的双肢[图147（b）]。拱板和翼缘（构成槽形断面的）的视觉效果是一个整合的主体结构，同时也可看作是构成整体结构的薄壁杆件。如果仅仅只是两个肋（翼缘）而其间没有板，那么从不同角度看上去，两肋之间就会出现不同间距的杂乱效果。

相比之下，弗雷西内为普卢加斯泰勒桥设计的空腹箱形拱则是一个平滑的单拱，从一个支座到另一个支座几乎没有变化。类似的透视图显示出马亚尔的设计看起来要轻盈得多，但更引人注目的是锡特大桥设计中的整体形式，立柱和桥面是由翼缘连接板组成，而在每根柱的连接处拱多边形则略微断开。而在普卢加斯泰勒桥中，三根桥柱仅仅只是墩立在视觉感厚重的拱上，并无法反映出柱对拱的影响[74]。

马亚尔还将减小水平桥面构件（桥面翼缘截面）高度的新理念引入到了锡特大桥的设计中，其目的在于减小匹配桥柱的高度。同时，他还减小了柱翼缘和拱翼缘。另外，伴随着引桥跨内堤岸上立柱高度的减少，马亚尔还减少了同类型构件的数量。这些微妙的结构形式并没有出现在普鲁加斯特大桥上，也没有体现在马亚尔1931年为朱比亚斯科提出的70米跨结构方案中。马亚尔1934年的这座200米跨大桥的设计代表了他对自己以往设计作品的批判，也与同时代的设计作品形成了鲜明的对比。事实上，马亚尔的这个设计并不是对他人成果的改进，而是对自己早期作品的改善。通过草图、实地考察和简化计算，马亚尔在脑海里反复捉摸大桥的样子，并不断加深和强化，从而形成了一个内在的印象，而如此苦思冥想的成果便是1934年后期一些重大作品的诞生。

尽管身体不好，生意也不好，但马亚尔还是相对比较幸运。虽然他还没有在德国建造起任何东西，但

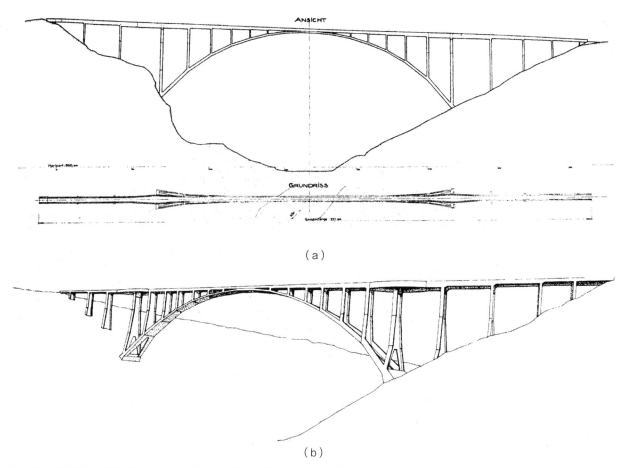

图147 位于哈根—施泰因（Haggen-Stein）的锡特大桥：（a）未建成的设计，1934年10月（资料来源：马亚尔公司）；（b）透视图（绘图：科林·雷普利）

他的作品却已经在德国出版，而且他的生意比大多数瑞士设计师都要多[75]，最重要的是，第一次远离家乡的女儿从印度尼西亚即将返程。

政治与游戏

马亚尔创造施万巴赫大桥时的瑞士和平环境是欧洲大陆政治动荡加剧的一个例外。1933年1月30日，兴登堡总统任命阿道夫·希特勒为德国总理。希特勒的履职开启了恐怖的统治岁月，首先是针对共产党[76]，并在几个月内，又将矛头指向了犹太人。马亚尔敏锐地意识到了纳粹的政治迫害，因为他在德国有一位名叫亚历山大的最亲密的犹太朋友，尽管拥有瑞士国籍，但亚历山大在德国却不再感到安全。于是，他便在4月1日抵达伯尔尼，表面上是为了参加马亚尔领导的瑞士在俄金融权益协会（SECRUSSE）的年会，而事实上却是为了在沃韦或卢加诺（Lugano）找到一处永久定居地[77]。在战争期间，亚历山大便一直待在了瑞士。

在政治版图的另一端，斯大林也正在创造着一个同样的集权国家。仅1932-1933年间，苏联的集体化运动就殃及数百万人，并将另外数百万人发配到了劳改营[78]。马亚尔对这些政治运动感到震惊[79]，不祥的政治局面夹杂着1933年生意场上的低迷，令他感到未来无望，只有对女儿布卢默尔一家4年来首次返家的期望才能带来些许乐观的亮色。到了6月，苏黎世的业务有了好转，此时保罗·尼森不在事务所，马亚尔只见到了奥克斯林小姐，便与她一起吃饭，这些年来，他（她）俩经常在一起，甚至连事务所的工作人员都认为她和马亚尔不仅仅只是朋友关系。奥克斯林活泼有趣又聪明，马亚尔很喜欢和她交往，而奥克斯林似乎也更喜欢与年长的男人相处，尤其是像马亚尔和尼森这样的成功人士[80]。

马亚尔对奥克斯林小姐的态度既得体又不传统，这是他的性格使然。也许仅仅是一种温和的调情就可以填补妻子玛丽亚的去世、女儿玛丽-克莱尔不在身边以及最近母亲贝尔塔亡故所留下的情感空白。如今，马亚尔在三座城市都有一位年轻女人相伴：苏黎世的奥克斯林小姐，伯尔尼的侄女艾德丽安（Adrienne），日内瓦的西蒙妮·佩罗特（Simone Perrot，是侄女伊迪丝·维基的密友）。

马亚尔最喜欢用打牌这项日常娱乐活动来度过与罗莎、玛格丽特以及玛丽的共同时光。当时的纸牌游戏正经历着规则上的变化，从旧的叫牌制打法过渡到新形式的桥牌约定制，这些规则上的混乱往往让马亚尔哭笑不得[81]。在向玛丽-克莱尔描述这些规则上的困惑时，马亚尔注意到：也许他既不需要同伴也不需要计划，因为"桥梁"的难题可以用逻辑来解决[82]，但桥牌游戏却要避开固定的惯例，就像他驳斥马克斯·里特尔所谓科学计算的伪科学那样。里特尔和其他人经常会抱怨马亚尔的计算方法是一种不靠谱的静力学，也就是说，对于公共建筑所处的风险而言，这种计算过程还不足够严谨[83]，他们的这些讽刺挖苦比他们的想象力更为丰富多彩，也的确更适合马亚尔，因为他真的喜欢这种天马行空般的计算方式。

通过观察，马亚尔能够感到"理解桥梁科学强加给我们的所有规则和计算并不是最必需的"，这一点也体现在桥牌娱乐性与规则性之间的联系上："如果说达吉姨妈（Daggie，保罗的妻子，她能够忠实地遵守这些规则）总是输给我，那么很明显，是因为她运气不好，而且她的对家也没有领会到她的叫牌方式[84]。"马亚尔这些带有讽刺意味的话显然也与结构设计有关。了解所有规则和复杂"科学"计算的设计师将永远无法获得最佳设计，并容易将失败归咎于不良客户（经济节约型）或乏味的场地（小型的常规天桥），而且这种失败还会经常出现，因为评审委员会规则取代了设计师头脑中的自然法则，就像复杂的计算扼杀了想象力一样。马亚尔总是显得很另类，但如果缺少了这种态度，他也就不可能设计出像施万巴赫大桥那样的新形式。

夏天的到来并没有给马亚尔带来新项目。他开始意识到瑞士纳粹的意图，正如他所说的，是为了"粉碎一切[85]"，而希特勒在德国国内的成功更起到了推波助澜的作用。伴随着1933年7月伦敦国际经济会议的失败，英国和美国采取了更多的民族主义政策来缓解他们的经济萧条[86]。而在意大利南部，墨索里尼则加强了他的法西斯统治。

8月份，马亚尔看望了住在泽西岛（Jersey）上的勒内和住在伦敦的埃德蒙，这是他第一次到英国[87]。像往常一样，当离开祖国后，他往往对周围的新环境漠不关心，但至少与儿子们的相处经历还算让他高兴，另外，女儿一家提前回国的消息也令马亚尔欣喜若狂。9月初传来的消息是，他们将于10月7日从苏门答腊岛出发，几周后抵达苏黎世[88]；而实际上，女儿到家是在11月，然后再休假6个月。1933年的新年前夜，马亚尔一大家16口人齐聚日内瓦，庆祝女儿布卢默尔一家的归来。尽管时局不好，但这次团聚却比任何时候都要盛大和快乐，因为这是自1929年玛丽一家人远离瑞士后的首度聚会。

心灵之旅

早在1932年初的苏黎世，马亚尔就已经决定租上一套价格低廉带厨房的两居室公寓，这套公寓在一家名曰"黑熊"的老式旅馆里（图 148）[89]，距离市中心的阅兵广场（Parade Platz）不远。租房的主要目的是为了有一处足够大的地方供孩子们回来时歇脚[90]。在马亚尔这位工程师节俭生活的背景下，租房就代表着放纵，但由于没有电梯、暖气和热水，这也许只能算作是一种小小的放纵吧。

在 1934 年的冬天，马亚尔按部就班地执行着他每周的计划，虽然待在苏黎世的时间很多，但工作压力却很小，这也很自然，因为棕熊胡同（Bärengasse）的公寓现在已经成了布卢默尔的公司总部。6 个月过去了，丈夫爱德华必须回去了，而玛丽 - 克莱尔则决定和自己 4 岁的女儿小玛丽 - 克莱尔多待几个月，因为她想花更多的时间和自己的父亲在一起。这样一来，随着爱德华的离开，马亚尔和女儿便开始了一系列旅程，两人会经常去游览马亚尔的那些设计作品。玛丽的回忆向我们描绘出了马亚尔生命最后几年的情景：当时的他虽然身体虚弱，但想象力未减。

一次难忘的旅行把他们父女两人带到了比尔威尔，马亚尔静静地站在那里，注视着自己 1904 年竣工的大桥，他们注意到有人在往这边瞧，过了一会儿，陌生人走近了，于是寒暄起来，当问到为什么要呆呆地站在这里时，马亚尔简单地回答道，他在 1903 年修建了这座桥。闻听此言，陌生人脸上露出了愉快的表情，并解释道自己是当地的农民，还回忆起了当年的情景，尤其是那位来过施工现场并到他家做客的女士。而他所说的这位女士，便是当年的玛丽尔[91]。

而玛丽的女儿在恩吉（Engi）和布卢默尔家人待在一起时，玛丽 - 克莱尔则在大部分的时间里都留在了苏黎世，这样一来，她就可以直接观察到父亲的日常生活，就像 1928 年周末的探访一样。当然，也是存在差异的。首先，她现在基本上是和父亲住在一块，而之前是马亚尔独自一人住在圣达哥旅馆里；另外，她现在年纪大了，观察力也敏锐了，可以明显看出马亚尔比从前衰老了，而且自从交通事故后行动也更迟缓了。

图 148 黑熊旅馆，20 世纪 30 年代马亚尔位于苏黎世的家：1936 年 4 月 3 日，马亚尔寄给女儿布卢默尔一家的明信片（资料来源：M.-C. 布卢默尔 - 马亚尔夫人）

那年春季的一个清晨，玛丽 - 克莱尔早上 6 点左右醒来，看到马亚尔卧室的门半开着。从她的床上可以看到父亲躺在自己床上，两个大枕头支撑着身体，斜靠在床头，抽着烟斗，直视前方，闭起眼睛陷入了沉思，唯一的动静来自烟斗上偶尔喷出的烟雾。观察了一段时间后，玛丽又睡着了。早上 8 点左右，父亲像往常一样叫她来吃早饭，喝咖啡时，她问他早上 6 点在想什么，马亚尔笑着说，他在脑子里设计了一座桥。在 1934 年春天，这座桥可能是西拉科沃高架桥，这是他当年仔细研究过的一种新型三铰拱桥[92]。

与女儿玛丽-克莱尔相处的时间也随着夏天的结束而结束了。10月26日星期五，马亚尔和他的女儿、外孙女从苏黎世乘火车去米兰，然后来到热那亚，并在那里过夜。第二天早上，父亲和女儿沿着港口走了很长一段路。对于马亚尔来说，这是一段悲伤的时光，他双腿沉重，慢慢地走着。他们在瑞士度过了美好的一年，但现在该结束了，她将回到东南亚，而他也会返回小瑞士。父女二人讨论了他明年远足印度尼西亚的计划。最后，玛丽-克莱尔独自一人登上跳板，走入了船舱。

马亚尔在返回米兰的3小时火车旅行中，不知所措地给女儿玛丽写信。下午2:45到达日内瓦后，他遇到了罗莎。两天之后，忙完了工作的马亚尔回到罗莎的公寓，又像往常那样和女士们打起了桥牌，现在的牌桌上又多了一位年轻活泼的女士西蒙妮·佩罗特，并且旧规则又一次取代了新打法[93]。然而如今在苏黎世，马亚尔的心情就没有这么愉快了，因为他与权威们又产生了新的重大争端。

第 8 章

大辩论

(1934-1938)

锡尔霍兹利体育馆的论战（1933-1935）

马亚尔对马克斯·里特尔

1933 年 5 月，马亚尔在苏黎世发现了一封信，这封信将开启一场职业生涯中最激烈的争论。这场辩论涉及锡尔霍兹利体育馆屋顶的结构缺陷，揭示了这位工程师在罕见的情况下，在他的事务所里的一个错误导致了与瑞士最大城市里的最高建筑当局的一系列冲突。在我们看来，这场辩论就是一场战争，但在他看来，这仅仅是一段插曲。然而马亚尔从不允许这段拖了两年多的插曲进入到他的家庭生活中，他在信中从来没有提到过这段插曲，他的家人或同事也从来没有提到过这段插曲[1]。显而易见，这一事件比马亚尔与瑞士官员们的任何其他分歧都更为痛苦，因为该事件似乎给了敌人公开羞辱自己的机会。

3 月初，《瑞士建筑学报》发表了一篇由两部分组成的文章，分别涉及锡尔霍兹利体育馆（图 149 和图 150）以及 1929 年设计的音乐厅。文章中的一幅插图显示了屋顶结构的配筋情况，这个结构由马亚尔构思，与基亚索仓库的屋面结构类似[2]。不巧的是，市政府助理工程师约瑟夫·基勒（Josef Killer）发现了图中的钢筋错误，更不巧的是，基勒及其同事与那些反对马亚尔的人站在了一起，于是，他们如获至宝地抓住了这位看似无可挑剔的工程师的"小辫子"，因为他们认为这是一个极其严重的错误：在图纸上，中央吊耳和相邻吊耳中的钢筋被画颠倒了，因此山墙下中央吊杆混凝土内的钢筋面积还不到规范要求的一半（图 151）。这样一来，根据规范以及马亚尔签订的项目设计合同，他就必须以某种方式增加额外的钢筋。如果仅仅是钢结构（而非钢筋混凝土结构），那么增加钢柱还是相对容易的，但对于混凝土构件而言，就没有那么容易了。

马亚尔花了相当长的时间来计算屋架是否真的不安全。4 月 26 日，他完成了一份长达 5 页的报告。报告的结论是："尽管存在绘图错误，但对结构安全的怀疑甚至加固的要求都是不必要的[3]。"马亚尔指出，尽管一些钢材会承受过大的应力，但其增加的应力仍然低于 1933 年瑞士钢结构新规范的允许值。为此，他建议，可以采用加载试验来证明他的结论。起初，市政当局愿意考虑这个建议，然而很快就被以苏黎世联邦理工学院马克斯·里特尔为首的强大反对声音给压制住了[4]。里特尔还没有从马亚尔对苏黎世联邦理工学院的研究工作和钢筋混凝土新规范（最终于 1935 年出版）的尖刻批评中恢复过来，他真的是太高兴了，这次终于找到机会可以诋毁他的对手了[5]。

9 月 25 日，马亚尔与当局会面，后者提议聘请里特尔教授来重新验算屋架结构的安全性。同时，他们也允许马亚尔可以指定自己的外聘专家，以便进行相

图149 锡尔霍兹利体育馆，苏黎世，1929年：具有柔性框架的主楼层，其上为阁楼层顶骨架结构（资料来源：M.-C.布卢默尔-马亚尔夫人）

同的安全性评估。在接下来的10天里，马亚尔反复斟酌了市政当局的建议，并发现这个建议存在如下三方面的缺陷：第一，马亚尔坚信，此刻的载荷试验是确定屋架结构实际性能的唯一方法，当然，也能顺理成章地判断其是否安全；第二，他反对市政当局聘请顾问的建议，因为这给了里特尔设定标准的机会，他反对这种里特尔提问而自己作答的方式。对于马亚尔来说，首要的问题不是"是否发生了错误，如何纠正？"而是"结构是否不安全，如果是，为什么？"这两个问题之间的差异揭示了马亚尔对工程问题或其他相关专业问题的解决方式。

马亚尔的第三个反对意见是自聘顾问的方式，因为他意识到，就像解决任何法律纠纷那样，这样做只会产生两名意见截然相反的专家。因此，他提出了一个令人惊讶的建议，即里特尔既充当自己的顾问，也担任市政当局的顾问，而且他本人有责任确定结构的安全性并承担任何维修费用[6]。显然，这种解除武装式的提议背后隐藏着马亚尔的信念，即瑞士或其他任何地方都没有人有资格让他去咨询，因为当时的他被认为是瑞士最为重要的工程顾问。马亚尔确信，市政当局并不了解建筑结构是如何工作的，他甚至怀疑里特尔也不知道[7]。

在此之前，里特尔巧妙地避免了与马亚尔在公共场合的所有争论，原因是后来的一系列成功甚至吓坏了里特尔这位最坚定的对手。而现在，正如我们这位工程师所希望的，可以利用体育馆的争论使他与里特尔之争公开化。里特尔坚持认为，瑞士新规范是屋架结构设计的唯一标准。由于马亚尔的图纸显然不符合规范，因此，里特尔确信自己的报告必然会被接受，而马亚尔也将被迫对屋架进行加固[8]。当然，马亚尔

锡尔霍兹利体育馆的论战（1933-1935）

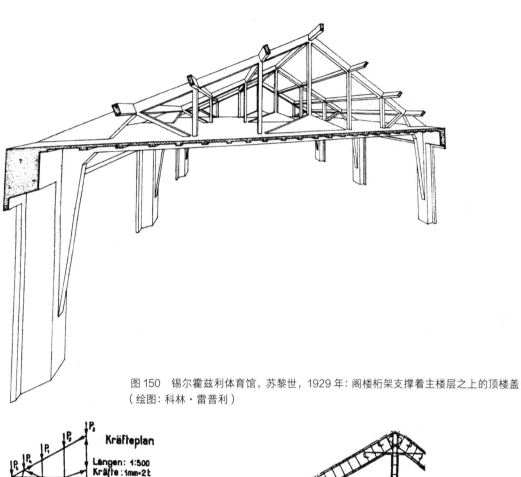

图150 锡尔霍兹利体育馆，苏黎世，1929年：阁楼桁架支撑着主楼层之上的顶楼盖（绘图：科林·雷普利）

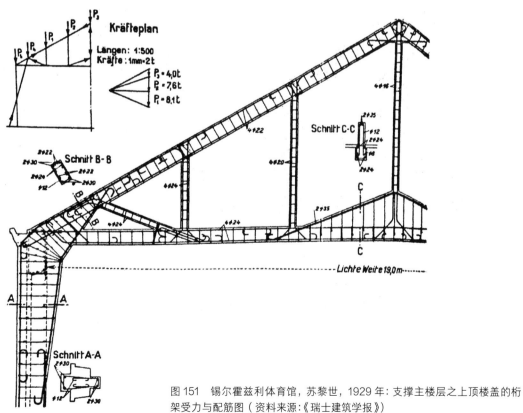

图151 锡尔霍兹利体育馆，苏黎世，1929年：支撑主楼层之上顶楼盖的桁架受力与配筋图（资料来源：《瑞士建筑学报》）

估计到了市政当局的如此需求，于是便设计了一套独特的加固装置。

正如马亚尔所预料的那样，里特尔给出的答案是：这种结构不符合规范，因此必须加固。对于马亚尔来说，1934 年 2 月里特尔呈交给市政府的报告既荒谬又有害：之所以荒谬，因为里特尔抛出的 100 多页的、潜心研究的计算结果仅仅说明了一个显而易见的正确结论，而这个结论在 1 年前就已经尽人皆知了；而之所以有害，是因为他必需据此而进行结构加固，而且自行承担所有费用[9]。

在 3 月 2 日对市政府的回应中，马亚尔简要指出，他同意增加一道水平支撑，但拒绝接受任何指责[10]，他认为市政顾问的报告是在强迫其进行不必要的加固。虽然马亚尔的法律论据薄弱，但技术论据（在一年之内并未公开）却是合理的。就像过去那场有关新规范的巅峰对决那样，这次里特尔再次取得了胜利，因为他无需与马亚尔进行公开辩论。里特尔充分考虑到对手的长处，然后再依靠官僚主义的手段来让自己的论点获胜，而不必从复杂的工程实践出发。

事实上，马亚尔与马克斯·里特尔分歧的本质是：尽管测试结果挑不出毛病，但计算结果却超出了人为规定的条条框框。里特尔拒绝建议市政当局对锡尔霍兹利体育馆进行加载测试的原因在于，试验结果有可能与他冗长但概念上有限的计算结果不符，而马亚尔却将实验作为避免过度依赖钢筋混凝土结构计算所固有风险的最佳方法。

为设计辩护

1934 年 6 月 19 日星期二上午 9 点，马亚尔参加了在苏黎世建设部门办公室里召开的会议，参会人员还包括两名市议员、秘书、三名政府工程师以及首席市政建筑师赫尔曼·赫特（Hermann Herter）[11]。显然，这是一次尖酸刻薄的战斗，马亚尔必须面对在里特尔本人缺席的情况下对其报告的辩驳。而基勒显然为自己的发现而倍感骄傲，同时也成了马亚尔的主要对手，令基勒感到不安的是，马亚尔并没有针对里特尔给出的构造要求进行全面计算。基勒坚持认为加固是必要的，因为里特尔计算的应力比规范允许值高了 1 倍。另外，他还拒绝了马亚尔提出的加固计划，除非里特尔能够进行适当的核实。

马亚尔的辩护观点很简单。他一开始便说："我承认有一个严重的错误，我不会逃避后果。"但他反对里特尔的计算，因为其结果无法反映实际结构，因此对他来说毫无意义。马亚尔再次强调，打消对结构疑虑的唯一方法是通过加载试验。另外，市政府还要求马亚尔不仅必须支付加固费用，还要支付给里特尔咨询费，对此，马亚尔的回答是咨询费（2850 法郎）过高。

在这些市政府官员中，只有赫特一人愿意替马亚尔说话，他引出了一个完全不同的话题。赫特指出：事实上，这个项目最初是由祖特尔（Dr. Suter）博士负责的，在他去世后，才由马亚尔接手了相关设计工作，而马亚尔的设计使政府节省了 4 万～5 万法郎。因为之前的工程师已经得到了报酬，"为了不让成本增加太多，马亚尔只拿到了一笔不多的设计费。"然而，赫特提出的这些旁证却被置若罔闻了。讨论的最后是把里特尔的报酬问题抛给基勒、马亚尔和里特尔去解决。马亚尔对这次会议感到愤怒，因为他很清楚，对手并不愿意去了解他的结构设计。虽然马亚尔无法与这群官僚们抗争，但至少希望这次事件能证明他的理论是有效的。

又过了一周，市政府要求马亚尔在 7 月 4 日之前提供加固图纸[12]，以便里特尔进行审查，但马亚尔并没有理会这个最后期限[13]。里特尔继续避免与马亚尔发生公开冲突：他从未参加过有关体育馆辩论的会议，也从未回答过马亚尔对其计算的批评。不过，尽管基勒反对，且并没有里特尔的明确意见，市政当局最终还是批准了马亚尔 8 月 14 日提出的体育馆屋架结构加固方案。

预应力体操馆

8月底,马亚尔收到了一份来自政府的简短通知,提醒他,里特尔的付款问题仍未解决,对此,马亚尔愤怒地回答道,他已经开始了加固工作,而前提条件就是他不负责支付顾问的费用。马亚尔毫不含糊地告诉市政当局,他觉得自己被骗了[14]。几天后,市政府召开了一次没有马亚尔参加的会议,会议重申了政府的观点,即使赫特反对,马亚尔也必须支付里特尔咨询费[15]。这个结果让马亚尔很恼火,于是,他决定不服从,并将此事告上法庭。

马亚尔并没有生气太久。事实上,他甚至利用这段令人不快的插曲发展出了一种新的建筑技术,从而使之成为自己的优势。马亚尔对这一错误的反应和他之前对楚奥茨和阿尔堡的那些错误的反应很相似——力图通过这样的案例来改善设计专业中不合理的结构问题。此外,马亚尔还打算写一篇文章来解释自己的设计理念,澄清里特尔思想中的错误,并揭示出市政官员们没有理由担心自己的结构设计。整个9月份,马亚尔监督着三名工人在体育馆屋架结构上增加了16根水平支撑,这样的加固方案体现出了预应力的早期应用(图152和图153)[16]。

11月下旬,马亚尔接到苏黎世的裁决:他必须支付里特尔咨询费。从第一次世界大战前开始,马亚尔和里特尔之间就始终不睦,两人的矛盾更因有争议的付款问题而达到了顶峰。如今的马亚尔依然顽固地拒绝投降,而最后的对决则留到了来年。

抨击苏黎世

1935年2月15日,马亚尔与苏黎世市政府签署协议,里特尔的2850法郎的费用由他本人和苏黎世市政府平分[17]。一个月后,通常周六出版的《瑞士建筑学报》杂志刊登了马亚尔有关体育馆的文章。杂志出版后,耶格尔立刻给市议会议员J.赫夫蒂(J.Hefti)寄了一份,而此人正是马亚尔的坚定反对者。在附言中,耶格尔讽刺地祝贺市政当局在没有任何额外费用的情况下获得了一栋建筑,由于"我的同事马亚尔的人道主义精神,使得这座体育馆现在可以承担更多的重量,更是由于他的才华,此事终于水落石出[18]……"耶格尔接着观察到,"你得感谢我,因为是我出版了这张显示钢筋的图纸……错误也浮出了水面!"耶格尔暗示,市政当局不仅没能自己发现错误,而且最终的结果恰恰是证明了马亚尔的慷慨精神而非他们的水平。

赫夫蒂博士和他的工程师们怒不可遏,开始为马亚尔的文章准备详细的回应。马亚尔写了什么?在重复了对政府部门所做的论证之后,马亚尔推断,在有缺陷的吊杆可能失效之前,它的大部分负荷将由倾斜的屋檐梁承担[19]。在马亚尔的简化分析过程中,设计的基础是中央吊杆(错误的配筋不足)承担了中跨一半范围内的所有荷载,而其他吊杆则不承担任何荷载。由于荷载巨大,所以他进行了配筋设计,但不幸的是,其中只有一半钢筋能够发挥作用。马亚尔向政府官员解释道,自己的简化分析是非常保守的,因为邻近的吊杆一定会分担部分负荷,因此,可以减轻有缺陷吊杆的大部分假定荷载。马亚尔的简单计算表明,屋檐梁的存在将使吊杆承受45%的荷载,而他对原型结构的实测结果表明,屋檐梁实际上承受了更多的荷载,因此,吊杆的危险比他想象的要小得多。

马亚尔之所以能够取得上述判断,是因为他一如既往地将结构看作统一的整体,他更愿意站在设计师而不是分析师的角度去处理力学问题。这就如同音乐会上的钢琴家一样,马亚尔有时也会漏掉一些音符,但他从未漏掉音乐的内涵,也从未在演奏过程中出现间断。那些只会抱怨错误音符而错过了美妙乐章的学究们,岂不更像是那些只会坚持无用数字的学术权威?马亚尔最初的主旋律因他自己的错误音符而略微地改变了,然而他却仍然能够继续把这个错误融入自己的旋律变化当中,从而创造了一些稍有不同的事物。

马亚尔认为,直接加固(增加新吊杆)是困难的。

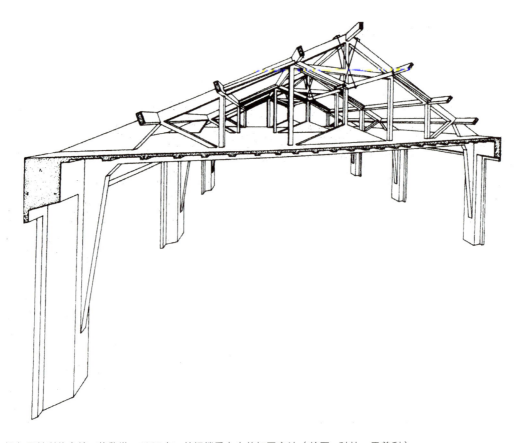

图152　锡尔霍兹利体育馆，苏黎世，1935年：从阁楼看上去的加固方法（绘图：科林·雷普利）

因此，"我提议……更优雅、更容易施工的解决方案……在中间两根受压支柱间加上水平支撑。"由此可见，施工困难促使马亚尔找到了另一种更容易建造和更优雅的解决方案。

市政当局的回击

5月15日，市政府建筑部门的秘书E.阿曼（E. Ammann）博士给卡尔·耶格尔发了一封信，对马亚尔的文章提出了四点主要反对意见[20]。而在阿曼的文章发表之前，马亚尔便发出一封犀利的回信，逐条反驳了阿曼的论点[21]。马亚尔冒着巨大风险首先发表了自己的文章，然后又针对市政府的攻击进行了辩护。在那个年代里，几乎没有哪位专业工程师会公开发表自己的瑕疵，然后再继续谴责坚持要求自己改正错误的市政当局。

然而马亚尔的答复是如此入木三分和令人无法狡辩，以至于经过几个月的自查之后，市政府主动撤回了信件，从而避免了与马亚尔针锋相对的公开答复。

其实，马亚尔在回复中表示，当局没有理解屋架结构是如何受力的，而且他反对将混凝土应力完全限制在安全实践的范围内[22]。最后，马亚尔兴致勃勃地提到了有关某些荷载被忽略的话题，马亚尔注意到，即便是政府专家（里特尔）也未必注意到这个问题，为此，他给出了一个生活化的场景："每榀屋架结构（无使用功能的屋顶内部）允许站100个人，屋面之上满布积雪，并且当有10个人正在体操表演（悬挂于屋架上的设备）时又恰巧吹来了飓风"，如此多的荷载同时出现，这岂不是个笑话。马亚尔将一些抽象的数字变成了看得见、摸得着的现实，这样一来，荷载的

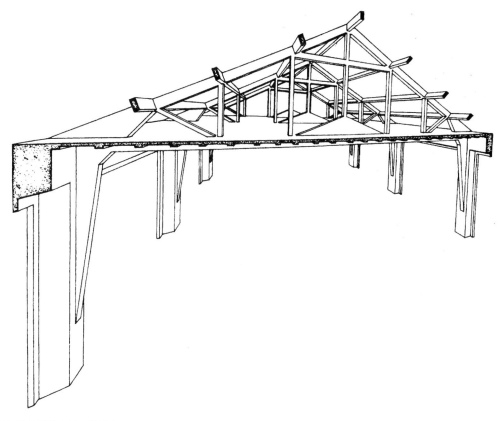

图153 锡尔霍兹利体育馆,苏黎世,1935:从阁楼看上去重新设计的桁架(绘图:科林·雷普利)

逻辑也就一目了然了。马亚尔的方法可能是非正统的,但效果却很明显。

最后,马亚尔清楚地表达了自己的基本理念。"精确计算的主张是不现实的,当我们不忽略有害而只忽略有益条件时,最简单的方法就足够了",他接着说,"当大量计算工作不能带来有形的节约时,这种计算也就失去了意义。"事实上,马亚尔断定"专家的计算更严格、更详尽……可能还是优化设计的基础,每榀屋架会节省6法郎,对于整个16榀屋架,就能减少大约100法郎的成本。"然而,当我们回忆起里特尔收取的2850法郎咨询费仅仅只是为了进行"大量计算"时,马亚尔上述说法的意图就不言自明了,这显然是在嘲笑市政府对待里特尔教授计算结果的"百依百顺"。

马亚尔在他未发表的回复中提出了如何评价优秀设计以及如何奖励设计师的基本问题。官僚主义的头脑无法摆脱复杂的数学分析作为评价方式的陷阱,也不愿意负担由于结构的经济性而应给予设计师的回报。除了被迫支付里特尔一半的费用外,马亚尔并没有收到他的全部设计费。即便马亚尔的答复已经过去了半个多世纪,上述这些问题依然如同20世纪30年代那样没有得到解决。我们将马亚尔的设计理念进行归纳总结后便会发现,它构成了结构工程新理论的基本部分,并对建筑的未来以及政治、科学和美学的内涵都有着根本的影响[23]。

新形式与失败的比赛（1935-1936）

小型桥梁的挑战

虽然马亚尔后来在苏黎世建起了体育馆，但那篇有争议的文章可能使他再也无法从苏黎世市政府那获得新的委托项目[24]，但文章的发表却以简单、廉价的方式宣传了马亚尔解决困难问题的才能。1935年，作为一位擅长解决小型复杂结构问题的顾问与设计师，马亚尔大受欢迎。当里特尔这样的中央权威不在场时，马亚尔就有施展才华的机会，比如，在设计小城镇里的小型天桥时，他就又探索出了一种梁桥的形式，就像30年前在格劳宾登州探索拱的形式一样。

最近，由于头疼和牙齿的毛病，马亚尔只好把自己软禁在了家里，即便如此，他还是勾勒出了位于胡特维尔（Huttwil）的一座新桥的草图[25]。这座桥与1935年完成设计的同样小的利斯伯格桥在一起，代表了马亚尔的新征程（图154）。直到1933年，马亚尔都一直把小型桥梁（跨度可达30米）设计成由桥面直梁加劲的薄壁拱，而直梁又具有桥面护栏的作用。这些视觉上厚重得像墙一样的梁能够使桥面下方的薄壁拱成为可能。然而到了1932年，马亚尔开始质疑这种厚重的外观。在施万巴赫桥以及第二年的特斯桥设计竞赛中，他降低了护栏的高度，并最终获得了一个更为轻盈的整体效果。

时间来到了1934年底，马亚尔意识到了一种新的可能性：单独使用梁而完全没有任何拱，从而消除了昂贵的拱脚手架。但这样的话又该如何避免直梁所产生的沉重感呢？在利斯伯格桥和胡特维尔桥上，马亚尔的解决方案是在支撑主跨的两个柱子上形成拱腋（梁高度方向上的平滑弯曲过渡），反过来，也塑造出了立柱的轮廓，与水平梁的垂直高度相比较而言，柱的截面宽度很小（图155）。虽然这样的结果并不能让马亚尔完全满意，却标志着他开始寻找一种优雅的小桥形式，这种桥的跨度和净空太小，拱的结构并不适用，而且仅有直梁才能实现经济效益。

在所有小型桥梁项目中，最让他感兴趣的是位于利斯伯格附近比尔斯（Birs）河上的铁路桥。这是马亚尔第一次成功地尝试解决了连续梁桥的美学问题[26]。几个月前，在热那亚与玛丽-克莱尔会面后的第一个工作日，他大致勾画了一个连续梁的解决方案，其中梁的顶线在两根支撑柱处上升，从而形成了悬索桥中的缆索形状[27]。从1934年10月29日到11月6日，他一直在研究这种奇怪的形状[图156（a）]，并最终采用了水平顶线以及窄柱柱脚加腋的形式[图156（b）]。同年年底，马亚尔完成了相关设计，该项目于1935年2月开始施工，5月16日，马亚尔被召到现场拆除脚手架[28]。

另外，马亚尔还设计了一种新颖的施工流程：在拆除脚手架时，让桥的两端暂时处于无支撑状态，这样一来，桥端会下坠，迫使主跨梁在跨中向上移动，从而起到了抵消主跨恒载的作用。通过这种方法，马亚尔能够使梁的截面高度相对较小，并且仍然能够承载非常重的机车荷载[29]。另外，马亚尔也很高兴，因为自己能将铁轨直接嵌入混凝土桥面，而不是将其放置在碎石道碴上方的枕木上。"瑞士铁路公司的人士很讨厌这种鲁莽做法，"他在报告中写道，但马亚尔自己却为这种"无礼"行为而感到很高兴。因为在他看来，这不仅节省了资金，而且还减少了机车运动时桥面结构的振动。

5月份的最后一天，马亚尔回到利斯伯格，接受米尔科·罗斯的加载测试（图157）。当一辆112吨重的火车在雨天从桥上驶过时，马亚尔正坐在一根主梁的雨伞下微笑着，双腿还不停地来回摆动着，《瑞士建筑学报》的摄影师记录下了这一场景（图158）[30]。马亚尔喜欢他的小桥，从侧面看，它像一个"鼻涕虫"，尽管存在这种奇怪的相似性，但除了裸露的桥台之外，大桥的体形并未令人感到不适，因为外面的桥台支座

新形式与失败的比赛（1935-1936） **197**

图 154 跨越胡特维尔 – 沃尔胡森（Wolhusen）铁路线的胡特维尔铁路桥（资料来源：M.-C. 布卢默尔 – 马亚尔夫人）

图 155 位于利斯伯格的比尔斯河桥，1935 年：全景图（资料来源：FBM 工作室）

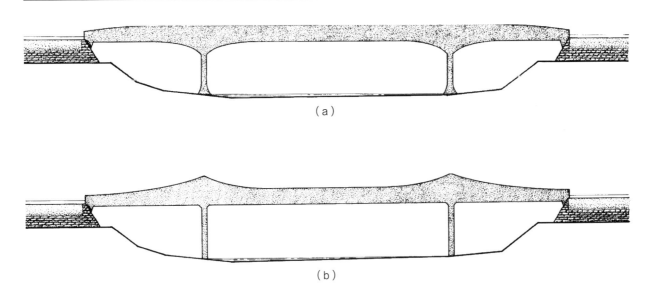

图156 利斯伯格桥:(a)马亚尔绘制的初步方案,1934年10月29日;(b)马亚尔绘制的最终方案,1934年11月6日(绘图:马克·雷德)

将会被土方覆盖。另外,"端部桥台会让人感到不愉快[31]",马亚尔写道,在业主的坚持下,这些支座将永远暴露在外,以便使桥下的开放式水道更宽,从而达到泄洪的目的(图159中最左侧)。

在一个更细节的层面上,通过利用柱上的拱腋和靠近支柱上部的弯曲顶边,马亚尔使他的设计在视觉上更加引人注目。这座桥倾斜了45°,这意味着它穿过比尔斯河时与河流的夹角并非直角,而呈45°。因此,当从河边看桥时,两道梁的加腋似乎形成了一个拱,而且当我们沿着堤岸行走时,其形状还将随着我们位置的变化而变化(图160)。

6月份,莫顿·尚德在苏黎世做了一个讲座,并在马亚尔的办公室里看到了利斯伯格大桥的最新照片,尚德希望在当年晚些时候能够将这些照片发表出来[32]。让尚德吃惊的是,马亚尔能够把这么多的新想法装进一座小桥里,何况这座小桥建在了一个不显眼的地方,并且只花了很少的钱。当然,以同样的方式,马亚尔又设计了胡特维尔大桥,它比利斯伯格大桥有着更锐利的角度,与铁路线的夹角为25°[33],并且同样是一

图157 马亚尔与罗斯正在讨论利斯伯格桥的加载试验,1935(资料来源:M.-C.布卢默尔-马亚尔夫人)

新形式与失败的比赛（1935-1936） **199**

图 158　手拿雨伞的马亚尔坐在利斯伯格桥上（资料来源：M.-C. 布卢默尔 - 马亚尔夫人）

图 159　利斯伯格上的比尔斯河大桥，1935（资料来源：M.-C. 布卢默尔 - 马亚尔夫人）

图160 利斯伯格上的比尔斯河大桥，1935年：拱的感觉（资料来源：M.-C.布卢默尔－马亚尔夫人）

座三跨直梁桥，同样有着细长的支柱，这个小项目也具有足够的技术价值，值得推广[34]。

马亚尔正从曲线构件转向多角度结构。经济规律促使人们将混凝土结构设计得薄而轻，当然还必须简化，以使脚手架和模板的成本更低。1934年之后，几乎马亚尔的所有作品都将反映出了这种偏离平滑曲线的转变。然而，在整个欧洲和美国，平滑弯曲的拱桥却仍然是主要的桥梁形式。设计师们通常认为梁桥是一种厚重的装饰形式，而并非一种结构表现形式[35]。在追求更经济的刺激下，马亚尔正在探索着直线形式的美学可能性。

对设计的思考

1935年春天，苏黎世事务所已经缩减为三个人：总工程师凯勒、建筑师克鲁克和一名绘图员[36]。从年初开始，马亚尔就像10年前一样，当缺乏设计项目时，就会把精力投入到发表一系列阐述当前工程概念的文章上。这一次他专注于美学。他首先关注到法国的一篇专业文章，其内容涉及最近修建的两座三铰空腹箱形拱桥，一座位于莱富尔（Laifour），另一座在阿登高地（Ardennes），位于穿越默兹河（Meuse）的安恰帕斯（d'Anchamps）。这些桥由弗雷西内的导师查尔斯·拉比（Charles Rabut）设计，它们试图"保持人们已经习惯了的总体形象，即使这在很大程度上会带来沉重感[37]……"

马亚尔用一篇短文批评了这种态度，在文章中，他追溯了自己从比尔威尔、塔瓦纳萨到萨尔基那和费尔塞格桥的发展历程[38]。他试图证明法国的设计导致了不必要的结构复杂化和额外的材料开销。尽管马亚尔暗示法国的桥梁不经济，但事实上，它们是相当便宜的[39]。马亚尔接着又反问道："从美学的角度看，萨尔基那山谷桥的形式是否存在明显劣势？"令人惊讶的是，马亚尔竟然对萨尔基那山谷桥发出了批判的声音，在萨尔基那桥上，"为了尊重传统，拱的内弧面在拱冠附近呈圆形而非尖顶式曲线。"另外，马亚尔注意到，只有费尔塞格桥的形状才更合乎逻辑。在他看来，通过将"纯粹的结构性"条件放在首位，就能找到更好或更"可靠的"解决方案。

法国人的文章不仅提倡厚重的拱桥在美学上更可取，而且也未曾提及马亚尔早期的空腹箱形三铰拱桥的设计作品，而这些作品都曾被拉比利用过。由于马亚尔意识到自己的设计作品没有在法国工程师中得到很好的宣传，所以，便在1935年2月出版的法语杂志《工程》（Travaux）上发表了一篇关于自己桥梁设计更完整的讨论文章[40]。

马亚尔的设计作品逐渐在整个欧洲引起了反响。法国、德国和英国的技术媒体都用了大量的图片宣传他的小桥。马亚尔很惊讶，在德国，他受到的关注比在法国更多，然而不像法国，马亚尔在德国却从无建树。在给女儿布卢默尔的家书中，马亚尔写道："我买了《小屋》（Hütte），一本德国工程手册（自1909年以来第一次），尽管关于'砖石桥'（混凝土桥）的章节很少，但我在其中还是发现了罗塞拉本桥和布尔巴赫桥。因此，我正朝着'古典'的方向前进。[41]"马亚尔最重要且具有国际影响力的一篇文章首先刊登在《土木工程》（Le Génie Civil）杂志上，后经尚德编译成英文并发表在一本专注于混凝土新形式的英国小期刊《混凝土方法》（The Concrete Way）的5-6月刊上[42]。甚至远在日本，工程师们也都听说过马亚尔的一些不寻常设计作品[43]。

随着八九月的更替，马亚尔的生意也越来越差[44]。到了9月14日，沙夫豪森（Schaffhausen）大桥设计竞赛的正式结果公布了，马亚尔的所有参赛方案均未获得提名[45]。显然，评审团忽视了马亚尔这些非凡设计方案的品质，这也引起了两个月后《瑞士建筑学报》对评审团的强烈批判。对于高桥，评审团选择了钢梁桥外加"高跷"般的支柱方案，而非马亚尔的薄壁长跨拱；对于城市低桥而言，评审团选择了竖旋桥（两侧可向上旋转以允许船舶通过）以及拱形连续梁方案，正如马亚尔解释的那样，"建筑师利用精致的'孩子气的草图欺骗'了评审团，因为这些方案根本没有遵循工程师的规划。"在向布卢默尔夫妇形容上述情况时，马亚尔用了瑞士德语中的"欺骗"（bechisse）和"儿童画"（Helgeli）两个词，并强调他非常鄙视整个评选过程。如今，马亚尔的唯一支持来自伯尔尼和日内瓦，但不幸的是，这些城市几乎没有建设资金。另外，马亚尔似乎已经赢得了塔勒蒂尼（Turrettini）堤岸的设计委托，因为他的设计成本比另一位工程师的最初方案低了10万~20万法郎。[46]然而，即使有了这份合同，他也不得不开始削减员工的工资。

10月中旬，在商业困境中，马亚尔着手准备虽不情愿但又承诺过的报告，演讲的内容自然是桥梁，而对象则是一群现代建筑师。这场报告的消息发布在各大媒体和《瑞士建筑学报》上[47]。令马亚尔吃惊的是，到了报告开场的晚8点15分，苏黎世联邦理工学院机械实验室的大礼堂（可容纳300人左右）已经座无虚席。就连他的老对手阿瑟·罗恩都到场了，在詹尼-杜尔斯特（Jenny-Dürst）教授向大家介绍完马亚尔之后，接着发言的是西格弗里德·吉迪恩，当谈到马亚尔的设计"美学"时，吉迪恩说，"我确信我将会成为他的王牌！"随即他便展示了70张桥梁的幻灯片，从施陶法赫尔桥，到马亚尔的最新设计作品。

这次报告的反响是热烈的。在狂欢过后，一群满怀崇拜的年轻建筑师护送马亚尔回到了他在棕熊胡同的小公寓[48]，几年后，这群人中的阿尔弗雷德·罗特（Alfred Roth）回忆起了马亚尔的那套公寓——奇怪的布置和令人惊讶的传统装修风格。这些建筑师惊讶于对自家住宅都缺乏兴趣的马亚尔，却可以在桥梁造型方面具有非凡创意[49]。

值得注意的是，在这次报告中，马亚尔批评了伯尔尼的建设总监伯辛格，说他在旺根留下了一座木桥，却不愿意建造自己设计也是当地人更喜欢的钢筋混凝土桥。此话一出，马亚尔自然也就被排除在伯辛格所能控制的任何一座桥梁项目之外了[50]，更糟糕的是，来自本州的零碎工程项目恐怕也就此枯竭了。当《新苏黎世报》写下他作为"光荣老人"的功绩时，苏黎世事务所便停业了，无奈之下，马亚尔心不由己地打发了那里的最后一位工程师阿洛伊斯·凯勒[51]。然而与此同时，另一项重要但不具影响力的工程项目也正在日内瓦逐渐浮出水面。

韦西桥

1934年12月11日，马亚尔向日内瓦市提交了他关于阿尔沃河上一座新桥的初步报告，该桥位于靠近韦西郊区的娱乐区"世界之巅"附近的阿尔沃河180°弯折处[52]。自1930年以来，他一直在重新考虑萨尔基那山谷大桥的设计问题，这个新设计代表了他关于棱角形状和拱的最新理念，其中的拱由空腹箱形与槽形截面（靠近铰支座的箱形截面下半部分）共同构成。在韦西桥上，马亚尔把这些铰支座移到了跨内（图161），就像当年夏天的西拉科沃高架桥设计那样。另外，他还将支撑桥面的横墙设计成了独特的X形，并且计算结果也显示出，弯矩图（图162）恰好与横墙的形状相吻合。这是一个有趣的形状，虽然它有着理性的基础，但更折射出了马亚尔的个人理念——将惊喜引入到严肃的工程业务中。即使马亚尔的主要动机仅仅是出于审美要求，但内力图也同时说明了这种形式的合理性。

克里斯蒂安·梅恩在描述这类想法时说，"我们不能完全否认，就算是工程师，只要拥有艺术天赋，其装饰作品也可能在方方面面都具有吸引人的审美效果。"他用韦西桥的横墙来说明了自己的上述看法。在自己前辈的这件设计作品激励下，梅恩进一步写道：

就算是一种情调或无关紧要的胡扯，然而就像吃饭时撒到碗中的一小撮适量的盐，也能催生出次要支撑构件（X形横墙）的结构美学吸引力。这种变化非常微妙，只能由真正的艺术家来操控，建议一般的工程师不要这样做[53]。

虽然马亚尔不会将自己的建筑贴上"情调"的标签，但他会同意梅恩有关真正艺术家的基本理念，因此，当1935年7月中旬市政官员告诉他这样的设计可以继续下去时，马亚尔异常高兴，虽然设计费很低，但他也愿意认真地修改方案[54]。像施万巴赫桥这类简单的项目赋予了马亚尔创造新形式的机会，而这次，他更是将形式创新限定在了最基本的三铰拱结构内。当然，韦西桥项目的获得还应归功于他的朋友布拉亚尔（Braillard），正是这位建筑师兼市议员的大力支持，马亚尔才能够顺利签订合同。

1935年8月26日，马亚尔提交了一份桥梁的成本预算，而在当年秋天的早些时候，该市收到了8份标书，都大大低于马亚尔的费用[55]。这预示着经济萧条以及设计必须易于建造的事实。尽管马亚尔曾敦促市政当局，大桥应在秋季开始施工，以避免晚春的高水位，然而直到1936年5月初，韦西桥才开始动工（图163）。此外，马亚尔对与自己配合的建筑商也忧心忡忡，不仅因为这人缺乏经验，更是因为此人是靠低价竞标才取得了施工合同，并挤掉了自己的推荐人选[56]。

大桥竣工1年后，在关于设计成本上的激烈争论中[57]，日内瓦州政府开始质疑马亚尔韦西桥的加载测试结果。为此，他只得为这个结构呈交了一份辩护书[58]，但政府官员们仍然担心其计算过于简化，且计算时没有考虑试验测出的桥台位移的影响因素。马亚尔的自我辩护表明了他的实用主义和反复无常：小桥台移动的影响最小，因为这种小位移并不会导致三铰拱结构产生内力；虽然这些铰不是理想铰（它们的作用就像部分生锈的铰），但并不影响结构功能，而且还能够降低桥

新形式与失败的比赛（1935–1936） 203

图 161　位于阿尔沃河上，竣工后的尚佩尔（Champel）-韦西桥（资料来源：FBM 工作室）

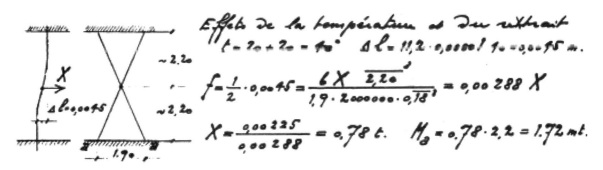

图162　马亚尔的计算，位于阿尔沃河上的尚佩尔－韦西桥（资料来源：马亚尔公司，图号319/21，第9页，1936年10月26日）

图163　位于阿尔沃河上，施工中的尚佩尔－韦西桥（资料来源：《瑞士建筑学报》第112卷，第24期，1938年12月20日，第290页）

梁的振动问题；另外，计算可以不涉及桥面，因为桥面的存在对拱的影响是有利的（它减少了拱应力）[59]。

马亚尔的这些论据无法站在逻辑的角度上反驳当时在其母校中盛行的对其设计的学术质疑。第一，如果这三个铰允许桥台位移而几乎不产生结构内力，那么，它们也必然允许结构产生相对较大的振动，而这两种效果是相互冲突的，也就是说，桥梁越灵活（铰的自由转动能力更强），振动也就越大，同时桥台位移的影响却又越小。虽然这种工况并不会同时存在，然而这却是马亚尔为其设计进行辩解的逻辑所在。

第二个值得怀疑的论点是马亚尔提出的简化计算理由，该简化计算不考虑桥面（穿过横墙）及其下方拱之间的相互作用。马亚尔一直认为，设计师应该把结构看作一个整体，且要利用钢筋混凝土的整体性，这正是他桥面加劲拱的工作原理，但在为韦西加载试验辩护时，他似乎又是在告诉大家，这样的相互作用是可以被忽略的。

马亚尔的每一个论点都是正确的，但综合起来，每一种影响因素却也都与设计无关。测得的基础位移是微小的，不危险的，而铰的存在也使这种位移不再重要；如果设计师能够像弗雷西内那样提出适当的加强措施，那么对于拱而言，有没有铰也并不重要。桥梁中的铰不是真正意义上的铰，因为它们是混凝土材料而非带润滑的金属材料。马亚尔将三铰拱的中半部分与桥面结合在了一起，使其变得非常刚，因此，铰是否完美已经变得无关紧要，振动也便不再是个问题。最后，不同于桥面加劲设计中非常坚实的桥面和非常薄的拱，韦西大桥中外侧四分之一跨度的桥面对整体性能影响不大。

马亚尔的逻辑是他优先考虑的问题之一。只要他认为被忽略的因素没有什么重要性，那么他就愿意放弃分析问题的一致性。而令学术界感到愤怒的是，这种忽略会使他们那些老谋深算的分析研究变得毫无意义。马亚尔的计算和罗斯的试验证明了韦西桥是可靠的，而简化计算也为设计提供了足够精确的依据。正如马亚尔所坚持的那样，越是复杂的分析，就越会增加学术界对设计的不确定感，从而导致不愿意接受新形式或减少标准形式的材料用量。严谨的分析必须结合有限度的设计视野，其原因在于：无论多么复杂的分析，总是远离现实的，并且严苛的分析指标也总是会将设计的瑕疵放大。过分严谨是无助于设计的，这是因为超过了某个阈值，现实就不受分析计算所控制了，并且只有那些在建造（字面上的形式制作）和计算（对性能的验证）两方面都经验丰富的人才能够判断如何简化才能既满足形式又满足公式。

马亚尔看似不合逻辑的辩护是一种不加掩饰的攻击，其对象就是学术界、规范以及不假思索盲从规范的政府官员。只专注计算逻辑似乎注定会忽略观察到的事实。桥梁的计算是必要的，但却始终也都是抽象的，因此也更容易被滥用。

异常严格的理论分析（已经在第5章中提到）往往会诞生一种奇怪的结果，20世纪30年代美国对拱桥的研究就是这种结果的真实写照。内森·纽马克可能是美国当时最杰出的结构分析专家，而拱桥的研究成果也正是因他的文章而达到了高潮。在文章中，纽马克解释了严格考虑拱与桥面之间的相互作用是困难的，尽管能够进行此类分析，但却并不实用，因此他建议设计人员可以忽略桥面刚度对拱性能的影响。纽马克对理论分析的关注使他远离了马亚尔的优雅设计，并阻碍了桥面加筋拱进入美国的工程实践，这种状况一直延续到了70年代[60]。

"没有文凭的智慧"

韦西的杰作（图164）和苏黎世建筑师的奉承对马亚尔的生意几乎没有什么影响，到1936年，马亚尔的收入已下降到1932年的55%。甚至联邦政府请他为新的苏黎世电话公司准备一个与钢结构竞争的钢筋混凝土方案时，他都开始怀疑自己能否胜出了，因为马亚尔总在抱怨"愚蠢的规范使钢结构占尽了优势。[61]"尽管如此悲观，但他的方案却还是更胜一筹并最终获得了合同。马亚尔赢得了竞赛却无法阻止经济大萧条的到来，对此，他只得给员工减薪10%，并通过将每天工作时长减少1小时来进一步降低成本。

1月23日星期四，保罗·马亚尔的去世更令他雪上加霜。虽然这个坏消息并不突然，但马亚尔还是深感不安，保罗是同代人中第一个离开的人，这也让他对自己的健康问题更加敏感了，尤其是他的腿，"总是觉得沉重，不太灵活。[62]"另外，睡眠也成了大问题。如今，他经常在晚上写信，而不是像以前那样在火车上。几乎在给女儿的每一封信中，马亚尔都在自我反省[63]，他深思着自己喜欢接受学术挑战的癖好[64]；他还感到很高兴，因为玛丽-克莱尔从他那里继承了自命不凡的性格以及所谓"没有文凭的智慧"。另外，马亚尔也欣然向女儿承认，她也有着自己的过人之处，"经常会自觉或不自觉地成为焦点人物，而这肯定不是从我这里继承来的[65]。"

罗斯刚刚发布了位于费尔塞格的图尔河大桥报告，这项1934年进行的荷载测试最终在1936年2月12日成文。罗斯证实了他与马亚尔在大桥竣工时的自信预言："一个令人关注的结构，一个首创的经济解决方案，其卓越的风格在技术上毫无保留[66]。"但不幸的是，马

图 164　阿尔沃河上的韦西桥渲染图（资料来源：马亚尔公司）

亚尔在1936年伯尔尼类似的设计竞赛中却没有收到类似的结果，这当然要"感谢"由里特尔和比勒主导的有偏见评审团。

骨折的监理

1936年初，欧洲面临着比有偏见的桥梁陪审团更严重的问题。在前年的10月，墨索里尼开始攻击埃塞俄比亚，当新年后马亚尔在威尼斯度假时，意大利正处于战争之中[67]。法国总理皮埃尔·赖伐尔（Pierre Laval）因未能解决埃塞俄比亚危机而辞职，乔治五世（George V）国王第二天（1月20日）去世。3月4日，希特勒宣布他的德国军队进入莱茵兰[68]。即使是技术性的《瑞士建筑学报》也背离了通常的主题，在1月7日刊登了卡尔·耶格尔对荷兰文化历史学家约翰·赫伊津哈的新书《明天即将来临》（*In the Shadow of Tomorrow*）的点评。编辑敦促他的听众认真对待当前的欧洲危机，并阅读赫伊津哈的分析报告[69]。在写给女儿的家信中，马亚尔说自己在伯尔尼和苏黎世的大部分时间都在研究防空洞的建造[70]。

他与里特尔和比勒的冲突并没有阻止瑞士各地的客户就难题向他咨询。尤其是在混凝土结构意外出现裂缝的地方，他们需要马亚尔的工程经验。"我简直成了问题工程的监理，"他写道[71]。工作和差旅的压力以及对家庭、生意与政局的担忧，使得车祸后的马亚尔非常脆弱。7月3日星期五，他在苏黎世与亚历山大共进晚餐，亚历山大回忆起他们奇特而难忘的俄罗斯生活，并给他带来了一些新鲜的鱼子酱，尽管如此慷慨，马亚尔还是在二人制的"蜜月"桥牌（Honeymoon Bridge）上打败了他的朋友。午夜过后，马亚尔独自一人回到了他在棕熊胡同的小公寓。在脱衣服时，床边的地毯在油毡上打滑，马亚尔一下子侧身跌倒了，疼得厉害，他立刻感到自己的左腿失去了知觉，于是爬到电话旁，叫来了救护车[72]。

马亚尔很快就被送进了州立医院。X光片显示他断了大腿骨，医生为马亚尔进行了牵引治疗。由于没有单间，他只能住在普通病房。第二天早上，这位工程师很高兴，因为有同病房的几位年轻人相伴，年轻病友们甚至还确信他的受伤是由于摩托车事故造成的，这种事故在他们这群人中很普遍，听了这些话，马亚尔觉得特别好笑。

当天下午，马亚尔被转到单间。在那里，他可以接待许多来访者，并立即开始给事务所打电话。7月8

日，马亚尔很高兴地按照惯例给印度尼西亚的女儿写了一封信，在信中，他很茫然地向女儿女婿汇报了这次意外：

> 你可能会问，为什么这封信来自苏黎世而非日内瓦，的确，星期三我通常都会待在日内瓦，但如今，计划的改变迫使我不得不延长了苏黎世的逗留时间。这是一种休息疗法，我不必像以前那样在棕熊胡同阴沉的室内度过每一天，苏黎世堡（Zürichberg）环境优美，房间里到处摆满鲜花，还有一个大阳台，可以看到树林。

然后，马亚尔又描述了过去几天发生的事情，并希望他们不要担心"可能会更糟的情况"。

到了月底，由于受伤的腿部形成了血栓，马亚尔的康复受到了严重影响，疼痛和高烧持续了数周[73]。然而，对于这位工程师来说，比腿部痛苦更令他悲伤的是再也无法参与他喜欢的工作项目了。尤其是正像他所担心的那样，阿尔沃河汹涌上涨的春水冲走了韦西大桥的部分脚手架[74]。而更令人沮丧的是，自从一个月前发生意外以来，再也没有出现过任何新项目[75]。

然而可喜的是，马亚尔那篇关于沃韦堤岸的文章最终发表了，并且还获悉了日内瓦新建堤岸的最终安排[76]。尽管身体状况不佳，在回到沃韦工地后的第二天（10月14日），马亚尔还是陪同了一群来自日内瓦的工程师和建筑师，并向他们介绍了自己的这个设计。到了11月中旬，马亚尔还未脱离病痛的折磨，腿部依旧疼痛，但至少可以借助手杖走路了，于是便立即回到了自己的工作岗位，并与施泰特勒一起巡视了几处工地[77]。

竞赛失利

9月26日，正如马亚尔预料的那样，自己在圣加仑举行的锡特谷（Sittertobel）竞赛中未能取得名次。

这次竞赛由《瑞士建筑学报》于6月6日宣布，处于事业低迷时期的马亚尔对这个新挑战非常兴奋。但不幸的是，评审团里依然坐着比勒和里特尔，显然，马亚尔的胜算并不大，更何况他现在还住在医院里接受治疗，无法亲自上阵。这次的竞赛方案是由马亚尔的前总工程师阿洛伊斯·凯勒完成并提交的[78]。

对马亚尔来说，更重要的机会来自瑞士联邦铁路公司主办的大型桥梁设计竞赛，该项目位于1930年马亚尔的洛林大桥旁边[79]，将成为阿勒河上的一条重要通道。马亚尔的参赛作品延续了他有关三铰拱的最新发展，体现了从萨尔基那山谷桥开始，包括费尔塞格桥、韦西桥，特别是对西拉科沃桥的研究成果（图146）。比赛为马亚尔的作品提供了一次展示机会，但也反映了他在工程设计方面的一贯问题。由于比勒对自己所代表的官方设计的支持以及里特尔对比勒的撺掇，评审团的观点或多或少的有失公允了，这引起了卡尔·耶格尔的愤怒，并亲自发表了对这种偏袒的批判性文章。而对于马亚尔来说，自然也就不可能再认真地对待这样一个明显被操纵的比赛了[80]。

马亚尔觉得比赛的进行方式令人难以忍受，这是一个政府方案（由比勒提出）与民间选手之间的对决[图165（a）]，铁路公司已经为设计准备了6年，而参赛者却只有几个月的时间和微薄的资金[81]。"比勒和里特尔——我的两个狂热'朋友'——在没有我或委员会其他成员能够反驳的情况下，仔细分析了我的设计和计算。[82]"如果竞赛能够更公平些，这座铁路大桥也许可能会成为马亚尔最著名的设计作品，因为它具备了超大的规模（150米跨度）和在瑞士首都的突出位置。事实上，这次马亚尔的设计只能代表他所谓的"没有文凭的智慧"。

不到一个月，马亚尔就收到了比勒的评审团、也就是所谓官方"咨询委员会"的报告。马亚尔将这个委员会挖苦为"对我及他人设计恶意与琐碎批判的组织。由于评审团的其他成员无法对比勒的话进行核查，所以这些人只好不予置评，这样一来，委员会得出的

208 大辩论（1934-1938）

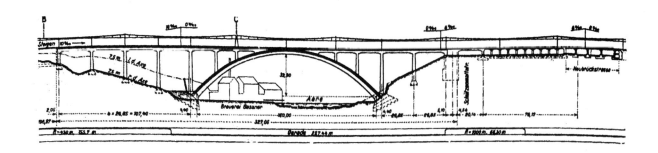

(a)

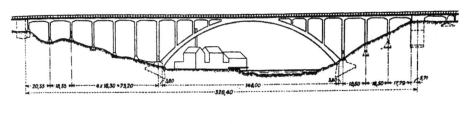

(b)

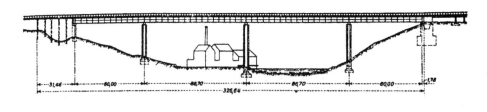

(c)

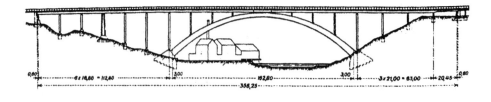

(d)

图165　伯尔尼铁路大桥设计竞赛，1936年：（a）由比勒完成的官方设计；（b）由罗杰布-魏斯事务所（Rothgeb and Weiss）完成的一等奖方案；（c）由萨尔维斯伯格（Salvisberg）完成的二等奖方案；（d）由萨尔维斯伯格完成的三等奖方案（资料来源：《瑞士建筑学报》）

新形式与失败的比赛(1935–1936) **209**

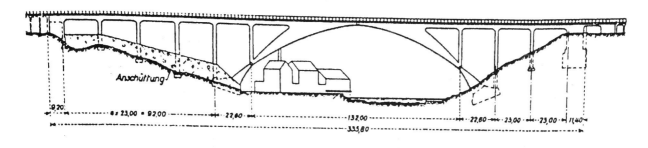

(a)

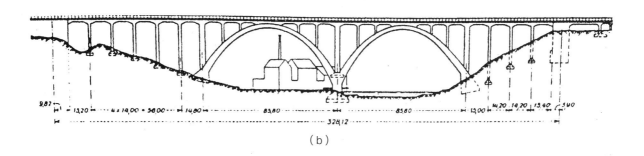

(b)

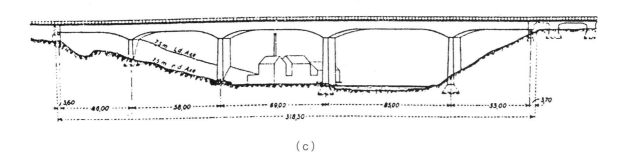

(c)

图166 伯尔尼铁路大桥设计竞赛,1936年:(a)由马亚尔完成的第四名方案;(b)由普尔弗(Pulfer)完成的第五名方案;(c)由布林格-冯莫斯事务所(Bollinger and Vonmoos Salvisberg)完成的第六名方案(资料来源:《瑞士建筑学报》)

结论自然就是比勒的官方设计最好。"

铁路公司已经拨备了10万法郎作为奖金。马亚尔指出，"尽管参赛方案需要大量工作，"但委员会却"有魄力地"只分放了7.85万法郎，钢铁公司遭受的损失最大，只拿到了18000法郎；虽然他获得了第二高的奖金12000法郎，但也只能保住成本。此外，评委会仅将马亚尔的参赛作品排在第四名[图166（a）]，马亚尔断言，这样的低排名肯定是比勒唆使的，因为"他猜测我的设计对他威胁最大！所以他们给了我多一点儿的钱，想让我闭嘴。正如有人预料的那样，这一切都是预先策划好的阴谋[83]。"

11月3日星期二，马亚尔前往伯尔尼观看这次设计竞赛的展览。他的方案造价为25万法郎，既少于比勒的方案，也少于第一名的方案[图165（b）]。面对如此的既成事实，他也只好作罢转向其他事情[84]。然而，《瑞士建筑学报》公布的比赛结果以及1935年沙夫豪森比赛的晚间讨论公告却都在提醒马亚尔，在他34年的职业生涯中，他还从未在瑞士评审团制的桥梁设计竞赛中获得过一等奖[85]。

对马亚尔来说，1936年是糟糕的一年。从哥哥保罗的死开始，直到他骨折后痛苦而缓慢的6个月恢复期，沙夫豪森、圣加仑和伯尔尼的大桥设计竞赛都失败了，而经济大萧条却似乎还没有结束。10月份，在德国柏林和慕尼黑召开了罗恩新协会的第二届国际会议，与会工程师们明显感到，希特勒领导下的德国正在日益强大，而墨索里尼征服埃塞俄比亚的军事行动也证明了国联是无能为力的[86]。

在如此动荡的局势下，韦西小桥缓慢地竣工了，而马亚尔与当局的矛盾也达到了一个更高水平：无论是对新版的瑞士钢筋混凝土规范、桥梁设计竞赛还是当时的工程设计理念，马亚尔似乎都怀有深仇大恨。除了到处巡查结构裂缝以外，马亚尔经常会独自一人站在那里，仿佛在静静地对视着苏黎世的里特尔和伯尔尼的比勒。

职业总结：规范、研究与设计（1932-1937）

马亚尔和里特尔

尽管有财务和家庭方面的担忧，马亚尔还是继续与权威斗争。20世纪20年代初，由于设计项目很少，马亚尔通过与以罗恩为代表的瑞士既有工程体系展开辩论，展现了他躁动的才能，然而更深刻的是，工程学者却越来越倾向尊重设计模拟与设计分析的复杂性。另一方面，将自己置于权威的对立面，并取笑由权威所组成的委员会的导向性意见的做法也很符合马亚尔的好斗性格。罗恩离开了技术领域，承担着更高的行政职责，但他的助手马克斯·里特尔则取代他，成为马亚尔的"眼中钉"。里特尔没有幽默感，被数学分析给迷住了，天生就有官僚作风——在20世纪30年代初，以秘书身份领导着国际结构工程协会，还担任着瑞士国家结构工程规范委员会主席，致力于编制新版《瑞士钢筋混凝土规范》。

里特尔给委员会带来了相当多的技术能力和组织才能。他从事过许多设计工作，在研究领域指导过博士研究生，并深谙世界各国的混凝土研究现有文献。里特尔的目标是利用最新的研究成果创建出一部尽可能通用（因此很复杂）的规范，进而将工程中普遍的范例演化成为一门科学学科。然而，马亚尔的声望是如此之高，以至于里特尔无法将其排除在规范委员会之外。因此，里特尔要解决的问题就是如何孤立他的对手，并说服其他成员规范编制中里特尔模式的必要性。到了1931年底，这个委员会便制定好一份规范草案，以取代1909年颁布的正式规范。

1931年10月，马亚尔的严重事故使他无法参加钢筋混凝土规范委员会的会议，但他始终了解委员会的活动，并强烈反对委员会11月14日的讨论稿。显然，由此产生的规范新草案忽视了马亚尔的反对意见，接着，耶格尔便问马亚尔是否愿意为《瑞士建筑学报》写一篇相关的评论文章。于是11月底，马亚尔便开始了他的写作。为了这篇檄文，他每晚独自一人坐在事务所的三层楼奋笔疾书，他仿佛可以看到许多瑞士大牌权威正排队站在那份他不认可的规范后怒视着自己。当马亚尔的这篇评论文章在1932年初发表时，他与瑞士工程界学术权威之间的关系也就更加疏远了。

马亚尔与规范委员的辩论

马亚尔的评论文章发表在1932年1月30日的《瑞士建筑学报》上，也是马亚尔唯一公开发表的批判性文章，至于接下来如何应对，自然也就是规范委员会要考虑的问题了[87]。另外，马亚尔的主要反对意见还刊登在恩佩格的《混凝土与生铁》（Beton und Eisen）杂志上，其中，他提出了自己更简单的方法：

> 这种最简单的计算方法足以满足所有的安全需求，它节省了大量时间和纸张，任何了解常规结构计算工作量之大的人都将愿意掌握这种方法……只要证明没有超过允许限值就足够了。
>
> 钢铁与混凝土刚度比的正确值是一个博士级别的问题，忽视这类问题无疑将会抹去某些神秘色彩，从而可能会冒犯那些高高在上的钢筋混凝土各色权威。然而，从业者却会欢迎对这种伪科学垃圾的及时清理[88]。

马亚尔又一次使用了技术出版物中极不寻常的语言，它揭示了马亚尔对学术价值观的现状感到多么的苦恼。缺少设计项目和车祸造成的身体疼痛对马亚尔的行为言语似乎没有起到收敛效果，他一如既往的直率、直言不讳、简单激进[89]。对马亚尔攻击的第一次公开回应来自洛桑的帕里斯（A. Paris）教授，他用相对温和的语言为规范新草案中的妥协进行了辩护。在承认马亚尔经验和成就的同时，他强调了沟通的必要性，以及为了达成规范条文而放弃纯粹理性的必要性。帕里斯的论点并非无理，它会在20世纪的某些人中引起共鸣，因为这些人试图利用规范条文在艰难的专业处境中穿行。

帕里斯的意见虽然温和，但很快便引起了马亚尔的强烈反应。对他来说，委员会的想法是一些"看不见，摸不着"的东西，他反问道，"这是工程师帕里斯所追求的'科学'吗[90]？"显然，马亚尔这种尖锐的态度很难赢得任何人的支持。在阅读《瑞士建筑学报》的这篇辩论文章时，即便是远在印度尼西亚的女儿玛丽-克莱尔也注意到了父亲缺乏与对手周旋的机智；"这的确有可能，"马亚尔回答道，"但是那些人的工作方式很卑鄙，他们聚在一起制定好了相应对策，并指定了一位教授执行。"事实上，并不存在这种正式的相应对策，而帕里斯也不是那种教授，他的回答并没有针对马亚尔的技术论点[91]。几乎可以肯定的是，规范委员会的指定代言人是马克斯·里特尔，但里特尔完全避开了与马亚尔在相关问题上的公开对决。而马亚尔的对手也继续向他发动了游击战。

4月29日星期六，马亚尔在苏黎世的规范委员会度过了一个下午，"他们在那儿为难我[92]。"马亚尔的对立情绪是工程学术权威的一大尴尬，这些人一直在试图让他这位瑞士最著名的混凝土工程师同意委员会的新规范。尽管马亚尔反对新规范，委员会依然安排他在1932年12月3日在巴塞尔举行的下次会议上作演讲。于是，马亚尔开始考虑将简化计算作为这次"革命性演讲"的内容，他知道，这也许是说服委员会接受他优越计算方法的最后机会[93]。

这次讲座的核心议题是"钢筋混凝土的实用尺寸"，无论是对计算还是结构设计，这都是个相同的主题：即如何通过最小的努力而产生最可靠的结果。在上述两种情况下，传统理论坚持认为：必须利用与具体结构无关的标准公式，然后再让实际工程去符合这些抽象的理想公式。马亚尔所谴责的科学方法来自经典物理学的一个分支，叫作弹性理论。在学校里，教授们将这些经典理论及其衍生公式传授给未来的工程师们，而如今，新规范也要求必须满足这些理论。这的确是一个痛苦的过程，因为30年后，当马亚尔的观点被最终认可时，这种纯粹的理论规范也就走到了终点[94]。然而在1932年，里特尔和其他人的意见却占据了上风，马亚尔在与瑞士规范的战斗中失利了。他的对手从来没有公开回应过马亚尔当年早些时候提出的公式，也没有反对过他在12月提交给工程师大会的公式。1933年6月10日，在纳沙泰尔（Neuchâtel）的一次会议上，瑞士新规范得到了正式批准[95]。

对工程"应用科学"的抨击

1934年夏天，马亚尔在波特兰水泥协会的期刊《水泥公报》（Bulletin du Ciment）上发表了一篇文章，其内容是对拱桥设计理念的反思。这篇长达6页的文章比他在《列日会议论文集》和《结构工程师》（Bauingenieur）上发表的早期论文更具批判性和反思性。他直接批评了瑞士最著名的两座混凝土拱桥，因为它们未能反映出钢筋混凝土的轻质性，其中一座正是由马克斯·里特尔设计的[96]。另外，他还认为，50多年前法国埃内比克所提出的将钢结构包裹在混凝土中的做法并不恰当，并且业界也早已经放弃了这种想法，转而选择使用钢筋混凝土结构，"在这种情况下，钢筋都通常只用于承担拉力"。

然而，马亚尔所做的不仅批判了当前的惯有做法，还将自己最近的设计方案，特别是施万巴赫大桥作为例子来进行设计反思。"最初，这些桥梁的形象令人们对传统的石拱桥产生了困惑。"看来，马亚尔也承认许多人对他的新形式心存疑虑，但接着却强调道，"一种将要合理利用的新材料不会也不必重蹈覆辙，即使这种新形式还未足够成熟，然而成熟只是个时间问题。"马亚尔认识到他的设计代表了一个长期发展的开端，正如18世纪晚期工程师让·罗道夫·佩罗内特（Jean-Rodolphe Perronet）在法国建造的伟大石桥那样，终有一天会完全成熟。

在这篇文章中，马亚尔还提到了如弗雷西内设计的普鲁加斯特那样的宏伟拱桥，并认为这些桥梁原本可以设计得更为轻盈。他预测，只要经过"合理发展"，在中等跨度上已经具有竞争力的混凝土桥梁很快就会在大跨桥中与钢结构一较高下。而这里马亚尔所谓的"合理发展"是指充分利用材料，从而产生更轻、更安全的结构，并且不受规范繁文缛节的限制。

1935年10月，在苏黎世与现代建筑师们座谈之后，马亚尔在广为阅读的德国《结构工程师》杂志（曾邀请他撰写过文章）上发表了对瑞士规范的另一次评击，且引发了更大反响。马亚尔认为，这会引起那些学术权威们的注意，也会向国外的朋友表明自己的立场。这次，马亚尔的文章的确产生了预期效果[97]。

1935年11月30日，苏黎世校友会安排了一次会议，用以抗议他在《结构工程师》上发表的批判性文章。对此，马亚尔倒是很高兴，因为这等于给了他一次说话的机会。他耐心倾听完了瑞士工程师与建筑师学会主席就新规范细节所展开的讨论，休会期间，学会主席没有与他寒暄，而当会议结束时，马亚尔站了起来，要求大家公开面对他[98]。在技术问题上，与会者没有提出任何严肃论据，他们的反对声音则主要集中在道德和工程师在瑞士社会中的作用方面。这些人有三点抱怨。首先是针对马亚尔的如下言论——新规范会导致工程师设计出更笨重、更昂贵的结构从而要求更高的设计费。对此，马亚尔回答说："我并没有指责任何人，那些诚实的人，也就是诸如在场的各位；我没有感到不妥，如果让其他人感到不安，那也无关紧要！"

接下来，许多人继续以民族主义理由反对马亚尔在德国期刊上对瑞士规范的评论。在面对这个问题时，马亚尔解释道，自己的评论文章是按照《结构工程师》编辑的要求撰写的。更重要的是，"瑞士钢筋混凝土工程师完全接受德国文章的指导，我之所以这样说，是因为我在《瑞士建筑学报》上发表的文章就从来没有得到过你们这些瑞士工程师的任何回应……"

最后，苏黎世的工程师们声称，马亚尔的文章让他们与瑞士建筑师的关系陷入了尴尬，而这些人通常都是他们的老客户。马亚尔驳斥道，瑞士建筑师确实都在看《瑞士建筑学报》，但却不会阅读《结构工程师》。简言之，在瑞士，工程师们的评判标准就应当来自苏黎世而非柏林。显然，情况没有任何改变，这些专业权威们无法让马亚尔收回任何言论，也没有写下任何能够反对他的理由。瑞士新规范于1935年被正式采用，并且保持了20年不变。当然，马亚尔的反对意见也一直没有在瑞士得到有效回应。

马亚尔几乎是独自一人与结构工程的相关人士进行着争辩。正如其在《结构工程师》中的文章所指出的那样，最初使用钢筋混凝土的工程师主要是设计师和建造商，他们需要为客户或业主提供可靠且经济的设计方案。对马亚尔来说，1909年的规范是"简单且慷慨的"，允许在设计创意方面有所作为，而1935年的新规范却变得复杂且严格了，有了一些"强制性规定"，必将导致钢筋混凝土结构发展的"僵化"（马亚尔好像已经忘记了早先对1909年规范的反对，而当时的反对理由可能与他在20世纪30年代的争论相同）。到了20世纪30年代，设计师与建筑商分离，并且新规范正在试图减轻对结构性能表现的设计责任。新规范更多涉及"应力是否低于允许值"而不是"结构是否安全可靠"，这正是马亚尔想要划上问号的地方。

通过抽象测量指标来定义质量的诉求正在改变混凝土全面性能表现的质量观。通过对规范的批判，马亚尔将锡尔霍兹利体育馆的争议概括为一般性问题。这场辩论可被称为一个马亚尔与两个里特尔之争：支持结构性能表现的威廉·里特尔和规范条文的领军人物马克斯·里特尔。直到20世纪60年代，马亚尔的基本反对观点都是强调应将结构性能表现的措施作为更简洁的新规范基础[99]。

1936年1月，马亚尔来到法国马赛，与儿子勒内共处的3天让他感受到了亲情的温暖，然而在回到瑞士后，迎接他的却只是冷酷的现实，其中包括瑞士工程师和建筑师学会中央委员会对其德国文章的强烈谴责。在给女儿布卢默尔一家的信中，马亚尔表达了这种困境：

> 我已收到你12月20日的航空信，感谢你的良好祝愿，我也祝福你们身体健康和工作顺利。至于财富和荣誉，我相信它们给你带来的负担和快乐一样多，而且还会在同龄人中引起嫉妒，这不是一种令人愉快的感觉！
>
> 的确，我在苏黎世的演讲并没有让每个人都满意，而在《结构工程师》杂志上的文章更是让人不高兴。似乎伯辛格先生还没有平静下来，钢筋混凝土的学术权威们和某些事务所的领导对我揭示出来的某些事实感到愤怒。但我相信，最好是把指责留给错误，而不是吹嘘那些别人无论如何都不会接受的完美。我们瑞士人躺在过去的技术功劳簿上睡着了。在学院里，尽管有昂贵的实验室和研究机构，但也存在着培养沉闷作风和专制精神的风险，会使人们拒绝接受未经教授认可的东西[100]。

马亚尔的文章旨在反对这种学术专制，旨在告诉大家"教授们不想承认技术上的实质性进步总是来自实践，而只有在与专制抗争之后才能结束对专制的盲从。"马亚尔认为，新规范是瑞士工程界衰落的象征。他认为，瑞士人正遭受着个人主权的丧失，他们"生活在官僚主义枷锁下的大萧条之中……每个人都只考虑自己的利益。[101]"然而，在写给女儿布卢默尔一家的信中，马亚尔也同时意识到了自己的局限性："在这个不完美的世界里，大家不仅欣赏一个人所创造出来的东西，而且更欣赏这个人良好的人际关系。我不擅长人际关系，但却经常受人际关系的影响[102]。"这些想法在马亚尔1936年初的书信中不断出现,也是自1902年公司成立以来,始终摆在他面前的一个问题,甚至在当时,就连女儿玛丽都反复敦促父亲要注意改善公众关系。

尽管马亚尔在当时的瑞士遭到了排挤,但其学术研究的声誉却传到了英国。伦敦《混凝土与结构工程》(Concrete and Constructional Engineering)杂志的编辑曾向他约稿一篇设计理念的文章,这篇文章在1937年复活节周末成文[103]。马亚尔简化的计算方法与20世纪60年代的欧洲和在25年后美国的方法非常接近,但在30年代,这种简单的想法却让"权威当局"深恶痛绝。

当前的问题:形式与公式的整合

1937年11月13日,在瑞士工程师和建筑师学会于苏黎世联邦理工学院的一次演讲中,马亚尔为他大大简化的梁计算方法提供了一个简明的数学基础。这些基本公式体现了他自1907年梁试验以来所做的观察,并一直延续到了1937年9月在《混凝土和结构工程》上发表的文章中。马亚尔在两条战线上作战,一是反对以往那种昂贵却无用的马其诺防线式的美学观点;二是反对以准确性和安全性为借口去扼杀设计的创新性,即反对过分严苛的新规范。1909年和1937年,马亚尔在同样的战线上向德国的工程实践继续开炮,其结果就是他在德国终究也是一无建树[104]。

在马亚尔的演讲之后,罗斯也谈到了自己14年来对大量原型结构所进行的测试工作,而其中许多项目都是由马亚尔设计的[105]。实际上,罗斯的整个项目都是以马亚尔为焦点,包括他的作品和他的想法,这是罗斯对老朋友的认可和宣传。马亚尔的另一伟大支持者是卡尔·耶格尔,他确保了马亚尔的设计理论能够很快被专业人士所采纳。耶格尔在12月将马亚尔的演讲稿寄给了媒体,并在1938年的新年版《瑞士建筑学报》的开篇中刊登了这篇演讲稿[106]。文章论述了设计计算中的模拟方法和复杂计算的规范化问题。马亚尔批评了使用不必要的低许应力值来限制薄壁拱设计的做法,以及对木梁或钢梁楼盖规定的简单复制,因为这就等同于排除了钢筋混凝土材料固有的整体可塑性。他强调应将结构视为一个整体而非各部分的集合:

> 美的感觉不仅唤醒了人们把结构看成一个整体而不是单个部分的愿望,而且这种整体观点几乎总会带来经济上的优势,无梁楼盖就是一个例子,它的出现使许多关于点支承板的优雅理论的建立,这些理论正是大量计算的基础。然而,单独的混凝土板并不会带来经济效益,只有将板、柱和柱帽作为一个整体结构时才能获得经济性。当然,这个问题几乎不可能通过数学计算来解决,因此只有对既有结构进行模拟与试验研究才能得出更为确凿的结论,从而使截面尺寸比按常规方法计算出的更小,同时仍然有足够的安全性。这就是我的无梁楼盖计算方法与大多数规程方法之间的本质区别。

显然,如今马亚尔又回到了19世纪80年代起威廉·里特尔和弗朗茨·恩格泽之争的老话题上:瑞士的加载测试与德国的数学计算。马亚尔正在归纳他的设计观点,并准备将其聚焦在大规模的模拟方式和复杂且琐碎计算的双重障碍上。他在文章中继续说道:

> 工程师应将自己从旧材料的传统形式中解放出来,以达到完全自由地充分利用材料的目标,并着眼于整体。也许到那时,我们就能像现代飞机和汽车一样,以一种源于材料特性的新风格,达到同样的美。

他将计算问题的特征用一个系数 n 来表示,即钢铁与混凝土的刚度比，并解释了如何在计算时消除系数 n 的影响。刚度比的概念体现了分析人员根据弹性理论对计算进行模式化的尝试。然而，就像 19 世纪物理学家的以太假说那样，用 n 来解释足尺的混凝土真实性能已经变得越来越难以捉摸。因此，正如马亚尔所言，最明智的方法就是干脆放弃这个刚度比的概念，并重新评估测试结果。马亚尔对形式和公式提出了同样的基本论点：不要模拟石材、木头或金属，也不要拷贝经典力学。

第二次世界大战之后，工程专业开始重新认真地对测试结果进行评估，并展开一系列新的试验研究，以证明马亚尔所提出的简化方法是正确的。然而，他们并没有认真对待马亚尔所倡导思想的另一半，即，从钢筋混凝土的特性中创造出一种新风格。只有少数工程师完全理解了马亚尔的设计理念，他们遵循 1937 年底马亚尔在苏黎世提出的关于形式与公式的观点，并创造出了新形式[107]。

马亚尔在德国（1937-1938）

巴塞尔之争

1937 年 2 月 10 日，马亚尔乘火车前往德国巴塞尔，就自己和德国建筑师保罗·博纳茨的设计作品发表演讲[108]。博纳茨因高速公路桥梁设计而闻名[109]。去年 4 月，马亚尔在《瑞士建筑学报》上发表了一篇题为《几座钢筋混凝土新桥》的文章，在文章中，他从内涵与外观上解释了自己的设计与纳粹德国保罗·博纳茨的近期作品有何不同[110]。这意味着马亚尔已经愿意开始向大众阐述他的那些革命性桥梁设计思想，而这些思想早在 6 年前的萨尔基那山谷桥上就得到了体现。

博纳茨在瑞士的影响力开始于第一次世界大战之后，当时，他参与了几次重要桥梁设计竞赛的评审。1937 年，朱利叶斯·霍夫曼（Julius Hoffman）在德国斯图加特出版了一本庆祝博纳茨从业 30 年的书[111]。而在杜塞尔多夫（Düsseldorf）举办的第三帝国"创新人物展"又导致了 1937 年有关博纳茨的另一本新书的问世，该书列举了博纳茨那些"永恒的经典桥梁"，而这种"永恒"正像希特勒所形容的第三帝国一般；另外，书中还描绘出了新社会现实主义风格的德国工人理想画像，而这种风格恰恰是借鉴了斯大林时代的俄罗斯，这本书的结尾是一座罗马式拱桥的插图[112]。

前一年的 4 月 1 日，当博纳茨设计的巴塞尔艺术博物馆竣工时，瑞士工程师和建筑师学会巴塞尔分会曾邀请他讲课，但内容并不是关于博物馆的巨大石面结构，而是希特勒所提出的帝国高速公路建设中的桥梁设计问题[113]。按照博纳茨的说法，建筑创意是美化希特勒新建公路桥梁工程所必需的[114]。在 1936 年 4 月的一篇文章中，马亚尔对这个说法提出了质疑：

> 对于工程师而言，背离传统形式将会是一次艰难的抉择，即使他们愿意，业主和公众也经常不认可。如果一类新型结构体系忠实地源于钢筋混凝土的特点而无须顾及传统，那么，它就更容易在偏僻的地方得以实现，而这已是不足为奇的了。许多城市依然对新形式"免疫"，因为在这些地方，重量感往往意味着某种"不朽"的外观。即使乡村的钢筋混凝土桥梁，"建筑结构"的最小值也是能够支撑结构并将其与周围环境相隔离的桥台。摆脱这一切就意味着革命，就意味着建造一座没有基础的房子。与英格利根河上的施皮塔尔桥这个老例子相比，其他的桥梁（比如特斯桥或利斯伯格桥）都显示出最完整的结构形式直接生根于地面的特点。我觉得，这种对传统的"漠视"是一种收获，即使是那些固执己见的好古之人也能从中受益。即使你反感薄壁多边形拱，但也必须承认，横跨特斯与乡村河岸直接相连的桥面加劲

人行桥产生了令人愉悦的效果[115]。

以博纳茨作品为特点的工程结构正规设计，需要一种能够取悦政治领袖的表现永久性与宏伟性的纪念感。显然，博纳茨意识到了这种大规模、简单明了的表现形式，自20世纪20年代中期以来，他一直在利用内卡（Neckar）的河坝拦从事功利主义的研究工作[116]。他的设计方式吸引了德国和瑞士许多不关心政治的工程师，这些人以专业意见和实践的力量支撑着那个时代的德国品位。

对于马亚尔来说，"建筑构造""传统"或"纪念性"形式与钢筋混凝土的材料特点是不相容的，而这些材料特性却有助于带来新颖、轻薄的结构形式，有助于结构与周围景观之间的密切联系。即使过了50年，在1936年4月竣工的马亚尔结构式样依然是新鲜的，除施皮塔尔桥之外，它们与河岸连接平滑，没有间断。马亚尔的结构形式并非"自然"，而是自然和人造之间的一种平滑过渡。在设计出新的结构形式后，他探索了使桥梁看起来更为完整也更能与周围环境融为一体的方法。这与博纳茨提出的理念正好相反，而博纳茨的德国高速公路设计模式并不完整：柱和梁看起来是断开的，巨大的桥台将桥梁结构与堤岸强硬地分离开来。

在1937年初的演讲中，马亚尔更进一步阐明了自己的上述观点。在接下来的一年里，他的关注重点又将回到具有建筑灵性的德国大型桥梁这个主题上，并认为这些桥梁是德国新政府为巩固权力和实现其统治地位的直接体现。对于马亚尔来说，这相当于迫使"返祖性的"形式出现在与其特性不符的材料上[117]。马亚尔认为博纳茨设计理念的核心——建筑师与工程师在桥梁设计问题中的协作方式是错误的，他敦促工程师应深刻理解美感是由结构和材料本身所引发的[118]。

1937年初，最能体现博纳茨设计思想的是即将竣工的位于莱普海姆的多瑙河大桥。但是，马亚尔在他的演讲中并没有提到那座桥，也没有提到其他设计师设计的任何特殊桥梁。相反，马亚尔在当晚的最后一张幻灯片中，展示了他被否决的伯尔尼铁路桥方案，同时还批评了官方版的设计，并认为自己的方案达到了视觉与技术的统一，而且还比即将开工的方案便宜25万法郎。"哪个设计方案更漂亮、更好，还是留给后人去评判吧！"

休息与奖励

尽管演说留给马亚尔的只有疲倦，但这次巴塞尔之行却证明他在大腿骨折之后的独自旅行能力。第二天，马亚尔在苏黎世与尼森和奥克斯林小姐共进晚餐以庆祝自己的胜利归来。2月18日，老朋友市政建筑师赫特递给了他几张室内游泳池的草图，并告诉他：市政府希望在1939年瑞士国家博览会上能够看到这个项目，这也将成为欧洲最大的同类建筑作品之一。马亚尔推测，正是由于规模和复杂性，才导致市政当局启用了他这个年老体衰的"老马亚尔"。然而，他的第一反应并非高兴于这个翘首以盼的项目，而是如释重负，因为终于有了合适的理由让他能够保住这间苏黎世公寓了[119]。

1937年7月，马亚尔因被诊断为身体虚弱而被要求严格休息。最初，他对自己无法正常工作而感到反感，但后来还是让步了。7月底，马亚尔住进了塔拉斯普浴场（Bad Taraps）附近武尔佩拉（Vulpera）的维尔德豪斯酒店（Hotel Waldhaus），这家疗养中心位于下恩加丁（Engadine）一处树木茂盛的山谷斜坡上[120]。在那里，他接到消息：1937年，英国皇家建筑师学会第一次提名工程师成为其荣誉通信会员。而事实上，这两位工程师便是：马亚尔和弗雷西内。虽然喜事临门，但含蓄的个性却让他要求家人不要和别人谈论这件事[121]。

三周后（8月14日），马亚尔恢复了他的日常生活[122]。多亏了塔勒蒂尼堤岸和日内瓦一座教堂的重建以及苏黎世的两个项目，他的生意才又能蹒跚而行了。

但在整个夏天的剩余时间里，马亚尔就几乎再没有别的新项目了，于是，他只好把时间主要花在咨询报告上，对此，马亚尔抱怨道："幽默感和金钱都离我远去了[123]。"9月初，瑞士工程师和建筑师学会在伯尔尼举行了他们的百年庆典，许多著名演说家和学者都前往捧场，但马亚尔不在其中。显然，即使客户与外国专家没有忽视马亚尔的存在，但瑞士的学术精英们还是再次选择遗忘他[124]。

即便伯辛格也无法阻止马亚尔获得设计委托，这是因为后者的设计成本总是远远低于竞争对手，比如甘里施旺德桥（Gündlischwand）这类二级公路项目。这座桥位于格林德瓦（Grindelwald）附近，于9月8日开工，12月20日完成。其工程造价为每平方米路面约180法郎，而当年伯辛格的黑水河木桥每平方米的成本约为320法郎[125]。正如尚德所说，为了获得"自我意识的风格宣泄"，伯辛格总是愿意花更多的钱[126]。在一篇由两部分组成的文章中，这位英国人指出：

这个国家（英国）和美国都没有参与当前混凝土桥梁设计的任何开创性工作，而将其完全留给了欧洲大陆的工程师。而这些工程师的主要兴趣和机会就是平淡无奇的降低成本。瑞士是罗伯特·马亚尔的故乡，在那里，这一点尤其突出。虽然经济萧条能够让这位独具匠心的桥梁设计师忙得不可开交，却无法阻止有人对那些极其优雅桥梁的猛烈攻击，他们将这些桥形容成荒凉的阿尔卑斯山谷的无耻堕落[127]。

甘里施旺德小桥因其不寻常的形式吸引了工程师的关注：倾斜（以非常尖锐的角度穿过河流）和平坦（桥面道路穿过河流时，结构与水面间的空隙很小）[128]。此外，不稳定的地基土则进一步挑战了马亚尔的设计才能。而他的解决方案依旧遵循了利斯伯格和胡特维尔桥的类似设计原则：两根直梁分别位于道路两侧，而路面本身则恰恰位于梁的半高处，起到了连接两根梁的作用，这样一来，梁部分延伸到路面下方，部分则位于道路上方，并兼顾了护墙作用。与之前的两座桥梁不同，马亚尔加大了跨中护墙的顶宽，以提供更大的刚度，并从视觉上打破了梁外表面原本厚重的垂直外观。他把这种不寻常的形式称为"茶托"，这是一种令他觉得好笑的解决方案，既有正确的技术原理又有令人好奇的视觉效果（图167）。

10月24日，苏黎世人投票决定为一座新的议会大厦提供资金。到了年底，马亚尔面临着相当大的压力去设法完成相关设计，因为建筑承包商已经开始了钻孔打桩作业。马亚尔所负责的部分在结构上是最为复杂的，苏黎世事务所也无任何前车之鉴。另外，他还经常被人从事务所叫到工地现场去指导施工作业[129]。到了年末，马亚尔的日内瓦事务所几乎无事可做。随着圣诞节的临近，人们逐渐散去，到12月24日，马亚尔再一次感到孤单了。就连罗莎第二天例行的圣诞晚宴也与以往有所不同，因为只来了罗伯特、罗莎和玛格丽特三人。接下来的一周，马亚尔独自一人度过了除夕夜[130]。

马亚尔从会计那里得到了一个坏消息：生意继续下滑。总体而言，在经济大萧条的中期，1937年是过去15年中最糟糕的一年：1936年，他在日内瓦开工了28个新项目，而到1937年就只剩下了9个[131]。此刻，马亚尔仿佛又回到了1919年的低谷，因为那时的他刚刚从俄罗斯回到瑞士，一贫如洗。而6个月后，也就是1938年6月，儿子埃德蒙寄来的一封加急信让马亚尔又想起了糟糕的1937年。正如马亚尔所担心的那样，失业的儿子已经身无分文。第二天马亚尔给儿子电汇了500美元，然后星期五他又在苏黎世给埃德蒙发出了一封长信。在寄给埃德蒙这笔钱时，马亚尔不想让他的儿子觉得自己是有一位"有钱的老爸"。马亚尔强调，1937年是多么糟糕，他只能"节衣缩食地过生活"。随后，他还透露了一些从未提及的往事：在断腿之后，保险公司赔了他一大笔钱，"因此，"他写信给埃德蒙，"我对你的财务贡献不是来自

(a)

(b)

图167 位于甘里施旺德的吕特森河小桥（Lütshine），1937
（资料来源：M.-C. 布卢默尔 - 马亚尔夫人）

我的本事，而是来自我的骨折。"他再次提醒埃德蒙"这类收益无助于未来……，"因为保险公司已经不会再卖给他任何相关保险产品了，马亚尔警告说，埃德蒙不应该设想通过未来的事故去创造未来的收入。即便事态如此严重，马亚尔还是情不自禁地想到了这样一个令人讽刺的事实：意外事故让他暂时得以养活长子[132]。

尽管业务缓慢，但马亚尔在三个方面仍然有着很高的声誉。作为1937年的瑞士设计师，他仍然是钢筋混凝土领域最受人尊敬的；作为学者，他的基本设计理念更令人关注；而作为一名追求优雅设计的工程师，他比任何先锋派人士都受人景仰，而尚德和吉迪恩的文章更起到了推波助澜的作用[133]。

全国博览会

1938年初，当马亚尔几乎放弃了维持三个事务所的希望时，苏黎世市政府伸出了援手，让他拿到了几个重要项目。为了来年将要举办的瑞士全国博览会，许多建设项目都已经列入了规划。2月20日星期天，苏黎世全民投票批准了早前规划的游泳馆项目[134]。

无论是对马亚尔还是对建筑结构的未来而言，水泥大厅（Cement Hall）这个项目都尤为重要，该项目的业主是E. G. 波特兰（E. G. Portland），20世纪20年代末，马亚尔曾为同样一个水泥研究团队做过路面研究。2月份，在给儿子埃德蒙的信中，马亚尔写道"这是个小项目，但有很多事要做"[135]。的确，就像施万巴赫桥一样，虽然水泥大厅项目并不大，有点儿像桥，但马亚尔依旧小心翼翼地研究着大厅的形状。那年夏天，他为这个项目制作了一个硬纸板模型，并配有立面图和平面图，这些资料均刊登在9月3日出版的《瑞士建筑学报》上，而该期内容也成为1939年瑞士全国博览会的专刊。学报文章向我们展示了马亚尔是如何将这个"小项目"变成混凝土薄壳结构的原始雏形的[136]，而在此之前，任何地方也没有出现过类似的形状。显然，当钢筋混凝土形状合适时，马亚尔便有能力赋予它一个极小的厚度（6厘米）。然而令人遗憾的是，在有关瑞士全国博览会的国外报道中，这座小建筑却几乎被完全忽略了[137]。

桥梁形式与德意志帝国

尽管马亚尔在德国找不到工作，他的想法却跨越了莱茵河，被一些有见识的德国工程师采纳了。其中一位便是布列斯劳（Breslau）的乌尔里希·费舍尔教授（Ulrich Fischer），他对混凝土拱桥形式的学术研究在很大程度上受到了马亚尔最近发表的文章刺激，尤其是1936年《瑞士建筑学报》上有关位于费尔塞格图尔桥的专题文章。10月初，前奥地利杂志《混凝土与

《生铁》发表了一篇费舍尔关于拱桥的文章,对马亚尔的开创性设计进行了详细的论述,声称"马亚尔使用的薄板和肋梁是非常出彩的……"费舍尔还指出,马亚尔的桥面加劲拱在计算上非常复杂,而且"在钢筋混凝土中,这些拱仅在其他国家(而非德国)建造,而这些国家的计算都是以简化方式进行的。加载试验表明,变形比这些计算预测的要小得多[138]……"这位德国教授因此承认,马亚尔坚持简单计算不仅有助于促进新的设计理念,而且,还使得结构比那些简单计算预测的更安全。由此可见,马亚尔的结构整体理念是有效的,而德国工程师对马亚尔设计潜力的后期发现也是正确的。

其他工程师不仅看到了马亚尔新形式的独特性,而且在这个时候的德国和法国,他们也重新发现了他的一些战前设计思想。3月份,马亚尔的战前总工程师,一战结束后在巴黎担任咨询工程师的阿诺德·莫泽发表了一篇有关无梁楼盖的长篇文章,其中列举了马亚尔的设计形式、计算思路和1912年的实验工作。莫泽还进一步展示了马亚尔无梁楼盖在法国的广泛应用[139]。相比之下,瑞士学术界者则维持着对马亚尔观点的漠不关心[140]。同年4月,瑞士杂志《道路与交通》(*Strasse & Verkehr*)发表了一篇由马亚尔公司的工程师阿尔伯特·胡贝尔撰写的关于韦西大桥的文章,该文章描述了该桥的结构形式,给出了工程图纸和照片,讨论了施工和成本,最后对荷载试验结果进行了好评[141]。在同一期中,期刊编辑写了一篇关于即将竣工的塔勒蒂尼堤岸的文章,如同空腹箱形结构体系一样,堤岸项目的非凡设计再次显示了马亚尔在形式上的独创性和他对更轻且更坚实结构体系的追求[142]。

5月,瑞士技术期刊上出现了第二篇有关韦西桥的论文,文章强调,该桥是日内瓦州第一座"根据钢筋混凝土桥梁结构现代视角而建造"的桥梁(图168和图169)。更重要的是,它还指出,"为德意志联邦高速公路修建的多瑙河上的莱普海姆大桥是根据马亚尔提出的空腹箱形体系而建造的。"这是第一次,有人将两个非常相似的设计作品——韦西和莱普海姆桥,在同一篇公开发表的文章中相提并论[143]。

9月,德国一篇关于莱普海姆桥的文章公开承认了马亚尔的贡献。考虑到德意志联邦高速公路对希特勒德国的象征性地位,瑞士人的作用就变得格外引人注目了。按照《施工技术》(*Bautechnik*)杂志的文章,德国高速公路管理局已经设计了一座混凝土桥和一座钢结构桥,然后再让建筑商公开投标,既可以对现有两个方案提出施工标,也可以自行重新设计。令人印象最为深刻的方案来自韦斯·弗赖塔格这家比较前卫的公司。

> 为了找到最轻的结构,这家公司采用了瑞士桥梁工程师马亚尔的想法,即,在没有支撑的拱墙中,桥台铰的上部拱肩几乎不受力,也几乎不承担任何荷载,因此,去掉该处的拱墙不会损失承载力,却能够减小自重,从而可以降低拱肋厚度,并使结构材料的使用效率最高[144]。

这是对马亚尔核心设计思想的清晰描述;但德国文章接着补充道,该形式经由作为顾问的埃米尔·莫施教授修改,并且"在博纳茨教授的帮助下,利用模型对所有视觉形式进行了全面研究。"简言之,两位在各自领域最著名的德国专家又对马亚尔的基本理念进行了修改:莫施从技术角度,博纳茨从美学角度。在德国,马亚尔从来没有建造过任何事物,现在却成为希特勒所赏识一个桥梁设计项目中的范例人物。当然,马亚尔的形式还需要博纳茨的修改,以便使其具备适当的纪念意义(图170)。

德国文章发表后不久,卡尔·耶格尔要求马亚尔发表他对韦西桥设计和莱普海姆桥相似性的看法。虽然马亚尔从不急于写文章,但他发现耶格尔的建议有两点很有吸引力。首先,他很高兴看到自己的想法走出了国门,并因此有机会根据德国的例子来解释自己

图168 由马亚尔设计建造的阿尔沃河上的韦西桥,1936 [资料来源:E. 奥伯韦勒(E. Oberweiler)]

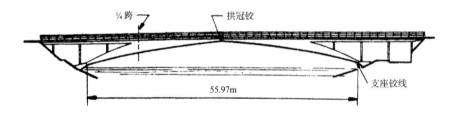

图169 由马亚尔设计建造的阿尔沃河上的韦西桥,1936 [绘图:埃文斯·阿甘斯事务所(A.Evans and T. Agans)]

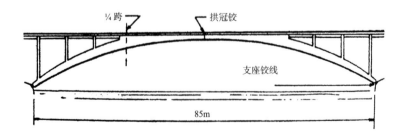

图170 由E. 默施及P. 博纳茨设计的位于莱普海姆的多瑙河桥,1937(绘图:埃文斯·阿甘斯事务所)

图171 跨越阿尔沃河的韦西桥（资料来源：《瑞士建筑学报》）

的设计。其次，他意识到，保罗·博纳茨笔下的莱普海姆桥在形式上是具有纪念性和民族主义特征的，这与他的韦西桥设计动机大不相同（实际上，苏黎世的水泥大厅也是如此）。无论桥梁还是屋面结构，马亚尔的设计均体现出几何形式的强度，而非实体质量的强度；他追求减小内力的结构形式，而不是用来表达纪念性的形状。马亚尔常说，"我为永恒而建，如果它提前失败了，我将非常抱歉[145]。"马亚尔的这种态度与那些第三帝国人士所采取的无过错姿态大相径庭。

马亚尔把这篇文章分为三个部分：首先是对莱普海姆桥的描述，然后是韦西桥，最后是两者的对比[146]。对于莱普海姆来说，马亚尔对其额外的材料有些挑剔，但很高兴"这个项目已经摆脱了传统的老路，"以至于设计师"能够通过桥面和拱的适度融合，从而更好地利用了钢筋混凝土的特性。"对于韦西桥来说，马亚尔强调了其重量轻、成本极低以及罗斯负载测试下的优异性能表现。

此外相比之下，马亚尔的文章还相对有些许偏执，因为在这里，他将自己对德国长达一年的担忧和对大体量结构的反感推向了高潮。尽管马亚尔认为自己的阿尔沃河大桥是"最纯粹的实用物件，但多瑙河大桥却具有德国高速公路系统的大体量特征，其目标不在于成为一个纯粹的实用对象，而是想成为德国建筑艺术的一个典型地标"。在此，马亚尔所谓的"纯粹的实用对象"，是指没有多余的材料，没有多余的成本，仅仅是通过设计的审美选择而达到的美学目标。而对于莱普海姆大桥而言，他写道："此处之美是为了符合建筑师 P. 博纳茨教授所倡导的结构类型，而由此产生的结构形式则也是符合他的美学标准的。"值得一提的是，在韦西桥上，马亚尔采用了缺口拱形式，其目的在于突出铰的存在感，并使拱在四分之一跨处的轮廓更深邃（图171），但与之相比，博纳茨平滑弯曲的底面形式却依旧尤为引人注目。

德国的威胁与道德重塑

马亚尔对德国建筑的严厉批判反映了瑞士对希特勒帝国的普遍厌恶。事实上，中立国瑞士现在成了唯一不受元首铁蹄保护的讲德语国家。工程师们对奥地利的命运尤为不安，1938年8月1日，《瑞士建筑学报》宣布，可敬的90岁奥地利工程师与建筑师学会已不复存在，学会刊物也同时停办，"它已经被熄灭了"，而连同熄灭的还有大约50个奥地利其他学术机构。他们的活动已由德国技术国家社会主义同盟（National Socialist Bund for German Technology）接管，其总部设在慕尼黑。对此，《瑞士建筑学报》的编辑们几乎没有掩饰住他们的惊愕[147]，因为奥地利从此将成为德意志帝国的一个附加省，慕尼黑而非维也纳也将变成技术活动的中心。

在目睹了3月份希特勒对奥地利的恐怖入侵，10月份对奥地利工程项目的禁令，以及当时希特勒对波兰的打算之后[148]，10月29日，《瑞士建筑学报》发表了一篇"呼吁瑞士进行道德改良"的文章。文章倡议在对德国服务的同时还应对人类服务，"你所应当做的不仅是对领导的呼吁，更是要采取行动，如此一来，你的意愿就变成了我们的和平[149]。"此处的"领导"暗指希特勒，而"采取行动"则是指反对德国所倡导的前进方向，因为这个方向正在背离民主与自由的传统。但另一方面，纳粹却正在向瑞士的德国人施压，迫使他们加入第三帝国。正如《瑞士建筑学报》所强调的，"世界正在把瑞士视为最古老的现存民主国家，并期望我们成为真正民主国家的典范……"瑞士不支持德奥结合，也不会让其他民主国家自行解体；瑞士正在重新武装，在不破坏其中立性的情况下，瑞士正在与国际社会交流，并对德国人传达他们的解决方案。

第 9 章

最后的殊荣
（1938-1940）

最后一次差旅（1938-1939）

重逢与治疗

1938 年 7 月 4 日，星期一上午，马亚尔在日内瓦车站见到了女儿玛丽 - 克莱尔和 8 岁的外孙女，而这两位小马亚尔已经与自己阔别了 4 年。在玛丽 - 克莱尔看来，她的父亲面色苍白、瘦削，微微有些驼背，虽然眼睛依然炯炯有神，但虚弱得令她心酸。他们一道去了他的事务所公寓，在那里与其他家人共同度过了一个下午。晚餐的时间到了，在阿梅莉的帮助下，父亲为女儿准备了一顿盛宴，以鱼子酱和冰镇伏特加为特色，这一切不禁让人想起了玛丽 - 克莱尔第一次回家时的情境。餐桌上，一家人相互举杯祝福，同时也希望将这些祝福送给那些远去的人们，送给仍在打拉根（Tarakan）的儿子爱德华[1]。

在拜访了苏黎世的尼森、奥克斯林小姐和亚历山大之后，父亲、女儿和外孙女一行三人于 7 月 10 日前往武尔佩拉的维尔德豪斯酒店，在那里，马亚尔将接受为期 3 周的治疗[2]。真可谓"本性难移"，从疗养的第一天起，马亚尔就建立起了不变的生活节奏。每天清晨，一家三口都会漫步在山间溪谷，成为闲散游人之一（图 172），他们一边喝着味道难闻的矿泉水，一边听着小型管弦乐队的演奏[3]，然后再乘公共汽车返

图 172　马亚尔和女儿玛丽 - 克莱尔在矿泉水大厅（Mineral Water Hall）前，武尔佩拉，1938 年 7 月（资料来源：M.-C. 布卢默尔 - 马亚尔夫人）

回旅馆，马亚尔继续在房休息，玛丽-克莱尔则出去打她的网球或高尔夫。马亚尔很享受他第一个孙子辈的陪伴（图173）。晚上，他们身穿正装，参加舞会和音乐会，当玛丽-克莱尔跳舞时，马亚尔会躺在一张安乐椅上，一边抽着烟斗，一边环顾周围，脸上不时流露出憨笑的表情。其他人会过来和他打招呼，但他却已经没有力气让这些闲聊维持的很久。女儿玛丽-克莱尔对父亲变得如此出名而感到惊讶。

桥牌冠军

英国人、美国人和瑞士人成了时髦的维尔德豪斯酒店的常客，他们中的许多人沉迷于定约桥牌。一年一度的大型桥牌赛事被称为武尔佩拉挑战杯，并将会在他们度假结束前举办。于是，马亚尔迫不及待地问女儿是否愿意与自己搭档参加比赛，玛丽-克莱尔失去了往常的耐心，反问道："你真的了解最新规则吗？你不是还习惯于以前的老套路吗？"此言一出,触及痛处，马亚尔回击道："好，那你今晚就别去跳舞了，到我这儿来告诉我所有新规则吧。"

玛丽-克莱尔在印度尼西亚一直在打桥牌，后来竟然成了一名专家，在那里，她赢得了许多比赛。在1938年，与小时候和父亲在俄罗斯玩过的简单版本的拍卖式桥牌相比，如今的打法已经变得非常复杂了。而当时，马亚尔的桥牌主要是和日内瓦的女士们在一起玩，那里的竞争很小。他对复式桥牌没有经验，更不用说上锦标赛了。

那天晚上，她向父亲解释了最新的桥牌规则，父亲坐在那里，小声说话，眼睛半闭着，心不在焉。他们坐在他狭小的房间里，面对面坐在桌子对面，没有牌和文字，玛丽解释了新规则，偶尔，马亚尔也会问上几个问题，整个介绍过程只持续了两个小时，尽管她尽最大努力想使父亲达到自己的水平，却几乎没有看到成功的希望。

第二天，盛大的全日制比赛开始了。两个怀着渺茫希望的人坐到桥牌桌旁，而同场竞技的还有62位选

图173 马亚尔和外孙女玛丽-克莱尔·布卢默尔，武尔佩拉，1938年7月（资料来源：M.-C.布卢默尔-马亚尔夫人）

手。当最终宣布第一名时，父女二人以及其他众人都异常惊讶，因为第一名的名字是马亚尔先生和布卢默尔夫人[4]。"她和我都很惊讶，因为我们是完全不知名的局外人，"在后来给埃德蒙的信中，马亚尔写道[5]。几天后，假期结束了，为了参加一场高尔夫球赛，玛丽-克莱尔又继续待了数日，而马亚尔则于7月31日独自回到了日内瓦[6]。

最后的告别

8月15日星期一，一位美国建筑师在日内瓦事务所造访了马亚尔，两人讨论了一个纽约项目（该项目并未落实），席间，马亚尔询问这位建筑师是谁推荐的自己。正如马亚尔在给埃德蒙的信中所言，美国人回

答说:"这是不必要的,因为您的大名如雷贯耳,美国的专业院校都欣赏您的技术!"显然,这位建筑师对马亚尔在美国的名声深信不疑。事实上,这是错误的;在20世纪30年代,马亚尔的名字几乎没有出现在任何一所美国工程类院校。毫无疑问,人们之所以熟悉马亚尔,是因为吉迪恩和尚德这些人的评论文章起到了宣传效果[7]。

9月,爱德华回来了。女儿两口子陪同马亚尔去希永(Chillon)参加一个工程会议。其中一件事是纪念已故的卡尔·希尔加德(Karl Hilgard,1858-1938)。他是卡尔·库尔曼最后一个助手,并在美国从事了15年卓越的铁路建设事业。1897年,希尔加德重返瑞士,成为苏黎世联邦理工学院的一名教授,但与马亚尔从俄罗斯返回瑞士不同的是,希尔加德回到瑞士后一直郁郁寡欢,因为体验过在一个广袤的、迅速发展的国家中参与大规模建设的兴奋之后,他已经无法再来适应祖国瑞士机会少、项目小的现实了。显然,马亚尔的许多大作品也是在国外实现的,并且也错过了职业生涯早期的几个大建筑,但经历了几年日内瓦的艰苦生活之后,马亚尔逐渐适应瑞士生活的局限性,在那里找到了创作的新方向。然而,希尔加德却永远也做不到这一点,用卡尔·耶格尔的话说,他过去几年的"阴影"让他看起来很"悲惨"[8]。

10月初,水泥大厅的脚手架升起,马亚尔把女儿一家带到湖边,向他们展示这件最新的设计作品[9]。这种陪同参观的活动很符合马亚尔的秋季状况,因为他几乎每周都能与儿女在苏黎世待上三天。而另一方面,除了一座小型桥梁项目外,他的伯尔尼事务所已经无米下锅了,同样,日内瓦事务所也是步履维艰。尽管如此,几个在建的苏黎世大项目还是确保了1938年马亚尔事务所的微薄盈利。

当月末,马亚尔提出,他想再回到格劳宾登州走走,这次的目标是他的萨尔基那山谷桥。由于玛丽-克莱尔和爱德华都未曾见过这座桥,所以他们计划了

图174 玛丽-克莱尔、罗伯特、爱德华·布卢默尔以及埃尔斯贝特·布卢默尔,1938年秋(资料来源:M.-C.布卢默尔-马亚尔夫人)

两天的行程,还带上了爱德华的姐姐玛里耶莉·弗格利-布卢默尔(Marieli Vögeli-Blumer)以及她的女儿埃尔斯贝特(Elsbeth)[10]。他们一行人开车经过瓦伦湖(Walensee),到达库尔,然后经过尤利尔山口后到达了圣莫里茨(St. Moritz)。

第二天早上,这一大家子人沿着因河到达楚奥茨,驻足观赏了马亚尔1901年的楚奥茨大桥,然后经由弗吕埃拉山口进入达沃斯,再向下驶过克洛斯特斯,而马亚尔在1930年设计的一座铁路桥就在附近,最后到达席尔。在那里,他们沿着一条狭窄的、没有铺过路面的小路上行至与萨尔基那溪谷交叉的施劳巴赫

图175 建设中的水泥厅，1938年10月29日（资料来源：普拉德公司）

（Schraubach）山谷。在那里，他们下车凝视着眼前的大桥，从桥的南侧草地望去，萨尔基那山谷桥白色的混凝土轮廓美丽而壮观。

爱德华的姐姐给大家拍了一张照片（图174），然后马亚尔朝着桥走去，其他人都原地不动。他站了一会儿，双手放在背后，虽然交通事故造成了轻微的驼背，但他还是努力挺起腰板儿注视着8年前的大桥。从楚奥茨到萨尔基那，经历了漫长的攀登，30年来他的生活发生了翻天覆地的变化。当马亚尔凝望大桥时，没人知道他脑子里在想些什么。在玛丽-克莱尔看来，父亲似乎很压抑，沉默寡言，甚至有些悲伤，她感觉到父亲知道自己病得很重。显然，这次远足并不愉快，也没有充满他们以前在一起的戏谑和机智。接下来，马亚尔转过身来，一瘸一拐地慢步走着，其他人也都静静地回到车上，开车回到了苏黎世。

11月，工人们用一种叫作"喷浆"的方法在水泥大厅的木质模板上喷射混凝土（图175和图176）。虽然经常光顾建筑工地，但马亚尔还是很恼火，因为左腿的不便让他在工地上的行动非常局促[11]。到了12月1日，混凝土外壳已经可以脱模了，于是，马亚尔带着女儿去看了看[12]，随着玛丽-克莱尔返程的时间日益临近，马亚尔才特意安排了这样一次技术性活动。另外，受到日内瓦事务所一个最大设计项目的鼓舞，他又向女儿提出了一次更为雄心勃勃的旅行计划。马亚尔一直在为瑞士鲍尔公司（Baur and Company）工作，内容涉及在锡兰（Ceylon）的科伦坡建造一座大型公寓。

图 176　建设中的水泥厅，1938 年 11 月 11 日（资料来源：普拉德公司）

1938 年底，他开始与布卢默尔夫妇谈论他到锡兰看看这个项目的可能性，当然，其间还可以游览一下印度尼西亚 [13]。这个想法似乎能使他精神放松，也有助于弥补即将到来的孤独。

1939 年 2 月 6 日，星期一，马亚尔在日内瓦庆祝他的 67 岁生日。下周早些时候，布卢默尔夫妇在尼森的陪同下，乘火车从苏黎世到日内瓦，接上马亚尔后，继续前往热那亚，在那里，荷兰客轮莫尼克斯·范·圣阿尔德贡德号（Mornix van St. Aldegonde）在等着他们 [14]，这一刻对每个人来说都是一段痛苦的记忆，玛丽-克莱尔发现这次的离别比以往任何一次都要困难，因为父亲的年龄、身体的衰弱以及政治上的不确定性都令女儿放心不下 [15]。当天晚些时候，船开走了，他们互相挥手，直到轮船消失在远方。

1939

佩内

上个月，女儿布卢默尔一家在瑞士期间，马亚尔最重要的项目是要在日内瓦以西的艾拉维尔和佩内（Aire la Ville，Peney）之间的罗讷河上修建一座新的桥梁。1938 年，州政府决定在这些城镇的下游修建一座大坝，新桥将跨越大坝后面更高、更宽的水道，并将这些城镇连接起来。州政府将设计委托给马亚尔，但决定为 187 米长的渡桥建设举行一次特别竞赛，并允许承包商对马亚尔的设计进行施工投标，也可以自行提出设计方案，或者既设计又施工。然后，由评审团决定名次，并对施工合同的授予提出建议 [16]。

新年伊始，马亚尔就开始着手设计，并在 1 月 17 日之前完成了最终图纸 [17]。自从 1934 年利斯伯格桥设计以来，他一直在考虑三跨梁桥——中间的长跨加两边的短跨（图 177）设计。在佩内桥上，这意味着中心跨度约 75 米边跨 53 米，大约是他以前在甘里施旺德建造的最长跨度梁桥的两倍。佩内桥的设计是一个令人惊叹的原创（图 178）。马亚尔将早期作品中的设计元素以及萨尔基那山谷桥上的设计元素结合在一起，从而形成了独特的新作品。通过只在河内支座附近增加一块较低位置的混凝土板，马亚尔便将梁和路面结合在一起形成了空腹箱形结构。在中跨的中间部分和侧跨的外部，截面为倒 U 形（图 179）。由此可见，马亚尔敞开箱形截面的方式类似于萨尔基那桥（和之前的塔瓦纳萨桥），但这次箱形的开口位置在底板上。另外，他还将垂直平面内的梁上墙设计成了弯曲形状，以使其在河内支座上方更深，而在其他地方更浅。最后，马亚尔将两个河道桥墩设计成了尖灭的轮廓（vanish in a thin profile，图 180），其剖面是一个带有非常小中空区域的加腋梁，并随着向河岸两侧的延伸，梁的截面高度缓缓降低。

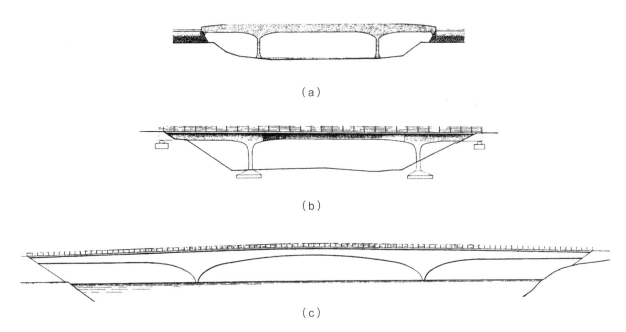

图177 （a）利斯伯格大桥，1935（绘图：马克·雷德）；（b）魏森施泰因街桥，1938（绘图：马克·雷德）；（c）未建成的佩内桥，1939（绘图：马亚尔公司）

这个设计与马亚尔1939年1月的另一座桥形成了鲜明的对比，那座桥位于伯尔尼高地的苏斯滕（Susten）山口新公路上，靠近加德门（Gadmen）附近的温特瓦瑟（Unterwasser）[18]。在那里，他设计了一座三铰拱桥，只是为了让他的强劲对手伯辛格了解到这座桥会以石材覆面。

5月12日，马亚尔佩内大桥的设计，以及以混凝土或钢结构形式的其他设计标书一同被提交给了评审团，评审团成员包括最近有些失落的公共工程专员马亚尔的好朋友布拉亚尔，洛桑的帕里斯教授，以及一个建筑师团队的首席建筑师F.甘佩特（F. Gampert），而马亚尔也在这家刚组建能够承揽国际业务的团队中任职。6月26日，马亚尔接受质询，其中的大多数批评意见均来自其他设计方案的提交人。随后，评审团开始对参赛作品进行排序，结果显示，一座五跨钢筋混凝土连续梁桥名列第一，其施工投标价为32.4万法郎，而马亚尔的三跨桥最低出价是39.6万法郎。两份投标书都是由同一个承包商贝尔泰莱蒂（Bertelletti）提出。这样一来，这个项目最终就变成由承包商贝尔泰莱蒂负责建设的五跨梁桥了，如此变故不仅令马亚尔失去了合同，也使评审向马亚尔进行了如下致歉："虽说评审团可能已经预料到了也许会出现这么一遭钢筋混凝土结构方案的变更，但这并不意味着评委们未能意识到由马亚尔先生提出的官方设计的技术和美学优势，以及其他钢结构方案的优点[19]。"

对此，马亚尔的反应或许全部体现在了当年晚些时候发表于《瑞士建筑学报》的设计总结中。文章指出，成本差异主要是源于跨度差异，五跨桥的38.5米的跨度比自己的75米外加53米的跨度低。市政当局本不应该允许有五跨方案，或者他们本就应当允许存在这样的成本差异，并根据自己提供的官方设计预算来判断投标价格。马亚尔设计的这座75米跨桥梁，每平方米桥面造价约为212法郎，这是该跨长的合理数字。另外，为了说明每平方米174法郎（五跨梁桥设计方案）的低价是否合理，我们可以选择1938年

图 178　佩内桥渲染图（资料来源：马亚尔公司）

马亚尔的魏森施泰因街桥方案作为对照，其主跨长度与本次中标的五跨方案差不多，但每平方米桥面造价却只有 132 法郎。毫无疑问，其实马亚尔本来也可以设计出比获胜者更便宜、更优雅的五跨方案。

除了跨度上的差异外，马亚尔还对短跨度桥梁的美学进行了批判。《瑞士建筑学报》也表达了同样的观点：中标设计之所以能够吸引评审团眼球，是因为"评委们表现出了对直梁的偏好，而这恰恰是钢结构桥梁的适当形式……然而，与马亚尔优雅的官方设计相比，这种钢筋混凝土的直梁方案却显得很压抑[20]。"《瑞士建筑学报》指出，允许短跨方案是评审团的一个错误，因为它违反了评审原则，从而也就将马亚尔的杰出设计拒之门外了。对直梁的偏爱是 20 世纪 30 年代末当时众多德意志帝国高速公路高架桥的特点[21]，虽然具备经济优势，但与独特优雅的慷慨创意相比，却无任何美学优点。在韦西桥上，河流正中的柱子可能是很危险的，因为那里的跨度由水流的速度决定；而在佩内，新建水坝后面的平静水流却允许出现更多的桥墩，因为此处只需要小型的航道。

评审团对获胜设计的辩护证明了一种模糊美学的空虚。评审团写道，"五跨桥是一种与乡村特色相协调的简单而宁静的设计[22]"，这种语气意味着什么？乡村由绿色的岸堤构成，河水缓缓向下，而一座笔直的、有些厚重的白色混凝土梁桥又怎能与这样一个场景相协调？直梁已经成为德国公路高架桥的流行元素，是一种形式化的、非结构的桥梁设计方法。马亚尔在魏森施泰因街桥上所采用的形式化设计手法，正如其在佩内桥上所采用的底边曲线和略微锥形的超薄支座那样，具有同样的审美情趣[23]。

马亚尔的三跨桥方案刚毅且笔直，与筑坝的罗讷河完美匹配，体现出其对无自由政治体制的漠视，似乎也在强调着马亚尔的技术政治观。虽然这座平常的小桥流露出了一丝的马亚尔技术政治观，并在那个年代中理所应当地将会在日内瓦被人们遗忘，但这种观点却是马亚尔气质的一部分，更是他在瑞士独立思考精神的一部分。然而在德国，没有像《瑞士建筑学报》这样的杂志，也没有像《技术汇编 99》（Bericht 99）那样的一系列测试记录数据，更没有 1938 年那样的马亚尔新年文章或有关韦西和莱普海姆桥的设计比较。

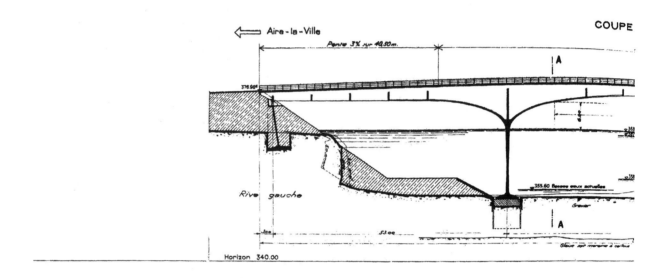

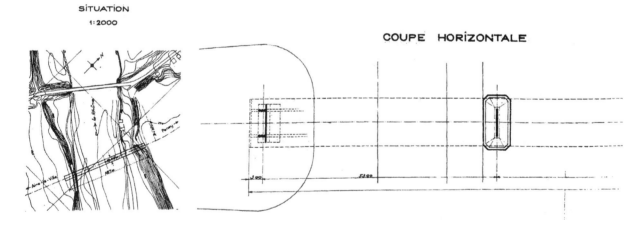

图179 佩内桥纵剖面图（资料来源：马亚尔公司，图号：386/19，1939年1月17日）

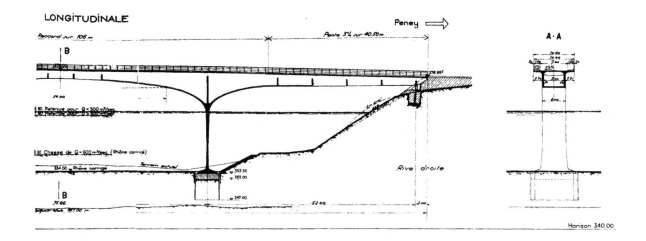
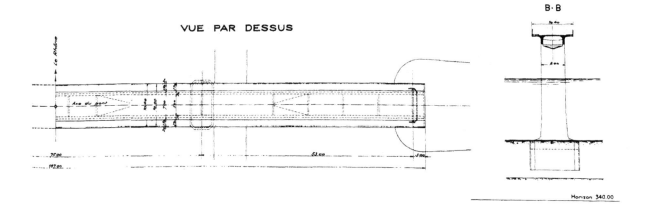

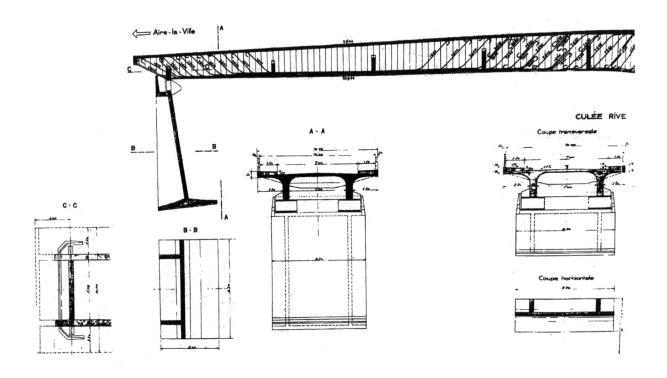

图180 佩内桥：大梁和主柱的配筋详图（资料来源：马亚尔公司，图号：386/20，1939年1月17日）

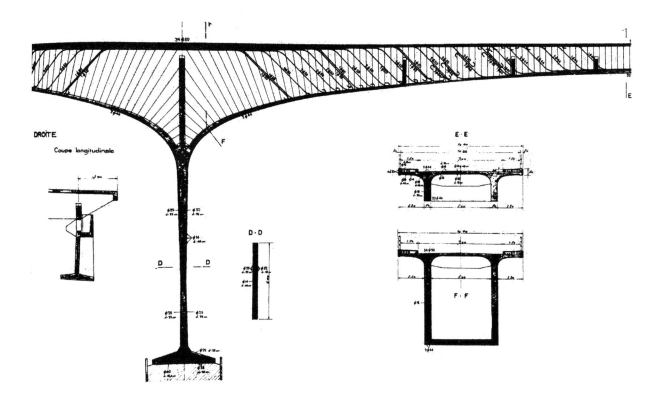

权威要挟与一件杰作

那年的1月份,马亚尔忙着为瑞士全国博览会做准备工作,以至于他似乎对周围的政治氛围都感到了厌倦[24]。希特勒3月份入侵捷克斯洛伐克,随后墨索里尼又占领了阿尔巴尼亚,这让他有理由担心阿尔弗雷德·马亚尔和他仍在拉帕洛(Rapallo)的意大利妻子[25]。

正如前一年那样,《瑞士建筑学报》在4月8日再次以"道德重建"问题开刊。编辑们注意到人们对1938年9月道德宣言的广泛回应,另外,他们在一定程度上引用了著名心理学家、苏黎世联邦理工学院实用心理学研究所所长卡拉尔(Carrard)博士的话。对于耶格尔家族来说,卡拉尔就是"一位心理技术员",他们总结道:

> 世界,尤其是商业世界所需要的是先驱者,是有勇气按上帝的意愿行事的人。我们不需要一个"元首",除非我们得到了全能上帝而非那些所谓的自顾自地"我们需要的"几个领袖,他们向我们展示所谓正确的道路,并沿着它奋勇前进。因此,这是一个与经过改造的人建立起新关系的问题。读者,你愿意帮忙吗?还是你知道更好的方法[26]?

瑞士对权力中心的特殊拒绝方式恰恰说明了马亚尔为何在前卫工程结构方面如此成功。显著的政治地缘带来了显著的自我独立意识,他们抵制中央权威和独裁个性,这种态度使马亚尔得以在瑞士最具独立思想的格劳宾登州施展拳脚,而这也正是他在伯尔尼州二级公路管理局取得成功的原因,因为这里的建设主管伯辛格无法一手遮天。而恰恰也正是这个公路管理局同意了马亚尔施万巴赫大桥的设计方案,尽管其计算方法并未得到规范授权[27]。

3月11日,《瑞士建筑学报》出版了苏黎世博览会的详细介绍,其中包括水泥厅的两页内容,并附有建筑和已完工结构的插图:"由R.马亚尔设计,F.普拉德精心建造",有别于附近的由建筑师 H. 洛伊青格(H. Leuzinger)设计的砖砌陶瓷厅,编辑们更推崇水泥厅"完全暴露的结构形式[28]",他们特别注意到陶瓷厅密密麻麻的基础配筋和水泥大厅底部少量钢筋的鲜明对比。另外,水泥厅坐落在四根细长的锥形柱上,在私下里,马亚尔把这座"四条细腿外加6厘米厚的穹顶"称为"一个相当大胆的外观[29]"。他对这个建筑的新颖轮廓很满意,在该结构中,所有结构构件共同工作,形成一个完整的体系(图181)。

剖面图显示了这个结构壳的极端之薄,这让人想起了马亚尔的桥面加劲拱。而且,这里有过之而无不及的是壳的厚度只有6厘米,相比之下,他最薄的特斯拱桥也有14厘米厚度。这个壳在视觉上表现出了马亚尔在1931年关于"混凝土结构的体积或品质"一文中的论述:"更轻、成本更低从而更耐久的结构,换言之,一件高质量的作品[30]。"

但是,如果设计者没搞明白结构体系是如何受力的,那么仅仅拥有较轻的结构就可能导致灾难。看似简单的水泥厅是一个高度复杂的结构,即使经验丰富的工程师也无法轻易预测其性能表现。马亚尔处理这个设计的方式是对其结构发展理念的总结,而这些理念早在38年前楚奥茨桥设计方案中就已经显现了。

马亚尔把水泥厅的壳设想成两部分:上部的曲面壳类似薄壁拱,下部的斜墙类似悬臂梁(图182)。薄壁拱很容易承载自身重量外加极大的雪载,就像特斯桥中的薄壁拱那样,但与之不同的是,上面没有桥面来加强下部更薄拱体的结构。虽然由于没有桥面荷载因而材料用量很少,但轻薄屋面的刚度主要源于远离壳边缘的跨中是具有很大矢高的拱结构。

马亚尔将总高11.7米的壳体进行了分区,其下部区域几乎是个倾斜的直面,每面壳壁高约4米,并具有很高的含钢率,从而使其能够像刚性拱悬臂

图 181　竣工后的水泥厅（资料来源：普拉德公司）

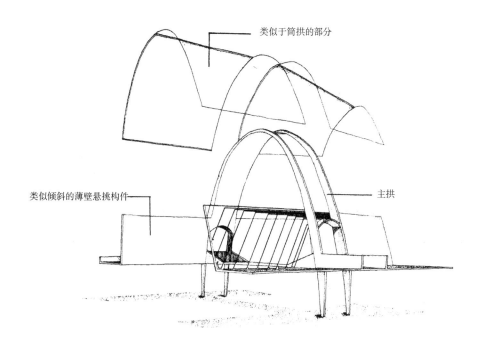

图 182　水泥厅草图（绘图：马克·雷德）

梁那样承担全部薄壳的荷载。梁的配筋方式恰恰向我们说明了马亚尔是如何利用较低部分的斜壳梁来承载整个屋面结构的，显然，这是通过延伸至走道开口上方并斜向下方的抗拉钢筋来正确传递荷载的（图182）。另一方面，人行道下面的混凝土承受着悬臂梁的压力[31]。

5月3日，星期三，马亚尔出席了一个标志着议会大厅竣工的特别仪式[32]（不幸的是，游泳馆却并未完工，直到1940年才完工）。三天后，水泥厅与全国博览会的其他部分一同开幕，对此，马亚尔兴高采烈：不仅博览会总体上是成功的，而且他的水泥厅也特别成功。马亚尔告诉儿子埃德蒙："无论是技术人员还是外行都惊讶地仰望着它！[33]"

事实上，这是当时钢筋混凝土建筑结构中最引人注目的案例。它的弧形屋顶与另一个主要竞争者形成了鲜明的对比：希特勒新国会大厦的弧形屋顶（直径825英尺），其模型制作于1939年。显然，后者是一种结构形式重叠的美学形态，希特勒把它设计成了一个内外均被假外墙覆盖的钢骨架，这使得外部砌块看起来像是一个巨大的古代灯笼形穹顶[34]。与雷恩（Wren）在伦敦圣保罗教堂巧妙设计的三层穹顶不同，希特勒的穹顶理念产生于这样一个时代背景：巨大的穹顶完全可以利用钢筋混凝土来实现，而且德国工程师们也正在开发着这种材料的新形式[35]。

鉴于瑞士全国博览会的举办，1939年6月，国际桥梁与结构工程协会中央委员会会议在苏黎世举行，会议的主要议程是计划于1940年9月3日至8日在华沙举行协会第三次代表大会。作为常设中央委员会的一员，马亚尔出席了在苏黎世举行的为期4天的会议。[36]

委员会注意到最大的成员国是德国，其次是法国，然后是瑞士。这样一来，协会也就实现了罗恩在1922年设想的，将交战双方从第一次世界大战的阴影中带到一张桌子上的任务，他们希望通过瑞士的调解，促进法国和德国之间的未来和解。在瑞士，这一想法的重要标志就是近期在日内瓦建成的国际联盟总部。事实上，在1939年5月6日出版的庆祝全国博览会召开的《瑞士建筑学报》杂志内封上，出现了一张整页的"日内瓦万国宫"照片。而在当时，作为一种和平工具，这已经被证明是徒劳无功的。

对于许多技术人员来说，国际结构工程协会的苏黎世会议给人的失望多于惊讶，它已经失去了任何的调停影响力，甚至可以说，还起到了负面作用，因为这种会议是在掩盖争议，并且在面对真正的政治紧张局势时，只会一味地强调个人关系。这种20世纪技术团体典型的"和事佬"态度并没有引起马亚尔的兴趣，而其有关莱普海姆大桥的新年文章却提出了一些挑剔但中肯的问题，即公共项目应如何设计，以及政治因素是如何影响设计外观的。

最后的桥梁

就在同一时期，在位于伯尔尼高地的加斯塔特（Garstatt），马亚尔又设计出了一座令人惊叹的原创桥梁。当年5月，他完成了这座大桥的最终图纸（开始于1935年）。马亚尔的方案是一座空腹箱形三铰拱桥，但这次的拱非曲线形式，而是由两个在拱冠处断开的三角形构成，与韦西桥类似。另外，每侧三角形的底部线条也不再是弯曲的（或拱形的），而呈直线状。这座桥也是斜向的，从而使设计更加复杂[37]。显然，这次马亚尔又朝着新的设计方向出击了，就像1938年他在水泥厅和1939年佩内桥上所做的那样。

6月底，马亚尔开始了他最后一次的桥梁设计工作。那一个月，瑞士铁路公司就苏黎世湖南岸阿尔滕多夫和拉亨（Altendorf, Lachen）两镇之间的两座铁路桥进行了招标，铁路公司已经有了自己的设计方案，但同时也允许承包商重新提交投标方案。完成水泥大厅后，弗洛里安·普拉德在7月份根据马亚尔的新设计进行了施工投标[38]。尽管马亚尔身体不好，但他设计的两座桥中较大的那座桥仍然显示出一种清新的视觉效果。

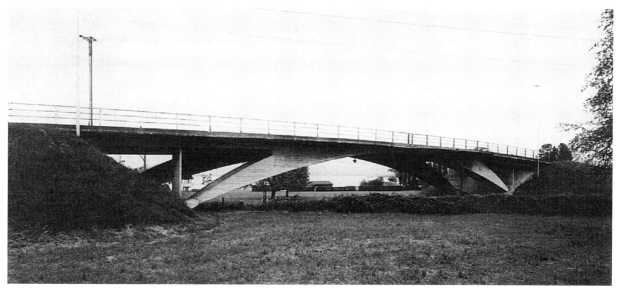

图183 位于拉亨的铁路跨线桥，1940年：桥梁外观图（资料来源：FBM 工作室）

对于这座 40 米跨与拉亨斜交的桥梁，马亚尔的空腹箱形三铰拱方案类似于韦西桥（图183）。他希望采用扁平的、有棱角的半拱形状（图184），但又要有别于加斯塔特桥那种生硬的直线形式。对于阿尔滕多夫的短跨桥，由于其跨度远小于拉亨桥，且路面单车道而非拉亨那样的双车道，因此，马亚尔采用了三跨连续梁结构方案。阿尔滕多夫桥延续了马亚尔自 1934 年以来利斯伯格桥的（随后的胡特维尔桥和甘里施旺德桥）设计思路：截面高度很大的三跨连续梁，除两个中间支座处小拱腋在梁底和细柱之间形成的过渡之外，其余处的梁高不变。在阿尔滕多夫桥上，边跨比任何早期的梁桥都短，并且梁截面高度稍大，因此梁的视觉效果是巨大且厚重的。马亚尔的草图（珍藏至今）显示出梁末端的向下曲线形状，但建造时这条曲线却没有了[图185（a）和图185（b）]，所以，尽管梁下细长的柱子和适当尺寸的梁腋缓和了直梁的线条，但这样的设计看起来却依旧很生硬。

到了月底，马亚尔的身体残疾再次占了上风：医生命令他在古尼格尔浴场（Bad Gurnigel）彻底休息，甚至禁止步行。尽管养病期间马亚尔遵守着严格的生活规律，但还是向他在伯尔尼的总工程师发送了一份关于厄堡（Château-d'Oex）附近一座新桥的详细评论[39]。8 月中旬，马亚尔离开了古尼格尔浴场[40]，而几乎在同一时间，铁路公司也将马亚尔分别位于拉亨和阿尔滕多夫的两座桥梁设计方案交给了普拉德公司负责施工建设。除了低成本外，铁路公司报告还指出，"两个设计不仅功能完善而且外观非常漂亮。拉亨拱桥的基础问题也得到了很好的解决，另外，尽管桥梁规模较小，但其稳定性和刚度都很好[41]。"

9 月 3 日，希特勒入侵波兰后，英国和法国向德国宣战。[42]一夜之间，瑞士的社会动员活动迫使几乎所有商业活动都停歇了下来，就连全国博览会也关闭了一段时间（不久之后又重新开放）。除了施泰特勒之外，马亚尔的整个事务所人员都被动员入伍，而为了完成马亚尔手头的项目，施泰特勒只好独自一人工作到深夜[43]。马亚尔的日子也越来越难过，他不得不在苏黎世重新安家，因为原先的棕熊胡同最终被拆除了。

马亚尔的生活已经受到了政治事件的影响，如今，

图184　1940年,拉亨铁路跨线桥,从中可以看出:桥梁与道路斜交、箱形拱、拱铰与扶壁支座,以及拱侧面的结构表达形式(资料来源:FBM工作室)

他的身体状况仿佛都在预示着欧洲的政治动荡。10月11日,星期三,马亚尔经历了一次大出血,他只能一边打电话叫了辆出租车,一边抓起自己的小旅行箱,艰难地赶到了医院。化验结果显示,马亚尔的肾脏受到了感染,这意味着需要立即手术,然而有个问题是他的心脏能否承受住这样的手术负担。在没有其他方法的情况下,10月24日,马亚尔经历了一次似乎还算成功的手术。然而两天后,严重心脏病发作了,在这之后的两周内又发作了一次[44]。在住院后的一个月里,他的病情时好时坏,到了最后,自感已经筋疲力尽了。发病已经过去了6周时间,马亚尔给女儿玛丽-克莱尔发出了第一封信,虽然很困难,但他还是详细描述了自己的痛苦病程[45]。12月5日,马亚尔终于可以出院了,一位世交亲友开车送马亚尔回家。在给女儿的信中,他写道:"与8周之前孤独入院相比,出院的场面甚为隆重[46]。"

朋友和家人对他身体的恢复、头脑的敏锐以及几乎健康的外表感到惊讶。"这是一个真正的奇迹,"罗莎写道,这位像往常一样虔诚,大部分时间都陪在他床边的人。医生允许马亚尔12月20日之后就可以返回苏黎世和伯尔尼的正常工作圈子里,前提是阿梅莉必须陪着他[47]。于是,他们兴高采烈地来到苏黎世,阿梅莉很快就把新公寓整理好了。马亚尔很高兴再次融入了瑞士工程界的中心,又可以与罗斯、耶格尔当然还有尼森共事了。他对这套公寓的现代化便利设施感到惊奇,而这些正是之前五颜六色的棕熊胡同公寓所没有的。马亚尔对如今这些新的奢侈品本身并不关心,但他清楚地看到,在衰弱的身体条件下,这些奢侈品已经成为必需品,就如同在日内瓦一样,新的公寓就是他的事务所的一部分[48]。

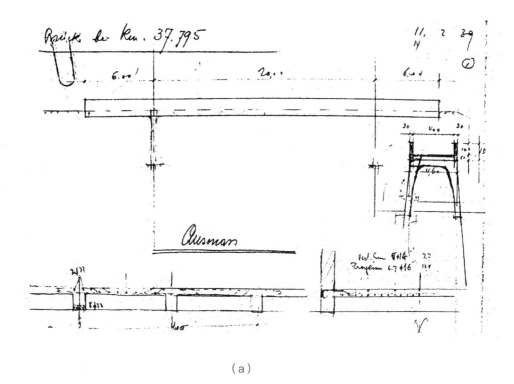

(a)

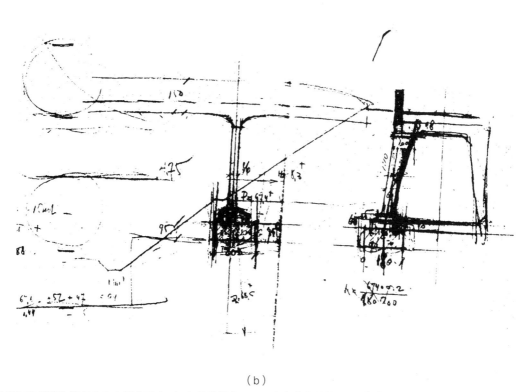

(b)

图185 马亚尔有关阿尔滕多夫立交桥的研究:(a)梁的纵立面以及支座结构的横剖面;(b)梁的纵向加腋以及支座结构的横向加腋图(资料来源:苏黎世马亚尔档案室)

1940年的元旦，马亚尔发现自家的餐厅里聚集了10个人，俨然成了啤酒馆，日内瓦的新年就这样祥和地开始了。尽管受到了战时的限制，但马亚尔仍然有活可干，一篇论文正在准备，而最重要的是，水泥厅的测试工作也已经纳入了议事日程[49]。

致大师

权威

1940年初，马亚尔为一篇文章忙碌着，文章讨论了他40年来一直在努力解决的问题，也反映出了他一贯的独立性。文章一开始，他就问自己："工程师有什么限制条件？"对此，他给出了两点答案：结构规律和社会对策。第一点源于"教授，然后是书籍、期刊，最后是工程师的经验，而这些经验是出于他对自己或他人项目的观察与研究。"第二点来源于旨在"防止某人过于鲁莽或危害公共安全"的规范或准则[50]。这些正是工程的纪律。如今，马亚尔用毕生成就诠释了其结构创新的有效性：无梁楼盖、空腹箱形截面、桥面加劲拱，而最重要的是其结构体系的经济性。马亚尔强调，典型的20世纪规范、教学和各种官方认证的过程阻碍了新形式的发展，对此，马亚尔再次将德国的做法当作了反面教材。

甚至在生命的最后时刻，"权威"这个词也引起了马亚尔的强烈反应——愤怒、讽刺和幽默。尽管有着典型的瑞士资产阶级生活方式，但马亚尔一贯喜欢作为叛逆者去专业地反对这种传统；无论是罗伯特·莫泽、弗朗索瓦·舒勒，还是后来的亚瑟·罗恩、马克斯·里特尔或阿道夫·比勒，都是这种传统的典型代表，而其基本形象是盲目自信和缺少幽默的独裁主义者。在马亚尔看来，他们每个人都代表着没有想象力的权威，几乎就好像他需要这些人激发自己来提出最有创意的想法似的。他们是设计游戏中的主要对手，而他打算赢得这场比赛。没有对手，就没有胜利，这些对手总是在非公开的、评审团制或组委会制的比赛中击败他。但在公开的比赛中——比如，希尔斯和施瓦岑堡这样的偏远社区，或者《瑞士建筑学报》组织的设计竞赛里——马亚尔便可以得分，并且通常都能达到完胜的明显效果。

如果马亚尔的职业生涯乏善可陈，那么这对后人就意味着要当心那些以权威自居者所说的一切内容，要提防所有权贵，提防周围那些受人奉承的人。但在这样做的同时，也要提防那些不怀好意的反对派。马亚尔之所可以反对当权派，是因为他比别人更知道如何建造，而对权威的厌恶则源于他那些成功的结构创意。

马亚尔的游戏有着严格的规则，无论是最钟爱的家庭娱乐活动还是他最擅长的设计创意，都遵循着这种类似的规则。然而，马亚尔要做的显然不只是遵守规则，在46年的职业生涯中，他难得有机会看到一种全新的、遥遥领先的技术的开始、发展和成熟。在马亚尔的职业生涯中，只有恩佩格和弗雷西内是同龄人，而这些先驱人物却没有一个像他那样管理过自己的建筑公司和设计事务所，虽然这对上述两位奥地利人和法国人并没有任何坏处，但1940年之前，却只有马亚尔把设计的各个方面都整合到了一个自己可控的范围内。

与权威相比，马亚尔的想法直接来自建筑结构或赢得建筑或设计合同的实际需求。他对自己认为是次要的东西不太感兴趣，比如，一成不变的普遍理论、应力计算、详细的规范编纂或国际会议。

站在理性角度上讲，马亚尔就像是那些天生伟大的运动员，他们在球场上的即兴表演永远无法用规则、传统或训练来解释，即使所有这些都是必不可少的。面对楚奥茨桥的实体墙拱，马亚尔却将塔瓦纳萨桥设计成了空腹形式；面对无法解释的槽形截面梁试验结果，马亚尔完成了力学史上的一个基本发现（剪切中心）；面对阿尔堡大桥的桥面裂缝，他看到了一个桥面加劲的新形式；面对不可能的小预算，他设计出了施万巴赫桥与韦西桥。所有这些原创都令"权威"汗颜，有时甚至与之对立。马亚尔的部分生活乐趣来自同权威的较量，有时甚至显得过于鲁莽。的确，马亚尔的方式可能是异常尖锐和唐突的。

在马亚尔那异常安静的资产阶级外表下，有一种深深的激情，最后，正是这种激情吓到了当局，因为官僚的头脑对此根本无从下手。当马亚尔以斜体字"节约资源！"结束了他关于"工程师和权威"的文章时，他实际上是在表达一个显见的理论。只有当研究能带来经济效益时，研究才是有价值的，教学必须以经济效益为中心，规范必须能够带来经济效益，每个设计都要由经济效益来判断优劣。这就是马亚尔的整体理念，其最终结果是给那个时代留下了令人难忘的结构形式，并且超越了所有权威，无论是瑞士的专业人士还是德国的政治人物。

第三次苏黎世之行：安息吧

马亚尔在批判德国大规模的、据称是永久性的工程时，最有力的宣传工具是那座轻盈的临时性水泥厅。原本计划在1940年1月下旬被拆除的水泥厅却有着一个令人惊讶的命运，并使它在接下来的半个世纪里成为钢筋混凝土潜能的代表，成为现代结构史上最持久的形象之一。如今，尽管实物消失了，但它在影像里的持久性却始终存在，并且其结构性能表现也被完整地记录了下来，这是那个时期的德国作品所无法企及的。它甚至成为20世纪晚期美国最普遍的商业标志之一——麦当劳拱门（图186）的重要参考[51]。

罗斯于1月26日开始对水泥厅进行系统和详细测试，记录了各种载荷下的挠度和应力。测试在1月27日继续进行，预计两天后结束，加载直至其结构体系完全倒塌，但是"由于双肋加劲壳出人意料地具有更大的屈服强度，"结构无法被破坏，罗斯不得不推迟了

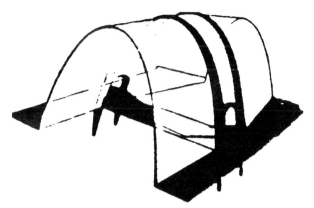

图186 水泥厅与麦当劳标识的关系示意图（资料来源：马亚尔公司）

破坏性试验，以便获得炸毁这座顽固不化的水泥厅屋面结构所需的炸药[52]。

罗斯很高兴能有一个借口来推迟对马亚尔天赋的最终证明，直到这位虚弱的工程师能够出现在现场目睹最后的高潮。这样的高潮于2月2日星期五到来：马亚尔站在罗斯身旁，后者发出了引爆连接两个拱形支架走道的信号[图187（a）]，100米外的窗户被震碎了，结构上至关重要的抗拉系杆也被摧毁了，但屋面的薄壳仍未倒塌。尽管爆破前已经经过了专业计算，但开裂的薄壳还是顽强地屹立了整整24个小时[图187（b）]。然后到了第二天，马亚尔和罗斯再次亲临现场，拆迁队员将抓钩固定在柱子上并向两侧猛拉，直至拱肋断裂，并最终成功地拆除了这个结构。

罗斯穿着他已经习以为常那种奇怪的野外测试服，而马亚尔穿着长长的冬衣，两人站在那里目不转睛地看着。一旦一切归于平静，马亚尔就慢慢地径直朝瓦砾堆走去，他站在碎石堆里，默默地看着自己设计的残垣断壁[图187(c)]。一些工人开始爬上废墟，加入到他们当中。马亚尔后来议论道，他们上来的目的是"准备用气锤剥开混凝土，以便回收钢材"。战争使钢筋的价格上涨了60%，因此水泥厅的基本骨架（钢筋）被另一家建筑商保存下来并重新加工成了

其他形式。马亚尔以"安息吧"（R.I.P.）结束了对这段历史的个人评述[53]。但他也观察到"即便在这一片废墟中，水泥厅的骨架仍然依稀可见"，仿佛预示着这个精致的蛋壳将会在未来成为庞然大物。

重返日内瓦

曾经，马亚尔站在一个被破坏的设计前——1927年的塔瓦纳萨桥，他第一部杰作的废墟散落在莱茵河畔。在那次经历之后，伟大的萨尔基那山谷桥开启了马亚尔最具设计创新的十年，而水泥厅的废墟无情地宣告了这个十年的结束。对于这次计划中的拆除，马亚尔并没有表现出一丝的痛苦或怀旧。他依然专注于未来，急切盼望着罗斯的报告，以便研究并告诉女儿一家。

在日内瓦，家人准备在2月6日星期二庆祝这位工程师的68岁生日。罗莎摆上了栗子鸭，大家相聚在马亚尔的公寓里，打开了烈性酒，接着是桥牌，直到午夜。和往常一样，这位工程师的睡眠仍然很困难。而在接下来的几周里，他的病情恶化了，因为疝气，左侧身体开始肿胀起来，他不得不一直穿着医生开的不舒服的紧身衣。自从1938年夏天在武尔佩拉治疗后，马亚尔的体重从174磅下降到149磅[54]。

到了3月初，马亚尔已无法下地活动，虚弱得连给玛丽-克莱尔的信都写不下去了。阿梅莉坐不住，向布卢默尔夫妇报告马亚尔的病情。尽管马亚尔已经告诉了女儿自己的大体情况，但还是有意保留了许多。三个星期以来，马亚尔患上了带状疱疹，而且手术中的缝线还没有固定住，所以再次手术是不可避免的。马亚尔很痛苦，他讨厌住院时监禁般的生活并且固执地拒绝了治疗[55]。

就在阿梅莉写信给玛丽-克莱尔的同一天，瑞士工程师和建筑师学会的结构工程分会在苏黎世召开了，他们从200多位会员选出"罗伯特·马亚尔作为第一位也是当时仅有的一位荣誉会员[56]。"这个前所未有的荣誉显然是为马亚尔特意设立的，对于马亚尔

(a)

(b)

(c)

图187 水泥厅：(a)马亚尔与罗斯的测试；(b)马亚尔与罗斯的拆除；(c)马亚尔检查废墟（资料来源：罗斯的第99号报告，第2次补充材料，1940）

在许多问题上与之斗争过的人来说，这是一个相当大的意外。这无疑是罗斯和耶格尔发起的行动。学会的建筑师们在5年前就授予了马亚尔类似的荣誉，现在更保守的工程师们正在迎头赶上。马亚尔之前的竞争对手也同样继续着自己的工作，第二天在苏黎世出现了两篇论文：里特尔关于施加预应力的新观点和比勒的伯尔尼铁路桥[57]。虽然这些人拒绝公开承认马亚尔的成就，但整个行业却在这样改变着。

自由而宁静

3月12日，马亚尔被迫返回医院接受检查[58]。他的体重继续下降，医生发现他得了肠溃疡。3月24日，复活节那天，勒内从艾克斯（Aix）赶来，在父亲床前守夜，到了周二，马亚尔似乎已经重新振作起来了[59]。罗莎现在则承担起了一些弟弟马亚尔无法继续承担的责任。

整个一星期，勒内都待在他父亲身边，减轻了马亚尔原本压抑的病房气氛。但到了3月28日星期四晚上，他不得不回去照顾生意。儿子的陪护鼓舞了马亚尔的士气，也让周日尼森来院探视时的马亚尔有了底气（图188）。两位老朋友聊了很长时间，马亚尔甚至从床上下来站在地上，而始终活跃的大脑则像往常一样还在不停地想着将来的项目。

第二天，病情突然恶化了。由于担心尿毒症（一种通常与肾脏疾病有关的血液中毒）的发生，医生给勒内打电报，要求他立刻过来。当晚，阿梅莉守护了马亚尔一整夜。星期二情况则更糟了，到了星期三罗莎进院时，马亚尔几乎已经没有意识了。午后，马亚尔突然喃喃自语道："茶、咖啡、苏门答腊"，他的思想飞到了女儿玛丽-克莱尔那里，朝着计划已久的旅行走去，这趟旅行本该带他到锡兰的建筑工地，然后再借道苏门答腊，去看看女儿布卢默尔一家过去11年的异国情调[60]。

勒内4月4日星期四中午来的，他的父亲睁开眼睛，认出了他最小的孩子，然后又闭上了眼睛，他已经不

图188　勒内、马亚尔与保罗·尼森，20世纪30年代中期（资料来源：M.-C.布卢默尔－马亚尔夫人）

能说话了。勒内站在床前，看着父亲"像孩子一样睡在那里，自由而安宁，就这样，他在1940年4月5日星期五凌晨4：00离开了大家[61]。"

埃德蒙在美国，玛丽-克莱尔在苏门答腊，在马亚尔生命的最后时刻，只有勒内在身边。星期一的追悼仪式由老牧师瓦莱特（Vallette）主持，马亚尔日内瓦事务所的主任卢西恩·梅斯赛尔致简短悼词。随后，大家来到了小沙岗（Petit Saconnex）墓地，马亚尔将安详地长眠在这里（图189）。保罗·尼森站在前排，这位马亚尔最年长、最亲爱的朋友（图190）代

图189 罗伯特·马亚尔之墓（资料来源：M.-C. 布卢默尔 - 马亚尔夫人）

图190 保罗·尼森和爱德华·布卢默尔，大约于1960年（资料来源：M.-C. 布卢默尔 - 马亚尔夫人）

表大家发言："向我的朋友罗伯特做最后的告别"，随后，大家陷入了深深的哀思。事实上，全世界都在哀悼马亚尔，其中包括来自联邦材料试验研究所的米尔科·罗斯，在他送来的一大捧红白相间的鲜花中系着一条宽丝带，上面眷写着：

致大师

TO THE MASTER

注 释

第1章

未指明的文件副本均存放在普林斯顿大学的马亚尔档案馆,马亚尔的所有私人家庭信件均存放在苏黎世的马亚尔档案馆,副本保管于普林斯顿马亚尔档案馆。《瑞士建筑学报》简称 SBZ。

1. 《瑞士地理词典》(纳沙泰尔:阿廷格兄弟公司,1902), 1:220.
2. 埃德蒙·塞内莫德,"马亚尔家谱"(梅济耶尔,1868),9. 另见《比利时国家大事记(1895)》13:171-186. 1852 年,比利时的马亚尔夫妇搬到了日内瓦郊区的卡鲁热,他们的两个儿子埃德蒙和埃克托尔在那里长大,成了新教徒。
3. 《瑞士历史与传记词典》(纳沙泰尔,1928) 4:417. 有关马亚尔的家庭细节,参见"库普费尔的族谱",伯尔尼,13-15,32-33.
4. "库普费尔",33. 另见《伯尔尼州及伯尔尼地区洗礼登记簿摘录》,1872.5.21. 关于这个家庭的更多细节来自 1950 年 4 月 24 日,戈特弗里德·布赫穆勒在伯尔尼写给玛丽 - 克莱尔·布卢默尔 - 马亚尔的信中。
5. 威廉·欧奇斯利,《瑞士的历史:1499-1914》(剑桥,1922),271-272,以及《历史学词典》(1926),3:187.
6. 约翰·赫伊津哈,《游戏的人》(波士顿,1955;1938 年完成;1944 年在瑞士出版),10.
7. 《国际象棋棋友》,伯尔尼的安德森国际象棋俱乐部出版物,出版者:罗伯特·马亚尔,洛林大街 38 号。该刊物共 7 期。出版日期分别为 1888.11.5, 19; 12.3, 17; 1889.1.7, 25; 2.4.
8. 《历史学词典》(德文版,1934),7:512. 维德曼的父亲约瑟夫·维克多·维德曼(1842-1911)来自奥地利,是一位著名的评论家和作家,也是 19 世纪许多作曲家的朋友,曾写过一本关于勃拉姆斯的书。
9. E. Briner,"克莱因斯·费伊尔顿(Kleines Feuilleton):弗里茨·维德曼和罗伯特·马亚尔",《联合早报》,伯尔尼(1940.4.27),另见"一位伟大瑞士人的青年时代:纪念罗伯特·马亚尔,"《上奥州因特拉肯大众日报》(1940 年 5 月 1 日)。关于维德曼的职业生涯,详见 G. Gamper 的"弗里茨·维德曼",苏黎世艺术协会,新年报,1938 年,苏黎世,32 页外加 12 张版图。维德曼去世后,马亚尔来到苏黎世艺术博物馆参加了他的画作纪念展,他向在场的人展示了一个装满了维德曼信件的盒子,然而这些书信至今再也没有找到。
10. 马亚尔的学籍记录;苏黎世马亚尔档案馆。
11. 1889 年 9 月 12 日,他在大学入学考试中获得了法语、德语和自然史 4 分,历史、数学、物理、化学和绘画 5 分,画法几何 6 分。成绩从 1 分到 6 分,最高是 6 分。总的来说,他的成绩是好的,在学校这几年里,他表现优异。1889-1890 年的日内瓦这一年中,他的成绩是:实践(制表)4 分,设计 6 分,机械 6 分。他只参加了机械学考试,成绩是 5.5 分。以上详见苏黎世马亚尔档案馆的文件。

12. 关于苏黎世联邦理工学院成立的更全面讨论，参见戴维·P. 比林顿的"威廉·里特尔：罗伯特·马亚尔与阿曼的恩师"美国土木工程师协会《结构学部杂志》，106（ST5，1980 年 5 月）：1103-16。1855-1911 年，该校称"联邦理工学院"，在 1911 年正式更名为"联邦技术学院"。G. Guggenbühl，《苏黎世瑞士联邦理工学院的历史》（苏黎世：新苏黎世报出版社，1955 年），136-37。

13. 威廉·里特尔，"卡尔·库尔曼"，《德国人物传》（柯尼希：科学院，1903；经 Duncker & Humblot 出版社重印，柏林，1971），47：571-5.

14. 卡尔·库尔曼，"北美洲的美国木桥建造情况"以及"英美两国的铁桥建设"《大众建筑杂志》，维也纳，16（1851）：69-129 及 17（1852）：163-222.

15. 卡尔·库尔曼，《图解静力学》（苏黎世，1866.）。

16. 里特尔，"库尔曼"，572.

17. G. Thurnheer，"威廉·里特尔"《苏黎世自然科学研究会季刊》（苏黎世，1906），1：510-20，以及 E. Meister，"威廉·里特尔博士与教授"，《瑞士建筑新闻》纪念稿，48（17）（1906 年 10 月 27 日）：206-8.

18. 里特尔、Ludwig Tetmajer，"联邦专家关于 Mönchenstein 大桥的事故报告" SBZ 18（1891 年 10 月 31 日）：114-15。这份介绍性报告以及后续主要报告的部分内容导致了 1892 年 8 月 19 日相关联邦规范条文的生效，即，关于铁路金属桥梁和屋面的计算和测试；另见 Thurnheer 的"里特尔"，515。"威廉·里特尔博士与教授"。1901 及 1902 年，里特尔与他人共同撰写的《关于巴塞尔混凝土建筑事故》的著名报告直接导致了瑞士钢筋混凝土建筑规范委员会的成立。

19. Anon.，"论铁桥的应力试验的价值"，SBZ 20（2）（1892 年 7 月 9 日）：12；以及威廉·里特尔所发表的同名文章，SBZ 20（3）（1892 年 7 月 16 日）：14-18.

20. 威廉·里特尔，"美国的桥梁建设"（苏黎世：阿尔伯特-劳斯坦，1895）。

21. 详见正文第 52 页。

22. 威廉·里特尔，"悬索桥加劲桁架的结构分析"，SBZ 1（1～6）（1883 年 1 月 6，13，20，27 日；2 月 3，10 日）：6-7，14，19-21，23-5，31-3，36-8.

23. 罗伯特·马亚尔，"桥梁结构：威廉·里特尔的讲座笔记"（苏黎世马亚尔档案馆，1893）。同样的形式也出现在里特尔的"桥梁结构"，12.

24. "维尔德格的莫尼耶斜面路桥体系"，SBZ 17（11），1891.3.14：66-7.

25. 弗里茨·冯·恩佩格，"混凝土-铁公路桥梁的发展与近期改进"《美国土木工程师协会学报》，1895.

26. "隧道的地形草图"，施托尔岑穆勒，赫塞伦，1894 年 4 月。关于马亚尔的工作，详见 1894 年 2 月 20 日在苏黎世的马亚尔给伯尔尼的蓬普茵-埃尔佐格公司的信，以及 1894 年 2 月 22 以上公司 F. Hittmann 写给身在苏黎世的马亚尔之回信。关于马亚尔的生活轨迹，可参见 1891 年 9 月在伯尔尼颁发的"罗伯特·马亚尔之服役手册"第 28-29 页，这是马亚尔服兵役的官方记录，其中包括了他人生中每个阶段所居住的社区。

27. 1894 年 5 月 17 日，苏黎世的 A. Jaggi 在写给伯尔尼的马亚尔的信中提到了这个抱怨。

28. 关于他与同学们接触的例子，参见注 27 中 A. Jaggi 的信件。另见 1894 年 5 月 15 日在苏黎世的 E. Lubini 给伯尔尼的马亚尔的信。

29. M. Jotterand，《BAM 的 75 周年纪念：1895-1970》[阿普勒：比耶尔-阿普勒-莫尔日（BAM）与阿普勒-利勒铁路，1970 年]，2-7。有关这些城镇的详见描述，可参阅《瑞士地理词典》，其中，比耶尔：（1902），1：250，阿普勒：1：7；利勒：（1903），2：601。

30. 关于勒·韦龙溪上两座桥的文件日期为"94.12.28"。这些文件是由马亚尔保存的，里面的大部分字迹似乎都出自他的手笔。

31. 《瑞士地理词典》（1905），3：633。

32. "阿普勒-利勒铁路开通典礼"，《莫尔日的朋友》，

1896.9.16.

33. 《苏黎世土木工程》，节选自1896年12月15日。1895-1896年，迪克曾在里特尔的咨询公司工作，后来又在苏黎世土木工程研究所工作。

34. 来自蓬普茵-埃尔佐格公司的信，伯尔尼，1896.11.7.

35. 严格意义上说，马亚尔的老家是伯尔尼州的布雷姆加滕（Bremgarten），位于伯尔尼市郊的北方。虽然他们一家从未在那里居住过，但在1886年成为布雷姆加滕的正式公民，这可能是因为在那里购买公民身份的费用比在伯尔尼市内便宜。参见《历史学词典》，638。

36. 罗伯特·莫泽，"关于桥梁"，SBZ 25（21）（1895年5月25日）：146-9。正如莫泽所表明的，1898年在伯尔尼的Kornhaus桥，也就是马亚尔搬到苏黎世时正在建造的铁桥，其造价比石桥便宜31%。

37. 关于这时的苏黎世的观点，详见维克托·温纳的"桥梁建筑"，《苏黎世建设发展的个人演讲》（苏黎世，1905），105-58。埃菲尔对铁塔的态度，在戴维·P. 比林顿的《塔与桥》（纽约：基础图书出版公司，1983，86-7）中有详细论述。当他自己讨论铁塔时，他"仅仅根据铁塔的纯粹工程形式来论证其美学"。

38. 维克托·温纳，"苏黎世施塔法赫新桥"，SBZ 33（9），1899.3.4：80-3。温纳在1888-93年期间曾在蓬普茵-埃尔佐格公司工作，在马亚尔来到之前离开。他在1898年被任命为苏黎世城市工程师。关于施塔法赫大桥设计的讨论，详见戴维·P. 比林顿的《罗伯特·马亚尔的桥梁》（普林斯顿：普林斯顿大学出版社，1979），15-18。

39. 威廉·里特尔，"苏黎世施塔法赫大桥的设计咨询"，苏黎世土木工程研究所，1898年8月9日，第1页。里特尔报告的部分内容是基于早期桥梁的先例，详见威廉·里特尔的"日内瓦库洛夫雷内尔桥的新结构"，SBZ 27（14），1896.4.11：100-1。

40. 里特尔认可马亚尔的设计（"苏黎世施塔法赫新桥"，80-3），在他自己多年后的一次演讲中，马亚尔讲述了这个设计是如何被接受的，详见罗伯特·马亚尔在"巴塞尔摄影讲座"上未公开发表的演讲，1937，苏黎世马亚尔档案馆。

41. "苏黎世市议会的会议记录摘要"第30卷，1899年8月。

42. 弗罗泰出生于伯尔尼，1892年毕业于苏黎世联邦理工学院。韦斯特曼出生于日内瓦，1896年从苏黎世联邦理工学院毕业，成为一名机械工程师，随后与弗罗泰一起创办了他们的公司。见"联邦理工学院前学生会成员名录第45条"（苏黎世，1914年8月）：106, 338。

43. W. Noble Twelvetrees，"弗朗索瓦·埃内比克：自传体生平"，《铁—混凝土》（穆谢尔—埃内比克建筑结构月评）13（5），1921年11月：119-44。另见彼得·柯林斯的《混凝土》（纽约：地平线出版社，1959），64-75，以及G. Huberti的"新的施工方法"，《从水泥到预应力混凝土，关于混凝土的历史贡献》1B: 64, 116-128。柯林斯给出的版本与Twelvetrees略有不同，他指出，最初的设计有木梁，并且埃内比克使用的是铁筋（《混凝土》第64页）。在埃内比克自己的描述中，楼盖梁是铁的，但要用木头包裹，他用实体混凝土板代替，并上下嵌入了铁筋。弗朗索瓦·埃内比克，"第三届钢筋混凝土大会：开幕词"，《钢筋混凝土》1（11, 12），1899年3月10日和4月10日。

44. 《1902年的执行工作报告》（巴黎：《埃内比克钢筋混凝土体系》，1903）

45. 同上，1898年。

46. "目录"，《钢筋混凝土》1，1898年6~11月。

47. 同上，1（1），1898年6月：1-12。

48. 罗伯特·马亚尔，"埃内比克体系及其应用"，SBZ37（21），1901.5.25：225-6.

49. 详见原文第226页。

50. 马亚尔从未在任何专业论文中提到过这些桥，但他确实在一些重要书信中说过它们。1901年10月13日，在从楚奥茨给未婚妻的信中，马亚尔提到了蓬特雷西纳的7座小桥，并在一张从莱茵河地区寄给她的明信片上，提到了自己在那里的另一座小桥项目。

51. H. Schleich 描述了该桥的设计, "苏黎世的里格维亚缆车", SBZ38（17）, 1901.10.26: 179-81. 关于里特尔的项目, 见威廉·里特尔, "埃内比克的建筑", SBZ33（5, 6, 7）, 1899.2.4, 11, 18: 41-3, 49-52, 59-61. 哈德拉布桥在1978年被拆除之前, 在75年的时间里没有遇到任何重大困难。马亚尔自己从未描写这座桥, 但他在1937年巴塞尔举办的回顾性演讲中提及了这座桥的情况。

52. Anon., "达沃斯附近的沙茨阿尔卑疗养院", SBZ 39（2, 3）, 1902.1.11, 18: 13-17, 28-31. 由于1899年5月开始施工并且主体结构在11月前完成, 所以马亚尔并没有进行最初的计算, 但他密切关注这项工作, 并促成了后来在达沃斯与同一家建筑公司签订了其他重要合同。

53. 该州的常用英文名是法语的"Grisons", 但由于法语是这里四种瑞士官方语言中唯一不讲的一种, 所以我更愿意使用它的德语名字。弗罗泰-韦斯特曼公司, "索利斯桥: 关于静力计算的说明"（苏黎世, 1901年5月4日）。该设计是由汉斯·斯图德（Hans Studer）设计的。另见斯图德, "雷蒂亚铁路的石桥",《瑞士工程结构的理论和实践》（苏黎世; 1926年国际桥梁与建筑工程大会）。

54. 1900年9月25日, 在苏黎世的弗洛特和韦斯特曼给巴黎的马利亚特的信。

55. 保罗·克里斯托夫,《钢筋混凝土及其应用》（巴黎, 1902）, 6。

56. 弗罗泰-韦斯特曼公司的马亚尔,《关于在楚奥茨附近因河桥上设计成钢筋混凝土拱的报告》（苏黎世, 1900年8月13日）。

57. 关于楚奥茨桥的设计及其革命性设想的详细描述, 详见比林顿的《罗伯特·马亚尔的桥梁》, 15-29。

58. 马亚尔的想法是将临时支撑（通常被称为脚手架）设计成只支撑下部的弧形板; 一旦硬化后, 这块板就可以支撑起形成空心箱体的垂直墙和水平桥面。因此, 该桥不仅比同时代的拱桥用了更少的混凝土, 而且所需的脚手架也更少, 这也是一个显著的结构经济效益。

59. 威廉·里特尔, "关于楚奥茨附近新因河桥的荷载测试报告", 苏黎世, 1901/2, 1-3, 对试验过程作了完整的描述。这篇咨询报告描述了测试过程, 给出了挠度的测量结果, 并对完成的工作进行了评论。

60. 罗伯特在楚奥茨给苏黎世的玛丽亚的信, 1901年10月10日晚上8点。

61. 1901年10月13日上午, 罗伯特在楚奥茨给玛丽亚的信。

62. 里特尔的: "关于楚奥茨附近新因河桥的荷载测试报告"（6-7）表明, 在自重作用下, 两天后的桥梁跨中挠度为70mm, 而在全部砾石荷载作用下为15mm, 在车载作用下仅为13.6mm。约有一半的自重会产生瞬时变形, 而另一半则会导致逐渐发展的徐变变形。

63. 他曾写过一篇有关钢筋混凝土的权威论文, 详见罗伯特·马亚尔, "钢筋混凝土结构",《瑞士建筑与工程日志》（苏黎世: Casar Schmidt, 1901）第三部分, 第108-110页。

64. 爱德华·埃尔克斯写给维尔德夫人的信, 1901年12月。"科勒先生告诉我, 他很认真、很勤奋, 虽然比较年轻, 但他有一个老人的呆板性格!" 马亚尔曾在1895-1896年为科勒工作。

65. 1901年8月21日星期三晚上, 罗伯特在苏黎世给博洛尼亚的玛丽亚的信。

66. 7月24日开始浇筑拱体, 7月27日结束。见 J. A. Splitzer 和 A. Nowak, "拱桥与鸟瞰图",《钢筋混凝土施工手册: 桥梁施工》, 编者: 弗里茨·冯·恩佩格（柏林, Ernst-Sohn 出版社, 1908）3: 154-7. 这些资料取自爱德华·埃尔斯克斯的论文,《瑞士法语区技术公报》29（3）, 1903.02.10: 33-35。

67. G. Bener, "格劳宾登州工程师和工程项目荣誉榜"（库尔市, 1927）, 73-6。欧洲最高的隧道-阿尔布拉隧道于1898年开工, 在经历了种种困难之后, 到1901年8月, 工程进展迅速, 它将于1902年

5 月完全贯通，1903 年 7 月 1 日通车，通往因河谷的铁路线也于 1903 年 7 月 1 日开通。关于楚奥茨的简史，见 C.Wieser，《楚奥茨》（伯尔尼：Paul Haupt，1965 年）。

68. Wieser，《楚奥茨》，18。100 年后，这家酒店仍然存在，但以 "Engadina" 为名。

69. 玛丽 - 克莱尔·布卢默尔 - 马亚尔，《对父亲的回忆》（普林斯顿：普林斯顿大学土木工程系，1978.）。最著名的描述可能是托马斯·曼在《魔山》一书中对瑞士人餐桌式酒店的描述，这本小说发生在第一次世界大战前达沃斯的瑞士疗养院。

70. 1901 年 8 月 24 日，在博洛尼亚的玛丽亚给苏黎世的罗伯特的信。

71. 维尔德公司和阿贝格家族在都灵附近苏萨山谷（Valle de Susa）拥有大型的棉纺厂，详见《历史学词典》，1：31-2。

72. 苏黎世的玛丽亚给伯尔尼的贝尔塔的信，1902.8.1.

73. 1901 年 8 月 3 日，苏黎世的罗伯特给楚奥茨的玛丽亚的信。

74. 玛丽亚的父亲贝尼代托 - 龙科尼来自维琴察，母亲来自热那亚。玛丽亚曾在意大利和比利时的修道院接受教育。见 1901 年 8 月 5 日玛丽亚在米兰给苏黎世的罗伯特的信。

75. 8 月 6 日晚上 9 点 55 分发出的电报内容是："马亚尔，苏黎世博德默大街 3 号——给你一辈子——龙科尼"。

76. 苏黎世的罗伯特给博洛尼亚的玛丽亚的信，1901.8.7.

77. 罗伯特在苏黎世给玛丽亚在博洛尼亚的信，1901.8.9.

78. 1901 年 8 月 11 日，苏黎世的罗伯特给博洛尼亚的玛丽亚的信。虽然他总是用法语给玛丽亚写信，但马亚尔对她说，这不是他的母语。然而，从这些信和他后来的信中可以判断，马亚尔完全是双语的。他总是用法语给他的妻子、女儿和小儿子写信；他用德语给他的母亲和大儿子写信。

79. 1901 年 8 月 12 日，佛罗伦萨的玛丽亚给苏黎世的罗伯特的卡片。因为玛丽亚曾在佛罗伦萨附近的修道院学校读书，所以她认识那里的许多修女。

80. 1901 年 8 月 14 日（下午），罗伯特在苏黎世给在博洛尼亚玛丽亚的信。

81. 1901 年 9 月 3 日，苏黎世的玛丽亚给伯尔尼的贝尔塔的信，其中玛丽亚讲述了 9 月 2 日的旅行情况，大概是正在离开伯尔尼。在伯尔尼印刷的以及玛丽亚姑姑和罗伯特母亲的公告日期都是 1901 年 8 月。

82. 《苏黎世周报》第 III 部分：第 36 条（1901 年 9 月 7 日，星期六），291。在 "公告" 部分所列举的 14 份订婚通知中，除了马亚尔的，都只写了两个人的名字，而马亚尔的则是大字报，而且周围还有一个方框。

83. 1901 年 9 月 18 日，玛丽亚在苏黎世给伯尔尼的贝尔塔的信，她在信中描述了对公寓的装修计划。

84. 1901 年 9 月 7 日晚，罗伯特在苏黎世博德默大街给苏黎世的玛丽亚的信。

85. 苏黎世的罗伯特给同城玛丽亚的便条，没有日期，但标题是 "清晨 5 点半在你的窗下"。

86. 罗伯特在苏黎世给同城玛丽亚的信，1901 年 10 月 18 日；另见 1901 年 10 月 27 日，罗伯特在苏黎世给伯尔尼的贝尔塔的信。

87. 1901 年 11 月 12 日，罗伯特在苏黎世给伯尔尼的贝尔塔的信，有玛丽亚的一些开场白。

88. 1901 年 8 月 22 日上午，罗伯特在苏黎世给博洛尼亚的玛丽亚的信。

第 2 章

1. 身在苏黎世的玛丽亚给日内瓦的贝尔塔的信，1901 年 11 月 21、28 日；另见日内瓦的罗伯特写给苏黎世的玛丽亚的明信片，1901.11.23.。

2. 1901 年 12 月 9 日和 10 日，在伯尔尼的玛丽亚写给苏黎世的罗伯特的信中（日期也是 12 月 9 日，但很可能是第二天写的），以及 1901 年 12 月 9 日（下午 7 点）在苏黎世的罗伯特给伯尔尼的玛丽亚的信。1901 年 12 月 29 日，苏黎世的玛丽亚给伯尔尼的贝尔塔的信。

3. 有关这次旅行的详情，可参阅 1901 年 1 月 12 日在图林（Turin）的罗伯特写给伯尔尼的贝尔塔的信，以及1902年1月20日在博洛尼亚的玛丽亚写给伯尔尼的贝尔塔的信。

4. 玛丽亚在博洛尼亚写给伯尔尼的贝尔塔的信，1902年1月21日。

5. 罗伯特在博洛尼亚写给伯尔尼的贝尔塔的信，1902年1月22日。玛丽亚在这封信中补充了几段话。玛丽亚在1月11日的信中说，他们最迟将在周日返回。

6. 在苏黎世的玛丽亚给伯尔尼的贝尔塔的信，没有日期，但可能是1902年2月27日。

7. 1902年3月10日，苏黎世的玛丽亚给伯尔尼的贝尔塔的信。

8. 罗伯特在苏黎世给伯尔尼的玛丽亚的信，1902年4月4日。

9. 1902年4月23日，在苏黎世的罗伯特给伯尔尼的玛丽亚的信。

10. 1902年4月25日，苏黎世的玛丽亚给伯尔尼的贝尔塔的信。

11. 罗伯特·马亚尔，"钢筋混凝土拱形梁"专利说明书，第25712号，瑞士联邦专利与知识产权局，伯尔尼，1902年2月18日。

12. 有关"文化"工程的起源，可参阅 Wilhelm Oechsli 的《联邦理工学院的创建历史及其发展概况，1855-1905》（Geschichte der Gründung des Eidg. Polytechnikums mit einer Uebersicht seiner Entwickelung，弗劳恩费尔德：胡贝尔公司，1905），342，357。

13. 1902年3月15日，苏黎世的玛丽亚给伯尔尼的贝尔塔的信。

14. 尤其令人沮丧的是，马亚尔在苏黎世锡尔河新桥项目中的失利。这是一座仿造的施陶法赫尔桥。详见 SBZ 40（3）：34，以及1902年5月23日和6月5日玛丽亚在苏黎世写给伯尔尼的贝尔塔的信，或者1902年5月7、9日苏黎世的玛丽亚给日内瓦的贝尔塔的信。

15. 戴维·P. 比林顿，"罗伯特·马亚尔对混凝土薄壳结构的未知贡献"，引自1981年位于苏黎世的瑞士水泥、石灰与石膏制造商的《年度报告》64-72。

16. "关于圣加仑市新建煤气厂的建设总结报告"（圣加仑，1906）7-8。1881年从瑞士联邦理工学院毕业后，弗朗索瓦·舒勒曾为古斯塔夫·埃菲尔工作了10年，主要从事大型金属桥梁的设计建造工作。1891年回到瑞士，他先是在伯尔尼的瑞士铁路公司工作，然后在洛桑的工程学校担任教授，直到1901年被任命为苏黎世联邦理工学院的教授，同时也是苏黎世联邦材料测试实验室的主任。在那里，他立即开始了一个系统的钢筋混凝土结构测试项目，并很快成为这个新领域的专家。详见弗朗索瓦·舒勒的"钢筋混凝土受弯曲应力作用下的强度和变形"（Résistance et deformations en Béton Armé sollicité à la flexion）SBZ 40（22）：237-42；40（23）：248-54；40（24）：264-65。1904年在美国的圣路易斯，他报告了上述这些研究成果，《美国土木工程师协会学报》54E（1905）：549-51。

17. 苏黎世的玛丽亚给伯尔尼的贝尔塔的信，日期可能是1902年6月14日。

18. 1902年6月16日，玛丽亚在苏黎世写给伯尔尼的贝尔塔的信。另见1902年6月18日，苏黎世的玛丽亚写给在伯尔尼的贝尔塔的信。当时的钢筋造价为8万法郎，而楚奥茨桥的造价是2.7万法郎。

19. 1907年，弗里茨·冯·恩佩格（1862-1942）出版了一份关于这类筒罐结构的详细调查报告，并将马亚尔的设计列为典范。如果没有恩佩格通过文章重现了马亚尔的计算，那么后者的重要研究工作就会被人淡忘，因为马亚尔在这一时期的办公资料都没有保存下来。R. Wuczkowski，"储液罐"，《钢筋混凝土施工手册》，编者：弗里茨·冯·恩佩格，（柏林，1907），3：348-51；3：407-13。正是上述调查表明，马亚尔的筒罐是迄今为止建造的最大的同类结构。

20. 在市政府提出的设计中，外壁需要约2700立方米，而在马亚尔的设计中，外壁只需要不到600立方米，因为后者充分利用了钢筋混凝土的优势，依靠钢筋来抵抗拉力，减少了总重量。

21. Alexer C. Scordelis 和 Per K. Larsen 总结了加州大学伯克利分校的基础性研究项目，"曲线形钢筋混凝土箱梁桥的结构反应"，《美国土木工程师协会结构学部杂志》，103（ST8）（1977 年 8 月）：1507-24.

22. 弗里茨·冯·恩佩格的总工程师 Wuczkowski 在前者的《钢筋混凝土施工手册》第二版（1910）中，研究了圆柱形筒罐结构的分析历史，他在报告中写道，第一次已知的该类型研究，包括环形和基础约束行为，是马亚尔公司在圣加仑煤气公司项目中以经验图解的方式进行的。这些超乎寻常的原始结构确实存在一些后期困难，但与马亚尔的筒壁设计无关。"总结报告"，8。

23. SBZ 39（36）（1902 年 6 月 28 日）：292。设计图上有一张日期为 1902 年 3 月的结构分析图，标题为"施泰纳赫桥的结构分析"，由圣加仑市建设局局长 L. 基尔克曼（1852-1926）签名。还有一张日期为 1902 年 2 月 19 日的脚手架详图，一张 1902 年 2 月 19 日的现场平面图，以及一张 1902 年 3 月的道路详图，以上均由马亚尔在 1902 年 7 月 17 日审阅并签字。早期的竞争开始于马亚尔就职的弗罗泰 - 韦斯特曼公司，当时，圣加仑施泰纳赫河的新桥问题已经成为建筑商们热议的话题。

24. 在设计中，马亚尔列举了近期的工程项目，包括洛桑附近的铁路桥以及日内瓦的库洛夫雷内尔（Coulouvrenière）桥，意在证明他的想法是有基础的，是一种成功的结构。

25. 马亚尔公司在苏黎世写给圣加仑的基尔克曼的信，1902.7.7.。

26. 保罗·克里斯托夫，《钢筋混凝土》（巴黎，1902），654-5。保罗·克里斯托夫在描述铰式拱的问题时指出，脚手架的移动会导致严重的开裂。他在此力争三铰拱是混凝土中最常见的一种类型。

27. 马亚尔公司，"施泰纳赫弧形桥的造价表"（Preisliste *für Erstellung einer gewölbten Brücke uber die Steinach*，苏黎世，1902 年 7 月 7 日），这使得马亚尔的出价为 48105.55 法郎。在 1902 年 7 月 15、16 日的信中，马亚尔将价格降至 3.86 万法郎，实际成本略低于 46000 法郎。详见马亚尔公司的"决算书"第 6 页（1903 年 9 月 26 日），最终差额的部分原因在于建设部门坚持采用的拱要比马亚尔自己设计的更重。城市建设总监 L. 基尔克曼（1852-1926）成功地让马亚尔降低了报价，因为可能有很多人的出价低于马亚尔最初的报价。这一时期的马亚尔信件表明，其在 1902 年对市政设计提出了批评，并在 7 月 7 日的信中提出了自己的报价，这与另外三家早期竞争公司的类似信函出价非常不同。

28. 这段对话显示出马亚尔的特点是去掉无用的材料。他的计算结果表明，拱的厚度可以比 3 月份建筑设计中给出的更薄，因此，他的设计依据是主拱混凝土减少了约 30%，建设总监基尔克曼对此表示担心，并最终决定反对，这封信也说明了马亚尔对美学的重视。基尔克曼命令马亚尔将拱降低 25 厘米，以便为上面的煤气和水管腾出空间。马亚尔提出了两个反对这一改动的理由：首先是大家所熟悉的反对理由，即，他的投标是基于合同签署前收到的信息，而之后的改动则会增加成本；第二个论点是，这种改变会导致一个不那么吸引人的结构，因为在这种情况下，一个平坦的拱会显得更重。成本与美学相结合是马亚尔的论点，随后，基尔克曼也就再无话可说了。以上详见 1902 年 8 月 13 日马亚尔公司致基尔克曼的信。

29. 1902 年 8 月 18 日，基尔克曼致马亚尔公司的信。马亚尔给舒勒回信的意义主要在于解释他是如何为环箍施工法（将拱分成两层或拱圈结构）辩护的。而舒勒之所以反对，是因为马亚尔的计算没有反映出他的施工方法，显然，前者提出这样的问题也是有道理的；然而，马亚尔的回答根本不符合舒勒对应力的关注，相反，他所答非所问，说是参考了索利斯大桥的成功经验，认为该桥便是按三拱圈建造的，因此马亚尔认为，如果说从一个拱圈变成两个是有问题的，那么变成三个就更有问题了。但是因为三拱圈结构已经实现了，而且已经被证明是成功的，那么只用两个拱圈就没有问题了。

然而马亚尔实际的主要论点是，与环箍施工法下的砌块拱相比，更重的单圈浇筑混凝土更容易开裂。因此，他的回答不是用新的计算方法来证明应力较低，而是根据经验论证，通过与其他新近建造的工程进行比较，来证明自己的工程将会完全令人满意，甚至比已经建造且成功的案例更不容易出现问题。当然，上述论点既有商业动机，也有结构上的动机，因为在施工过程中的任何延误对建筑商来说都是无法接受的，而到了8月中旬，马亚尔已经能够开工了。

30. 马亚尔公司致基尔克曼的信，1902年8月18日。
31. 该争议可以通过相关信件来追溯：1902年8月18日、19日、21日、23日和27日，圣加仑的基尔克曼给苏黎世马亚尔公司的信，以及1902年8月18日、20日和其后，苏黎世的马亚尔公司给圣加仑基尔克曼的信。1902年8月，在圣加仑的两张图纸中找到了基尔克曼批评马亚尔设计所依据的建设部门的计算结果。
32. 基尔克曼在圣加仑写给苏黎世马亚尔公司的信，1902年8月27日，以及1902年8月26日和28日（下午7点）从苏黎世的玛丽亚给伯尔尼的贝尔塔的信。
33. 1902年12月30日，苏黎世马亚尔公司给圣加仑的基尔克曼的信。实际上，舒勒一直没有回到项目中，替代他的是一位请来的顾问，1902年12月，舒勒相当武断地裁定，额外费用需要平均分摊，虽然马亚尔反对，但最终还是同意了。
34. 1903年9月24日，圣加仑的基尔克曼给苏黎世马亚尔公司的信。
35. 1902年7月21、25日，苏黎世的玛丽亚给伯尔尼贝尔塔的信。1902年8月1日，苏黎世的玛丽亚给伯尔尼贝尔塔的信。
36. 苏黎世的玛丽亚给伯尔尼贝尔塔的信，1902年11月6日。另见1903年3月20日的一封信。
37. SBZ 41 (20), 1903. 5. 16: 230.
38. 1903年5月19、25日，苏黎世的罗伯特写给伯尔尼的玛丽亚的信。
39. 苏黎世的马亚尔给圣加仑的贝尔辛格 (Bersinger) 的信，1903. 5. 30.
40. 苏黎世的玛丽亚给伯尔尼的贝尔塔的信，1903. 6. 22, 25, 27.
41. 苏黎世的里特尔给圣加仑的贝尔辛格的信，1903. 6. 17.
42. 苏黎世的马亚尔给圣加仑的贝尔辛格的信，1903年8月7日里特尔在苏黎世给圣加仑的贝尔辛格的报告，1903年8月22日苏黎世的马亚尔给圣加仑的贝尔辛格的信，1903年8月28日关于比尔威尔设计得更详细讨论，详见比林顿，《罗伯特·马亚尔的桥梁》，31-34。
43. 详见贝尔辛格的文章，"圣加仑州比尔威尔-上比伦的锡尔河新桥"（Die neue Strassenbrücke über die Thur bei Billwil-Oberbüren, Kanton St. Gallen）SBZ 44 (14), 1904. 10. 1: 157-9。该桥在1975年进行了修复，但结构形式没有任何改变，详见1975年6月20日的报纸报道。
44. 罗伯特在楚奥茨给意大利奥莱焦（Oleggio）的玛丽亚的信，1903. 9. 8；以及苏黎世的马亚尔写给库尔市舒卡的报告信函，1903. 9. 26。楚奥茨大桥的其他信息来自当地知名工程师吉奥万尼·吉利（Giovanni Gilli, 1847-1913），正是吉利首先向他展示了里特尔1902年关于楚奥茨大桥1901年荷载试验的有利报告，而该报告完成于桥墙裂缝出现之前。详见吉奥万尼·吉利的《班德纳荣誉榜，工程师与工程类》（Ehrentafel Bündner. Ingenieure und Ingenieurwerke, 库尔，1927），59-61。从1898年到去世前，吉利一直都是雷蒂亚铁路公司的总工程师。
45. 苏黎世的玛丽给伯尔尼的贝尔塔的信，1903.10.2.
46. 关于他的节约，详见罗伯特在苏黎世给伯尔尼玛丽亚的信，1903年5月18、27日，以及玛丽亚在苏黎世给伯尔尼的贝尔塔的信，1903年6月20日关于他的感动和悔过，见苏黎世的玛丽亚给伯尔尼的贝尔塔的信，1903年10月5、9日马亚尔忏悔后，玛丽亚感觉好多了，以至于她给贝尔塔写了一封滑稽的信，这封信好像是他们的新猫Gyp写给她"可敬的女主人"的，1903.10.10..

47. "苏黎世的乌托桥竞赛"，SBZ 44（7），1904.8.13：80. 评审团报告第76-80页和SBZ44（8）（1904年8月20日）。评审团报告的日期是1904年7月16日。

48. 罗伯特·马亚尔，"桥梁的结构与美学"，《混凝土方法》（1935年5-6月）:305. 马亚尔在声明中写道："作为拱和桥面之间的连接，除了在桥的中间，实体拱肩没有任何作用，而在靠近桥墩的地方，它们还会产生无用的自重，这是个潜在的危险，因此，人们开始了在拱肩上面开三角形槽的做法。"

49. 斯坦福·安德森的"现实与现代性，或现实主义建筑"（"Sachlichkeit and Modernity, or Realist Architecture"），上述文章引自Otto Wagner的《关于现代服饰的思考》（Reflections on the Raiment of Modernity），编者：H. F. Mallgrave（芝加哥，1993），322-360.

50. 最近，钢铁材料研究的进展导致了一种新型钢材，其早期形成的腐蚀层可以保护钢材免受进一步的破坏。裸露的钢铁被做成管状结构，并在管子里注入循环水，以带走火的热量，当然，这种方法是不可能实现防火设计的。在埃菲尔铁塔或芝加哥汉考克中心等建筑中，裸露的铁或钢可以创造出强大的美感。

51. 7月30日，马亚尔在法恩布吕尔（Farnbühl）给玛丽亚的明信片上描述了他的旅行，卡片于7月31日从萨米丹（Samedan）寄出，还包括8月1日来自圣莫里茨与楚奥茨的（其中有一张是关于小镇和桥梁的照片），也有8月1日从伯尔尼的伯尼纳（Bernina）山口寄来的，8月2日从塔瓦那萨寄来的（其中有一张是关于木桥的照片）。关于玛丽亚对他旅行的描述和她对他们的结婚纪念日的回忆，详见她于1904年8月1日在伯尔尼写给贝尔塔的信。由于一系列奇怪的情况，这座桥仍然是马亚尔的主要设计项目中，文献资料最少的。除了州档案馆里缺少文献资料外，在马亚尔1904年写玛丽亚的信中也没有任何资料，因为她在9月初返回苏黎世，而那一年只有4封信幸存。此外，直到10年后的1914年，才有关于这座桥的报道出现在《瑞士建筑学报》上。另见《官方登记册》（Amtsbuch，库尔，1904），464。关于设计竞赛，详见索尔卡（J.Solca）的"塔瓦纳萨和瓦滕斯堡的莱茵河大桥"，SBZ 63（24），1914.6.13：343-6. 这篇文章之所以推迟发表，是因为索尔卡希望再描写一下1913年在伊兰茨（Ilanz）上方一条新路的施工情况，这条公路跨越了1911年完工的新桥，这是一座钢筋混凝土三铰拱结构，跨度34.5米，详见索尔卡的"Die Glennerstrasse von Ilanz nach Peidnerbad"，SBZ 43（23）（1914年6月6日）：336-8. 在SBZ的下一期中，他描述了马亚尔的塔瓦纳萨桥和瓦滕斯堡桥，后者位于塔瓦纳萨附近，由韦斯特曼公司（圣加仑）于1912年设计和建造，至今仍旧屹立不倒，也是一座钢筋混凝土三铰拱结构，跨度50米，为空箱拱体系，但与桥面没有连接成一体。瓦滕斯堡和塔瓦纳萨的视觉对比是明显的，可以清楚地看出，两座几乎解决了相同问题的桥梁在外观上却差异巨大。马亚尔在1905年的造价为每平方米144法郎，韦斯特曼的在1912年为225法郎。塔瓦纳萨桥也出现在《建筑和土木工程》（Hoch- und Tiefbau）14（47），1915.11.26：362, 366，其中包括了马亚尔在塔瓦纳萨、瓦特维尔和伊兰茨的桥梁设计简要说明。

52. 第332和333号图纸，《塔瓦纳萨附近的莱茵河大桥》（Brücke über den Rhein bei Tavanasa），1904年9月30日和10月1日。这两张图纸都是彩色的，署名是马亚尔，并盖有"1904年10月1日"的印章。最后一张图号是359-62，《塔瓦纳萨附近的莱茵河大桥》，1905年1月13-14日。除了第360号图之外，其他都是彩色图，与332和333号图几乎相同，只是更加详细。第360号图是黑白色的，使用了威廉·里特尔的图解静力学详细计算表格。

53. 索尔卡，《塔瓦那萨》，344。

54. 关于默施的职业生涯，参见 Huberti 的 *Beiträge*，110-14。1904-1908 年，默施在苏黎世担任教授，1901-1904 年和 1908-1916 年，是韦斯 - 弗赖塔格公司的技术总监，1916 年成为斯图加特的教授，1939 年退休。他的著作是《钢筋混凝土结构：理论与应用》（*Der Eisenbetonbau: seine Theorie und Anwendung*，Neustadt/Haardt：韦斯 - 弗赖塔格公司，1902）。在晚年的一篇评论文章里，默施提到了他为塔瓦纳萨大桥的设计咨询工作，详见《混凝土与生铁》，41（15/16）（1942 年 8 月 15 日）：153。

55. 马亚尔从罗尔沙赫（Rorschach）寄出的一张明信片和从伊兰茨寄出的两张明信片都是写给身在苏黎世的玛丽亚的，时间分别为 1905 年 3 月 7 日和 8 日。1905 年 3 月 24 日，在塔瓦那萨的马亚尔给苏黎世的玛丽亚的一张明信片，以及 1905 年 4 月 10 日他在萨尔甘斯（Sargans）给苏黎世的玛丽亚的一张明信片。1905 年 4 月 12 日，他拍了几张脚手架布置的照片（141，142，143 号）。关于夏季施工的情况，详见 1905 年 8 月 2 日、3 日和 4 日罗伯特在苏黎世写给位于莫尔然（Morgins）的玛丽亚的信，以及 1905 年 8 月 8 日给伯尔尼的玛丽亚的信。还有一张 1905 年 8 月 9 日罗伯特在伊兰茨写给伯尔尼的玛丽亚的卡片。脚手架在 8 月 6 日的暴风雨中被损坏，但很快又重新搭好了。关于负载测试，参见 1905 年 9 月 28 日罗伯特在塔瓦那萨写给伯尔尼的玛丽亚的明信片。

56. 克里斯蒂安·梅恩，"新桥梁"，《马亚尔论文集》（普林斯顿：普林斯顿大学，土木工程系，1973），99-118.

57. 费利克斯·坎德拉，"新建筑"，《马亚尔论文集》（普林斯顿：普林斯顿大学，土木工程系，1973），119-26。戴维·P.比林顿，"结构艺术家海因茨·伊斯勒"，《结构艺术家海因茨·伊斯勒》（普林斯顿：普林斯顿大学，艺术博物馆，1980），9-24.

58. 埃米尔·默施，"格林瓦尔德附近的伊萨尔桥"，*SBZ* 44（23），1904.12.3：263-7；44（24），1904.12.10：279-83.

59. 约瑟夫·梅兰，"拱冠，特别是钢筋混凝土拱冠理论"（*Theorie des Gewölbes und des Eisenbetongewöbles im besonderen*），载于弗里茨·冯·恩佩格编著的《钢筋混凝土施工手册》（柏林，1908），1：425. 关于美国人的观点，详见 D. A. Molitor，"三铰砌体拱；特别是长跨拱"（Three-Hinged Masonry Arches；Long Spans Especially Considered），《美国土木工程师协会学报》40，no. 834（1898）：31-85.

60. Alan H. Mattock，"混凝土——挑战与机遇"，《国际混凝土》12（5），1990.5：54-60.

61. 罗伯特在苏黎世写给身处法恩布吕尔的玛丽亚的信，1904.6.28，29.

62. "苏黎世的锡尔河上的乌托新桥的设计竞赛"，《混凝土与生铁》3（5），1904：264-81；4（1），1905：6-11. 虽然没有列出作者，但冯·恩佩格编辑了这本杂志，并肯定描写了对这次比赛的评论。关于恩佩格的评论内容，详见戴维·比林顿的"罗伯特·马亚尔与瑞士桥梁竞赛"，刊载于《长跨桥梁结构的发展》（苏黎世：瑞士联邦理工学院，1979），129-33.

63. *SBZ* 38（9），1901.8.31：96. 另见 A.Geiser，威廉·里特尔，弗朗索瓦·舒勒，《关于 1901 年 8 月 28 日巴塞尔 Aeschenvorstadt 大楼倒塌事件的咨询报告》（苏黎世，1901.11）。关于该事故的明确解释，详见恩佩格的"关于巴塞尔房屋倒塌的专家报告"，《混凝土与生铁》，维也纳，1（1），1902：pp15-19. 文章日期 1902 年 6 月 5 日。这篇文章没有署名，但几乎可以肯定是这本新杂志的编辑恩佩格写的。

64. 罗伯特·马亚尔，"钢筋混凝土的新应用"，载于《1904 年 9 月 16~17 日在巴塞尔召开的年度大会报告》（伯尔尼：瑞士水泥、石灰和石膏制造商协会，1904 年）附录Ⅲ，16-23.

65. 他的许多资料来自 1902 年保罗·克里斯托夫的书《钢筋混凝土》（巴黎和列日：Béranger），其中：筒罐结构（pp372-80）、管道（333-34）、烟囱（381）、桩（180，325-27）。马亚尔在 1904 年的谈话中提到了美国的高耸烟囱，提到了格勒诺布尔（Grenoble）的木芯混凝土桅杆，汉堡的混凝土桩，以及西班牙、美国、意大利、甚至瑞士正在开发的混凝土铁路轨枕。

66. "结核病"，《大英百科全书》（芝加哥，1963），22：531-2. "肺结核是 1909 年的美国主要死因……"。肺结核，这个十九世纪的伟大杀手，在达沃斯似乎几乎完全不存在，尽管那里的居住条件并不十分现代化。偏远的达沃斯气候在治疗结核病方面取得了成功，因此迫切需要更好的交通条件。然而主要的问题是，从兰德夸特到达沃斯最近铁路站那长达 31 公里的艰辛旅程，1886 年当地的领导提议，修建一条从兰德夸特至达沃斯的窄轨铁路。这个项目 1888 年 3 月开始施工，1889 年 10 月 9 日，该线路的兰德夸特-克洛斯特段开通，1890 年 7 月 21 日，全线贯通。在此基础之上，格劳宾登州决定在整个格劳宾登地区建立一个窄轨铁路网，他们用了 20 年时间才完成了起始于达沃斯的交通网络。关于该铁路网的发展历程，详见 W. Catrina 的《窄轨铁路网的诞生》，苏黎世：Juris Druck and Verlag, 1972.

    伴随着 1890 年通往达沃斯线路的建成，游客数量迅速增加，由此需要扩大基建规模，而这一时期最大的疗养院在建项目便位于 1900 年的沙茨阿尔卑，在镇子上游 1000 多英尺的地方有一条齿轨铁路通往这所新的疗养院。

67. 1904 年 8 月 11，15 日，罗伯特在苏黎世给法恩布吕尔的玛丽亚的信。

68. B. R. Barber，《公共自由之死》（*The Death of Communal Liberty*，普林斯顿，1974.）

69. 托马斯·曼，《魔山》（哈默兹沃斯，英格兰：企鹅图书出版公司，1960；1924 第 1 版），3-4.

70. A. Nowak，"隧道工程、车站和地下铁道"，《钢筋混凝土施工手册》编者：冯·恩佩格（维也纳，1907.）3：639-41. 这种形式的独创性来自两个设计理念。首先，马亚尔避免了最常见的在轨道自由边设柱子的方案，而是选择了用悬臂结构代替梁来支撑扶垛墙。第二，扶垛墙在接近基础的时候尺寸增大，给人以强度随墙体高度增加的感觉。

71. 1904 年 3 月 21 日，苏黎世的玛丽亚写给伯尔尼的贝尔塔之信。

72. 1906 年 1 月 23 日和 2 月 1 日，玛丽亚在阿罗萨写给苏黎世的罗伯特的信。

73. 关于这些反应，详见 1906 年马亚尔的书信，1906.

74. *SBZ* 50（11），1907.9.14：141-4.

75. 1902 年 11 月 18 日，苏黎世的玛丽亚给伯尔尼的贝尔塔的信。另见 *SBZ* 40（22），1902.11.29：244. 实际上，该委员会在 1902 年 10 月首次成立；见 *SBZ* 41（14），1903.4.11：159. 玛丽亚在 11 月 18 日写给贝尔的信中说马亚尔是主席，但在奥托·普夫勒加德 1903 年提交的报告中，*SBZ* 并没有提到过"主席"一词。

76. 特别是 1902 年出现的三本重要的著作。C. Berger 与 V. Guillerme 的《钢筋水泥结构》（*La Construction en ciment armé*，巴黎：Dunod, 1902）；保罗·克里斯托夫的《钢筋混凝土及其应用》（巴黎和列日：Béranger, 1902）以及默施的经典著作第一版。前两部书给出了大量已完成的结构汇编以及分析理论；第三部也许是德国最著名的关于钢筋混凝土教材的第一版。

77. 参见冯·恩佩格的《混凝土与生铁》15-19。

78. 1905 年 5 月 1 日，玛丽亚在韦吉斯给在苏黎世的罗伯特的信，以及 1905 年 5 月 4 日罗伯特在苏黎世给在韦吉斯的玛丽亚的信。

79. 保罗·米歇尔，"Verlegung des Riehenteiches"，《商业渠改道及泵站水轮机系统施工技术报告》（*Technischer Bericht über die Ablenkung des Gewerbekanals und die Errichtung einer Turbinenanlage beim Erlenpumpwerk*，巴塞尔档案馆，1906.）。

80. 保罗·米歇尔给医疗部主任的报告函，巴塞尔，1907.3.2.

81. 罗伯特·马亚尔，"钢筋混凝土渠道的荷载试验"，

SBZ 50（10），1907.9.7：125-8.

82. 罗伯特在基尔希贝格给日内瓦的玛丽亚的信，1907年4月27日。罗伯特在苏黎世给日内瓦的玛丽亚的信，1907年5月30日。初夏的施工中断与马亚尔无关，但到8月就继续施工了。米歇尔给委员会的信，巴塞尔，1907年10月8日。

83. 马亚尔在韦登斯维尔给韦吉斯的玛丽亚的明信片（转发至苏黎世），1905年5月13日。

84. 在马亚尔1913年的项目清单中，1905年共有8个，但其中只有4个项目出现在米尔科·罗斯发表的1940年项目清单中；而在马亚尔自己的1933年名单中，用黑体字标出了他的主要工程项目，其中韦登斯维尔工厂是1905年的唯一项目，而塔瓦那萨大桥则是1906年的唯一一个，显然，这一年是马亚尔公司正式开业之年。

85. 1905年11月3日，在苏黎世的罗伯特给在伯尔尼的玛丽亚的信，信笺上首次使用了"马亚尔公司，苏黎世 - 圣加仑"的标签。

86. 两张图纸：一张标注如下，1904年1月（划掉），苏黎世，1906年3月10日经音乐厅委员会批准；另一张的日期为1907年11月29日。这两张图纸都保管于圣加仑档案馆。J. Kunkler，"圣加仑的音乐厅" *SBZ* 58（17），1911.10.21：227-9.

87. 罗伯特·马亚尔，"钢筋混凝土结构的安全性"，*SBZ* 53（9），1909.2.27：119-20. 比林顿将其翻译成了英文，《罗伯特·马亚尔的桥梁》133-134。马亚尔于1909年2月3日在瑞士工程师和建筑师协会苏黎世分会上发表了这篇演讲。

88. 关于圆柱壳的一般数学理论的兴起始于H. 赖斯纳的论文"关于圆柱形槽壁的应力分布"（"Ueber die Spannungsverteilung in zylindrischen Behälterwänden"）《混凝土与生铁》7（6），1908：150-5. 早期的理论工作是勒夫完成的，《论弹性体的数学原理》（剑桥，1892.3）。勒夫的薄壳理论首次出现在《皇家科学院学报》179（1888）上，这是他在1906年的第二个版本，后于1907年由Teubner翻译成德文。最早的薄壳相互作用研究（用于锅炉）可能是由F. Grashof完成的，《弹性与强度理论》（*Theorie der Elastizitat und Festigkeit*，柏林，1878）。V. Lewe，"液体容器的静力计算方法"（"Die Statische Berechung der Flüssigkeitsbehälter"），《钢筋混凝土施工手册》（恩佩格编著，第3版，柏林，1923，5：71-181），马亚尔所设计的储罐结构在该书第279-81页上有简要描述，并在第二版中有更详细的图解方法(同上，第2版，柏林，1910，4：351-5)，这种图解方法是由奥地利人卡尔·费德霍夫（Karl Federhofer）提出的，部分基于威廉·里特尔的想法，他的一个简单案例便是马亚尔的圣加仑煤气公司项目，但在第三版中被删除了。另见W. S. Gray的《钢筋混凝土蓄水池和水箱》（第三版，伦敦，1954.），有关赖斯纳方程的推导，详见pp.164-8.

89. 有关荷载试验及其技术意义的讨论，详见比林顿的《罗伯特·马亚尔的桥梁》第6章。

90. "关于我们的插图说明"，《建筑和土木工程》10（12），1911.3.25：89，93.注释如下："我们在附录中提供了一种新型楼盖的复制品（照片），其主要特点是没有任何横梁，并且能够承受2000kg/m² 的活荷载，为此，楼板通过柱帽来加强，该结构体系对采光、通风、空间的有效利用以及建筑学的美观视觉形式都有好处。此外，这种结构体系价格不高，是由马亚尔公司在详尽研究的基础上完善出来的。"

91. 所谓的美国体系，是由C. A. P. 特纳在1905年提出的，《混凝土钢结构》（*Concrete Steel Construction*，明尼阿波利斯，1909）

92. 罗伯特·马亚尔，"一个瑞士人开发的无梁楼盖形式——蘑菇板"，《瑞士工程结构理论与实践》（苏黎世：国际桥梁建设和建筑施工大会，1926）

93. 罗伯特在苏黎世给卡罗维发利的玛丽亚的信，1911.6.22。市政府的设计图纸编号为"R27/17, 1912.1.20, 圣加仑"，马亚尔的设计出现在一张名为"*Filter-Neubau im Riet*"的图纸上，编号为"R27/18，圣加仑，1912.

3",马亚尔的名字并没有出现在这最后一张图上,但在编号为491,492,493,495,497,500,501,502以及一张没有编号的马亚尔照片中可以清楚地看到他的设计,这些照片都保存在苏黎世马亚尔档案馆。

94. 罗伯特在苏黎世给在格尔维尔(Görwihl)的玛丽亚的信,1909.8.19。8月10日和8月18日的类似信件里也谈到了这个项目。两张由Arch E. Heene在1909年7月14日签名的图纸得到了市政府的认可,签署日期为1909年7月30日。

95. 在苏黎世的罗伯特给艾罗洛(Airolo)的玛丽亚的信,1908.8.6。

96. 恩佩格,《钢筋混凝土施工手册》,3:112-16.

97. 重量的计算方法如下。

(a) 马亚尔的墙体计算(尺寸取自1909年8月28日的图纸1435号)。

$$3.7 \times (0.25 + 0.35)/2 = 1.11 m^2$$
$$4.3 \times 0.36 \times 1.1 = 1.70 m^2$$
$$2.6 \times 0.22 \times 3.95/9.95 = 0.23 m^2$$
$$0.55 \times 0.22 = 0.12 m^2$$
$$1.20 \times 0.5 = 0.60 m^2$$
$$合计 = 3.76 m^2$$
$$3.76 \times 2.2 = 8.3 t/m$$

(b) 黑内的墙体计算(重量取自1909年6月8日的图纸)。

$$16.665 \times 2.2 = 36.5 t/m$$

(c) 马亚尔使用了8.3/36.5=0.23,即黑内墙体23%的混凝土。

98. 马亚尔设计的主要优点是利用了厚重的建筑墙体和内部的混凝土结构,这些结构已经承受了较大的垂直荷载,但也可以抵御水平土压力,并且能够在不增加材料的情况下做到这一点,因为这里的土压力相对于整个建筑荷载来说是很小的。马亚尔的墙体完全由钢筋混凝土构成,而黑内的墙体设计更倾向砌体结构,利用自重来抵抗倾覆。

99. 有关阿德勒建筑公司的资料存放在圣加仑市档案馆,副本保存在普林斯顿马亚尔档案馆。

100. 苏黎世州为在森佩尔(Semper)的理工学院旁边建造新的大学主楼举行了一次竞赛。1908年,Curjel-Moser建筑公司获得了一等奖,1909年底,他们绘制了设计图纸,并在1910年6月6日前进行了土方工程、结构工程、钢筋混凝土和石材工程的招标。通过比较95万法郎的巨额砖石饰面造价与相对较低的35万法郎结构造价,我们便可以理解建筑纪念性要求对成本的影响。另外,有12家公司参加了混凝土结构的投标。

101. 弗朗索瓦·舒勒,《苏黎世新大学的结构报告》(苏黎世,1910.9.3),以及来自建筑师I. V. K. Wegmann的反馈,《苏黎世大学建筑合同的签订》(苏黎世,1910.11.28).

102. 《政府会议纪要》(苏黎世:苏黎世州,1910.12.17)。州政府承认这两个设计并不等同,主要原因是耶格-法夫尔公司和其他几个人的设计需要吊顶,而马亚尔的设计却不需要。尽管如此,马亚尔341800法郎的报价还是远远高于耶格-法夫尔公司(当时的321500法郎),也高于州政府以工程设计为由将其排除的另两家。最终的成本评估结果是马亚尔公司排名第五,但州政府决定,将合同在第四个最低价的Morel-Bryner公司与马亚尔公司之间进行如下分配:205795.10(马亚尔)+ 118077.70(Morel)= 323872.80法郎(合计),这个结果比任何一家单独投标价都少。两家承包商经过仔细研究后发现,分账会提高他们的效率。合同拆分的原因是Morel公司的肋板结构似乎更适合于生物研究所,因为那里需要非常多的实验管道,比起空心板,这些管道在吊顶下更容易放置和更换。

103. 1912年8月15日,马亚尔把他的塔楼标书和12850法郎的混凝土穹顶标书一并送来。对于这个较小的建筑,州政府决定接受另一个建筑商的木质设计的9015法郎出价,《政府会议纪要》(苏黎世:苏黎世州,1912.9.19)。另见《苏黎世州政府会议纪要》(苏黎世：苏黎世州，1912.10.14），这些资料均保存在苏黎世州档案馆。

104. 罗伯特·马亚尔，"新背景下的苏黎世城市剧院钢筋混凝土结构"（Die Eisenbeton-Konstruktionen im Neuen Kulissenmagazin des Zurcher Stadttheaters）*SBZ* 57（1），1911.1.7:12-13。奇怪的是，马亚尔并没有在截至1913年的99个工程清单中包括这个项目，尽管他在1920年的日内瓦宣传册中展示了一张该项目的施工照片。

第3章

1. 到了1908年，瑞士工程师和建筑师协会已经制定了建筑设计竞赛规则，并且在桥梁竞赛方面也有着很多经验。1910年底，该协会组织了两个特别委员会，负责制定工程设计和土木工程竞赛的规则。只有马亚尔和温纳参加了七人制和八人制的比赛。详见 *SBZ* 60（21），1912.11.23:288-9。关于莱茵费尔登大桥的设计指南，参见莱茵费尔登市议会的 "莱茵费尔登的新莱茵桥项目和报价竞争方案"，莱茵费尔登市档案馆，1908.12.28。

2. 关于莱茵费尔登设计竞赛，参见 "莱茵费尔登的新莱茵桥"，*SBZ* 53（2），1909.1.9:30-1。总则中列出了评委姓名，规定将7500法郎的奖金分配给第三、第四名最佳设计者，另外，这些获奖作品要成为莱茵费尔登地区的财产，而其他所有作品将归其作者所有。每幅作品都要匿名提交，并附上一个密封的信封，信封外面写上一句格言，里面写上名字，只有在评委会撰写并签署了评奖报告后才可启封，评审团报告会发表于《瑞士建筑学报》。

3. 评审团成员包括：古斯塔夫·古尔（1858-1942）、C. Habich-Dietschy、一位莱茵费尔登的杰出公民、卡尔·莫泽（1860-1936），莫泽是一位来自阿尔高州巴登市的建筑师，后来在卡尔斯鲁厄担任教授；弗朗索瓦·舒勒和来自阿尔高州劳芬堡的工程师 Alexander Trautweiler（1854-1920）。建筑的场地要求包括场地位置、道路宽度、为防止河道断流所需的水路开口，以及在施工过程中需的临时人行天桥。另外，还要求最终的桥梁不能为木制或钢结构，并给出了桥梁所必须承受的荷载大小。设计规定的最后一部分给出了图纸、书面报告、计算书和施工费用的要求。此外，那些希望参与施工建造的设计公司还必须提交一份详细的费用明细表，并保证在提交后的6个月内遵守这些内容。

4. "莱茵费尔登的新莱茵桥"，*SBZ* 53（23），1909.6.5:303。在4月30日的截止日期之前，已经提交了45个不同设计方案；5月14日，评委会第一次开会，淘汰了23个方案，原因是成本高、不符合竞赛要求、缺乏建筑形式（他们指的是视觉形式）、没有特别的工程价值，还有两个方案仅仅是 "不可理解的"。所有这些评语都体现在报告中，但没有指出设计者的身份。在舒勒和Trautweiler研究了其余的参赛作品后，评委会于5月28日召开会议，决定了报告内容，包括对建筑（外观）的总体评价，对设计如何满足功能、结构和施工要求的总体评价，以及对22个第一轮入围作品的具体评语。

在建筑学方面，报告强调，需要有一个漂亮的替代物来取代当时的木桥。报告还对一些设计得很好的建筑作品因技术缺陷而不得不被评为低等级作品表示遗憾。委员会审查了走线、水道开口和道路垂直坡度等功能问题，认为除了一些小缺陷，比如输电塔没有与河道对准外，其他都是令人满意的。最后，报告对结构和成本问题进行了审查，指出了除一件作品外，所有其余设计都使用了拱结构。另外，有一个非常好的创意（这是马亚尔的设计，但在这个阶段，评委会还不知道）因为没有使用石材覆面，所以价值不大。

报告的大部分内容都集中在具体评语上。在第二轮中，评委会又淘汰了9个方案，经过最后一轮的评审，从剩下13件作品中选出4件获奖作品，并分配7500法郎的奖金。在这一时期及相应的所有竞赛报告中，有一个典型的瑞士特色，那就是结果一致。与瑞士联邦的七位主席一样，这些评审团的成员从不以个人名义行事，而是始终作为一个统一的、一致的单位。只有所有成员在报告上签字后，评审团才会打开身份信封，将编号、格言与名字联系起来：

Ⅰ. 梅兰教授，布拉格的工程师；de Valliere & Simon, 洛桑的工程师；Monod & Laverriere, 洛桑的建筑师事务所。2300

Ⅱ. 苏黎世的马亚尔公司，苏黎世的工程师；若斯-克劳泽尔公司，伯尔尼的建筑师。2000

Ⅲ. 布斯公司，巴塞尔的工程师；Emil Faesch, 巴塞尔的建筑师；Franz Habich, 莱茵费尔登的建筑师。1700

Ⅳ. Wilhelm Storz, 斯特拉斯堡的工程师；Paul Schmitthenner, 科尔马的建筑师；Ed. Züblin & Co., 斯特拉斯堡的建筑商。1500

评审团将一等奖描述为"按照梅兰体系的钢筋混凝土拱结构"。他们认为，该设计作品的计算过程非常仔细，极具解析性，以非瑞士的方式（瑞士方式是图形化的，遵循着库尔曼和里特尔的图解法），施工图也很清晰，桥梁形式"简单而美观，是一种理性的、实事求是的方式"，对工程方面没有负面评价，但造价（55.8万法郎）比其他获奖者都要高。

对于二等奖得主马亚尔的设计，评委会的评价与一等奖大相径庭。评委会强调，马亚尔提出的无衬砌混凝土拱结构的最大优点是，在施工过程中，允许脚手架变形，而不会在断开的块体中产生应力，另外，"按照弹性理论进行的计算是非常谨慎和详细的"。评审团认为该设计"充分完成了设计，显示出了杰出成就。"在外观方面，评委会赞扬了它的"简单的整体形式"，但发现一些细节不尽人意。评委会认为作品的渲染图非常娴熟，值得一提。

5. 莱茵费尔登的 Brunner-Simmen 公司致苏黎世马亚尔的信，1909.11.22；苏黎世马亚尔给莱茵费尔登市议会的信，1909.11.23。在马亚尔出价367969法郎的标书中，他承认忽略了一座临时木桥的9000法郎。这样，他的出价就变成了376969法郎。此后又拖延了2个月，1910年1月，议会询问他10月份的投标是否仍然有效，并指出布斯公司（与当地建筑师合作在竞赛中获得了第三名）有权根据1897年的钢结构人行天桥建筑合同重新出价，鉴于这次竞标，市议会询问马亚尔是否会考虑降价，后者在2月19日做出答复：维持原基本价格，但将脚手架和天桥等项目的总施工费提高到390969法郎。

6. 1月24日和2月9日，在莱茵费尔登的 Brunner-Simmen 公司给苏黎世的马亚尔的信，以及2月15、19日苏黎世的马亚尔给莱茵费尔登市议会的信。

7. 罗伯特在苏黎世给奥塞利纳的玛丽亚的信，1910.4.25。

8. H. von Moos, Guido Hunziker-Habich,《莱茵费尔登的新桥施工现场管理报告》(*Bericht der Bauleitung über den Bau der neuen Rheinbrücke in Rheinfelden*, 莱茵费尔登, 1913.1), 复本保存在莱茵费尔登镇档案馆。

9. 同上，14-16。由于布斯公司之前与该地区签订了一份合同，因此，后来确实同意向布斯公司支付25000法郎的赔偿金，其中5000法郎用于拆除他们的临时钢结构人行天桥，其余的是对失去总包合同的补偿，考虑到布斯公司在第二轮竞标中的成果，这并非一个不公平的裁决。

10. J. Bolliger, "古格尔斯巴赫附近的森瑟河大桥"(*Brücke über die Sense bei Guggersbach*) *SBZ* 51（8），1908.2.29：107-10。该桥已于1906年底竣工。

11. 1908年3月23日，身在苏黎世的罗伯特在给圣玛格丽塔（St. Margherita）的玛丽亚的信中写道：这完全是我们的设计，但耶格公司却把其当作是他们的发明。

12. 罗伯特·马亚尔，"古格尔斯巴赫桥"，*SBZ* 51（12），1908.3.21：157。他确实注意到了一个小的变化，"只改变了路基（石板）部分，因为车载从1.5增加到了3吨。"

13. 同上，51（13），1908.3.28：169。这份函件包括耶格公司、地区工程师 von Erlach 以及马亚尔的声明。耶格公司立即作出了回应。正如《瑞士建筑学报》在接下来一个星期里说的那样：

我们收到了耶格公司的一封长信，介绍了古格尔斯巴赫大桥的早期结构历史。从这封与争议点没有直接关系的介绍中，耶格公司得出了一个结论，我们在此逐字逐句地给出了他们所提到的澄清："古格尔斯巴赫大桥是源于我们的设计详图，并没有受到马亚尔公司的影响，这一点能够从伯尔尼州建设部门的澄清材料中得到印证。"该材料强调道："Gribi-Hassler 公司建造的古格尔斯巴赫桥是按照耶格公司的平面图进行施工，耶格及 Gribi-Hassler 公司没有从马亚尔公司的设计中得到任何信息。"

这封信的署名是 von Erlach，他在施工期间代表该州的地区工程师。

在《瑞士建筑学报》的同一期上，马亚尔简单答复道：Erlach 说得对，他从来没有声称过地区工程师向耶格公司提供过任何关于自己的设计信息，"如果耶格公司因此觉得他们需要这种佐证来支持自己的清白，那么，他们也就自然不会在这份文件中找到马亚尔的痕迹"。马亚尔声称耶格公司盗用了他的设计构思，而后者则主张没有从地区工程师那里得到前者的设计资料，马亚尔对耶格的攻击是否合理？由于马亚尔的文件从未公布，就连复印件也没有存留下来，所以这个问题只能通过其他证据来回答。马亚尔的性格特点是值得考虑的证据之一，另外还有两类证据：首先，1904 年古格尔斯巴赫桥的设计显然源于 1902 年的施泰纳赫桥，同样是由两个混凝土砌块组成的拱圈，并在其上浇筑混凝土；再者，耶格为 1904 年的乌托桥比赛提交了一个设计，这个设计比其他任何一个获奖设计都更多地从比尔威尔大桥那里吸取了马亚尔的想法。因此，耶格之前就已经模仿过一次马亚尔的设计。

虽然我们不能确凿证明马亚尔的设计是被盗用的，然而上述这些论点却都是具有说服力的，因为耶格公司并没有进一步的证据表明，古格尔斯巴赫桥是他们自己设计的。显然，除非是这个案例非常令人震惊，否则马亚尔也不可能放弃绝佳的商业利益，而引发同样会涉及与州桥梁工程师官员的争议。

14. 保罗·米歇尔写给卫生部主任的报告（巴塞尔，1907. 3. 2：3），他在信中认为耶格与 Basler 的合资公司不可靠。两年后，阿尔高州工程师选择了马亚尔而非耶格公司的设计用于阿尔堡大桥，尽管后者的造价要低 10%，详见奥托·策恩德的《报告》（阿劳，1910. 8. 19）。策恩德说，他毫不犹豫地选择了马亚尔，而不是由耶格公司的工程师组成的特别事务所来完成这个项目。

15. "劳芬堡的莱茵桥"，*SBZ* 55（18），1910. 4. 30：244.

16. 卡尔·蒙姆森（Karl Mommsen），《1860 年代以来的三代建筑工程师、格鲁纳工程公司和技术开发》（*Drei Generationen Bauingenieure, Das Ingenieurbureau Gruner und die Entwicklung der Technik seit 1860*，巴塞尔：格鲁纳兄弟公司，1962：310-98）这本资料是专门讨论劳芬堡发电厂的，其中包括了一些关于劳芬堡大桥的内容。到了 1908 年，发电厂项目已经开工了，并一直持续到战争开始时，期间困难重重。同上，349-64.

17. 同上，364. 另见 "劳芬堡的莱茵桥"，231.

18. "劳芬堡的莱茵桥"，244. 其他成员是来自卡尔斯鲁厄的建筑师、巴登大公国的政府代表、恩格泽教授的工程师副手、卡尔斯鲁厄的教授艺术家 G. Schönleber；电力公司的总工程师、劳芬堡市议员以及德国一方的克莱因 - 劳芬堡市长。

19. *SBZ*，1910. 3.

20. 在苏黎世的罗伯特给威尼斯的玛丽亚的信，1910. 7. 26.

21. 苏黎世的罗伯特给威尼斯的玛丽亚的信，1910. 8. 5.

22. "劳芬堡的新莱茵河大桥设计竞赛"，*SBZ* 56（13），1910. 9. 24：163-9.

23. 罗伯特·马亚尔，《解释性报告：劳芬堡新莱茵河大桥》（*Erläuterungsbericht: Neue Rhein Brücke Laufen-*

burg*，苏黎世，1910.6.30：8）。在马亚尔的某次设计中，钢筋混凝土砌块拱在中跨的高度为 80cm，而在另一个设计中，方案中相同构件却只有 40cm 高。正如他在竞赛报告中所指出的那样，更轻的钢筋混凝土拱桥的基本优点是增加了 40cm 的桥梁净空（水线和结构底面之间的距离）。评委会承认马亚尔的轻型桥梁可以节省材料，但担心他所推崇的薄型结构可能会导致施工过程中脚手架的振动和风险。

24. 同上。这些树很可能是若斯 - 克劳泽尔公司的创意，虽然我们无从得知他们对设计的贡献，不过从马亚尔写报告的方式来看，他很喜欢这个小型公园的想法，如今，它仍然是设计中一个生动而有吸引力的部分。该桥于 1982 年被修复，详见 Ernst Woywod, Branislav Lazic 的"在劳芬堡莱茵河上的马亚尔拱桥改造"（Sanierung der Maillart - Bogenbrücke über den Rhein in Laufenburg），《瑞士工程师与建筑师》101（29），1983.7.14：763-768。

25. 罗伯特在苏黎世给威尼斯的玛丽亚的信，1910.8.1。

26. 虽然这些计算的日期分别是 1910 年 10 月 14，19，22 和 11 月 9 日，但为了竞赛必须在 6 月之前完成，只不过是当他拿到合同后，就随便标注了一个正式的新日期。担任劳芬堡工程总工程师的亨利·爱德华·格鲁纳（Heinrich Eduard Gruner）的儿子爱德华·格鲁纳回忆说："因此，很可能是出于经济上的原因，才选择了马亚尔的方案，设计者的精确计算是该桥梁经济性的原因。"爱德华·格鲁纳，《劳芬堡的莱茵河大桥》（巴塞尔，1975 年 2 月 3 日），收录在普林斯顿的马亚尔档案馆。

27. 马亚尔还有这些桥的其他图片，他的宣传册里也有所有这些桥梁的竣工照。在劳芬堡，马亚尔展示了花纹式样的砌块拱，而在莱茵费尔登，他只展示了木制的人行桥。即使是在 1914 年以后的宣传册里，更多出现的也是这两个项目的施工照片，而非竣工图。

28. 罗伯特在苏黎世给威尼斯的玛丽亚的信，1910.7.23、27。有关这座桥的信息，详见 O. Albrecht 的 "Die Wasserkraftanlage Augst-Wyhlen：II Das Kraftwerk Wyhlen, Die Kabelbrücke"，*SBZ* 62（8），1913.8.23：97-9。编者在脚注里指出，这篇文章源于建筑商马亚尔公司。通过总承包商 Conradin Zschokke，马亚尔还得到过其他一些小合同，详见罗伯特在苏黎世给奥尔塞利纳的玛丽亚的信，1910.4.6；另见 G. Hunziker-Babich 的 "Die Wasserkraftanlage Augst-Wyhlen：I Das Stauwehr, Die Wehrbrücke"，*SBZ* 61（15），1913.4.12：196-8。另见 1910 年 7 月 11 日罗伯特在苏黎世给身在威尼斯的玛丽亚的信。

29. 在苏黎世的罗伯特给威尼斯的玛丽亚的信，1910.7.27；8.1。在接下来的周末，马亚尔去伯尔尼参加了另一场射击比赛，更重要的是，他要离开苏黎世，而他的事务所要搬到更大的地方。7 月 29 日星期五，马亚尔又去了一趟莱茵费尔登，在伯尔尼车站上，他遇到了奥托·赞茨（Otto Tschanz），后者给他看了一份报纸上关于他获得了"阿尔堡桥"合同的公告。可能是这个好消息刺激了他射击的兴趣，令他竟然取得了周末射击比赛的奖项。有关阿尔堡大桥的获奖情况，参见"阿尔堡的阿勒桥"，*SBZ* 56（6），1910.8.6：83。

30. 爱德华·凯勒和威廉·里特尔，"对阿尔堡索桥现状的几点看法"（温特图尔和苏黎世，1887.1.11）他于 1887 年 1 月 11 日共同撰写的报告是最早的州级文件，表明需要建造一座新桥。

31. 奥托·策恩德，《报告》（阿劳，1910.8.19）。从策恩德的报告来看，似乎马亚尔一定是在 1908 年参加了比赛；但目前没有现成的马亚尔文件提到过这个更早的比赛。

32. 《阿尔高州政府会议纪要》，1910.10.15.，阿尔高。1911 年 9 月，阿尔高和索洛图恩两州就阿尔堡大桥的资金来源达成一致，并于 10 月 7 日将合同交给了马亚尔。《关于在阿尔堡修建阿勒桥和道路的政令》阿尔高，1911.9.14；《阿尔堡附近阿勒桥的施工合同》，阿尔高，1911.10.7。桥梁和引桥的总费用为 11.2 万法郎，分摊如下：

索洛图恩州 1.5 万、奥尔滕 - 阿尔堡电厂 1.2 万、阿尔高州 3 万、阿尔堡地区 5 万、另外 9 个相邻地区小计 5000，合计：11.2 万法郎。

33. 马亚尔推测，他的施工监理也许会因为这个疏忽而被关进监狱一段时间。这样看来，与美国今天的做法不同的是，马亚尔并没有被追究责任。详见罗伯特在苏黎世给伯尔尼的玛丽亚的信，1910.10.13, 15。

34. 罗伯特在苏黎世给卡罗维发利的玛丽亚的信，1911.6.8；罗伯特在苏黎世给帕尔潘（Parpan）的玛丽亚的信，1911.7.4。这座大桥于 1912 年 1 月 15 日提前通车，详见卡尔·蒙姆森的《1860 年代以来的三代建筑工程师、格鲁纳工程公司和技术开发》，367。

35. 《建筑合同》。1912 年 4 月初，拱桥混凝土浇筑完成后，其中一个脚手架支架沉降了，大部分混凝土不得不拆除，并将脚手架顶起，这个糟糕的情况意味着马亚尔赔钱了。不仅如此，这也是在没有马亚尔亲自监理下的又一个马亚尔桥梁设计施工案例。

36. 罗伯特在弗里堡致圣玛格丽塔的玛丽亚的明信片，1908.3.2；罗伯特在苏黎世给圣玛格丽塔的玛丽亚的信，1908.3.3 日。另见 *SBZ* 46（21），1905.11.18：259-60。

37. "弗里堡的佩罗勒斯大桥"，*SBZ* 51（9），1908.2.29：116。

38. 马亚尔于 5 月 1 日提交了他的设计，详见苏黎世的罗伯特给圣玛格丽塔的玛丽亚的信，1908.4.28/30；5.2/4。在 6 月初，他到弗里堡去看结果。在弗里堡的罗伯特给基尔希贝格的玛丽亚的明信片，1908.6.6。

39. "佩罗勒斯大桥"，*SBZ* 51（23），1908.6.6：301。关于评审团的报告，参见"弗里堡佩罗勒斯桥创意大赛"，*SBZ* 52（6），1908.8.8：77-81；52（7），1908.8.15：89, 92-4。关于莫泽的一个观点，参见罗伯特·莫泽的"居尔伯河谷铁路（Gürbetalbahn）的混凝土桥"，*SBZ* 38（24），1901.12.14：257-8；有关莫泽对石材的偏爱，参见他的文章"关于石桥"，*SBZ* 25（21），1895.5.25：146-9。

40. 我们可以从两个方面来解释对建筑的批评。首先，没有建筑师的参与，因此没有当时桥梁设计中典型的建筑效果图或装饰细节。第二，建筑的缺失也可能意味着无论是否有建筑师参与，美学方面都被忽略了。评委会确实对其中的一个方案提出了批评，点出了美学问题，并指出改进建议。但对马亚尔的设计方案，评委会只说该桥梁缺少建筑学研究。

41. 弗里茨·冯·恩佩格，"在弗里堡举办的桥梁创意大赛"，《混凝土与生铁》，7（14/15），1908：343-5, 353-8。在马亚尔的档案中，唯一幸存的文件是一张未注明日期、未署名的题为《佩罗勒斯大桥'空心'叶片 1 号，景观与平面图》（*Pont de Pérolles "Hohlbau" Blatt 1, Ansicht und Grundriss*）的图纸。这张图纸是一张彩色印刷品，其中还包括一些脚手架的铅笔草图（图 53）。

42. 马亚尔的另一个竞赛失利苏黎世的瓦尔琴（Walche）桥，参见"苏黎世,瓦尔琴大桥"《混凝土与生铁结构》（*Beton- und Eisen-Konstruktionen*），15，1910.9.23：144。马亚尔的设计出现在评委会报告中，"苏黎世瓦尔琴大桥规划图竞赛"，*SBZ* 57（10），1911.3.11：138-45。马亚尔本人对这座桥的记录没有保存下来。

43. 关于比赛公告，参见"伯尔尼的洛林大桥"，*SBZ* 56（23），1910.12.3：314-15。评审团的其他成员包括巴塞尔州的工程师、伯尔尼建筑师 Ed. Joos 以及伯尔尼的城市建设专员。

44. 1911 年 7 月 14 日，马亚尔获得了关于混凝土砌块概念的专利；参见主要专利 56981 号。

45. 关于获奖情况，详见 *SBZ* 57（15），1911.4.15：213。第一名获奖者是与马亚尔竞争莱茵费尔登大桥的阿尔伯特·布斯。布斯与其他几位工程师和建筑师一起获得了 3000 法郎的奖金，三位亚军得主每人获得了 1750 法郎，梅兰教授也是其中的一位设计师。评审团报告："伯尔尼洛林桥的钢筋混凝土与石材竞赛"，*SBZ* 57（24, 25），1911.6.17, 24：323-30, 344-51。

46. 罗伯特在苏黎世给在韦吉斯玛丽亚的信, 1911.4.19.
47. 苏黎世的罗伯特给卡罗维发利的玛丽亚的信, 1911.5.26.
48. 苏黎世的罗伯特给卡罗维发利的玛丽亚的信, 1911.6.1.
49. "从伯尔尼市到洛林区的阿勒渡口的比赛。"(*Der Wettbewerb eines Aareüberganges von der Stadadt Bern nach dem Lorrainequartier*), *SBZ* 30 (7-10), 1897.8.14, 21, 28; 9.4: 50-2, 58-61, 67-9.
50. "关于洛林桥的设计竞赛",《瑞士建筑》12, 1911.6.16: 161-9. 这篇文章本身在赞扬马亚尔的设计并回应评审团对其提出批评的同时, 确实提出了建筑师对桥梁设计的看法, 但与马亚尔的观点相去甚远。关于马亚尔的设计, 评审意见写道: "在这里, 建筑师显然是首先赋予了桥梁适当的形式, 然后工程师再解决结构问题。"当然, 在这个设计中, 建筑师确实扮演了重要的角色, 而正是这个角色在最终建成的结构中掩盖了它是一座马亚尔桥的事实。同时, 马亚尔竞赛报告中摘录的一篇技术论文题为"关于洛林桥设计竞赛",《混凝土与生铁结构》6, 1911.6.16: 69-72.
51. "伯尔尼洛林桥的钢筋混凝土与石材竞赛, Ⅲ", *SBZ* 58 (3), 1911.7.15: 33-9.《瑞士建筑学报》也指出了第一名获奖者与1897年的设计有相似之处, 并强调, 缺乏值得奖励的创新将是一种行业损失。接下来,《瑞士建筑学报》描述了两个没有获奖的设计: 一个是钢筋混凝土刚性框架, 其外观非常先进, 成本非常低, 另一个就是马亚尔的设计。前者在视觉和技术上都表现出了相当新的想法; 后者虽然也是基于新理念, 却包含了更多的评委会报告中的弱点。
52. 1912年11月21日, 伯尔尼市议会以43票对32票赞成推迟审议洛林桥问题, *SBZ* 60 (22), 1912.11.30: 302, 同年12月6日, 在瑞士工程师和建筑师协会伯尔尼分会的会议上, 马亚尔的前雇主汉斯·埃尔佐格和市议会成员指出, 如果没有新税收就无法兴建新桥, *SBZ* 61 (1), 1913.1.4: 14。因此, 所谓的"洛林桥问题", 在战前没有找到答案, 但它确实起到了将设计竞赛公众化的作用, 并进一步拉近了《瑞士建筑学报》和马亚尔学术观点的距离。

当时有五点争议, 其中两点足以说明公众化的意义。评委们批评了马亚尔设计的垂直桥墙是包覆式的, 在外观上太过沉重, 使桥体看起来像假石头一样。相反,《瑞士建筑学报》强调, 实际上墙体是受力构件, 是结构的一部分。很明显, 评审团并不支持马亚尔的基本方案, 而学报却不遗余力地用图纸来说明对报告和计算结果的研究, 以表达出应当让所有工程师都能清楚地知道这座桥是如何设计出来的。

再有, 评审团批评马亚尔方案的另一个原因在于, 11m宽的桥成本很高, 而其他方案均为15m。然而在这里, 评审团再次没有认真研究平面图, 正如《瑞士建筑学报》所强调的那样, 马亚尔的桥拱是11m, 但桥面仍是15m, 甚至主要部分的宽度比15m还多出了2.5m。因此, 按照《瑞士建筑学报》的计算, 如与其他人正确比较, 马亚尔的造价应该减少7%以上。

53. *SBZ* 71 (5), 1918.2.2: 58-9.
54. 在1908年到1911年期间的6次桥梁竞赛评选中, 莫泽担任了4次政府(佩罗勒斯、卢塞恩、劳芬堡和洛林)工程师的角色。
55. 苏黎世的玛丽亚给伯尔尼的贝尔塔的信, 1903.11.10、12.
56. 在苏黎世的罗伯特给阿罗萨的玛丽亚的信, 1906.2.1; 在苏黎世的罗伯特给意大利的玛丽亚的信, 1907.10.17.
57. 马亚尔在信中记录了她的多次旅行, 例如, 在苏黎世的罗伯特给在楚奥茨的玛丽亚的信, 1907.7.16. 他问道: "你没有告诉我你是如何发现桥的, 你看到裂缝了吗?"罗伯特在苏黎世给意大利Paraggi的玛丽亚的信, 1907.10.17; 伯尔尼的罗伯特给意大利圣玛格丽塔的玛丽亚的明信片. 1907.11.11.
58. 罗伯特在基尔希贝格给圣玛格丽塔的玛丽亚的信,

1907. 12. 30.
59. 在1907年12月30日伯尔尼的贝尔塔给苏黎世的玛丽亚的信中，以及1908年1月26日基尔希贝格与2月24日苏黎世的罗伯特给圣玛格丽塔的玛丽亚的信中，都透露出了分居的内容。
60. 在苏黎世的罗伯特给圣玛格丽塔的玛丽亚的信，1908. 4. 28.
61. 罗伯特在苏黎世给圣玛格丽塔的玛丽亚的信，1908. 4. 28、30；5. 2.
62. 在苏黎世的罗伯特给艾罗洛的玛丽亚的信，1908. 7. 29、30、31；8. 2。日内瓦的贝尔塔给艾罗洛的玛丽亚的信，1908. 8. 1。贝尔塔对罗伯特在玛丽亚去艾罗洛之后才决定入住公寓感到惊讶。
63. 关于玛丽亚的突然离去，参见罗伯特在苏黎世给格尔维尔的玛丽亚的信，1909. 7. 29；在Albbruck（德国）的罗伯特给格尔维尔的玛丽亚的明信片，1909. 8. 1；身处苏黎世的罗伯特致格尔维尔的玛丽亚的信，1909. 8. 9.
64. 罗伯特在哥本哈根给在苏黎世的玛丽亚的信和卡片，1909. 9. 2-13.
65. 罗伯特在苏黎世给基尔希贝格的玛丽亚的信，1911. 6. 5.
66. 日内瓦的贝尔塔给在苏黎世的玛丽亚的信，1912. 10. 5、19；埃德蒙在日内瓦给苏黎世的玛丽亚的信，1912. 10. 12。玛丽亚在1912年12月30日收到了热那亚一位好友的明信片，上面写道："我从马亚尔的姐姐罗莎那里得知，你搬家到沃尔塔街30号的过程很顺利。我们向'东家夫人'表示祝贺。看来你们在俄国的工程项目很赚钱！"
67. 查尔斯·莱尔，《罗伯特·马亚尔回忆录》（新泽西州，马纳斯宽，1978. 4. 10）。1978年3月初，我在马纳斯宽的莱尔公寓里与他互致问候，当时他已经年过九旬，身体状况不佳。在我对莱尔的访谈期间，他回忆起了1913-1914以及1916-1917年间与马亚尔的许多交往细节，我把这些情节写在了1978年3月8日的一份文章里，详见普林斯顿马亚尔档案馆。
68. 但迄今为止，关于当时最重要的记录来自马亚尔唯一女儿的回忆，尽管1914年他们离家去俄罗斯时她还不到8岁，但她对当时的记忆却历历在目。参见布玛丽-克莱尔·布卢默尔-马亚尔，《对父亲的回忆》（Recollections De Mon Père，普林斯顿，1978）：14.
69. 同上，15。在舞池里，小玛丽-克莱尔有时会在一旁观看，有一天晚上，她回忆说："当我在客厅门外观看时，见父亲突然停了下来，他眼睛紧盯地板，忧心忡忡，'让我想想看看，'舞蹈教师说，'一、二、三、四……一、二、三、四'，父亲机械地重复着，头也不抬地重复着。'我应该怎么做？四在哪里？'"
70. 同上，15-16.
71. 同上，16-17.
72. 弗朗索瓦·舒勒，《信息》，苏黎世理工学院瑞士材料测试研究所（Mitteilungen der Eidgen. Materialprüfungsanstalt am Schweiz. Polytechnikum in Zürich，Vol.10，1906.）有关该出版物的详细评论，详见弗里茨·冯·恩佩格，"图书展"（Bücherschau），《混凝土与生铁》5（7），1907. 7：183-4.
73. 例如，马亚尔1905年的圣加仑谦卑路（Demutstrasse）桥设计，"谦卑路桥"的图纸日期为1905. 1. 12，由苏黎世马亚尔公司签章。另见埃米尔·默施的《混凝土-钢结构》（英译，1908年第3版，纽约，1910.），165。默施在书中指出，与沿垂直于斜裂缝方向上布置抗剪钢筋的梁相比，埃内比克型抗剪钢筋梁的试验只是前者的3/4。在1904-1908年间，伊利诺伊大学的Arthur N. Talbot在梁试验中使用了同样的埃内比克型抗剪钢筋，详见A. N. Talbot的《伊利诺伊大学工程实验室公报》1904. 9：1；1906. 4：4；1907. 2：12；1908. 10：28；1909. 1：29.
74. 弗朗索瓦·舒勒，《瑞士钢筋混凝土调查委员会第二次会议记录》，苏黎世，1906. 10. 31，巴塞尔市档案馆。该委员会成员包括：舒勒（主席）、默施（副主席），瑞士最古老的建筑公司之一的负责人弗里茨·洛赫尔（Fritz Locher，1842-1906）、马亚尔、巴塞尔市工程师、瑞士铁路局局长以及另一位结构工程师。洛赫尔和马亚尔是瑞士工程师和建筑师协会的代表，前者去世后，爱德华·埃尔斯克斯接替了他。

75. 同上，4.

76. 同上，6.

77. 埃尔斯克斯是里特尔的学生，受后者思想的强烈影响。在库洛夫雷内尔大桥等咨询项目上，埃尔斯克斯是里特尔的年轻同事，1880年毕业于瑞士联邦理工学院，比里特尔从里加回来早两年。

78. 弗朗索瓦·舒勒，"关于钢筋混凝土的规范"，*SBZ* 49（1），1907.1.5：29-34；以及舒勒法国同行 A.Considère 的答复，"关于舒勒教授两篇文章的意见"，*SBZ* 49（10），1907.3.9：121-124.

79. 在1906年10月的会议之后，舒勒在1907-1908年又召开了一系列会议，最后，委员会于1909年4月30日同意了新规范。《瑞士钢筋混凝土结构条例》，由瑞士钢筋混凝土委员会起草，委员会主席兼报告人弗朗索瓦·舒勒教授解释，1909年6月，瑞士联邦材料测试研究所在苏黎世出版。

80. 在日内瓦的贝尔塔给苏黎世的玛丽亚的信，1911.2.6. "我不知道这是一件公事，保罗只是告诉我，他们请罗伯特做了15次演讲，无论如何，我都必须祝贺他，也祝贺你，因为你得到了他一半的荣誉。保罗对罗伯特必须指挥的伟大工程感到震惊，他真的需要力量和健康。"

81. 罗伯特在苏黎世给圣玛格丽塔的玛丽亚的信，1908.3.23；以及给阿德尔博登的玛丽亚的信，1911.1.9."瓦尔琴桥比赛的结果不是很令人满意，"在给玛丽亚的信中，马亚尔说，"但他觉得耐人寻味的是，在第二名获奖者中，一个是弗洛特，另一个是韦斯特曼，他们各自担任建造师，并且各自联合了不同的工程师。韦斯特曼的建筑师是普夫勒加德-海菲利事务所，工程师是海夫利先生的小舅子马克斯·里特尔。而这位里特尔先生则成了马亚尔在战后最执着的诋毁者。

82. 马亚尔的课程在1912年扩大到每周两次，以及每周三小时的计算练习。在苏黎世的最后一年，理查德·怀斯把马亚尔和里特尔在1912/13年冬季学期的课程都做了完整笔记，并将手稿留在了工业大学的档案馆。罗伯特·马亚尔，《钢筋混凝土》（苏黎世，无日期，可能是1912/13学期的理查德·怀斯笔记）。此外，Hans Missbach 还保存了一套笔记，并根据弗里茨·施蒂西教授的建议寄给了普林斯顿大学：罗伯特·马亚尔，《钢筋混凝土》, Vol., No.1, 1913.; Vol. Ⅱ, 1913.2; Vol. Ⅲ, 1913.10; Vol. Ⅳ, 1914.2/3.

83. 马克斯·里特尔，《钢筋混凝土结构静力学》（苏黎世，无日期，无签名），与马亚尔笔记中的字迹相同，而且是和它们一起的；因此，我们可以合理地推测，怀斯大约是在同一时间把它们都拿走了。

84. 例如，里特尔用一个纯粹理想化的悬臂梁以某种扭曲方式来说明扭转问题，而马亚尔则展示了两个实际案例：肋梁楼盖的边肋，一侧电线断裂后的输电杆。

85. 冯·恩佩格曾发表过有关教学课程类型的调查，他的数据显示，苏黎世学院的情况相当典型。见《混凝土与生铁》7（3），1900.2.19：68；8（2），1909.1.28：46；9（2），1910.1.28：42；10（4），1911.2.13：73；11（3），1912.2.2：69；13（7），1914.4.21：153。这次调查包括以下工业大学：亚琛、柏林、布伦瑞克、布吕恩（Brünn）、但泽、达姆施塔特、德累斯顿、格拉茨、汉诺威、卡尔斯鲁厄、洛桑、伦贝格、慕尼黑、布拉格、斯图加特、维也纳、苏黎世和汉堡。

86. 《施维茨州地方志》，1910）：176-83，和"施维茨-伊巴赫的穆奥塔河公路桥竞赛文件"第15号文件，国家档案馆，施维茨，1912.3.30. 古贝尔曼的设计方案是一个实体拱结构，该结构与施陶法赫尔桥一样，承担着所有的桥梁荷载。

87. 奥龙·黑尔（Oron J. Hale），《伟大的幻觉：1900-1914》（*The Great Illusion*，纽约：Harper & Row, 1971），76.

88. James H.Bater,《圣彼得堡：工业主义与变革》（*St. Petersburg: Industrialism and Change*，伦敦：Edward

Arnold, 1976), 1-16.

89. 同上, 213-28.

90. 关于马亚尔在圣彼得堡的头几天, 参见罗伯特在圣彼得堡给苏黎世的玛丽亚的信（1912年4月17日, 按照当时的俄国历法, 那一天是1912年4月4日）。

91. 在圣彼得堡的罗伯特给苏黎世的玛丽亚的信, 1912.7.12.

92. 罗伯特在圣彼得堡给苏黎世的玛丽亚的信, 1912.7.15; 罗伯特在布加勒斯特和苏黎世给身处意大利里米尼的玛丽亚的信, 1912.7.24/30.

93. 河两岸的地基材料不确定, 经过进一步研究, 马亚尔决定放弃依赖水平和垂直地基反力的拱结构。相反, 他提出了一个悬臂桥的方案, 在这个方案中, 引桥下的大型混凝土砌块将作为悬臂配重, 而这些混凝土块又反过来支撑着中跨5.84m长的梁。尽管这个结构需要更多的材料, 而且成本也可能比拱桥高, 但却只需要地基的垂直反力。马亚尔于1912年8月23日提交了他的新方案, 价格为75142法郎。H. 古贝尔曼, "维尔德-伊巴赫的穆塔桥", *SBZ* 62（26）, 1913.12.27: 355-8。尽管并没有找到相关图纸, 然而我们猜想马亚尔最初的空箱结构设计似乎是以塔瓦纳萨为蓝本。参见马亚尔在苏黎世写给施维茨的州工程师的信, 1912.3.30, 他在信中附上了一份报告、一份成本细目和一张图纸（现已遗失）。报告中提到了冯·恩佩格1908年《钢筋混凝土施工手册》中对塔瓦纳萨桥的描述。新的设计至少早在1912年7月29日就已经准备好了, 其全套图纸的签章地点是在1912年8月15日的苏黎世。1913年4月15日, 大桥通过了荷载试验。1913年4月10日, 施维茨的古贝尔曼给艾因西德伦（Einsiedeln）的Ochsner的信, 以及1913年4月29日, 伯尔尼的恩斯特·施泰特勒寄回施维茨的古贝尔曼的报告。恩斯特·施泰特勒是一位神父, 后于1926-1940年成为马亚尔在伯尔尼事务所的总工程师。1979年, 这座桥被修复。Hans Weber, F. Pfister, "伊巴赫的穆塔桥修复", 《道路与交通》65（5）, 1979.5: 183-188.

94. 罗伯特在苏黎世给在里米尼的玛丽亚的信, 1912.8.3.

95. 罗伯特在苏黎世给在里米尼的玛丽亚的信, 1912.8.8.

96. 有关其中的一些细节, 参见在苏黎世的罗伯特给位于里米尼的玛丽亚的信, 1912.7.30; 8.3, 6, 8, 10, 22, 23, 27.

97. 参见日内瓦的贝尔塔给苏黎世的玛丽亚的信, 虽未注明日期, 但与1913年1~2月的信比较后就会发现, 几乎可以肯定上一封信的日期是1913年2月初。另见1913年3月17, 19日在意大利的玛丽亚给尼斯的罗伯特的卡片, 以及1913年3月29日在苏黎世的罗伯特给热那亚的玛丽亚的信。

98. 罗伯特在圣彼得堡给苏黎世的玛丽亚的信, 1913.4.11、15。他于4月19日星期六去了彼得堡, 与一些王室老将军们谈起了桥梁建筑之事。在接下来的一周里, 他的信中没有再提到这些桥梁之事, 我们也没有在现存的信中看到。

99. 里米尼的玛丽亚给圣彼得堡的罗伯特的信, 1913.7.14。有人推测, 1912-1914年间, 马亚尔确实在圣彼得堡设计了几座桥; 见安德烈·科波兹（Andre Corboz）, "列宁格勒的罗伯特·马亚尔大桥", 《建筑》, 洛桑, 2, 1971: 42-44。然而, 在俄文版《列宁格勒的桥梁故事》（列宁格勒, 1972.）中, 第161页上出现了科波兹的同一座桥梁照片, 并有如下说明: "Malo Krestovskii 大桥, 建成于1963年, 工程师 J. L. Turkov 与建筑师 L. A. Noskov 合作的另一个项目, 跨度46米"。感谢 Gregory P. Tschebotarioff 找到了这条信息, 并感谢研究生 Troitsky, 是他独立确认了这个信息。另外, 弗雷德里克·斯塔尔（Frederick Starr）在列宁格勒进行了一些调查后得出的结论是, 科波兹所展示的桥 "绝对不是马亚尔的作品", 详见斯塔尔的 "罗伯特·马亚尔的俄国笔记"。不幸的是, 马亚尔在7月份给玛丽亚的信没有保存下来。但7月中旬, 在玛丽亚于圣彼得堡致马亚尔的信中评论道: "你在那里工作, 我很高兴地知道大桥已经开始动工了。"由此看来，马亚尔的一些桥梁设计方案是在 1913 年建成的，但目前还没有找到任何遗存文件来确定它们是什么类型的桥。因为美学必须由宫廷传承，所以不太可能是激进的塔瓦那萨式的桥。在马亚尔 1931 年竣工项目清单中，列出了"奥拉宁鲍姆桥梁工程，圣彼得堡，1913-1915."，这是 1913 年开始的 102 个项目中的第 2 个。然而，这张清单上的许多项目都被马亚尔划掉了，第 2 项就是其中之一，它也从未出现在后来的清单上，显然，马亚尔认为这些桥的意义不大。参见第 4 章，注释 3.

100. 在圣彼得堡的罗伯特给苏黎世的玛丽亚的信，1913. 4. 17、18.

101. 9 月 1 日，星期一，马亚尔再次离开苏黎世，在俄罗斯待了两周，随后与马克斯在巴塞罗那待了一周，马克斯在那里建立了一家分公司，并且很快就要开始一系列大项目。参见 1913 年 9 月 2 日在苏黎世的玛丽亚给里加的罗伯特的卡片和信件，以及 9 月 6 日和 9 月 8 日在里加的信件，信中写道：这张卡片是写给马亚尔先生的，经由 L. 施耐德先生转交，混凝土建筑公司，舒伦（Schulen）大街，里加。

102. 奥龙·黑尔，《伟大的幻觉》，384；马克·费罗，《伟大的战争：1914-1918》（伦敦：Routledge and Kegan Paul，1973；原为法文，1969），22.

103. 罗伯特在 Eydtkuhnen 给阿德尔博登的玛丽亚的明信片，1913. 12. 27；玛丽亚在阿德尔博登给里加的罗伯特的明信片，1913. 12. 30.

104. 罗伯特在苏黎世给阿德尔博登的玛丽亚的信和一张明信片，1914. 1. 6，9-11，13。他没有时间去阿德尔博登看望家人，所以给玛丽亚写了这样的信："尼森先生会把我的问候带给你，他将代替我与孩子们一起去运动。"那时，保罗·尼森已经成了全家人的亲密朋友，既是马克斯·冯·米勒、奥托·赞茨至交，也是马亚尔最亲密的合作伙伴。

105. "纪念 1914 年 2 月 14 日"，作者：玛丽亚·马亚尔。2 月份的回忆：1902. 2. 1，马亚尔公司成立 / 2 日，亲密"合伙人"的玛丽亚出生 / 6 日，"酋长"马亚尔出生 / 1914-14 和谐的夜晚！在俄罗斯的第 1 个一百万！/ 1909-18 肌肉收缩（怀上了勒内？）/ 25 日，安妮·尼格利的成功降生 / 27 日，姐姐罗莎·维基出生。另一侧从地点和日期开始，文字里充满着韵律。1914 年 2 月 14 日上午，晚上好！/ 相聚的朋友，忠实的收入 / 保持！哦！多少 / 新旧理想的和谐 / 永恒的友谊！罗莎·维基、玛丽亚·马亚尔、马克斯·冯·米勒，随着这些签名的出现，还有"1914 年 2 月 16 日，经由安妮·尼格利审查并改正。"

106. J. Rutkis（主编），《拉脱维亚：国家和人民》（斯德哥尔摩：拉脱维亚国家基金会，1967.），171-172.

107. 同上，180-181.

108. 1930 年，橡胶厂部分被大火烧毁，《混凝土与生铁》杂志上的文章将这一破坏部分归咎于有问题的设计做法。马亚尔以书面形式作了回应，他提出了两个重要的观点：第一，包括"建筑学"在内的基本设计，是符合罗素 - 弗朗哥（Russo-Franco）橡胶公司'Prowodnik'厂房要求的；第二，倒塌的部分不是他自己建造的，而是由另一家德国公司建造的。失败的主要原因不是因为设计错误，而是因为超载和没有防火墙，这些都是他无法控制的条件。文章中的主要担忧之一是"有一种不安全的轻盈感"。马亚尔以足够合理的方式为他的轻质设计进行了辩护，这是能够令人信服的，因此最终的结论是"我完全同意马亚尔先生的观点，即，在超重载条件下，楼盖变形是造成灾难的主要原因。"参见爱德华·魏斯，"里加 Prowodnik 厂房的火灾损失"，《混凝土与生铁》29（19），1930. 10. 5：344-348；罗伯特·马亚尔，"里加橡胶厂的 Prowodnik 厂房火灾"（Der Brand eines Fabrikgebäudes der Gummifabrik 'Prowodnik,' in Riga），《混凝土与生铁》30（11），1931. 6. 5：206-7；以及爱德华·魏斯的"答复"，207.

109. 《马亚尔日内瓦公司宣传册》，1920：33，日内瓦。

110. 罗伯特在巴塞尔给在苏黎世的玛丽亚的明信片，

1914.4.7.

111. 罗伯特在柏林和圣彼得堡给在苏黎世的玛丽亚的明信片，1914.4.8，9.

112. 圣彼得堡的罗伯特给格绍的玛丽亚的信，1914.4.10；格绍的玛丽亚给里加的罗伯特的信，1914.4.12，14；里加的罗伯特给格绍的玛丽亚的信，1914.4.12，13.

113. 蒙苏马诺的玛丽亚给苏黎世的罗伯特的信，无日期，但可能是 1914 年 5 月 18 或 19 日。因为身体不好，所以玛丽亚留在了意大利。1914 年 5 月 17 日星期日，勒内因猩红热病倒。另见玛丽亚在苏黎世给在爱丁堡的罗伯特的信，1914.5.30。他坐火车到柏林，然后再向北去了什切青，从那里坐了两天的船来到里加。罗伯特在里加给苏黎世的玛丽亚的电报，1914.6.1。"生活愉快，身体健康，吻你的勒内—罗伯特"，关于此行，参见拜德克（K.Baedecker）的《俄罗斯》（莱比锡，1914：46）。另见马亚尔在柏林、巴塞尔、什切青和里加写给身在苏黎世的玛丽亚的明信片，1914.5.29，30；6.1.

114. Rutkis，《拉脱维亚》，202-5.

115. 拜德克，《俄罗斯》，63-64。在拉脱维亚语中，爱丁堡被称作"Dzintari"，里加港口被叫作"Rigas Jurmala"。

116. 罗伯特在爱丁堡给在苏黎世的玛丽亚的信，1914.6.1。玛丽亚的旅行计划是 6 月 26 日；玛丽亚在苏黎世给在爱丁堡的罗伯特的信，1914.6.1，信中虽未注明日期，但写明了"五旬节（Pentacost）的星期一"。

117. 罗伯特在爱丁堡给在苏黎世的玛丽亚的信，1914.6.4，无日期，但注明为"星期四，晚"。

118. Sidney B. Fay，《世界大战的起源》（*The Origins of the World War*）第 2 版，（纽约：The Free Press，1966），49，126。

119. 奥龙·黑尔，《伟大的幻觉》，313-14.

120. 1914 年 6 月 9 日，在圣彼得堡的罗伯特给苏黎世的玛丽亚的信中出现了这一家人的旅行计划；在普斯科夫和里加的罗伯特给苏黎世玛丽亚的明信片，1914.6.9，11；里加的罗伯特给苏黎世玛丽亚的明信片，1914.6.16.

121. 布卢默尔 - 马亚尔，《对父亲的回忆》，19-21.

122. 奥龙·黑尔，《伟大的幻觉》，293-312.

第 4 章

1. 在苏黎世的 Erica Baerwolff 给里加的埃德蒙的明信片，1914.7.29；达沃斯的 Daisy Haag 给里加的勒内的明信片，1914.7.31.

2. 艾伦·克拉克（Alan Clark），《帝国的自杀：1914-18 年东线战役》（*Suicide of the Empires: The Battles on the Eastern Front 1914-18*，纽约：美国文化遗产出版社，1971），5-47。

3. 在 1913 年的工程清单中列举了 8 个俄罗斯项目，当他在 1933 年修订该清单时，8 项中只留下了两项，但又增加了三项。在米尔科·斯公布的 1940 年清单中，一共只剩下 4 个项目。另外综合清单显示，1912-1916 年间，马亚尔在俄罗斯完成了以下 11 个工程项目。

1. 1912：冷库（Gerhard & Hey），圣彼得堡；2. 1913：冷库（S.I.A.E.C），圣彼得堡；3. 1913-15：桥梁，圣彼得堡，奥拉宁鲍姆；4. 1913-1914：地窖加固（Gerhard & Hey），圣彼得堡；5. 1913-1914 橡胶厂（Prowodnik），里加；6. 1913-1914：楼梯和沉箱（亚历山德罗夫斯基），圣彼得堡；7. 1914-1915：仓库（Prowodnik），里加；8. 1914-1915：仓库（证券交易所），里加；9. 1914-1915：餐厅（Prowodnik），里加；10. 1915-1916：工厂建筑（俄罗斯通用电气公司），卡尔科夫；11. 1916：钢铁厂（俄罗斯政府），Kamenskaja.
1931 年的清单有上述 3-10 项；1933 年为第 1，2，5，10，11 项；1940 年为 1，2，5，10 项。

4. 布卢默尔 - 马亚尔，《对父亲的回忆》，20-21.

5. 伯彻发自圣彼得堡和斯德哥尔摩的明信片，以及马尔默（Malmo）致马亚尔一家在里加工业大道（Industri-

estrasse）3 号的信，1914. 10. 3，8. 按照俄罗斯历法，当时的圣彼得堡日期是 9 月 21 日，比西方的日期晚了 13 天，在文中，我使用了西方日期。

6. 莫斯科的罗伯特给里加的玛丽 - 克莱尔的卡片，1914. 11. 16.
7. 日内瓦的马克斯·马亚尔给里加的玛丽亚的明信片（转发至莫斯科），1914. 12. 30.
8. 布卢默尔 - 马亚尔，《对父亲的回忆》，22.
9. 兴登堡后来写道："这不就是那些在冬天的夜晚行军，在冰天雪地里扎营的队伍吗？……难道这是人类灵感的幻想吗？"他知道了这不是幻想而是可怕的事实，而且知道"尽管德军在战术上取得了巨大成功，但在战略上却失败了。"引文摘自温斯顿·丘吉尔的《未知的战争：东线》(The Unknown War: The Eastern Front, 纽约：斯克里布纳出版社，1931)，298-299.
10. 布卢默尔 - 马亚尔，《对父亲的回忆》，23. 在这些回忆录中，布卢默尔 - 马亚尔夫人把这一幕与沙皇在 1915-16 年冬初的情景放在了一起。然而在 1915 年 9 月，他们一家已经从圣彼得堡搬到了哈尔科夫，但在这之后，并没有关于玛丽 - 克莱尔长途跋涉到圣彼得堡的记录，因此，我推测事件发生在 1914-1915 年的深冬。
11. 在瑞士的伯彻给里加的玛丽 - 克莱尔的明信片，在里加的玛丽亚给爱丁堡的埃德蒙的卡片，以及在日内瓦的贝尔塔给里加的埃德蒙、玛丽 - 克莱尔和勒内的明信片（三张），1915. 4. 12，18，20；在伯尔尼的贝尔塔给里加的埃德蒙的信，1915. 5. 19.
12. 布卢默尔 - 马亚尔，《对父亲的回忆》，23. 有关德国人的进攻，参见丘吉尔《未知的战争：东线》，309-15，319-26.
13. 马亚尔在 1912 年 7 月 15 日从圣彼得堡给玛丽亚的信中描述了这个地区，在拜德克的《俄罗斯》(pp. 178-183) 中提及了奥拉宁鲍姆的行程。他们一家是在 7 月初的某个时候到达那里的，参见彼得堡的埃德蒙给在苏黎世的沃尔特·比西格（Walter Bisig）的明信片，1915. 7. 19.
14. 拜德克，《俄罗斯》，183.
15. 丘吉尔，《未知的战争：东线》，325-330.
16. 罗伯特在哈尔科夫给维克多·柴费利的明信片，1915. 8. 25. 马亚尔告诉柴费利不要失去勇气，并给他带来了一个希望，那就是他可能很快就会在俄罗斯的马亚尔公司那里找到工作。
17. 玛丽亚在哈尔科夫给日内瓦的埃德蒙的信，1915. 9. 21. 10 月中旬，埃德蒙抵达瑞士。
18. 玛丽亚在哈尔科夫给埃德蒙在格拉里谢的信，1915. 10. 14；玛丽亚用法语写的信（已不存世）寄给日内瓦的贝尔塔，1915. 11. 1；贝尔塔将德文译本寄给在格拉里谢的埃德蒙，1915. 11.1. 另见布卢默尔 - 马亚尔，《对父亲的回忆》，28.
19. 克拉克，《帝国的自杀：1914-18 年东线战役》，91-93.
20. 日内瓦的贝尔塔给埃德蒙的信，1916. 2. 4；3. 2、13.
21. 克拉克，《帝国的自杀：1914-18 年东线战役》
22. 布卢默尔 - 马亚尔，《对父亲的回忆》，25，26.
23. 《俄罗斯年鉴》，编辑整理：N. Peacock（伦敦，1916. 9），460。这是在 1911 年开始的商业著作中最新的一个版本，马亚尔在那里的建设期间恰好也是俄国工商业活动最活跃的时期。
24. 1916 年 6 月 13 日，贝尔塔在克雷克斯·德·根索德（Creux de Genthod）给苏黎世的埃德蒙的信。贝尔塔讲述了马亚尔来自俄国的问候信，这封信只用了 18 天就寄到了，他在信中提到了马克斯，他希望为后者组建新的施工队来争取更多项目。马亚尔的信应该是 5 月 26 日左右从哈尔科夫寄来的，但这封信没有存世。
25. 克拉克，《帝国的自杀：1914-18 年东线战役》，103；丘吉尔，《未知的战争：东线》，363-367.
26. 查尔斯·莱尔，《罗伯特·马亚尔回忆录》，关于柴费利在马亚尔公司的职位，根据 1919 年 6 月 16 日的哈尔科夫文件，他于 1911 年开始在马亚尔公司担任施工经理。
27. 马亚尔公司，土木工程师，《钢筋混凝土工程公司》，日内瓦，1920：34.
28. 莫斯科的罗伯特给爱丁堡的孩子们的明信片，1915. 1. 12；莫斯科的玛丽亚给爱丁堡的埃德蒙的明信片，1915. 1. 26；爱丁堡的朋友们给在里加的玛丽-克莱尔的明信片，1915. 2. 13；苏黎世的尼森给里加的罗伯特的明信片，1915. 2. 19. 在2月底去服兵役之前，保罗·尼森在他们沃尔塔街的住宅里待了3个月。
29. 布卢默尔-马亚尔，《对父亲的回忆》, 22.
30. 同上，26-9。
31. 同上，35-6. 另见在哈尔科夫的玛丽亚给在格拉里谢的埃德蒙的信，1916. 1. 20.
32. 拜德克，《俄罗斯》，461-2，以及玛丽亚在基斯洛沃茨克致在格拉里谢的埃德蒙的明信片，1916. 1. 28；1916. 2. 4；还有发给埃德蒙的电报，1916. 2. 2.
33. 在哈尔科夫的玛丽亚给格拉里谢的埃德蒙的信，1916. 2. 22.
34. 布卢默尔-马亚尔，《对父亲的回忆》, 28-9.
35. 哈尔科夫的玛丽亚和日内瓦的贝尔塔写给格拉里谢的埃德蒙的信，1916. 3. 14/ 1916. 3. 23.
36. 哈尔科夫的玛丽亚给格拉里谢的埃德蒙的信，1916. 4. 12. 这封情真意切的信是玛丽亚留下的最后一封。埃德蒙也在这个时候写了一封感人的信，在信中，他向母亲保证了自己的身体状况良好。苏黎世的埃德蒙给哈尔科夫的马亚尔一家的信，1916. 4. 8. 在她的信中，玛丽亚说，达查的房子是租来的，而在《对父亲的回忆》中，玛丽-克莱尔回忆说，马亚尔买下了它（参见布卢默尔-马亚尔，《对父亲的回忆》，29，31）。
37. 布卢默尔-马亚尔，《对父亲的回忆》, 31-33.
38. 照片上有奥尔加·格雷特、维克托·柴费利、恩斯特·艾根黑尔以及来自苏黎世的阿道夫·察恩、沃瓦-格雷特（奥尔加的哥哥）、奥特利先生（Oettli，马亚尔为其建造工厂的公司董事）、卡尔·莱尔、伊娃、中间的玛丽亚、汉斯·比歇、玛丽-克莱尔、怀斯夫人、格雷特（Greter）先生、罗伯特·马亚尔、诺维茨卡（Novitska）夫人、理查德·怀斯、马克斯·冯·米勒和勒内。
39. 布卢默尔-马亚尔，《对父亲的回忆》, 38-40.
40. 勒内·马亚尔，《我对父亲罗伯特·马亚尔的记忆》（普林斯顿，1974），1.
41. 8月9日（瑞士日期为8月22日），1916. 1.
42. 罗伯特在哈尔科夫给在格拉里谢的埃德蒙的信，1916. 9. 3.
43. 在哈尔科夫的罗伯特给日内瓦的埃德蒙的信，1916. 10. 3.
44. 丘吉尔，《未知的战争：东线》，367-370.
45. 勒内·马亚尔，《我对父亲罗伯特·马亚尔的记忆》，1.
46. 布卢默尔-马亚尔，《对父亲的回忆》, 40.
47. J. H. 比林顿，《圣像与斧头》(The Icon and the Axe)，纽约，1966：451-452.
48. 查尔斯·莱尔，《罗伯特·马亚尔回忆录》，5. 在这些回忆中，莱尔并没有明确说他把钱换成了瑞士法郎，但在我对他的采访中，他说自己确实换了。
49. 阿尔弗雷德·埃里希·雷恩（Alfred Erich Lehn），《瑞士的俄罗斯革命：1914-1917》(The Russian Revolution in Switzerland，麦迪逊：威斯康星大学出版社，1971)，228. 关于列宁的思想，参见 J. H. 比林顿，《圣像与斧头》，524-32.
50. 福尔斯（Cyril Falls），《伟大的战争》(The Great War，纽约，1959)，282-286.
51. 布卢默尔-马亚尔，《对父亲的回忆》, 41.
52. 同上，42-5。
53. 勒内·马亚尔，《我对父亲罗伯特·马亚尔的记忆》, 2.
54. 福尔斯，《伟大的战争》，286-7。
55. 布卢默尔-马亚尔，《对父亲的回忆》, 45.
56. 亚瑟·E·亚当斯，《乌克兰的布尔什维克：第二次运动 1918-1919》(Bolsheviks in the Ukraine: The Second Campaign，纽黑文：耶鲁大学出版社，1963)，84，停战后的哈尔科夫事件参见该书 pp. 82-93.。另见乔治·布林克利（George A. Brinkley）的《志愿军和盟军在俄罗斯南方的干涉行动：1917-1921》(The Volun-

teer Army and Allied Intervention in South Russia，印第安纳州，南本德：圣母大学出版社，1966），79-87；以及约翰·布拉德利（John Bradley），《盟军干涉俄罗斯》（Allied Intervention in Russia，伦敦：魏登菲尔德-尼科尔森出版社，1968），137-142.

57. 布卢默尔-马亚尔，《对父亲的回忆》，45-54；勒内·马亚尔，《我对父亲罗伯特·马亚尔的记忆》，2-4. 都讲述了工头和马亚尔夫妇后来逃跑的故事。离开日期为1918年12月30日，出现在瑞士领事馆所写的证明材料上（敖德萨，1919.1.20），用以表明马亚尔是在胁迫条件下离开的，"他必须尽快返回哈尔科夫"。

58. 维克托·柴费利的证词（哈尔科夫，1919.6.26）；另见《日内瓦日报》，1919.7.11：2，其中提到柴费利仍在哈尔科夫。

59. 关于当时的里程、铁路和汽船线路以及航线的描述，参见拜德克的《俄罗斯》，387-92。

60. 布林克利，《志愿军和盟军在俄罗斯南方的干涉行动》，141-2.

61. 布卢默尔-马亚尔，《对父亲的回忆》，48。

62. 布林克利，《志愿军和盟军在俄罗斯南方的干涉行动》，141。

63. 布卢默尔-马亚尔，《对父亲的回忆》，48-9。

64. 罗伯特·马亚尔的护照，签发地：彼得格勒，1917.4.21. 另见瑞士领事馆的证明材料，1919.1.18、20.

65. 幸运的是，护照和车票安全地呆在了他的背心口袋里，因此他们终于可以登上汽船了。布卢默尔-马亚尔，《对父亲的回忆》，49-50。

66. 勒内·马亚尔，《我对父亲罗伯特·马亚尔的记忆》，3-4.

67. 布卢默尔-马亚尔，《对父亲的回忆》，51-53。

68. 同上，53-4. 关于这一家人从敖德萨到日内瓦的行踪，参见罗伯特·马亚尔的护照，1917年4月20日关于马亚尔在俄国经历的叙述，详见"苏黎世联邦理工学院的土木工程师罗伯特·马亚尔"，《瑞士之声》（Schweizer Echo），14（2），1934.2：5.

第5章

1. 在苏黎世的罗伯特给日内瓦的埃德蒙的信，1919.4.11；另见同一天给玛丽-克莱尔的信。

2. 罗伯特·马亚尔的欠条，1928.1.1，日内瓦。这份文件记录了他237464.20法郎的总债务，其中，欠哥哥保罗38197.25法郎。马亚尔希望用俄国政府那里得到的补偿金去偿还这笔钱，他认为俄国政府欠自己3311620法郎。1919年的汇率是1美元=5法郎，当年的《工程新闻记录》建筑成本指数为198，而1996年3月为5537，所以这笔贷款约为237000/5×5537/198 = 132万美元（1996）。

3. 在这一时期，马亚尔试图拿下两个重要项目，但没有成功。第一个项目是Butin桥，也是日内瓦马亚尔档案中列出编号4001的第二个项目；1920-1923年期间，马亚尔断断续续地完成了图纸和计算。中标的设计类似于罗马水渠，参见M. Brémond的"日内瓦附近罗讷河上的Butin桥"，《瑞士法语区技术公报》46（14），1920.7.10：157.

    马亚尔追求的第二个项目位于克洛斯特-库布利斯电厂，1919年6月设计获批，参见SBZ 74（2），1919.7.12：22. 该厂的建筑出现在"格劳宾登州电厂的兰德夸特项目"（Die Landquart werke der Bündner Kraftwerke），SBZ 77（12），1921.3.19：127-30。马亚尔为这个项目绘制的第一张图纸是在1920年9月18日，编号4006/1. 由于日内瓦事务所的项目以4000开头，所以这是第7张；斜线后面的数字表示项目的图纸编号。参见詹姆斯·赵（James Chiu）和戴维·P. 比林顿，《日内瓦的罗伯特·马亚尔档案：注释和目录》（普林斯顿大学土木工程系，1974.4.16），这本目录中提到的文件保存在苏黎世联邦理工学院的马亚尔档案馆，副本在普林斯顿的马亚尔档案馆。

4. 罗伯特从米兰寄出的明信片，收信人分别是日内瓦的勒内、埃德蒙和玛丽-克莱尔，1919年10月9日罗伯特在博洛尼亚和巴塞罗那给日内瓦的勒内的明信片，1919.10.12、16；罗伯特在巴塞罗那致日内瓦的玛丽-克莱尔与勒内的明信片，1919.10.20；罗伯特在巴塞罗那给日内瓦的勒内的信，1919.10.27；罗伯特在巴塞罗那给日内瓦的玛丽-克莱尔的明信片，1919.10.31.

5. 罗伯特在奥维多的明信片，一张是写给勒内的，另一张是写给玛丽-克莱尔的，1919.11.8、9.罗伯特致玛丽-克莱尔的明信片，分别为从马德里到科尔多瓦以及从塞维利亚到日内瓦，1919.11.16/19.

6. C. E. Black, E. C. Helmreich,《二十世纪的欧洲》第4版，（纽约：Alfred A. Knopf 出版社，1972），261.

7. 战前，他没有在瑞士法语区建造过一座工厂，却于1914年在里昂竣工了一家工厂，并于1913年为格鲁耶尔附近的布罗克（Broc）设计过一家巧克力厂（未建造），1913-1918年间，马亚尔在法国完工了5家工厂，这些可能是他于1914年离开瑞士之前设计的最后项目。

8. 巴黎的罗伯特给舍西耶尔（Chesières）的勒内的明信片，1920.1.21；2.15；日内瓦的罗伯特给舍西耶尔的勒内的明信片，1920.2.3；洛桑的罗伯特在舍西耶尔的勒内的明信片，1910.2.27；巴黎的罗伯特给舍西耶尔的雷内和日内瓦的玛丽-克莱尔的明信片，1920.3.7.

9. 罗伯特在巴黎给日内瓦的玛丽-克莱尔的信，1920.3.27. 和马亚尔一样，马克斯也在俄国失去了钱财，并且健康状况不佳，他娶了一位俄罗斯女人，但家人却从未接受过这位姑娘。

10. 罗伯特在日内瓦给阿罗萨的玛丽-克莱尔的信，1920.1.7；给舍西耶尔的勒内的信，1920.1.7、13；以及给阿罗萨的埃德蒙的信，1920.1.14.

11. 苏黎世的马亚尔给日内瓦的玛丽-克莱尔的贺卡，1922.3.31；在莱茵河畔的罗伯特给日内瓦的雷内的明信片，1922年夏。

12. 在日内瓦的罗伯特给朗斯的玛丽-克莱尔的信和贺卡，1922.8.11、17；在察恩家里，他受到了款待，当他们在星期五吃鱼的时候，却给他吃牛排。

13. 苏黎世的马亚尔给日内瓦的玛丽-克莱尔的信，1923.6.8，当时，她正住在埃克托尔·马亚尔那里，而贝尔塔、罗莎和马克斯住在一个较小的地方。参见日内瓦的罗伯特给拉里皮（La Rippe）的勒内的明信片，1922.6.26.

14. 根据1937年苏黎世联邦理工学院的校友名单，1923年只有阿尔伯特·胡贝尔和阿洛伊斯·凯勒是马亚尔公司的工程师。根据1923年的图纸，我估计只需要一个制图员。

15. 关于1923年夏天马亚尔的感受，参见苏黎世的马亚尔给日内瓦的玛丽-克莱尔的信，1923.6.8；马亚尔在日内瓦给拉里皮的勒内的明信片，1923.6.26；以及在苏黎世的马亚尔给利夫隆（Levron）的勒内的明信片，1923.7.6、10、18.

16. 雷蒙德·桑塔格（Raymond J. Sontag），《破碎的世界：1919-1939》(*A Broken World*，纽约：Harper & Row，1971），113-117.

17. 马亚尔对这次旅行的详细记载如下：从日内瓦写给利夫隆的勒内的信，1923.7.31；从慕尼黑写给利夫隆的勒内的信，1923.8.8；从什切青写给伯尔尼的玛丽-克莱尔的信，1923.8.11；从里加写给利夫隆的勒内的信，1923.8.12.

18. 关于他到里加之事，可参见以下内容：罗伯特在里加写给伯尔尼的玛丽-克莱尔的信，1923.8.14；写给日内瓦的察恩一家的明信片，1923.8.20；写给日内瓦的勒内的贺卡，1923.8.25；以及在爱沙尼亚的塔林写给日内瓦的勒内的明信片，1923.8.28.

19. 桑塔格，《破碎的世界：1919-1939》，152-153. 遭受损失的瑞士人联合起来成立了一个名为"瑞士在俄金融权益协会"的组织，并将他们的情况提交给瑞士政府。这个组织只接受那些有文件证明的损失数额，马亚尔随即拿出了330万法郎欠款的证明材料。实际的数额可能要大得多，也许10-20倍于此，但相关的证明文件却是在敖德萨被盗的。

20. 罗伯特在日内瓦给伯尔尼的玛丽-克莱尔的信，1924.1.3.

21. 这些担忧出现在一封未注明日期的信中，很可能是

1923 年末由在日内瓦的马亚尔写给埃德蒙的信。马亚尔在信中写道："他们说，你做这些事情（突然离开和不回信）是为了激怒你的父母"。马亚尔指的是他自己和他的母亲贝尔塔。

22. 1924 年 5 月 -7 月发生的事情，在马亚尔从日内瓦给玛丽 - 克莱尔的信中都有记录，1924.5.25、30；6.3、11、18；7.17、24、27；8.1。在这期间，马亚尔从自行车上摔下来，摔断了右臂，根据家人暗示，这是他对她的担心所致。

23. 有关这些事情的描述，参见于马亚尔在日内瓦给玛丽 - 克莱尔的信：苏黎世，1924.8.12；沃尔布（Worb），8 月 21 日、24、26 日；9 月 8 日、9 日；苏黎世，1924.9.18。日内瓦的马亚尔致蒙米赖（Montmirail）的玛丽 - 克莱尔的信，1924.10.3、17、27；11.25；12.13、20。整个秋天和初冬，玛丽 - 克莱尔周末出游到哪以及谁来陪她过节都是个问题。另见日内瓦的马亚尔给玛丽 - 克莱尔的信，艾格勒（Aigles），1924.12.28；伯尔尼，1924.12.31；1925.1.11.

24. 马亚尔在日内瓦给蒙米赖的玛丽 - 克莱尔的信，1925.1.21.

25. 马亚尔在日内瓦给蒙米赖的玛丽 - 克莱尔的信，1925.1.28.

26. 马亚尔公司，《钢筋混凝土工程公司》。例如，他指出，"这张巴塞罗那工厂的照片显示出，我们的无梁楼盖所覆盖的区域形状有些不同，呈现出一种非凡的建筑效果"。

27. 日内瓦马亚尔档案馆两份来自法国博讷维尔的文件，1911.9.21。这两份文件显示了马亚尔在 1920 年秋季修改的原始设计，并在冬季完成了初步方案。相关 6 张图纸保存于日内瓦档案馆，1920.12.2、14；1921.1.18、28；2.7。马亚尔将混凝土尺寸稍作缩小，并大幅度削减了部分钢筋用量。

28. 他为法国凡尔登附近的奥梅库尔（Homécourt）钢铁厂的混凝土挡土墙做了大量工作，相关图纸保存在日内瓦马亚尔档案馆，项目编号：4000.

29. "往届学生会的委员会会议记录"*SBZ* 76（7），1920.8.14：81-2。在 1920 年 7 月 4 日的中央委员会会议上，罗恩和马亚尔发生了冲突，当时小组委员会关于课程的报告只以 4 张（20 票中的 4 票）的反对票获得通过。马亚尔强烈支持该报告，而反对该报告的罗恩是 4 名反对者之一，也是小组委员会中唯一投反对票的成员。

30. 罗恩于 1919 年 1 月 24 日在伯尔尼发表了关于桥梁美学的演讲，参见 *SBZ* 73（10），1919.3.8：113。1919 年 11 月 5 日在苏黎世发表了关于桥梁美学的演讲，参见 *SBZ* 76（17），1920.10.23：202；1919 年 11 月 26 日在巴塞尔发表了同样的演讲，见 *SBZ* 75（24），1920.6.12：272。他还于 1919 年 1 月 29 日在苏黎世主持并参加了一次关于工程美学的讨论，见 *SBZ* 73（8），1919.2.22：87-88.

31. 1914-1926 年间，罗恩是 10 位成功博士生的主要导师，也是另一位博士生的共同导师，《苏黎世联邦理工学院学位论文目录》，苏黎世，1981.1.30：210-11.

32. 查尔斯·安德烈埃，"亚瑟·罗恩的讣告"，*SBZ* 74（48），1956.12.1：729-730。在第二次世界大战后，*SBZ* 将其卷号从每年两卷改为每年一卷，因此旧的第 74 卷是 1919 年下半年的，而新编号直接对应于 1883 年以来的出版年份。

33. 勒·柯布西耶，《走向新建筑》，译者：F. Etchells（纽约：普雷格出版社，1927），16.

34. 阿诺德 - 凯勒，"卡尔·冯·巴赫"，《新德意志传记》（*Neue Deutsche Biographie*，柏林，1952），1：491-2。巴赫于 1847 年 3 月 8 日生于萨克森州的斯托尔贝格（Stolberg），1931 年 10 月 10 日在斯图加特去世。他于 1867 年毕业于卡尔斯鲁厄技术学院，当了 5 年的机械工程师后，成为斯图加特的教授。他曾长期担任符腾堡州议会上院议员。参见卡尔·巴赫，《我的生活与我的事业》（*Mein Lebensweg und meine Tätigkeit*），1926。马亚尔的第一篇批评文章是"夹紧式钢筋混凝土梁实验的审查报告"，*SBZ* 76（23），1920.12.4：267。该报告的作者是卡尔·巴赫和 O. 格拉夫。

35. 罗伯特·马亚尔，"冯·巴赫对弹性和强度的评论，柏林，1920."，*SBZ* 77（18），1921.4.30：203-4.

36. 除了参考文献9，10中的评论外，参见罗伯特·马亚尔的评论："R. Saliger 的钢筋混凝土"，*SBZ* 79（14），1922.4.8：186-7；"R. Bastian 等人的钢筋混凝土"，*SBZ* 79（15），1922.4.15：200；以及"Th. Gesteschi 的钢筋混凝土"，*SBZ* 79（17），1922.4.29：227.

37. 巴赫，《弹性》，267-271.

38. 关于马亚尔对剪切中心概念的回顾，参见埃里克·赖斯纳，"剪切中心概念的历史：马亚尔的成就和影响"，《马亚尔论文集》（普林斯顿大学土木工程系，1973），77-96.

39. 阿道夫·埃根施威勒，"关于材料强度"（Zur Festigkeitslehre），*SBZ* 76（23），1920.12.4：266.

40. 罗伯特·马亚尔，"关于曲率问题"（Zur Frage der Biegung），*SBZ* 77（18），1921.4.30：195-197. 巴赫通过在腹板中心[见图79（a）]和横截面的重心[见图79（b）]上加载来测试槽形截面梁。在这两种情况下，他测得的应力从该翼缘顶端到腹板交接处的应力是不一样的，而经典理论预测的恒定应力大小为273kg/cm²。随着巴赫将载荷从腹板上方移动到距左端2.2cm处（到重心点），应力有了一个53%理论值（144kg/cm²）的上升，达到了417kg/cm²，然后又上升了90%（245kg/cm²）达到518kg/cm²。马亚尔对结果进行了研究，发现如果将载荷向腹板中心左侧移动，会比经典理论应力多增加90–53=37%，那么如果将载荷向腹板中心右侧移动2.2 × 53/37=3.2cm，这种增加可能就会消失[见图79（c）]。

这个简单的洞察打开了问题的答案，马亚尔最初通过直观的物理视角找到了正确的解决途径，接着着手进行论证，并再次从物理角度出发，用数学工具给予剖析。他证明了所需的右侧距离实际上是3.1cm，他把这个点称为剪切中心（Schubmittelpunkt）；接下来阐明了，通过将巴赫试验中的载荷看作是对剪切中心的偏差，经典理论可以用来预测实验结果。马亚尔强调了设计试验的可行性，在试验中，槽钢在剪切中心处加载（通过一些小而硬的装置将加载点连接到槽钢上），以给出比计算更准确的结果。马亚尔并没有要求用试验来证实他深信不疑的理论，而是希望得到物理学上的进一步简化计算，因为他已经做了一些近似计算，在没有复杂数学方法的情况下得到了结果。

巴赫本人再也没有回到这个问题上，大概也没有看到过马亚尔的工作。当第九版的巴赫著作在1924年出现时，关于槽形梁的部分仍然没有改动，也完全没有提到马亚尔1921年论文之后的激烈讨论。然而，在德国和瑞士，其他人都已经开始广泛讨论这个问题了，因为正如马亚尔所正确地指出的那样，这是梁弯曲理论一个令人惊讶的空白。

41. 罗伯特·马亚尔，"关于弯曲问题的意见"（Remarks on the question of bending）*SBZ* 78（2），1921.7.9：18-19.

42. 亚瑟·罗恩，"讨论"，*SBZ* 82（6），1923.8.11：79-80.

43. 罗伯特·马亚尔，"论剪切中心"，*SBZ* 83（10），1924.3.8：109-111.

44. A.Föppl, O.Föppl,《材料力学基础》（柏林，1923：81, 133），第一作者是一位慕尼黑著名教授。

45. 亚瑟·罗恩，"关于剪切中心问题"，*SBZ* 83（12），1924.3.22：131-132.

46. 罗伯特·马亚尔，"关于剪切中心问题"，*SBZ* 83（15），1924.4.12：174-177.

47. E.P.P.波波夫，《固体力学导论》，（恩格尔伍德，新泽西州：普伦蒂斯-霍尔出版社，1968），245.

48. 参见"瑞士联邦理工学院"，*SBZ* 82（1），1923.7.7：20，在此宣布罗恩当选。

49. 埃根施威勒，"关于剪切点的问题"，*SBZ* 83（22），1924.5.31：259-261. 以及马亚尔有关同一问题的答复，pp. 261-262，埃根施威勒反对马亚尔在1921年7月9日的文章中对角钢截面剪切中心的断言，并认为其正确位置是两肢中线的交点。马亚尔在该文章末尾指出，角钢截面的剪力中心"必位于两肢内表面交点附近的某处，而非重心垂线上。"在此，马亚尔讨论了 Sonntag《弯曲、推力和剪切》（*Biegung, Schub, und Scherung*，柏林，1909：96）中的错误结论，即，如果角钢截面梁在垂直平面内沿重心受力，则其不会产生扭转。显然，马亚尔并没有解决这个问题，虽然他的随口一说在原理上是正确的，但正如埃根施威勒所指出的那样，其有关剪切中心的准确位置是错误的。

50. 铁木辛柯，《材料力学史》（纽约：多佛出版社，1983：401，第一版：麦格劳希尔纽约公司，1953.）.

51. 赖斯纳，"马亚尔的作品"（Maillart's Work），83.

52. 例如，在《瑞士建筑学报》（1921年7-12月）的332页中，有64页涉及水力发电站。

53. 罗特普雷茨是马亚尔在苏黎世的同学，他在1918年伯尔尼开办自己的事务所之前，曾在辛普朗隧道和洛茨堡（Lötschberg）隧道工作过。1919-1921年间，担任伯尔尼国民议会成员。比希在1902年毕业于苏黎世联邦理工学院，1913年作为水力发电站咨询工程师开设了自己的事务所。1930年，他被学院授予名誉博士。

54. M·罗特普雷茨，"专家罗特普雷茨、罗恩和比希关于里托姆工厂压力隧道裂缝形成的报告"，《瑞士法语区技术公报》47（5-11），1921.3.5-5.28：49-52，61-5，77-81，88-91，102-105，109-119，121-124.

55. C·耶格尔，"Von Ritom-Kraftwek der S.B.B.，*SBZ* 76（2），1920.7.10：19-20。简注见76（1），1920.6.3：10；详细注释见76（4），1920.7.31：56-57.

56. A·耶格尔，"Von Ritomwerk der S.B.B.，" *SBZ* 76（8），1920.8.21：91-92.

57. 罗伯特·马亚尔，"里托姆管道的钢筋混凝土工程"（*Le béton armé à la galerie du Ritom*），《瑞士法语区技术公报》，47（17），1921.8.20：198-201.

58. "报告"，104-105.

59. 马亚尔后来在他的文章中描述了这种对比，详见"关于内压管道的结构"，《瑞士法语区技术公报》，48（22，23，25），1922.10.28；11.11；12.9：256-260，271-274，290-293；以及49（4，5），1923.2.17；3.3：41-45，53-58. 马亚尔让《公报》将他的5篇文章装订成一个重印本，并寄给了瑞士和国外的工程师朋友们。1923年6月的人员名单保存在苏黎世的马亚尔档案馆。

60. Johann Schmid，《圆形穿透岩石中的静态边界问题》（*Statische Grenzprobleme in kreisförmig durchörtertem Gebirge*），柏林：Springer，1926.

61. 这一比较将马亚尔的设计确定为当时最实用的设计，载于《瑞士法语区技术公报》，49（26），1923.12.22：318-19. 马亚尔在阿姆施泰格的结构设计情况详见"宣传册"（霍尔德班克-维尔德格，未注明日期），51。这一比较也见于汉斯·斯图德的"瑞士联邦铁路公司的阿姆施泰格发电厂"，*SBZ* 86（23），1924.12.5：285-289.

62. A. Schrafl，"关于S.B.B.的压力隧道试验的简报"（*Kurzer Bericht über die Druckstollen Versuche der S.B.B.*）*SBZ* 83（1，3），1924.1.5，19：7-10，27-30. 克洛斯特斯—屈布利斯的优秀案例详见第30页的注释。

63. "格劳宾登州电厂的兰德夸特项目"，*SBZ* 77（12），1921.3.19：127-130.

64. 罗伯特·马亚尔，"关于岩石压力"（*Ueber Gebirgsdruck*），*SBZ* 81（14），1923.4.7：168-171. 海姆曾于1873-1911年在苏黎世联邦理工学院任教授，1887-1911年在苏黎世大学任教授。

65. 苏黎世的阿尔伯特·海姆给日内瓦的马亚尔的明信片，1923.4.29.

66. 查尔斯·安德烈埃，"叠层高度对深层隧道砌体设计的影响"（*Der Einfluss der Ueberlagerungshöhe auf die Bemessung des Mauerwerks tiefliegender Tunnel*），*SBZ* 85（6），1925.2.7：71-3. 另见安德烈埃在苏黎世给日内瓦的马亚尔的信，1923.1.27. 在1921-1928年期间，安德烈埃在苏黎世任铁路和隧道工程教授，

1926-1928 年间任研究院院长，1924-1928 年任瑞士工程师和建筑师协会主席。1928 年，他离开苏黎世，担任开罗技术学院院长，1937 年回国。

67. 马亚尔的论文（见第 68 页）是以他 1921 年在德国申请的专利（DPR，No. 348219）为基础，1922 年在瑞士申请，1923 年 5 月 1 日在伯尔尼发表。瑞士专利号 98968。

68. 罗伯特·马亚尔，"铆钉问题"，*SBZ* 82（4），1923. 7. 28：43-45. 在他的论文中，马亚尔展示了多铆钉连接的标准方法是如何导致一些铆钉应力过高而其他铆钉却几乎不受力的。如图 81a，对于 5 个铆钉的连接节点，当两根钢构件用标准方法的直线排列铆钉连接时，其中一根钢条的设计拉力 P 将只通过最外侧的两个铆钉传递到另一根钢条上，而内侧的三个铆钉不承受任何负载。马亚尔用简单的数学方法证明，如果在整个连接过程中，两根钢条的厚度不断减小，那么力可以由一条线上的所有铆钉传递（图 81b）。这样一来，马亚尔认为，每个铆钉将承受相同的载荷，即在本例中的 $P/5$，而非标准连接情况下的两个铆钉承受 $P/2$，其他三个为零。他认为，"通常的计算方法（假设每个铆钉携带相同的，$P/5$，在这种情况下，）基本上是不正确的，剪应力并不是案例中的 $800kg/cm^2$（$P/5A$，其中 A 是一个铆钉的截面面积），而是 $2000kg/cm^2$（$P/2A$）。换句话说，由于端部铆钉的承载力为 $0.5P$，而不是实践中按照通常计算规则所假设的 $0.2P$，所以端部铆钉上的应力是常规计算的 2.5 倍"。

    马亚尔欣然承认，这并不会直接导致失效（否则为什么这么长时间以来，如此的常规方式却并没有导致不断的失效？），因为钢材一旦达到最大应力（屈服应力），它只是屈服了，但不会断裂。在真正的结构中，当过大应力的铆钉屈服后，其他的铆钉应力便会开始回升以抵抗额外载荷，这样一来，在破坏时，所有铆钉都将处于屈服的应力状态，按照 1923 年的工程惯例，所有铆钉受力相同的假定也就顺理成章了。

69. 罗恩的反应及马亚尔的答复见 *SBZ* 82（6），1923. 8. 11：79-80.

70. 辩论仍在发酵，罗恩又发表了一篇短檄文刊登在 9 月 15 日的《建筑学报》上，与此同时，1923 年 8 月 6 日伯尔尼的弗里德（A. Frieder）博士也发表了另一篇长文。这一次，马亚尔只对后者作出了回应，而《建筑学报》的编辑则认为辩论该结束了。"通信：又议铆钉问题"，*SBZ* 82（11），1923. 9. 15：144-5.

    尽管学报编辑在 9 月 16 日试图停止辩论，但弗里德却并不买账，于是，《建筑学报》在 1923 年 12 月 8 日发表了弗里德和马亚尔之间的最后一次交流；"再议铆钉问题"，*SBZ* 82（23），1923. 12. 8：304-305. 弗里德的论战源于马亚尔在 1923 年 9 月 28 日的一篇回答。弗里德重点讨论了罗恩的学生怀斯博士最近在苏黎世的实验结果，并以此作为先前立场的证明，即，马亚尔没有带来什么新东西，目前的做法是经测试认可的。怀斯，"论钢桁架板应力试验的作用"（Beitrag zur Spannungsuntersuchung an Knoten blechen eiserner Fachwerke），*SBZ* 82（11），1923. 9. 15：133-6. 在答复中，马亚尔重申了荷载变化（疲劳）的意义。

71. 《铆接接头：有关其发展的文献评述》（纽约：美国机械工程师学会，1945），159.

72. "比赛"，*SBZ* 76（2），1920. 11. 27：254. 另见亚瑟·罗恩的"弗里堡的策林根大桥"，*SBZ* 81（16），1923. 4. 21：189-94. 另见当时亚瑟·罗恩的"弗里堡佩罗勒莱斯大桥的开工建设"，*SBZ* 76（16），1920. 10. 16：182-184.

73. 该专家委员会由三名工程师 [阿道夫·比勒、许布纳（F. Hübner）和罗恩]、三名建筑师、一名议员和一名艺术教授组成。正如他的一系列论述以及发表于 1926 年第一届国际桥梁与建筑大会第一卷《瑞士工程结构的理论和实践》（苏黎世，1926）上的主旨文章那样，罗恩对这一设计倍感自豪。此外，策林根桥的外观与罗恩设计的 Eglisau 桥非常相似。

74. "编辑部发言稿", *SBZ* 81（16）, 1923.4.23: 194.

75. 关于另外两次竞赛公告, 详见 "布鲁根附近的锡特新桥"（Die Neue Sitterbrücke bei Bruggen）, *SBZ* 81（10）, 1923.3.10: 125-6, 以及 "巴登 - 韦廷根高架桥", 81（11）, 1923.3.17: 132-134, 139-140.

76. "巴登 - 韦廷根高架桥的竞争", *SBZ* 82（24, 26）, 1923.12.15, 29: 307-311, 333-336. 这座桥的专家委员会包括罗恩、博纳茨以及苏黎世的建筑师卡尔·莫泽。

77. 例如, 1921 年底, 在苏黎世的一次校友委员会会议上, 当罗恩提议保护瑞士工程师免受在瑞士工作的外国专业人员的国际竞争时, 马亚尔强烈反对。这对马亚尔来说是不寻常的, 这说明他明显地厌恶与年轻对手有关的事情。*SBZ* 79（9）（1922 年 3 月 4 日）: 119-120。

78. 详见日内瓦马亚尔档案, 第 4016 号项目, 1922.

79. 古斯塔夫·克鲁克, "韦吉河谷电厂",《新年记》（苏黎世: 自然科学协会, 1925.）。罗恩被任命为大坝设计顾问, 并在 1920 年底审查了两个方案; 见第 56 页。1919 年 11 月, Alfred Stucky 完成了他的论文 "拱形大坝", 并出版了《关于拱坝的研究》（Etude sur Les barrages arqués, 洛桑, 1922）

80. "罗凯莫莱斯大坝", 日内瓦马亚尔档案第 4010/1 号, 1921.9.21, 和瑞士主要专利第 101777 号, "拱形坝", 1922.8.17.（优先权: 德国, 1921.9.22）

81. W. Sattler, "法国阿尔卑斯山的两个水电工程", *SBZ* 91（5）, 1928.2.4: 59-61; 罗伯特·马亚尔, "带分级压头的拱坝", *SBZ* 91（15）, 1928.4.14: 183-185; 罗伯特·马亚尔, "拱坝拱顶厚度的选择", *SBZ* 92（5）, 1928.8.4: 55-56.

82. 马亚尔的水坝设计受到了朋友、杰出的瑞士水坝设计者弗雷德·内茨利的批评, "叉式桥台的叠层拱坝"（Laminated Arch Dams with Forked Abutments）,《美国土木工程师协会论文集》, 论文编号 1774, 纽约: 1930.2: 558-9. 关于马亚尔的水坝工程, 见詹姆斯·赵和比林顿,《日内瓦的罗伯特·马亚尔档案: 注释和目录》第 29, 54, 220, 221 号, 1974. 在 1929 年 5 月, 马亚尔以顾问的身份前往西班牙调查一起坝体裂缝事件, 参见马亚尔在伯尔尼和苏黎世给印尼塞兰岛查亚县（Serang-Djaja）的布卢默尔夫妇的信, 1929.6.6, 13.

83. 1928 年 8 月下旬, 瑞士水泥行业的代表请马亚尔调查布鲁格和申纳克巴德（Schinznach-Bad）之间的一条混凝土道路的第一段 6 公里长的裂缝, 他也因此对混凝土路面设计做出了一些成绩。马亚尔看了这段路并在 8 月 30 日的一份报告中写下了调查结果, 还附上了翔实的简化计算结果。从勘察到完成报告的 8 天时间里, 马亚尔查阅了有关混凝土路面的文献资料, 研究了弹性地基数学分析的最新成果, 并对这段早期路面上发现的裂缝给出了清晰而有说服力的解释。罗伯特·马亚尔,《关于混凝土路面施工的报告》（日内瓦, 1928.8.30）外加 14 页表格和图表。马亚尔根据 F. Schleicher 的《弹性地基上的圆板》（*Kreis platten auf elastischer Unterlage*, 柏林: Verlag von Julius Springer, 1926）一书进行了计算, 根据调查结果, 马亚尔强烈要求水泥工业界对这条路进行仔细测量和全面试验。

这时, 瑞士水泥行业协会成立了一家单独的 "混凝土路面股份"（Betonstrassen A.G.）公司, "天赋异禀的工程师罗伯特·马亚尔为其制定了设计基础, 帮助公司取得了辉煌的成就。" 这句话引自该公司 50 周年纪念出版物的前言, 其中还有一篇关于马亚尔的开创性工作的完整文章, 肯定了马亚尔的成就对于现代设计仍然具有指导意义。W.Wilk, "前言",《混凝土路面股份公司成立 50 周年纪念》, 维尔德, 1980: 6; A.Voellmy, "根据条带法测量布鲁格 - 申纳克 - 巴德混凝土道路的马亚尔注意事项"（*Die Maillart schen Ueberlegungen zur Bememessung der Betonstrasse Brugg-Schinznach-Bad im Lichte der Streifenmethode*）,《混凝土路面》, 37-42.

在二战后的美国, 公路局采取了马亚尔在 1928 年建议的相同方法, 放弃他们在 20 年代后期所喜好的 "科学实验测试"理念，回到了"以观察为导向的全面现场测试"道路设计思路。Bruce E. Seely，"工程中的科学奥秘：公路局的道路研究，1918-1940"，《技术与文化》，25（4），1984.10: 827.

84. "韦吉河谷发电厂"，SBZ 78（17），1921.10.22: 211；克鲁克，"发电厂"。

85. 在1921年马亚尔为马里尼耶大桥设计的图纸上显示，与1911年的设计相比，钢筋的数量大大减少，之所以减少钢筋，是因为桥面拱形结构的抗弯刚度比单拱大得多。虽然这种结构体系在早期设计中是存在的，但之前的设计者却没有认识到它的潜力。

86. 第1章，注释20.

87. 比林顿，《罗伯特·马亚尔的桥梁》，第6章。

88. 恩斯特·施泰特勒，"忆马亚尔"，《马亚尔论文集》，普林斯顿，1973: 129-36.

89. C·J·惠特尼，"对称混凝土拱的设计"，《美国土木工程师协会学报》88（1925）: 931-1029.

90. C. T. Morris 等，"美国土木工程师协会钢筋混凝土拱特别委员会的最终报告"，《美国土木工程师协会学报》100（1935）: 1431。

91. 内森·纽马克，"混凝土拱桥中肋与上部结构的相互作用"，《美国土木工程师协会学报》，论文编号：1981，103（1938年10月）: 62-80。

92. 哈迪·克罗斯，"分析与结构设计的关系"，《美国土木工程师协会论文集》61（1935年10月）: 1119-30；"拱门、连续框架、柱和锥体"，《哈迪·克罗斯论文集》，编者内森·纽马克（厄巴纳：伊利诺伊大学，1963年: 91-2，113-114.

93. 戴维·P. 比林顿，"罗伯特·马亚尔的桥面加劲拱桥"，ASCE 99（ST7）结构分部期刊（1973年7月）: 1534-6.

94. "韦吉河谷特雷布森巴赫河上引水渠的驱动力"，《建筑和土木工程》，24（28），1925.7.11: 270-227. 作者仅署名 M.，这似乎有可能是马亚尔，当然，也许是他的新聘工程师卢西恩·梅斯赛尔。关于特雷布森巴赫管桥的特点，参见 E. Marquardt，"管线和封闭式渠道"，《钢筋混凝土结构手册》，第4版，（柏林，1934），9: 651-655.

95. Felix Favetto，"韦吉河谷工程中的河道项目"，《建筑和土木工程》，24（24），1925.6.13: 235-238.

96. 关于这些观点的总结，参见 R.Mark，詹姆斯·赵，J. F. Abel，"历史性结构的应力分析：马亚尔的基亚索仓库"，《技术与文化》，5（1），1974.1: 49-53.

97. 同上，53-64。

98. 关于功能如何适应形式的详细讨论，参见戴维·P. 比林顿的《塔与桥》（纽约：基础图书出版公司，1983），第6章。

99. 这种对基亚索形式的比拟，参见比林顿的《罗伯特·马亚尔的桥》，64-79. 同样是在1924年6月，马亚尔寄给勒内的明信片，其中有一张加固后的圣哥达桥的照片；另见马亚尔在日内瓦致拉里皮的勒内的明信片，1924.6.3（？）.

100. 同上，68。

101. 关于这种桥面加劲拱性能的讨论，参见戴维·P. 比林顿的《罗伯特·马亚尔及其钢筋混凝土艺术》（剑桥，马萨诸塞州，1990）

102. 高迪的瓦片砖柱不太可能影响到马亚尔。除了一张写给勒内的明信片上显示出圣家族大教堂，没有任何关于他对这些建筑的评论记录；马亚尔解释道："这不是让你离开酒店生意，成为一名建筑师吗？"这句轻度讽刺的话几乎没有暗示出高迪的重大影响。参见巴塞罗那的马亚尔给日内瓦的勒内的明信片，1925.2.19.

103. 参见马亚尔1929年的计算，他将锡尔霍兹利体育馆的屋面形式建立在吊弦上，并以基亚索仓库为样本。罗伯特·马亚尔，"锡尔霍兹利体育馆的计算意见"（苏黎世：马亚尔档案馆，1929.10.15-11.1）。这张草图出现在第1页，没有注明日期。第5页的日期为1929.10.15.

104. 《瓦尔齐尔巴赫桥：静力计算》第4094/4号（日内瓦：

马亚尔公司，1925. 4. 20），4. 完整的计算只用了 3 页半的篇幅，其中只有最后半页是关于桥面加劲的。

105. 米尔科·罗斯，"瑞士钢筋混凝土桥梁的新类型"，*SBZ* 90（14），1927. 10. 1: 172-7. 荷载试验完成于 1926 年 9 月 29 日，在马亚尔和罗斯的见证下进行（图 102）。关于负面批评，见 H. Ruckwied，《桥梁美学》（柏林，1933），75.

106. 罗斯，"新的瑞士钢筋混凝土"，175-177.

107. 罗伯特·马亚尔，"关于黑水（l'eau noire）渠备选方案的解释性说明"（提交致伯尔尼联邦铁路局，1924. 10. 3，苏黎世和日内瓦）。

108. 马亚尔的支座布置导致支座处的弯矩为 186t·m，中跨处的弯矩为 94t·m。这意味着所有支撑处的最大弯矩基本相同，因此这种加固是可以标准化的；这也意味着中跨弯矩，即，在水作用下产生的拉力和可能开裂的弯矩只有支座弯矩的一半，因此泄漏的危险性降低了。这些数据都是马亚尔的前期设计值，在最终尺寸计算中稍作修改。

109. 马克斯·比勒，《罗伯特·马亚尔》第 3 版（苏黎世：建筑出版社，1969），52.

110. "黑水渠：静力计算"，第 4079/9 号（日内瓦，马亚尔公司，1925. 1. 22），4-8. 重要的重力计算都在一页纸上，但在最终设计表格中更详细地介绍了关键截面的温度与应力计算。

111. 阿道夫·比勒，"重建瑞士联邦铁路的大菲高架桥"，*SBZ* 88（16，17，18），1926. 10. 16，23；11. 6：217-21，231-7，267. 另见阿道夫·比勒，"重建大菲高架桥"，《地方企业》（*L'Entreprise*），苏黎世，15-20，1928.

112. 实际设计是由瑞士铁路公司的工程师在阿道夫·比勒指导下进行的。马亚尔首先受雇研究脚手架，并就具体设计提出建议。从 1924 年 12 月底到 1926 年春天，他经常与铁路工程师会面。马亚尔只完成了 7 张施工图（4086/1-4086/7），并没有进行详细的拱结构计算。然而，这时他已经开始把大多数拱桥设计看成了是桥面加劲拱。1925 年初，他正在设计瓦尔齐尔巴赫桥，而整个 1925 年，他都在设计洛林桥，并为其做了一个桥面加劲的设计。比勒在文章中提道了大菲的桥面与拱的相互作用问题，他并没有把这个理念归功于马亚尔，但在两篇重要论文的扉页上，比勒均将马亚尔作为咨询顾问列在了显著位置。因此，似乎很明显，桥面加劲拱的概念还是马亚尔的创新。

113. 设计的视觉质量得到了美国最敏锐的工程师之一、普林斯顿大学的教授乔治·贝格斯（George Beggs）的认可，他在 1932 年写道：

大约 10 年前，在瑞士建造的双轨铁路桥——大菲高架桥的设计中，充分利用了桥面参与的优势，以减少材料用量来保证经济性，同时降低了地基荷载，否则会造成过大的地基荷载……虽然按照美国标准，规定荷载很重，单位工作应力也很低，但最终的设计尺寸却很轻盈。我最近的一项调查表明，经过 10 年的使用，没有发现上部结构有任何损坏。桥面参与受力的所有优点都已经实现，而且通过仔细设计，避免了连续性的缺点。

摘自乔治·E. 贝格斯，"致编辑的信"，《土木工程》，3（1），1933.1: 35-36.

114. 马亚尔于 1925 年 2 月 10 日前往巴塞罗那，3 月初返回。参见马亚尔给勒内和玛丽-克莱尔的信和卡片，1925. 2. 6，17，19，24，27；3. 1.

第 6 章

1. 卡尔·耶格尔，"瑞士联邦材料测试研究所"，*SBZ* 86（2），1925. 7. 11: 28.

2. 罗斯，"新的瑞士钢筋混凝土"．

3. 罗伯特·马亚尔，"维伦纽夫桥以及拱顶观测"，*SBZ* 85（12，13），1925. 3. 21，28；3，28: 151-154，169-170.

4. 罗伯特·马亚尔，"论瑞士和美国的无梁楼盖的发展"，*SBZ* 87（21），1926. 5. 22: 263-265.

5. 约翰·赫伊津哈，《游戏的人》（波士顿，1955；写于 1938），1-13.

6. 《瑞士法语区技术公报》，52（11），1926.5.22：135-136；另见马亚尔在日内瓦给托农（Thonon）的勒内的信，1925.10.6.
7. *SBZ* 86（21），1925.11.21：265；以及马亚尔在日内瓦给蒙米赖的玛丽-克莱尔的信，1925.10.25.
8. 在日内瓦的马亚尔给特林（Tring）的玛丽-克莱尔的信。1927.6.11.
9. 日内瓦的马亚尔在日内瓦给特林的玛丽-克莱尔的信。1927.6.22.
10. 日内瓦的马亚尔给蒂斯伯里（Tisbury）的玛丽-克莱尔的信，1927.1.11.
11. 罗伯特·马亚尔，承兑汇票，1928.1.1。该票据为德文，内容如下（另见第5章，注释2）：

    以下签署人在日内瓦向保罗·马亚尔先生证明，欠他的债务为38197.25法郎。

    这笔债务将从"日内瓦的俄罗斯援助和债权人合作组织"秘书处将向本签字人账户交付的未偿债务总额3311620.95法郎中提取。

    由于以下签署人的未偿债务总额为237464.20法郎，因此，保罗·马亚尔先生将从秘书处的每一笔付款中获得总额的一部分，即：38197.25/237464.20法郎，直到他的贷款总额付清为止。

    罗伯特·马亚尔

    1928年1月1日，日内瓦。已阅

    这张纸条是1980年6月由艾拉·马亚尔送给我的，它不在马亚尔的手上，而是在马亚尔去世后，由其家人从原件上抄录下来的。他不得不为自己的债务支付6%以上的利息。这相当于每年1.5万法郎或总收入的一半以上。参见5月4日马亚尔在日内瓦给蒙米赖的玛丽-克莱尔的信，以及1926年5月12日给托农的勒内的信。
12. 桑塔格，《破碎的世界：1919-1939》，134，202.
13. 日内瓦的马亚尔给蒂斯伯里的玛丽-克莱尔的卡片，1927.2.6.
14. 伯尔尼的马亚尔给玛丽-克莱尔的卡片，第一次在日内瓦，第二次在苏黎世，1927.2.1.；1927.2.7.
15. 布卢默尔-马亚尔，《对父亲的回忆》，65.
16. 恩斯特·施泰特勒，"忆马亚尔"，《马亚尔论文集》，编者：戴维·P.比林顿，R. Mark，J. Abel（普林斯顿大学，土木工程系，1973），129-136.
17. 苏黎世事务所于1925年5月开始了"Freilager"（日内瓦目录4075）的工作，1924年11月在日内瓦事务所绘制了草图，项目主体部分完成于1926年（共118张图中的94张）。
18. 1928年，察恩仍在日内瓦事务所工作，但他对马亚尔的项目影响不大。在此期间，察恩专心研究一种称为"皮层"（Contex）的混凝土覆面材料，这种材料能够使混凝土具有美观的外表和一定的保护作用，但并没有取得商业上的成功。详见"用于处理可见混凝土表面的皮层工艺"，*SBZ* 89（11），1927.3.12：145.
19. 恩斯特·施泰特勒，"忆马亚尔"，131. 1928，马亚尔每周出游的许多细节来自布卢默尔-马亚尔，《对父亲的回忆》，63-86.
20. 恩斯特·施泰特勒，"忆马亚尔"，129.
21. 布卢默尔-马亚尔，《对父亲的回忆》，65.
22. "讣告，爱德华·H.布卢默尔-马亚尔"，《GEP公报》，122（1981.3）：7.
23. 日内瓦的马亚尔给苏黎世的玛丽-克莱尔的信，1929.1.9.
24. 日内瓦的马亚尔给印尼塞兰岛查亚县的玛丽-克莱尔的信，1929.11.27；马亚尔特在日内瓦给塞兰岛查亚县的玛丽-克莱尔的信，1929.5.1.
25. 在伯尔尼的马亚尔给塞兰岛查亚县的玛丽-克莱尔的信，1929.7.4.
26. 马亚尔在日内瓦和苏黎世给塞兰岛查亚县的玛丽-克莱尔的信，1929.7.7；1930.5.7.
27. 日内瓦的马亚尔给塞兰岛查亚县的布卢默尔夫妇的信，1929.12.10；日内瓦的马亚尔特给塞兰岛查亚县的玛丽-克莱尔的信，1930.1.7.

28. 马亚尔在日内瓦给塞兰岛查亚县的布卢默尔夫妇的信，1930.4.21.
29. 罗斯，"新的瑞士钢筋混凝土"，177.
30. 卡尔·耶格尔，"关于塔瓦那萨的莱茵河大桥被毁的问题"，SBZ 90（15），1927.10.8：194-195. 关于这场风暴的详尽描述，参见"关于1927年9月25日的莱茵河水灾"，SBZ 90（16），1927.10.15：206-209. 有关塔瓦那萨灾难的细节，参见布拉格尔斯市市长Cavegn Eusebi 的"有关自然灾难"，摘自《地区志》，1927.9.25.
31. 米尔科·罗斯，"关于塔瓦那萨的莱茵河大桥被毁的问题"，SBZ 90（18），1927.10.29：232-236.
32. 详细演变过程参见比林顿的《罗伯特·马亚尔的桥梁》第8章。
33. "舒德斯"，《瑞士地理词典》（纳沙泰尔，1906），4：543.
34. 马亚尔工程事务所，"萨尔基那山谷"，图纸编号168/1，169/2，168/3（日内瓦，1928.8.21）。当年的168/1号图纸没有存世，但1929年3月5日的版本保存了下来。
35. R.G.科林伍德，"进步的哲学"，《历史哲学随笔》（纽约，1965；文章首发于1929年的《现实主义者》），116.
36. 普拉德于1928年9月15日提交的文件除了三张工程图、一份有约束力的价格报价和一张透视图外，还包括一份解释性报告。虽然透视图没有存世，但从其他项目中我们可以看到，马亚尔在设计中没有使用透视图；相反，他的草图总是以侧立面图和剖面图的形式出现。
37. 正如我们稍后在马亚尔的施万巴赫桥中看到的那样，桥面本身呈激进的水平曲线，桥面和拱的融合导致从岸上看去产生了戏剧性空间视野，令设计视野必须跳出纯粹的平面模式。这种更多的空间视野在结构艺术中是非常少见的，施万巴赫大桥是一个罕见案例。只有像马亚尔这样的艺术家才能做出如此作品。尽管如此，这种形式还是来自平面思维的逻辑，是马亚尔历时8年对桥面加劲拱深入研究的结果。参见戴维·比林顿，"桥梁美学：1925-1933"，维也纳国际桥梁与结构工程协会第11届大会论文集（苏黎世，1980），47-52。
38. Peter Lorenz，《报告》（Filisur，1928年9月24日）。另见 P.Lorenz 在菲利苏尔给库尔市的索尔卡的信，1928.10.19.
39. 施泰特勒，"忆马亚尔"，134.
40. 比林顿，《罗伯特·马亚尔的桥梁》，77-81.
41. 施泰特勒，"忆马亚尔"，134.
42. 萨尔基那山谷桥的结构分析，图号168/11（日内瓦，1929.6.1），31-44.
43. 这种形式确实有助于保持较低的恒载应力；见劳伦特·马亚尔，《萨尔基那山谷桥》（普林斯顿大学土木工程与运营研究系，1992.4.）
44. 戴维·P.比林顿，"拱分析的解释"，纪念罗伯特·马亚尔100周年诞辰的《第二届全国土木工程会议背景论文：历史、遗产和人文》，编辑：John F.Abel（普林斯顿，1972.10.4-6），91-102.
45. 同上，文件目录，90.
46. 马亚尔在伯尔尼致塞兰岛查亚县的玛丽-克莱尔的信，1929.7.4.
47. 日内瓦的马亚尔给塞兰岛查亚县的布卢默尔夫妇的信，1929年7月23日。另见 Jürg Conzett，"理查德·科雷"，《五位瑞士桥梁建设者》（苏黎世，1985），32-57.
48. 马亚尔在日内瓦给在塞兰岛查亚县的玛丽-克莱尔以及布卢默尔夫妇的信，1929.9.25；10.23.
49. 在日内瓦的马亚尔给塞兰岛查亚县的玛丽-克莱尔的信，1929.8.13.
50. 日内瓦的马亚尔给塞兰岛查亚县的布卢默尔夫妇的信，1930.8.20.
51. "萨尔基那桥落成典礼"，《自由的驯鹿》（Der Freie Rätier，1930.8.20）
52. 米尔科·罗斯，"1930年8月18日的萨尔基那山谷桥荷载试验报告"（苏黎世，1930.12）。该报告稍作修订后出现在米尔科·罗斯的《报告》99（1937）：110-22，并增加了数据和试验图表。

53. 布卢默尔 - 马亚尔，《对父亲的回忆》，92-93.

54. 罗伯特·马亚尔，"桥梁的构造和美学"，《混凝土方法》，1935.5-6：305-307.

55. "洛林大桥的开通"，《伯尔尼日报》，1930.5.19. 马亚尔的讲话也出现在其他几家报纸上。马亚尔在日内瓦给塞兰岛查亚县的布卢默尔夫妇的信，1930.5.21. 马亚尔把他的演讲称为布道；见日内瓦的马亚尔给塞兰岛查亚县的布卢默尔夫妇的信，1930.5.27. 另见《伯尔尼新洛林桥开通典礼》（1930.5.17，星期六）。瑞士各地的报纸都广泛报道了大桥开通的消息，甚至巴黎版的《芝加哥论坛报》（1930.5.19）和《每日邮报》（1930.5.18）都以大标题和照片报道了大桥开通的消息。

56. "萨尔基那桥落成典礼"，另见 "格劳宾登州"，《新苏黎世报》，1930年8月18日的一周。

57. "普赖蒂高河谷上的精湛技术作品"，《日内瓦日报》，1930.8.21，星期四。

58. 同上。

59. "萨尔基那桥落成典礼".

60. "普赖蒂高河谷上的精湛技术作品" 关于洛林桥的费用，参见罗伯特·马亚尔，"伯尔尼阿勒河上的洛林大桥" *SBZ* 97（5），1931.1.31：49. 全文详见 *SBZ* 97（1-3，5），1931.1.3，10，17，31：1-3，17-20，23-27，47-49.

61. 关于马亚尔在巴黎博览会上的作品以及西格弗里德·吉迪恩关于巴黎博览会的说明，见《新苏黎世报：文学与艺术》（*Neue Zürcher Zeitung: Literatur und Kunst*，苏黎世，1937.8.5）和《新欧洲》（巴黎，1937.9.4）第五部分：瑞士。关于1991年的事件，参见戴维·比林顿，"马亚尔与瑞士萨尔基那山谷桥"，《国际结构工程》，1（4），1991.11：46-47.

62. 阿明·雷伯，"伯尔尼大桥问题"，*SBZ* 83（19），1924.3.8：120.

63. 阿明·雷伯，"洛林桥"，*SBZ* 86（23），1925.12.5：295；以及 "伯尔尼的洛林桥"，86（25），1925.12.19：323. 关于马亚尔的设计工作，参见 "罗伯特·马亚尔的手算"，洛林桥，3.10-17：10；3.15-17：11（日内瓦，1926）。马亚尔在日内瓦给布尔森斯（Bursins）的玛丽 - 克莱尔的信，1926.7.27；1926.11.7. 给蒂斯伯里的玛丽 - 克莱尔的信，1926.12.19；给特林的玛丽 - 克莱尔的信，1927.5.25；给维泰勒（Vittel）的勒内的信，1927.6.15.

64. 全民表决是为了380万瑞士法郎。见卡尔·耶格尔，"伯尔尼的新洛林大桥项目"，*SBZ* 90（11），1927.9.10：141-143.

65. 马亚尔，"洛林桥"，1-3，17-20，23-24，47-49. 另见马亚尔在日内瓦给塞兰岛查亚县的布卢默尔夫妇的信，1929.10.9；12.25.

66. 日内瓦的马亚尔给塞兰岛查亚县的布卢默尔夫妇的信，1930年3月3日、11日。

67. 官方要求的拱宽4.8m，平均厚度约75cm，而马亚尔预计跨中的拱厚为30cm、宽3.7m，两边支座处增加到5.56m。反过来，马亚尔提出的桥面有2根梁而不是4根梁，其总重量比官方设计少5%左右。

68. 罗伯特·马亚尔，"瑞士的轻质钢筋混凝土桥梁"，《土木工程师》12（10），1930.10：167.

69. 同上，170.

70. 罗伯特·马亚尔，"克洛斯特斯附近的兰德夸特桥：解释说明"，日内瓦，1930.2.11：1.

71. 同上，2.

72. 同上，3. 参见 P. J. B.，"雷蒂亚铁路在克洛斯特的线路迁改项目"，*SBZ* 96（25），1930.12.20：337-341. 然而，在1930年，没有人怀疑地基会发生不可预知的活动，必须进行修复，但那将在1944年马亚尔去世后发生。关于这座桥的修复，参见卢西恩·梅斯赛尔，"克洛斯特雷蒂亚铁路的兰德夸特桥改建：三、雷蒂亚公司的技术细节"，*SBZ* 65（3），1947.1.18：32-34. 该桥在1992年被铁道部门在一次不经意的重建计划中拆掉了。

73. 日内瓦的马亚尔给塞兰岛查亚县的布卢默尔夫妇的信，1930.12.9. 关于比赛的描述，见"巴塞尔的德雷罗森（Dreirosen）大桥"，*SBZ* 96（23），1930.12.4：322；97（11，12，14），1931.3.14，21；4.4：129-33，144-146，173-175.

74. 关于马亚尔的设计，见马亚尔日内瓦档案馆的第209号工程，图纸号3，4. 马亚尔的混凝土设计评论见他从日内瓦给塞兰岛查亚县的布卢默尔夫妇的信，1930.12.17.

75. 11月1日，他在伯尔尼就用混凝土而不是沥青铺设洛林桥的建议发表了讲话，这在瑞士是一个新的想法；11月9日，他代表日内瓦参加了在锡永（Sion）举行的瑞士工程师和建筑师会议；11月24日星期六，他去巴塞尔参观了一次大型桥梁比赛的现场，而他曾被提名为该竞赛的评委（作为候补评委）。参见日内瓦的马亚尔给塞兰岛查亚县的布卢默尔夫妇的信，1929.11.13，20，27. 另见 *SBZ* 94（24，25），1929.12.14，21：309，323；95（1），1930.1.4：14 的简短通知。关于巴塞尔大桥，见卡尔·耶格尔的"巴塞尔的德雷罗森大桥"，*SBZ* 95（4，5），1930.1.25；2.1：58，72. 在12月，他在巴塞尔做了一次演讲，其间，他放映了一部关于洛林桥施工的电影。见马亚尔在日内瓦给塞兰岛查亚县的布卢默尔夫妇的信，1929.12.8，以及 *SBZ* 94（24），1929.12.14：312；*SBZ* 94（26），1929.12.28：335 的简短通知。另见马亚尔在日内瓦给塞兰岛查亚县的布卢默尔夫妇的信，1929.12.15.

76. 在1930年12月27日的信结尾，他用了半页纸总结了这一年的最后一天。可见，他是在1930年12月31日才谈到健康状况良好的。

77. 日内瓦的马亚尔给塞兰岛查亚县的布卢默尔夫妇的信，1931.5.5.

78. 关于邮局，见"锡尔邮局大楼的钢筋混凝土无梁楼盖"，*SBZ* 97（13），1930.3.28：165-8. 关于混凝土面层材料的广告和洛林大桥，参见 *SBZ* 96（1），1930.7.5：扉页。

79. 施泰特勒，"忆马亚尔"，133.

80. 日内瓦的马亚尔给塞兰岛查亚县的布卢默尔夫妇的信，1931.11.8-11. 这篇文章先是由罗斯于1930年11月发表，后出现在罗伯特·马亚尔的"大体积或高品质混凝土结构"，*SBZ* 98（12），1931.9.19：149-50. 莫顿·尚德的翻译出现在马克斯·比尔的《罗伯特·马亚尔》第1版，苏黎世，1949：26.

81. 日内瓦的马亚尔给塞兰岛查亚县的玛丽-克莱尔的信，1930.11.12. 还有一次是1937年10月29日，马亚尔与阿曼共进晚餐，后者对马亚尔的作品赞不绝口。阿曼在苏黎世做了一次演讲，参见 *SBZ* 111（20），1938.5.14：260 的简短通知。马亚尔在日内瓦和苏黎世给美国的埃德蒙的信中描述了他与阿曼的会面，1938.1.15-16.

82. 汉斯·克鲁克，《关于罗伯特·马亚尔的回忆——第一部分》，苏黎世，1973年秋，6页。克鲁克的回忆是写给戴维·P.比林顿的，收录在普林斯顿马亚尔档案馆。

83. 克鲁克对马亚尔的采访，《关于罗伯特·马亚尔的回忆——第二部分》，苏黎世，1974.12.

84. 古斯塔夫·克鲁克，"韦吉河谷电厂"，《苏黎世自然研究协会新年通信》，第127号报告（1925）。

85. 他甚至拒绝了其中一些请求，因为这些请求很花时间，没有什么意思，也不允许他使用自己的工程师。日内瓦的马亚尔给塞兰岛查亚县的布卢默尔夫妇的信，1931.6.15.

86. 日内瓦的马亚尔给塞兰岛查亚县的布卢默尔夫妇的信，1931.4.14.

87. 日内瓦的马亚尔给塞兰岛查亚县的布卢默尔夫妇的信，1931.7.28.

88. 日内瓦的马亚尔特给塞兰岛查亚县的玛丽-克莱尔的信，1930.11.25.

89. 日内瓦的马亚尔给塞兰岛查亚县的布卢默尔夫妇的信，1931.1.6.

90. 马塞尔·福尔内罗德，"回忆马亚尔"，《马亚尔论文集》，137-142。

91. 这种简化分析方法被称为荷载试验法，它将大坝的悬臂梁和拱的性能结合在一起，其分析方法与马亚尔在 1902 年对固定基座水箱的悬臂梁和圈梁的性能分析方法相同。
92. 苏黎世的马亚尔给塞兰岛查亚县的布卢默尔夫妇的信，1931. 10. 10.
93. 在日内瓦的马亚尔给塞兰岛查亚县的布卢默尔夫妇的信，1931. 9. 1. 另见马亚尔在日内瓦给塞兰岛查亚县的爱德华 - 布卢默尔的信，1931. 2. 25. 马亚尔在 1931 年 1 月 29 日的信中提到了布卢默尔的来信，他在信中附上了一张工程图纸和统计数字，内容是西德尼（Sidney）港的新钢拱桥，中心跨度为 1650 英尺。阿曼的贝永大桥刚刚建成，其拱跨为 1652 英尺。马亚尔观察到，这样的工程让他感到头晕目眩。
94. 罗伯特·马亚尔，"一些较新的钢筋混凝土桥梁"，*SBZ* 107（15），1936. 4. 11：157-163.
95. 国际桥梁和结构工程协会公报，苏黎世，1，1933. 10. 1：27. 该公报举例了全世界最近的 21 座桥梁，其中布尔巴赫是最小的一座。另见"弧形钢筋混凝土拱桥"，*SBZ* 102（13），1933. 10. 28：218-219，这是一篇关于布尔巴赫和施万巴赫桥的未署名文章，但肯定是由维尔纳·耶格尔写的。
96. 日内瓦的马亚尔给塞兰岛查亚县的布卢默尔夫妇的信，1930. 9. 11.
97. 日内瓦的马亚尔给塞兰岛查亚县的布卢默尔夫妇的信，1930. 7. 14.
98. 同上，1930. 9. 11.
99. 西格弗里德·吉迪恩，"光与建筑：弗雷西内铁路车间的思考"，《艺术手册》，4，1929：275ff.
100. 西格弗里德·吉迪恩，"制造商马亚尔的无梁楼盖及其在建筑中的应用"，《艺术手册》5，1930：146-152。
101. 同上，1930. 7. 14.
102. 克里斯蒂安·泽尔沃斯，"当代抒情主义"，《艺术手册》1，1926：56-7. 我对现代运动和马亚尔的讨论主要摘自乔治·柯林斯的"作为艺术家的马亚尔"，《马亚尔论文集》35-60。在 1974 年 11 月与戴维·比林顿的谈话中，汉斯·克鲁克谈到了吉迪恩到访马亚尔事务所的事，但在马亚尔的现存信件中从未提及过这次访问。
103. 莫顿·尚德，"两座著名的混凝土拱桥"，《艺术手册》4（2），1931. 9：61-73. 这篇文章涉及洛林桥和按照梅兰体系设计的德国上阿默高附近的埃切尔斯巴赫（Echelsbach）桥。虽然尚德混淆了洛林桥比赛的历史，但他确实理解了马亚尔的混凝土砌块的想法。后来在同一期第 84-88 页上出现了一篇名为"更多的桥"的短文，虽未署名，但肯定是尚德写的，其中还对马亚尔的其他作品进行了说明。
104. 莫顿·尚德，"关于回到英国的问题"，《艺术手册》5（3），1932. 11：151-155. 马亚尔的名字也出现在《建筑师报》的注释里，1932. 4. 6，星期三：455.
105. 莫顿·尚德，"罗伯特·马亚尔：伟大瑞士工程师的建筑"，《英国皇家建筑师学会学报》45，第 3，19 辑，1938. 9. 12：957-969. 还有一张萨尔基那山谷桥的脚手架正面照片。本节内容参考了尚德的文章。
106. 例如，尚德说马亚尔在 1901 年（应当是 1902 年）独立创业的。
107. 他确实犯了一些错误，例如在楚奥茨和阿尔堡桥的设计中，在某种意义上，尚德是正确的，尽管这两个结构没有失败的危险。
108. M. S. Ketchum（小），"瑞士建造的薄壁混凝土拱"，《工程新闻记录》，1934. 1. 11，pp.44-45.
109. "巴黎建筑展"，《新苏黎世报》，1934. 3. 22. 保罗·尼尔森和马亚尔当时正准备参加苏黎世的一个医院比赛。另见马亚尔在日内瓦给普拉乔（Pladjoe）的布卢默尔夫妇的信，1934. 11. 29.
110. 这些事件详见乔治·柯林斯的"马亚尔的发现"，43-58. 以及西格弗里德·吉迪恩的"马亚尔的新桥"，《艺术手册》，9，1934. 1. 9：66-69. 以及赫伯特·里德的《艺术与工业》（伦敦，1934），图 11.
111. "瑞士的刚梁拱桥"，《澳大利亚工程师》，悉尼，1934. 4. 7.

112. 日内瓦的马亚尔给塞兰岛查亚县的布卢默尔夫妇的信，1930.12.23. 埃德蒙的慷慨可能还包括他带马亚尔去苏黎世吃饭的事情。
113. 日内瓦的马亚尔给塞兰岛查亚县的布卢默尔夫妇的信，1930.12.27.
114. 日内瓦的马亚尔给塞兰岛查亚县的玛丽-克莱尔的信，1930.11.25.
115. 关于这次旅行的故事来自施泰特勒的"忆马亚尔"，载于《马亚尔论文集》，135-6，以及马亚尔在伯尔尼给塞兰岛查亚县的布卢默尔夫妇的信，1931.10.16.
116. 日内瓦的马亚尔给塞兰岛查亚县的布卢默尔夫妇的信，1931.10.23.
117. 日内瓦的马亚尔给塞兰岛查亚县的布卢默尔夫妇的信，1931.10.20；11.20、26；12.3. 日内瓦的马亚尔给塞兰岛查亚县的布卢默尔夫妇的信，虽然这封信的日期是1931.11.11，但文中明确指出是1个月后的事。
118. 日内瓦的马亚尔给塞兰岛查亚县的布卢默尔夫妇的信，1931.11.8-11.
119. 日内瓦的马亚尔给塞兰岛查亚县的布卢默尔夫妇的信，1931.12.17；1932.1.13.
120. 日内瓦的马亚尔给塞兰岛查亚县的布卢默尔夫妇的信，1932.2.3.
121. 伯尔尼的马亚尔给塞兰岛查亚县的玛丽-克莱尔的信，1932.5.26.
122. 在日内瓦和苏黎世的马亚尔给塞兰岛查亚县的布卢默尔夫妇的信，1932.6.1.
123. 在伯尔尼的马亚尔给塞兰岛查亚县的布卢默尔夫妇的信，1932.6.29.
124. 伯尔尼的马亚尔特给塞兰岛查亚县的布卢默尔夫妇的信，1932.7.5.

第 7 章

1. 有关1922年9月29-30日的苏黎世会议，参见"瑞士联邦技术委员会，桥梁与钢结构制造商"，*SBZ* 81（7），1923.2.17：82-84.
2. 罗伯特·马亚尔，"瑞士的无梁楼盖——蘑菇板)，《瑞士土木工程的理论和实践，国际桥梁和结构工程大会》，编辑：米尔科·罗斯（苏黎世，1926）
3. 罗伯特·马亚尔，"弯曲时的压缩应力"，《第一届国际材料试验大会》，阿姆斯特丹，1927：2：13-17.
4. 布卢默尔-马亚尔，《对父亲的回忆》，88-89.
5. 《第二届国际桥梁与结构工程大会报告》，维也纳，1928.9.24-8（维也纳：朱利叶斯普林格出版社，1929），6.
6. 布卢默尔-马亚尔，《对父亲的回忆》，88.
7. 罗伯特·马亚尔，"有关大跨度拱桥的讨论"，《第二届国际桥梁与结构工程大会报告》，417-419.
8. 达姆施塔特、A.Kleinlogel 写给日内瓦马亚尔的信，1928.12.3. Kleinlogel 是《混凝土与生铁》的编辑，这本杂志是由弗里茨·恩佩格创办的。这番讲话还出现在《第二届国际桥梁与结构工程大会报告》中。
9. 尤金·弗雷西内，"讨论"，《第二届国际桥梁与结构工程大会报告》419-421；"普卢加斯泰勒拱桥的设计经验与创意"，上述《报告》669-678.
10. 罗伯特·马亚尔，"钢筋混凝土会议报告"，*SBZ* 92（21），1928.11.24：262-263.
11. 50多年后，安东·泰代斯科，这位在1930年目睹了普卢加斯泰尔桥的老者回忆道："作为一个土木工程师，看到这样的作品感到非常自豪。"与此同时，在1928年鲜有人知，弗雷西内在普卢加斯泰勒设计的刺激下刚刚构思出了预应力概念；大会刚刚结束后，他就回到巴黎，并拿出他的历史性专利。同样是在大会上，一位年轻的西班牙工程师爱德华·托罗哈提交了一篇有关混凝土水渠的论文，这也许是第一次将预应力作为主要设计的文章，详见托罗哈的"索在钢筋混凝土建筑中的使用情况"，《第二届国际桥梁与结构工程大会报告》，683-688.
12. 主旨演讲由哈特曼（Hartmann）教授主持，同年出版了他的书《桥梁结构中的美学》（莱比锡和维也纳，1928）
13. "混凝土和钢筋混凝土建筑"，《第一届混凝土和钢筋混凝土国际大会论文集》(列日，1930): 2: 1-73。
14. 罗伯特·马亚尔，"关于瑞士拱桥的注解"，《第一届混凝土和钢筋混凝土国际大会论文集》(列日，1930):3:4.
15. 日内瓦的马业尔给塞兰岛查亚县的布卢默尔夫妇的信，1930. 9. 11.
16. 苏黎世国际桥梁和结构工程协会给日内瓦马亚尔的信，1931. 6. 19；1932. 4. 18. 在大会开幕的前一天即5月18日，马亚尔出席了中央特别会议。
17. "工作会议计划"，《第一届国际桥梁和结构工程协会大会》，巴黎，1932. 5. 19-25: 1-5.
18. 罗伯特·马亚尔，"关于马亚尔无梁楼盖的注释"，《国际桥梁和结构工程协会大会》打字稿原件，1932. 5.
19. 马亚尔的论文以"讨论稿"的形式发表，《最终报告》，第一届国际桥梁和结构工程协会大会，巴黎，1932.（苏黎世，1933. 12): 197-208.
20. 罗恩在开幕词中表示，大会和协会的目标是"始终更好地应用数学和物理学定律，而这些定律是他们的研究和学习的基础，并通过结构越来越精确地适应这些定律……"，《最终报告》, 29.
21. "提契诺桥"，No.247，九份单独文件，1931. 11.17~1932. 2. 2. 另见比尔的《罗伯特·马亚尔》86. 比尔显示了从马亚尔在1932年2月2日的第247/4号图纸中取来的最终设计图，只是他对 A 和 C 截面的标注有误，并在纵截面的左端有不同的跨度。
22. 柱子还没到需要加粗的地步，因为如果柱子的高度增加了，则必需加粗。
23. 没有采用马亚尔设计的朱比亚斯科桥，而是采用了钢拱桥。
24. 马亚尔在日内瓦给塞兰岛查亚县的布卢默尔夫妇的信，1932. 3. 9，16.
25. 第503/3号图纸，温特图尔 W. 菲弗工程事务所，1932. 4. 13. 我很感谢 P. 菲弗先生，他给我寄来了有关他父亲在这座桥上的工程资料。P. 菲弗在温特图尔的来信，1992. 10. 28. 在我1990年出版的《罗伯特·马亚尔及其钢筋混凝土艺术》一书中，错误地将 W. 菲弗先生的名字从特斯桥中略去，然而实际上马亚尔并没有这样做。
26. 没有标题的图纸，马亚尔工程事务所，日内瓦，1932.4. 21. 这张图显示的是特斯河大桥的立面图和横断面图。
27. 马亚尔在日内瓦给塞兰岛查亚县的布卢默尔夫妇的信，1932. 4. 27. 他把特斯桥放在一边，准备写他的巴黎论文。
28. "特斯新桥"，图号254/1，马亚尔日内瓦工程事务所，1932. 6. 24.
29. 草图的最后改动日期为1932. 6. 24，详见马克斯·比尔的《罗伯特·马亚尔》, 106.
30. "特斯新桥: 静力计算"，图号254/2，马亚尔日内瓦工程事务所，1932. 6. 24，修订日期1932. 8. 1.
31. 同上。这些计算是针对桥面进行的，他在脚注中直接提到了罗伯特·马亚尔，"关于瑞士新钢筋混凝土结构设计规范草案"，*SBZ* 99（5），1932. 1. 30: 58，这是他关于拟议的瑞士新规范的文章。另见罗伯特·马亚尔，"讨论"，《混凝土与生铁》31（1），1932. 1: 10.
32. P. E. Souter, "温特图尔附近的特斯人行桥"，*SBZ* 105（3），1935. 1. 19: 32-4. 这座桥的造价比马亚尔设计的相同人行桥高出32%。
33. 《罗塞拉本桥的报告》，1931. 8. 3. 这份四页的报告是马亚尔在没有任何图纸情况下仓促地提出的第一个方案。六周后，他提交了第二份报告，《横跨黑水河的罗塞拉本大桥: 方案 A 和 B》，1931. 9. 16，3 页，四张图纸: No.522/1, 522/2, 522/3, 522/3a（522/1号在伯尔尼马亚尔档案中丢失了，但我认为它只包括在9月份提交的报告中）。
34. 马亚尔，第 522/4 号图纸，1932. 1. 12，伯尔尼。该合同在最后的决算中提到了《在施瓦岑堡附近建造罗塞拉本桥的核算》，施瓦岑堡和伯尔尼，1932. 12. 22.
35. 就在施工前的8月6日，马亚尔迅速前往巴黎出差。参见马亚尔在日内瓦给塞兰岛查亚县的布卢默尔夫妇的信，1932. 8. 10.
36. 《伯尔尼日报》，1932. 11. 21、3;《新伯尔尼人杂志》，

伯尔尼，1932.11.22；《伯尔尼大众报》，黑措根布赫塞（Herzogenbuchsee），1932.11.22. 所有这些叙述都很相似，并通过强调他声称的世界纪录来反映马亚尔的谈话。

37. 马亚尔在伯尔尼给塞兰岛查亚县的布卢默尔夫妇的信，1932.11.22. 关于负载测试的描述，见米尔科·罗斯，"经施瓦岑堡的伯尔尼州罗塞拉本桥的荷载试验结果"，《技术汇编99》（苏黎世，1937），182-191。关于庆祝活动，详见施泰特勒的"忆马亚尔"，135. 关于这座桥的详细描述出现在 E. 施泰特勒的"横跨施瓦岑堡河的伯尔尼州罗塞拉本桥"，《瑞士法语区技术公报》11，1933.3.16：153-7.

38. 关于州政府的设计，参见"图尔河大桥详图"，圣加仑州，第1001号计划书，第6号，1932.9，以及马亚尔的第一个方案"图尔桥"，图号738/1，738/3，苏黎世，1932.10.20，在马亚尔工程事务所，苏黎世。马亚尔到日内瓦给布卢默尔夫妇的信中写在了州工程师的反对意见，1933.1.4.

39. 日内瓦的马亚尔给塞兰岛查亚县的布卢默尔夫妇的信，1932.12.21.

40. 日内瓦的马亚尔给塞兰岛查亚县的布卢默尔夫妇的信，1933.1.4.

41. 同上。

42. 福尔内罗德，"回忆马亚尔"，140-141。

43. "图尔桥，总体规划"，马亚尔，图纸编号738/10/4，1933.1.31. 然而副本上的圣加仑州印章却说明日期为1933年3月31日。

44. 6月10日在伯尔尼，马亚尔批准了新的施万巴赫桥的第一张图纸，并撰写了一份报告。

45. 罗伯特·马亚尔，"欣特福根-舍嫩塔宁（Hinterfultigen- Schönentannen）山路上的施万巴赫大桥"，《技术汇编》（伯尔尼，1933.6.27）。除了这份报告，马亚尔还寄来了一份5页具有合同性质的施工提纲，其签署人为宾格利和洛辛格两位承包商，但该文件用的是马亚尔自己的信笺。虽然合同上写着大桥将在1933年11月中旬完工，但实际上11月29日就已经通车了。参见，米尔科·罗斯，"伯尔尼州的施万巴赫弧线形钢筋混凝土桥荷载试验"，*SBZ* 113（5），1939.2.4：53.

46. 马克斯·比尔报告的总费用为47300法郎，可能还不包括设计费；比尔，《罗伯特·马亚尔》，90.

47. 马亚尔在1930年给了克鲁克每月600法郎，福尔内罗德在1931年也给了同样的报酬，他每月付给凯勒大约1200法郎用于事务所运转。我推测，这两位绘图员每月各得300法郎左右，因此总开销大约3000法郎。伯尔尼的施泰特勒和戴特韦勒的每月开支大概是1500法郎，而最大的日内瓦事务所是4000法郎。如果事务所租金和花销占工资20%，那么他每月总开支，不包括给自己的，大约是1万法郎。

48. "弧线形钢筋混凝土拱桥"，*SBZ* 102（18），1933.10.28：218-19. 卡尔·耶格尔对赫尔曼·鲁克维德的书评出现在 W. 耶格尔的"桥梁美学评论"，*SBZ* 101（10），1933.3.11：120，米尔科·罗斯在"负荷测试"中给出了施万巴赫桥的建造日期，53-58。

49. "对话卡尔·霍法克"，高克豪森（Gockhausen），1978.7.11. 我非常感谢汉斯·奥里教授在家里为我安排了这次采访。

50. 罗斯，"负载测试"，53-58. 日内瓦的马亚尔给巴乔邦（Badjoebang）的布卢默尔夫妇的信，1935.6.19、26. 另见"伯尔尼州施万巴赫桥的科学载荷试验"，*SBZ* 105（23），1935.6.8：270。满载卡车给出的应力太小，以至于很难从阳光的影响中区分出来。

51. 与萨尔基那山谷桥一样，施万巴赫桥也经常被艺术史家们展示和讨论。特别是见柯林斯的文章《马亚尔的发现》。

52. "弧线形钢筋混凝土拱桥"，*SBZ* 103（11），1934.3.17：132-133，其中涉及了 F. 博尼的讨论和罗伯特·马亚尔的回应。后者的回应实际上是一篇重要的论文。

53. 在比林顿的《罗伯特·马亚尔的桥梁》第141页上有这些计算内容。

54. 马亚尔在日内瓦给塞兰岛查亚县的布卢默尔夫妇的信，1933. 2. 1，28.
55. 马亚尔在日内瓦给塞兰岛查亚县的布卢默尔夫妇的信，1933. 5. 3. 尽管一些 1933 年的项目原定于当年开工，但实际上却拖到了 1934 年初。在马亚尔的苏黎世事务所没有任何业务记录，但苏黎世市档案馆的正式图纸编号为 745/11-21，日期为 1934. 6. 14-1935. 10. 4.
56. 福尔内罗德，"回忆马亚尔"，141。
57. 同上，142；文章题目为"计算多层连续框架的代数弯矩分配法"，*SBZ* 102（19），1933. 11. 4：223-227.
58. M·塔勒蒂尼、罗伯特·马亚尔，"瑞士的新银行大楼，日内瓦贝尔艾尔（Bel Air）广场的信贷机构"，*SBZ* 101（4），1933. 1. 28：47.
59. "沃韦新码头落成典礼"，《公报》（*Feuille d'avis*），洛桑，1934. 10. 22；和"新码头的落成典礼"，《瑞士》，1934.10.21. 另见迈耶·彼得，亨利·法夫尔，"建筑物利用率的试验测定"，*SBZ* 101（4），1933. 1. 28：48-51.
60. 罗伯特·马亚尔，"沃韦新码头的扩建工程"，*SBZ* 108（15），1936. 10. 10：159-161.
61. "佩尔多内（Perdonnet）码头重建项目"，马亚尔日内瓦事务所，第 262/4 号图纸，1932. 9. 14. 设计工作于 1932 年 7 月开始，1933 年初基本完成。同时，他还在沃韦做了一个小型码头项目。"普莱桑斯码头"，伯尔尼马亚尔事务所，图纸编号 53916，1932. 12. 12.
62. 在日内瓦的马亚尔给塞兰岛查亚县的布卢默尔夫妇的信，1933. 3. 28. 塌陷事故出现在 *SBZ* 101（20），1933. 5. 20：231-3. 罗伯特·马亚尔撰写了 11 页的《沃韦镇的佩尔多内码头重建项目》，并于 1933 年 11 月 28 日呈交市政府处。
63. "新码头的强度测试"，《公报》，沃韦，1934. 10. 1. 勒辛格尔对这个项目感到自豪，并刊登了"勒辛格尔公司"的广告，*SBZ* 104（15），1934. 10. 13：163.
64. "新码头落成典礼"，《沃韦通讯》（*Le Courrier de Vevey*），1934. 10. 22.
65. 在日内瓦的马亚尔特给塞兰岛查亚县的布卢默尔夫妇的信，1933. 6. 27.
66. "旺根的阿勒桥"，马亚尔伯尔尼事务所，图纸编号 284/1，2，1933. 8. 26. 虽然这座桥是在伯尔尼州，但马亚尔是在他的日内瓦事务所里完成的。
67. "因纳特基兴的阿勒桥"，马亚尔伯尔尼事务所，图纸编号 545/7、8、15，1933. 9. 20.
68. 日内瓦的马亚尔给伊利诺伊州的米洛·凯彻姆的信，1933. 9. 18.
69. "旺根附近的阿勒桥"，马亚尔伯尔尼事务所，图纸编号 284/5，1933. 10. 10. 关于伯辛格的故事来自施泰特勒的"忆马亚尔"，130-131.
70. "西拉科沃高架桥"，马亚尔日内瓦事务所，图纸编号 305，1934. 5. 7，17；7. 7，18. 它们被转载于比尔的《罗伯特·马亚尔》，99-101.
71. 伯尔尼的马亚尔给塞兰岛查亚县的布卢默尔夫妇的信，1934. 11. 22. 另见"锡特桥"，马亚尔日内瓦事务所，图纸编号 310，1934. 9. 13；10. 1. 锡特桥的设计还出现在比尔的《罗伯特·马亚尔》，102-103.
72. 见"罗塞纳山谷桥"，马亚尔日内瓦事务所，图纸编号 311，1934. 9. 18-21. 1935 年 2 月 22 日，马亚尔与弗洛里安·普拉德一起前往库尔市，很可能是为了与新的州政府工程师讨论这个工程，参见日内瓦的马亚尔致普拉乔的布卢默尔夫妇的信，1935. 2. 26. 马亚尔在 1934 年 9 月开始设计特万溪桥（Twannbach），尽管它要到 1936 年才能建成；见"特万溪桥"，马亚尔伯尔尼事务所，图纸编号 561，1934. 9. 15.
73. 见"朗西桥"，马亚尔日内瓦事务所，第 308 号图纸，1934. 11. 3；"韦西桥"，马亚尔日内瓦事务所，第 319 号图纸、初步报告，1934. 12. 11. 拉尼项目及其后来由特伦布莱（M.Tremblet）重新设计的情况在比尔的《罗伯尔·马亚尔》120-125 页中有所描述。
74. 普卢加斯泰勒和锡特桥之间的这种对比有助于我们理解马亚尔的思想。然而，这并不是一个公平的比较，因为马亚尔的锡特桥设计方案没有变成现实，因此无法进行真正的视觉比较。

75. 日内瓦的马亚尔给塞兰岛查亚县的布卢默尔夫妇的信，1934.11.29；12.4.
76. 桑塔格，《破碎的世界》，163。
77. 日内瓦的马亚尔给塞兰岛查亚县的布卢默尔夫妇的信，1933.4.4.
78. 桑塔格，《破碎的世界》，155-157。
79. 日内瓦的马亚尔给塞兰岛查亚县的布卢默尔夫妇的信，1933.2.14. 另见桑塔格的《破碎的世界》，164-165.
80. 日内瓦的马亚尔给塞兰岛查亚县的布卢默尔夫妇的信，1933.4.26；6.20.
81. 纽约的哈罗德·范·德比尔特（Harold Van derbilt）于1926年发明的定约式桥牌，迅速取代了1903年左右出现的拍卖式桥牌。到了1932年，桥牌成为一种极为流行的游戏，被称为"游戏史上无与伦比的社会现象"，《大英百科全书》（芝加哥，1963年），4：180。1932年的报纸，如《日内瓦日报》，开始刊登有关桥牌问题的讨论。日内瓦的马亚尔给塞兰岛查亚县的布卢默尔夫妇的信，1933.1.11-14；3.7.
82. 日内瓦的马亚尔给塞兰岛查亚县的布卢默尔夫妇的信，1933.1.17.
83. 施泰特勒，《反思》，131-132。
84. 马亚尔的来信，1933.6.20. 另见日内瓦的马亚尔给塞兰岛查亚县的布卢默尔夫妇的信，1933.6.17.
85. 日内瓦的马亚尔给塞兰岛查亚县的布卢默尔夫妇的信，1933.6.20.
86. 桑塔格，《破碎的世界》171，237，249.
87. 日内瓦的马亚尔给塞兰岛查亚县的布卢默尔夫妇的信，1933.8.2.
88. 苏门答腊岛的玛丽-克莱尔给日内瓦的马亚尔的信，1933.9.12.
89. 日内瓦的马亚尔给塞兰岛查亚县的布卢默尔夫妇的信，1932.1.20.
90. 日内瓦的马亚尔给塞兰岛查亚县的布卢默尔夫妇的信，1932.1.24-27. 马亚尔会睡在小房间里，把大房间作为起居室，或者当孩子们来访时作为客房。房子非常便宜，每年只需1260法郎，约合250美元，而且还能够享受旅馆的邮件和洗衣服务。
91. 布卢默尔-马亚尔，《对父亲的回忆》，90-91。
92. 同上，66-67，71。参见第7章，第70页。
93. 马亚尔特在日内瓦给普拉乔的玛丽-克莱尔的信，1934.10.30；11.8；11.14.

第8章

1. 日内瓦的马亚尔在日内瓦给巴乔邦的布卢默尔夫妇的信，1935年1月2日。苏黎世市对马亚尔提出的正式索赔是1934年12月27日。在这封信和其他任何信中，他都没有提到体育馆的案例。
2. 罗伯特·马亚尔，"苏黎世的新锡尔霍兹利体育馆和绿色设施建设"（Die Zürcher Sport-und Grünanlagen im neuen Sihlhölzli: Konstruktives），*SBZ* 101（9），1933.3.4：103-5. 实际图纸为第104页上的图19。中央竖向构件为4根直径16mm的钢筋，其面积只有设计要求的38%。参见发自施工总监的信，苏黎世，1933.5.20，以及马亚尔给苏黎世建设局的信，1933.5.30.
3. 罗伯特·马亚尔，《锡尔霍兹利体育馆：屋面桁架的结构检测》（苏黎世，1933.4.26）
4. 在苏黎世事务所写给工程管理部门的信，1933年6月10日。里特尔的名字第一次出现在1933年9月15日的会议上，以及苏黎世的马亚尔给苏黎世的赫特的信中，1933.10.4.
5. 在6月10日的纳沙泰尔，虽然马亚尔强烈反对，但瑞士工程师和建筑师协会还是批准了里特尔领导下的《混凝土新规范》。关于纳沙泰尔会议的详情，参见 P. E. 苏特的"协会来信"，*SBZ* 102（9，11），1933.8.26；9.9：112-114，138-140，
6. 马亚尔在苏黎世写给赫特的信，1933.10.4. 另见赫特在苏黎世写给市政府建设部门的信，1933.10.17. 以及在苏黎世召开的"建设委员会I"官方会议记录，1933.10.20. 接下来，马亚尔在1933年10月24日信

7. 这种职业状况与他 10 年前与玛丽 - 克莱尔的浪漫"错误"后所面临的个人问题相似。对许多日内瓦人来说，问题是如何惩罚她的错误，而对马亚尔来说，问题是如何确保过去的事情不会影响到她的未来。马亚尔认为，错误不是问题，问题是要确保此后一切顺利，而不是让错误本身成为惩罚的理由。他并不认同被打破的规则是无关紧要的，相反，他首先研究了其在具体物理行为上的错误，以确定在未来压力下如何运作创新。

8. 这个争论出现在如下信中：马亚尔致里特尔，1933（下同）. 11. 13；里特尔致市政府，11. 15；赫特致市府，11. 20；马亚尔致里特尔，11. 24；以及市府致里特尔，12. 13；市府致里特尔，12. 26.

9. 里特尔在苏黎世给市政府的信，1934. 2. 12. 其中，里特尔附上了一份 9 页的报告和一组详细计算结果。

10. 苏黎世的马亚尔致市政府的备忘录，1934. 3. 2.

11. "建设委员会会议纪要 II"，苏黎世，1934.6.19. 会议主席为市议员 J·赫夫蒂博士。

12. 苏黎世市府写给马亚尔的信，1934. 6. 27.

13. 马亚尔在 7 月 3 日确实画了一张图，但没有马上送来，因为还有其他事情要做，比如帮助策划和参加 6 月 29 日的费尔塞格大桥的荷载试验。米尔科·罗斯，《关于戈绍 - 威尔的锡尔桥的荷载测试结果报告》（苏黎世，1936. 2.）

14. 市府给苏黎世的马亚尔的信，1934. 8. 24，以及马亚尔的回信，1934. 8. 29.

15. 《建设委员会主席团会议纪要》，苏黎世，1934. 9. 5.

16. 罗伯特·马亚尔，"钢筋混凝土结构的加固"，*SBZ* 105（11），1935. 3. 6：130-2.

17. 苏黎世市政府的协议书摘要，1935. 2. 23.

18. 卡尔·耶格尔在苏黎世给市议员赫夫蒂的信，1935 年 3 月 16 日。

19. 罗伯特·马亚尔，"钢筋混凝土结构的加固"。

20. E. 阿曼博士在苏黎世给 *SBZ* 编辑的信，1935.5.15.。耶格尔注意到了马亚尔的反驳将与市政府的信函一起发表。另见卡尔·耶格尔在苏黎世致市议员赫夫蒂的信，1935. 5. 31.

21. 罗伯特·马亚尔，"对 1935 年 5 月 15 日建筑局来信的答复"，苏黎世，1935. 5. 31. 马亚尔在这里不仅批评了苏黎世的建筑部门，而且还批评了瑞士新规范。在他的强烈反对下，瑞士新规范于 1935 年 5 月 14 日刚刚公布。另见"协会来信"，*SBZ* 105（20），1935. 5. 18：234.

关于阿曼信中的第一点，马亚尔解释说，市府未能理解假定值和测量结果之间的区别；关于第二点，马亚尔责备市府隐瞒了一个事实，即檐口峰值应力只发生在吊杆应力远小于最大应力时。此外，虽然市府认为不能接受屋檐处的混凝土应力过高，但其仍达到混凝土安全系数等于 3 的要求（混凝土应力仅为材料抗压强度的 1/3）。

对于第三点反对意见，即他把所有荷载都放在了吊架和柱子上方，马亚尔讽刺地回答说："对于一个熟悉静力学基础知识的人来说，上图所示的力，即使从表面上看，也毫无意义。"

22. 马亚尔，"对 1935 年 5 月 15 日建设局来信的答复"，2.

23. 比林顿，《罗伯特·马亚尔的桥梁》，第 9、第 10 章。

24. 苏黎世市给马亚尔的信，1935. 2. 6.

25. 日内瓦的马亚尔给巴乔邦的布卢默尔夫妇的信，1935. 2. 4，13. 马亚尔为胡特维尔大桥绘制第一张图纸的日期是 1935. 2. 6，而他的"软禁"（Hausarrest）是 2 月 4 日在日内瓦绘制的，因此，他很可能是在那时就画出了设计草图。

26. 1907 年，马亚尔曾为阿赫（Aach）附近的圣加仑设计建造过两座连续梁铁路桥，但其形式可能是由铁路工程师决定的，没有利斯伯格桥的味道。详见 1926 年苏黎世会议论文集中 Adophe Buhler 的文章。

27. "一般项目：利斯伯格的比尔斯桥"，马亚尔日内瓦事务所，第 315/1 号图纸，1934. 10. 29. 随后的图纸日期如下：1934. 11. 6、8、26；1934. 12. 12、19；1935. 1. 3、15、24、29.

28. 日内瓦的马亚尔给巴乔邦的布卢默尔夫妇的信，

1935. 5. 22.

29. 罗伯特·马亚尔，"一些较新的钢筋混凝土桥梁"，*SBZ* 107（15），1936. 4. 11：157-163.

30. 马亚尔在日内瓦和苏黎世给巴乔邦的布卢默尔夫妇的信，1935. 6. 11，12. 另见日内瓦的马亚尔给巴乔邦的布卢默尔夫妇的信，1935. 5. 22；1935. 6. 19.

31. 马亚尔，"一些较新的钢筋混凝土桥梁"，162。

32. 马亚尔在日内瓦致巴乔邦的布卢默尔夫妇的信中附有卡片，1935. 6. 19. 关于尚德的演讲，详见"英国的传统与新建筑"，*SBZ* 105（25），1935. 6. 22：295. 利斯伯格桥与马亚尔的照片一起出现在莫顿·尚德，"利斯伯格的比尔斯河上的平拱桥"，《混凝土方法》1935. 7-8：26-27.

33. 马亚尔在日内瓦和苏黎世给巴乔邦的布卢默尔夫妇的信，1935. 8. 6.

34. "距胡特维尔-沃尔胡森线1.603公里处的州际公路交叉路口处的高架桥"，《地方企业》35（19），1936. 5. 9：160-162.

35. 关于这一时期的优美桥梁外观，参见 Wilbur Watson 的《桥梁的十年》（克里夫兰，1937）。从1935年开始，马亚尔投入了其他一些小型桥梁的设计中。相关桥梁的图纸日期，可参阅伯尔尼的马亚尔档案馆目录。

36. 日内瓦的马亚尔给巴乔邦的布卢默尔夫妇的信，1935. 2. 26；2. 19；3. 4.

37. Marcal Cayla，"缪斯河畔的莱富尔和安恰帕斯钢筋混凝土桥"，《土木工程》105（26），1934. 12. 29：602-4.

38. 罗伯特·马亚尔，"从美学的角度看钢筋混凝土桥梁结构"，《土木工程》106（11），1935. 3. 16：262-3.

39. R. L. Bidwell，《换算表：百年来的变化》（*Conversion Tables: A Hundred Years of Change*，伦敦：Rex Collings，1970），20和49。法国人声称他们的桥梁很经济，他们的说法是正确的。他们的两座桥每平方米路面约为1000法国法郎，按照1930~1935年间的汇率5:1计算，每平方米约为200瑞郎。而马亚尔的成本从难度更大的 Saligina 的298瑞郎到韦西的103瑞郎不等。对于空箱结构的设计而言：

名称	时间	跨度	每平方米造价
莱富尔	1934	100m	200瑞士法郎
萨尔基那	1930	90m	298瑞士法郎
罗塞拉本	1932	82m	196瑞士法郎
费尔塞格	1933	72m	138瑞士法郎
韦西	1936	56m	103瑞士法郎

因为成本随跨度的增加而增加，也随脚手架的难度而增加，所以我们可以看出这些桥梁是可以比较的。进一步的区别可能与场地的差异和设计的差异有很大关系。

40. 罗伯特·马亚尔，"钢筋混凝土桥：从其发展和在瑞士的一些特殊建筑上来看"，《工程》（*Travaux*）19（26），1935. 2：64-71. 更早的德文版本出现在"瑞士的轻质钢筋混凝土桥梁"，《土木工程师》12（10），1931：165-71. 在《工程》的文章中，马亚尔简单地翻译了他1931年的《土木工程师》文章，删去了他的小 Ladholz 桥，增加了罗塞拉本、施万巴赫、特斯和费尔塞格的设计。法文版上包括了所有桥梁的主要尺寸、日期、和费用的表格，还列出了相关文献。而在1931年的德文版中，他给出的表格数据很少，只比较了5座桥的混凝土用量。另外，马亚尔坚持要把成本包括在内，这样就可以从经济角度来判断美学。但他没有将自己的与法国设计的成本进行比较。

41. 日内瓦的马亚尔给巴乔邦的布卢默尔夫妇的信，1935. 5. 8，14，29. 他在1935年7月21-24日给布卢默尔夫妇的信中简明扼要地表达了对德国人的看法。

42. 这篇文章的译文略作扩充后出现在罗伯特·马亚尔的"桥梁的结构与美学"，《混凝土方法》7（6），1935. 5-6：303-309.

43. 9月下旬，他参加了校友会每半年一次的例会，巴塞尔的主要咨询工程师 M.Gruner 告诉他，日本人对他的桥梁很感兴趣。日内瓦的马亚尔给巴乔邦的布卢默尔的信，1935.10.1.

44. 日内瓦的马亚尔给巴乔邦的布卢默尔夫妇的信，1935. 8. 26；9. 4.

45. "竞标活动"，*SBZ* 106（11），1935. 9. 14：130. 评审团的报告详见"创意大赛"，*SBZ* 106（21），1935. 11. 23：244-50.

46. 日内瓦的马亚尔给巴乔邦的布卢默尔夫妇的信，1935. 9. 23.

47. 日内瓦的马亚尔给巴乔邦的布卢默尔夫妇的信，1935. 10. 9，15.

48. 苏黎世的马亚尔给巴乔邦的布卢默尔夫妇的信，1935. 10. 31. 讲演公告刊登于 *SBZ* 106（17），1935. 10. 26：203-4，主题是"蘑菇板的25年（1910-35）"，后称"我的40年钢筋混凝土经验"，*SBZ* 108（16）16，1936. 10. 17：178，以及阿尔弗雷德·罗特，"马亚尔先生的荣誉晚会"，《进展》（Weiterbauen）6，1936. 12：47.

49. 阿尔弗雷德·罗特的回忆录来自与戴维·P. 比林顿的交流以及罗特在苏黎世给普林斯顿的比林顿的信，1974. 10. 21；1975. 3. 5.

50. 伯尔尼的马亚尔给巴乔邦的布卢默尔夫妇的信，1935. 11. 20. 以及施泰特勒的"忆马亚尔"，130-131. 几年后，施泰特勒见到了当时已经退休的伯辛格，他告诉施泰特勒，"我建议你专攻花岗石桥。"

51. 在日内瓦的马亚尔给巴乔邦的布卢默尔夫妇的信，1935. 11. 11.

52. 马亚尔，"韦西桥"（第7章，第73页）。

53. 克里斯蒂安·梅恩，"桥梁设计美学"，《国际薄壳与空间结构协会公报》，马德里，1985. 8：53-62.

54. 在日内瓦的马亚尔给巴德乔邦的布卢默尔夫妇的信，1935年7月14日。

55. 马亚尔在1934年12月11日的支出估算是14万法郎，而到了1935年8月26日，经过大量设计工作后，他的估算费用降到了91444.40法郎。9月30日，州政府向他发出了8份标书，其中最低的是74819.10法郎，最高的是87637.10法郎。他建议该州接受78222.20法郎的次低价。日内瓦的马亚尔给州公共工程局的信，1935. 10. 2.

56. 日内瓦的马亚尔给巴乔邦的布卢默尔夫妇的信，1936. 5. 12；6. 2.

57. 日内瓦的马亚尔给日内瓦州公共工程局的信，1937. 2. 15. 他在信中指出，根据瑞士工程师和建筑师协会的规定，他的酬金应该是8.5万法郎的11.5%或9800法郎，然而，他们把他的费用降到了8300法郎，并且条件是1936年10月1日之前完工。桥梁项目拖到了1937年，马亚尔的费用也增加了，因为他要负责现场监理。到了1936年12月，总支出已经远远超过了8300法郎，他要求得到一些补偿，于是，向州政府寄去了一份完整清单，列出了到1937年5月底的直接费用（1.1万法郎）和辛迪加的付款（8300法郎）。详见日内瓦的马亚尔给日内瓦州公共工程局的信，1937. 5. 25；6. 21.

58. 日内瓦的马亚尔给打拉根的布卢默夫妇的信，1937. 12. 8；1937. 7. 21-22.《日内瓦论坛报》报道了这次成功的负载测试，其中还包括一张马亚尔的照片。

59. 马亚尔给日内瓦州公共工程局的信，1937. 12. 7.

60. 内森·纽马克，"混凝土拱肋与上部结构的相互作用"，《美国土木工程师协会论文集》，论文编号1981，103，1938. 10：62-80.

61. 日内瓦的马亚尔给巴乔邦的布卢默尔夫妇的信，1936. 1. 20-22.

62. 日内瓦的马亚尔给巴乔邦的布卢默尔夫妇的信，1936. 1. 27.

63. 日内瓦的马亚尔给巴乔邦的布卢默尔夫妇的信，1936. 1. 7、14、15.

64. 日内瓦的马亚尔给巴乔邦的布卢默尔夫妇的信，1936. 2. 9.

65. 日内瓦的马亚尔给巴乔邦的布卢默尔夫妇的信，1936. 2. 18.

66. 米尔科·罗斯，《关于戈绍-威尔的锡尔桥的荷载测

67. 见马亚尔的来信，1935.10.1.另见雷蒙德·桑塔格的《破碎的世界：1919-1939》（纽约，Harper & Row，1971），288.另见马亚尔的来信，1936.1.7.
68. 桑塔格，《破碎的世界：1919-1939》，292-294。
69. 约翰·赫伊津哈，《明天即将来临》，以及卡尔·耶格尔的评论，SBZ 107（1），1936.1.4：10.
70. 马亚尔在日内瓦给巴乔邦的布卢默尔夫妇的信，1936.3.30.
71. 日内瓦的马亚尔给巴乔邦的布卢默尔夫妇的信，1936.3.17.
72. 苏黎世的马亚尔给巴乔邦的布卢默尔夫妇的信，1936.7.8，13.
73. 苏黎世的马亚尔给巴乔邦的布卢默尔夫妇的信，1936.7.20、29；8.5.
74. 阿尔伯特·胡贝尔，"在日内瓦附近阿尔沃河上的韦西新桥"，《道路与交通》，24（9），1936.4.29：143-8.马亚尔在1936年5月29日给A.Claret的信中警告了业主。另见苏黎世的马亚尔给巴乔邦的布卢默尔夫妇的信，1936.8.11、12、19.关于韦西桥场地上的混乱情况，详见日内瓦的胡贝尔给瑞士法语区波特兰水泥协会的信，1936.9.14，以及给M.Mouchet的信，1936.9.17.
75. 苏黎世的马亚尔给巴乔邦的布卢默尔夫妇的信，1936.8.26.
76. 罗伯特·马亚尔，"沃韦镇的佩尔多内码头重建项目：一、总体和项目规划"，SBZ 108（15），1936.10.10：159-61. Kurt Egli在第161-3页上描述了这一结构。
77. 日内瓦的马亚尔给巴乔邦的布卢默尔夫妇的信，1936.11.24.
78. "圣加仑-布鲁根附近锡特谷上的克雷泽恩公路新桥（Kräzernbrücke）"，SBZ 108（13），1936.9.26：148.
79. "竞赛活动"，SBZ 107（7），1936.2.15：75.
80. 日内瓦的马亚尔给巴乔邦的布卢默尔夫妇的信，1936.3.24.有关耶格尔的评论，详见"对SBB的施工招标"，SBZ 107（10），1936.3.7：108-109，107（13）；1936.3.28：142.
81. 日内瓦的马亚尔给巴乔邦的布卢默尔夫妇的信，1936.10.15.比勒的正式设计已经出现在SBZ（1936.6.9）：Vol.103，270.
82. 巴登的马亚尔给巴乔邦的布卢默尔夫妇的信，1936.10.7.
83. 日内瓦的马亚尔给巴乔邦的布卢默尔夫妇的信，1936.10.28.该奖出现在"竞赛活动"上，SBZ 108（18），1936.10.31：199-200，批评文章详见108（20），1936.11.14：211-216.
84. 苏黎世的马亚尔给巴乔邦的布卢默尔夫妇的信，1936.11.6，11，以及马亚尔在日内瓦的信，1936.11.18.
85. 关于克雷泽恩桥的失利，见"在圣加仑附近的锡特河谷上的克雷泽恩公路桥项目竞赛"，SBZ 108（24，25），1936.12.12、19：266-269，272-276.关于沙夫豪森的讨论，见"会议介绍"，SBZ 108（24），1936.12.12：270.有关马亚尔对这次比赛的反思，详见第8章，注释118.
86. 桑塔格，《破碎的世界：1919-1939》294.
87. 罗伯特·马亚尔，"关于瑞士新钢筋混凝土结构设计规范草案"，SBZ 99（5），1932.1.30：55-59.
88. 罗伯特·马亚尔，"讨论"，《混凝土与生铁》31（1），1932.1：10.
89. 日内瓦的马亚尔给塞兰岛查亚县的布卢默尔夫妇的信，1932.2.24；3.2.
90. A·帕里斯，"瑞士混凝土标准修订项目"，SBZ 99（10），1932.3.5：119-20.马亚尔的答复出现在同一期第125-126页上。
91. 日内瓦的马亚尔给塞兰岛查亚县的布卢默尔夫妇的信，1932.4.27.
92. 日内瓦的马亚尔给塞兰岛查亚县的布卢默尔夫妇的信，1932.5.5.虽然SBZ报道说是在4月23日，但根据马亚尔的信，苏黎世规范委员会会议一定是在4月30日星期六举行的。另见"6.专家小组"，SBZ

101（25），1933.6.24：304.

93. 日内瓦的马亚尔给塞兰岛查亚县的布卢默尔夫妇的信，1932.11.9，30；12.6。这次演说公告刊登在 SBZ 101（25），1933.6.24：304.

94. 马亚尔基本上主张用一种简单的方法来确定梁或板的最小厚度和所需的钢筋数量。他接着用公式 $h=\sqrt{M}$ 定义了与截面总高度 h 相应的弯矩 M，用同样简单的公式 $A_s=M/h$ 来定义所需的钢筋 A_s。详见罗伯特·马亚尔的"关于瑞士新钢筋混凝土结构设计规范草案"。到了 20 世纪 30 年代，钢筋混凝土结构的分析已经变得比较复杂，原因有两个：一是它的整体性，二是它的材料特性。马亚尔在他的预制构件厂里进行了很多大比例模型试验，在此基础上分析了整体式混凝土无梁楼盖和柱子；对于整体式桥面加劲拱，他开发的分析方法能够将问题转化为非常简单的公式，其准确性得到了全面试验的证明。

钢筋混凝土的材料特性给设计人员带来了不同的问题。与钢或木材不同，混凝土在拉伸时比压缩时要弱得多。在向下弯曲的情况下，梁的下半部分会在中跨附近开裂。嵌入混凝土中的钢筋将承受拉力，并将裂缝限制在发丝细的或几乎看不见的范围内。鉴于混凝土的裂缝，设计者的任务是必须计算出所需的钢筋数量。复合材料（钢筋和混凝土）在实践中效果很好，但理论上并不完美，混凝土中的压缩应力和钢筋中的拉应力很难精准确定。到了 20 世纪 30 年代，确定这些应力的标准方法是通过一套公式，其中一个关键参数是 $n=E_s/E_c$，其中 E_s 是钢的材料刚度，E_c 是混凝土的材料刚度（E 是弹性模量，定义为应力与应变的比值）。比值 n 随混凝土质量的不同而变化，可以低至 8，也可以高达 20。使用 n 意味着 E_s 和 E_c 的值对于给定的梁是常数，而事实上 E_c 并不是一个常数，马亚尔和其他人都很清楚，但规范委员会坚持保留 n 并假设 E_c 为常数。

马亚尔认为，控制着规范委员会的学者们之所以维护分析的复杂性，是因为他们投入了大量的研究来发展它，也是因为他们认为这样做会导致更高的精度。在 20 世纪 30 年代，当规范和学术界权威机构批准的标准方法和马亚尔的方法应用于特斯桥面设计时，给出的答案基本上是一样的，但两种方法之间的对比是惊人的。标准方法要求先假设 n，然后进行一系列看似科学的计算，这些计算结果会得出一个数字 j，并出现在钢筋的面积公式（A_s）中。马亚尔从未使用过 n，也就避开了得到 j 所需的所有公式，他只用一个基本公式，即弯矩 M 除以板厚或梁高 h。他引入了一个简单的调整策略，在计算出的弯矩中加上 $10\text{cm}\cdot t$。

很明显，对于这个例子，马亚尔的方法与标准方法完全等同（它们得到的结果几乎相同），但不明显的是，为什么会这样。高度简化的公式 $A_s=M/h$ 只在两个假设条件下起作用：第一，钢材的允许应力 $f_s=1,200\text{kg/cm}^2=1.2\text{ t/cm}^2$，第二，$jd=5h/6$。将这些作为假设，马亚尔将标准公式 $A_s=M/(f_s \times jd)=M/1.2 \times 5h/6=M/h$。在 1920 年，钢筋应力通常被认为是 1.2 t/cm^2，但他对 jd 的假设只是一个估计。对于薄板来说，这个数值太高了（对于 $n=10$ 的特斯桥面，$jd=0.883 \times 2.5=2.2\text{in.}=0.63h$，而不是 $5h/6=0.833h$），所以马亚尔将弯矩增加了 $10\text{cm}\cdot t$ 作为补偿。在梁高度更大的地方，jd 确实接近 $5h/6$，相应地，增加 $10\text{cm}\cdot t$ 的弯矩对其影响较小。

例如，如果我们重新计算特斯桥面的 $n=20$，那么 $A_s=24.4\text{cm}^2$，这个结果比马亚尔的 23.4cm^2 大，也就是说，将 n 增加一倍，A_s 只增加 4%。然而马亚尔设计结果是 28.2cm^2，在画纸上我们只关心钢筋尺寸，很少会给出计算面积，实际上，他使用了 4 根直径 30mm 的钢筋。

95. P. 苏特，"S.I.A. 会议"，SBZ 102（9，11），1933.8.26；9.9：112-114，138-140，其中详细介绍了纳沙泰尔会议的情况。

96. 罗伯特·马亚尔，"钢筋混凝土拱桥"，《水泥通报》（Bulletin du Ciment）2（8），1934.8：2-6。里特尔设

计的桥是 Hundwiler-Tobel 桥。另见弗里茨·施蒂西，"占卜师马克斯·里特尔（1884-1946）"，*SBZ* 127（14），1946.4.6：167-168.

97. 日内瓦的马亚尔给巴乔邦的布卢默尔夫妇的信，1935.11.26；12.5，11. 该文载于罗伯特·马亚尔，"1935年开始执行的瑞士钢筋混凝土规范"，《土木工程师》47/48，1935.11.22：481-485.

98. 日内瓦的马亚尔给巴乔邦的布卢默尔夫妇的信，1935.12.17（12.18完成）

99. 《美国混凝土建筑规范》在1971年修订版中取消了设计允许应力法。

100. 日内瓦的马亚尔给巴乔邦的布卢默尔夫妇的信，1936.1.7.

101. 日内瓦的马亚尔给巴乔邦的布卢默尔夫妇的信，1936.1.14-15.

102. 日内瓦的马亚尔给巴乔邦的布卢默尔夫妇的信，1936.2.9.

103. 罗伯特·马亚尔，"模量比"，《混凝土与结构工程》（*Concrete and Constructional Engineering*）1937.9：517-21. 该文受到了早期论文的影响。另见 K.Hajnal-Kónyi，"模量比 II"，《混凝土与结构工程》1937.2：129. 对恩佩格文章的讨论见马亚尔日内瓦工程事务所的"讨论"，《混凝土与生铁》31（1），1932.1.5：10. 关于 Hajnal-Kónyi 对马亚尔论文的评论，见 Hajnal-Kónyi 的"报告"，《混凝土与结构工程》522，528-30. 另见苏黎世的马亚尔给打拉根的布卢默尔夫妇的信，1937.4.8.

104. 罗伯特·马亚尔，"钢筋混凝土结构的安全性"，*SBZ* 53（9），1909.2.27：119-20，译文见比林顿的《罗伯特·马亚尔的桥梁》46-47，133-134.

105. 这两次演说公告详见"S.I.A.会议"，*SBZ* 110（19），1937.11.6：240.

106. 罗伯特·马亚尔，"当前钢筋混凝土结构中存在的问题"，*SBZ* 111（1），1938.1.1：1-5. 马克斯·比尔在他的《罗伯特·马亚尔》中包含了大约一半的上述文字，但省略了这两张图和所有包括公式的最后一部分。

107. 关于这一遗产，见戴维·P.比林顿，《罗伯特·马亚尔及其钢筋混凝土艺术》（纽约：建筑史基金会，1990年），第9章。

108. 马亚尔在日内瓦给打拉根的布卢默尔夫妇的信，1937.2.8. 关于马亚尔的书面文字，详见"1938年巴塞尔的摄影师"（日期不正确，应该是1937年）。这篇9页的打字稿现存于苏黎世马亚尔档案馆。该书从未出版，但其观点出现在1938年两篇重要的《瑞士建筑学报》文章中。

109. 日内瓦的马亚尔给打拉根的布卢默尔夫妇的信，1937.2.4. 关于马亚尔谈话的公告见于"会议介绍"，*SBZ* 109（6），1937.2.6：72.

110. 罗伯特·马亚尔，"一些较新的钢筋混凝土桥梁"，*SBZ* 107（15），1936.4.11：157-163. 关于博纳茨展示的一些桥梁，见 Walter Wirth，"德意志帝国高速公路"（Die Deutschen Reichsautobahnen），*SBZ* 108（21），1936.11.21：223-229.

111. 保罗·博纳茨：《1907-1937年的作品》，编辑：Friedrich Tamms（斯图加特：朱利叶斯-霍夫曼出版社，1937）94页，102幅插图。

112. Erna Lendvai-Dirchsen，《帝国高速公路：人和工作》（*Reichsautobahn*：*Mensch und Werk*，拜罗伊特：Gaulverlag，1937），1942年出现了新版本，以纪念刚刚被杀害的帝国高速公路总经理弗里兹·托特。1943年，出版了一本专门介绍托特职业生涯的书来纪念他，在这本书中，不朽的桥梁再次出现。详见 Eduard Schonleben，《弗里兹·托特：普通人、工程师与国家社会主义者》（奥尔登堡：Germard Stalling 出版社，1943）。在书中，托特（1891-1942）通篇都是以图片形式出现，其中不乏他与希特勒经常参观的建筑工地现场。托特是希特勒的高级工程师，生前曾任军械大臣。阿尔伯特·施佩尔，《第三帝国内幕》（纽约，1970），193-194.

113. 关于巴塞尔艺术博物馆，参见 R.Christ、保罗·博纳茨的"新的巴塞尔艺术博物馆"，*SBZ* 109（4，5），1937.1.23，30：42-43，51-88.

114. 关于博纳茨的讲座通知，参见"会议介绍"，*SBZ* 107（13），1936.3.28：144。关于博纳茨作为德国高速公路建筑师的简述，可参阅阿尔伯特·施佩尔的《第三帝国内幕》，80.

115. 马亚尔，"一些较新的钢筋混凝土桥梁"，158。

116. 《保罗·博纳茨》，41-47.

117. Wirth，"德意志帝国高速公路"，225. 马亚尔在日内瓦给巴乔邦的爱德华·布卢默尔的信，1936.6.2. 部分是为了回应爱德华·布卢默尔在万隆（雅加达上方）致日内瓦的马亚尔的一张卡片，1936.5.22.

118. 马亚尔，"幻灯片演讲"，7-9. 在关于审美的部分中，包含了马亚尔对竞赛的评价：

　　当谈论到比赛获奖时，我永远无法与建筑师合作成功地参与其中，只有涉及蛮荒之地的纯粹性功利主义结构时，我才能以两个结构体系来标榜自己。而事实上，也只有在经济性的基础上，面对负面的审美感觉，我的两个结构体系才会成功。在比赛中，只要我敢于提出这些结构体系，那么在第一轮淘汰赛时，这些方案就会经常被淘汰出局。

　　虽然我常常会在某些圈子里遭到冷酷拒绝，但乡下人却非常不受习俗约束，这些人往往会对我的这些结构类型给予热情赞美。

119. 日内瓦的马亚尔给打拉根的布卢默尔夫妇的信，1937.2.22.

120. 日内瓦的马亚尔给打拉根的布卢默尔夫妇的信，1937.7.7. 关于武尔佩拉，参见 Karl Baedeker 的《瑞士》（莱比锡，1938），502-503.

121. 马亚尔在武尔佩拉给打拉根的布卢默尔夫妇的信，1937.7.28. 关于马亚尔当选名誉通信院士的情况，参见《英国皇家建筑师学会学报》RIBA 154（N18），1937.8.14：971.

122. 马亚尔在武尔佩拉给打拉根的布卢默尔夫妇的信，1937.8.11，以及马亚尔从日内瓦寄给打拉根的玛丽-克莱尔的信，1937.8.19.

123. 日内瓦的马亚尔给打拉根的玛丽-克莱尔的信，1937.8.31；9.15.

124. *SBZ* 110（22，24），1937.11.27；12.27：277，291-302. 前一年（1936），《日内瓦论坛报》发表了一篇有关韦西桥的文章，但其中并没有提到马亚尔。于是，他的朋友布拉亚尔在该报发表了一篇檄文，虽然马亚尔觉得这有点"太赞"了，但的确也平息了他对没有得到赞扬的烦恼。详见巴登的马亚尔致巴乔邦的布卢默尔夫妇的信，1936.9.30；10.7. 类似的事情也曾发生在《瑞士建筑学报》上，其中一篇有关桥面加劲拱的长文没有提到马亚尔名字，而该桥的设计者弗里茨·施蒂西恰恰是罗斯的前助理；而另一篇关于里托姆湖压力隧道事故的文章也忽略了马亚尔的开创性工作。详见弗里茨·施蒂西，"论加劲拱的变形"，*SBZ* 108（6），1936.8.8：57-9，以及 H. F. Kocher-Preiswerk，"压力隧道的施工经验"，*SBZ* 108（9），1936.8.29：98-101.

125. 马亚尔的设计，1935年完工，是伯尔尼马亚尔档案中的第569号。另见恩斯特·施泰特勒，《马亚尔伯尔尼项目办公室》（*Projekte Bureau Maillart Bern*，1974.10.7，伯尔尼）。关于这座木桥，参见 *SBZ* 112（19），1938.11.5：227-231.

126. 莫顿·尚德，"变化的桥梁（第1、第2部分）"，《倾听者》（*The Listener*），1937.10.6，13：722-724，796-798.

127. 同上。1937年10月31日，马亚尔在日内瓦迎接尚德和他的妻子，尚德敦促马亚尔不久能够访问伦敦，他可以用两种语言向土木工程研究所发表演说，无论是法语或德语，尚德都会翻译。"你能想象到吗！"马亚尔赞叹道。日内瓦的马亚尔给打拉根的布卢默尔夫妇的信，1937.11.1.

128. 日内瓦的马亚尔给打拉根的布卢默尔夫妇的信，1937.10.5. 他写完这封信的最后一页是在苏黎世的午夜时分。

129. 在日内瓦和苏黎世的马亚尔给打拉根的布卢默尔夫妇的信，1937.11.16，17. 关于马亚尔在这一时期的其他访问，详见日内瓦的马亚尔给打拉根的布卢默尔夫妇的信，1937.11.29.

130. 日内瓦的马亚尔给打拉根的布卢默尔夫妇的信，1937.12.22；1938.1.3. 在这最后一封信中，他写到了塔拉（Tara）河上的朱戈尔萨夫（Jugolsav）桥的新设计。详见比尔的《罗伯特·马亚尔》，123. 另见日内瓦档案第380号。

131. 詹姆斯·赵，戴维·比林顿，《日内瓦的罗伯特·马亚尔档案：注释和目录》（普林斯顿大学土木工程系，1974.4.16），38-41。

132. 马亚尔在苏黎世和日内瓦给宾夕法尼亚州德国城的埃德蒙的信，1938.7.1、2. 后来，马亚尔警告他的儿子，说"鲨鱼"（Sharks）和"鬣狗"（Hyenas）会窃取埃德蒙的专利，就像弗罗泰—韦斯特曼公司偷了他的楚奥茨桥那样。详见给埃德蒙的信，1938.8.16.

133. 西格弗里德·吉迪恩，《建筑与美学》，《变革》（Transition），尤金·约拉斯（Eugène Jolas）译自德文（1936年秋）：181-201. 另见日内瓦的马亚尔给打拉根的布卢默尔夫妇的信，1937.3.1-2.

134. 关于游泳馆设计竞赛的投票，见"三层楼房"，SBZ 111（9），1938.2.26：111，关于马亚尔的计算，详见苏黎世马亚尔档案：Hs RM 1938-1，项目编号777，马亚尔的图纸编号为777/6/2#，室内游泳池，马亚尔苏黎世事务所，1938.3.4.

135. 日内瓦的马亚尔给宾夕法尼亚州奥兰市的埃德蒙的信，1938.2.24；1938.1.15-16.

136. 卡尔·耶格尔，"苏黎世瑞士博览会：建筑"，SBZ 112（10），1938.9.3：126-128. 水泥厅旁边的陶瓷厅是由格拉里斯-苏黎世的建筑师汉斯·洛伊青格和苏黎世工程师F.菲弗共同设计的。洛伊青格曾负责布置整个博览会的建筑部分，但正如1938年9月的图中所示，马亚尔独自完成了水泥厅的形式。

137. 例如，"苏黎世瑞士博览会"的法语广泛报道，《土木工程》，65（7），1939.8.12：133-138. 同样的，水泥厅项目的特点也体现在"来自建设部门"（Aus derteilung Bauen）的报道中，SBZ 113（10），1939.3.11：122-123.《瑞士建筑学报》明确指出该设计是马亚尔而非洛伊青格的作品，在该杂志的一张竣工照片下方，有这样的标题："在建筑部分 [37]，建筑师H.洛伊青格，工程师罗伯特·马亚尔"。这里的"37"指的是建筑部分的展览编号，其中包括洛伊青格设计的陶瓷厅和马亚尔设计的水泥厅。这句话让人误以为洛伊青格与马亚尔合作设计了水泥厅的样式。

138. 乌尔里希·费舍尔，"巨型拱桥的建设"，《混凝土与生铁》37（19），1938.10.5：310-315.

139. 阿诺德·莫泽，"地面上的蘑菇"（Les Planchers-Champignons），《工程技术》（La Technique des Travaux），巴黎，14，1938.3：137-152.

140. 马克斯·里特尔，"来自结构分析研究所：钢筋混凝土横截面的经济性设计"，SBZ 111（14），1938.4.2：165-166. 一位实习工程师确实讨论过马亚尔的想法。见L.Bendel，"对罗伯特·马亚尔关于'钢筋混凝土结构当前问题'文章的评论"，SBZ 111（21），1938.5.21：261-262。他其中进一步继承了马亚尔的开创性思想，但Bendel并不是当权派一员，里特尔也从未承认过他的论述。

141. 阿尔伯特·胡贝尔，"在日内瓦附近阿尔沃河上的韦西新桥"，《道路与交通》24（9），1938.4.29：143-148.

142. "塔勒蒂尼堤岸"，《道路与交通》24（9），1938.4.29：149-52. 另见前文，"塔勒蒂尼堤岸工程"，《瑞士》，1937.10.13：8.

143. "日内瓦州韦西附近的阿尔沃桥"，《建筑和土木工程》37（20），1938.5.21：187-191.

144. Klett, Hummel，"德国斯图加特-慕尼黑高速公路莱普海姆附近的多瑙河大桥"，《施工技术》16（40/41），1938.9.23：521-535. 引自第524页。该桥曾在 Karl Schaechterle 和 Fritz Leonhardt 的文章中出现过,《桥梁设计》(柏林：人民与帝国出版社，1937)，95-98.

145. 来自玛丽 - 克莱尔·布卢默尔 - 马亚尔和恩斯特·施泰特勒。

146. 罗伯特·马亚尔，"肋拱参与下的钢筋混凝土桥梁"，*SBZ* 112（24），1938. 12. 10：287-293.

147. "奥地利工程师与建筑师协会"，*SBZ* 112（14），1938. 10. 1：179.

148. 桑塔格，《破碎的世界：1919-1939》，354. 1938 年 10 月 24 日，希特勒的外长约阿希姆·冯·里宾特洛甫开始与波兰讨论但泽问题。

149. "关于瑞士道德重建的呼吁" *SBZ* 112（18），1938. 10. 29：215（由 28 位瑞士名人签署）。关于瑞士的威胁，参见 A. J. P. Taylor 的《第二次世界大战的起源》，纽约：Atheneum，1962.

第 9 章

1. 布卢默尔 - 马亚尔，《对父亲的回忆》，74-5. 马亚尔在 1938 年 8 月 16 日从日内瓦写给宾夕法尼亚州德国城的埃德蒙的信中描述了玛丽 - 克莱尔访问的一些事。

2. 布卢默尔 - 马亚尔，《对父亲的回忆》，1987 年增定本。

3. 在武尔佩拉的马亚尔和玛丽 - 克莱尔写给日内瓦的罗莎的明信片，1938. 7. 15，以及武尔佩拉的马亚尔和玛丽 - 克莱尔写给宾夕法尼亚州德国城的埃德蒙的明信片，1938. 7. 15.

4. 布卢默尔 - 马亚尔，《对父亲的回忆》，69-70. 1930 年代是桥牌的十年，从卡伯特森（Culbertson）开始，许多叫牌和打牌约定（示意同伴）系统被发展起来。

5. 马亚尔的信，1938. 8. 16. 尽管马亚尔没有参加过严格比赛，但经常阅读《日内瓦日报》的桥牌专栏，因此他也知道新的打法。

6. 在日内瓦的马亚尔、罗莎和阿梅莉给宾夕法尼亚州德国城的埃德蒙的明信片，1938. 8. 1.

7. 马亚尔的信，1938. 8. 16.

8. 卡尔·耶格尔，"卡尔·埃米尔·希尔加德"，*SBZ* 112（6），1938. 8. 6：70-71.

9. 在格拉鲁斯州莫里斯市的马亚尔、布卢默尔夫妇、尼森和尼格里斯（Nigglis）夫妇致费城的埃德蒙的明信片，1938. 10. 7.《水泥厅相册》第一张照片的日期是 1938 年 10 月 13 日，照片上显示的是壳体脚手架的现场。

10. 布卢默尔 - 马亚尔，《对父亲的回忆》，92-93. 在萨尔基那山谷拍摄的照片显示，当时没有雪，也没有夏天的树叶，因此，我推测这次旅行是在深秋的某个时候，可能是 9 月 25 日到 11 月 29 日之间，当时没有遗留下来马亚尔的信件往来。马亚尔在 1938 年 11 月 29 日写给恩吉的布卢默尔夫妇的明信片上没有提到这次旅行，所以我估计这次旅行发生在 11 月底之前。

11. 日内瓦的马亚尔给费城的埃德蒙的信，1938. 12. 10、11.

12. 水泥厅相册中的最后一张照片显示，该建筑是完整的、独立的，日期为 1938 年 12 月 1 日。

13. 布卢默尔 - 马亚尔，《对父亲的回忆》，79. 锡兰项目是为鲍尔公司建造的公寓式住宅，日内瓦马亚尔档案馆，第 390 号。

14. 玛丽 - 克莱尔、马亚尔、埃德蒙、尼森以及阿尔弗雷德和玛丽亚·马亚尔从热那亚到费城的埃德蒙的明信片，1939. 2. 16.

15. 布卢默尔 - 马亚尔，《对父亲的回忆》，75；92-93.

16. 博伦斯（F. Bolens），"韦尔布瓦 - 罗讷河电站"，*SBZ* 114（27），1939. 12. 30：318-21.

17. 日内瓦马亚尔档案馆，第 386 号，1939. 1. 17，第 19-21 号图纸。

18. 伯尔尼马亚尔档案馆，第 597 号，图纸编号 2，6-7，9-15，1939. 1. 12-13.

19. 许布纳，"罗讷河佩内新桥的建设竞争"，《瑞士法语区技术公报》65（20），1939. 10. 7：257-261.

20. 博伦斯，"韦尔布瓦 - 罗讷河电站"，318-321。这篇文章分两部分：其中关于电厂的部分摘自博伦斯在《瑞士法语区技术公报》65（13），1939. 7. 1：

169-80，专门讨论电厂；另一部分是关于桥梁的，使用了许布纳的文章（上文第19段），但由《瑞士建筑学报》的编辑撰写的。

21. 这种倾向性的有关说明，参见 Elizabeth B. Mock 的《桥梁建筑学》（纽约：现代艺术博物馆，1949），65.

22. 许布纳，"公开竞赛"（Concours），第259页。

23. 关于魏森施泰因街桥与佩内桥的对比照片，参见比尔的《罗伯特·马亚尔》，126-29.

24. 布卢默尔-马亚尔，《对父亲的回忆》，67。另见潘卡兰-布兰丹（Pankalan-Brandan）的玛丽-克莱尔给费城的埃德蒙的信，1939.5.30.

25. 日内瓦的马亚尔给费城的埃德蒙的信，1939.4.3. 关于瑞士的危险，见桑塔格，《破碎的世界：1919-1939》，351-359.

26. "道义上的再武装"，SBZ 113（14），1939.4.8：165-166（未署名，但最肯定的是由卡尔·耶格尔写的）

27. 罗斯，"负载测试"，SBZ 113（5）：53-58，另见第65页（1938年10月在洛桑写的），对爱德华·埃尔斯克斯的评论。

28. "来自建设部门" SBZ 113（10），1939.3.11：122-123.

29. 日内瓦的马亚尔给费城的埃德蒙的信，1939.4.3.

30. 罗伯特·马亚尔，"大体积或高品质混凝土结构"，SBZ 98（12），1931.9.19：149-150.

31. 比林顿，《罗伯特·马亚尔及其钢筋混凝土艺术》，104.

32. "苏黎世音乐厅和会议大楼"，SBZ 113（17），1939.4.29：209.

33. 日内瓦的马亚尔给费城的埃德蒙的信，1939.5.22. 有关马亚尔的带队参观，公布于 SBZ 113（N19），1939.5.13：238.

34. 施佩尔，《第三帝国内幕》，74，152-4；第286页后显示的板是1939年的模型。希特勒的穹顶和马亚尔的壳之间的对比是具有讽刺意味的，德国是薄壳混凝土结构的先驱，而德国工程师如弗朗茨·迪辛格（Franz Dischinger）和乌尔里希·芬斯特瓦尔德（Ulrich Finsterwalder）等人在1939年时已是世界工程界的人物。

35. 弗朗茨·迪辛格为柏林穹顶做了一个薄壳混凝土结构的设计。

36. "国际桥梁和结构工程协会"，SBZ 114（5），1939.7.29：58-59. 另见圣加仑途中的马亚尔致费城的埃德蒙的明信片，1939.6.4.

37. 关于5月的活动，详见日内瓦马亚尔档案第337，400，401，402号，以及伯尔尼马亚尔档案第599，565，566号。

38. 阿尔滕多夫—拉亨两座过路桥的建造竞赛，瑞士联邦铁路分局Ⅲ（苏黎世，1939.7.25）

39. 古尼格尔浴场的马亚尔给伯尔尼的施泰特勒的信，1939.7.21；8.3，以及古尼格尔浴场的马亚尔给费城的埃德蒙的明信片，1939.7.28. 对于厄堡桥，他减少了柱子的厚度，同时加宽了柱子，使其轮廓看起来更加细长。他删除了一些构件，改变了平面布置，以实现更大的对称性，从而"获得更好的外观"。他在向施泰特勒暗示，他将如何从官方设计中降低成本。

40. 1939年7月，当马亚尔在古尼格尔浴场时，《瑞士建筑学报》发表了一篇关于水泥厅的简短说明，对没有提到建筑师洛伊青格在设计中的作用表示歉意。"建筑区的水泥厅"，SBZ 114（4），1939.7.22：48.

41. 《报告》，Ⅲ区主管，瑞士铁路局，1939.8.15. 该报告有5页，外加23份标书的费用细目。在1938年12月28日的成本估算中，官方的为9.9万法郎。从技术上讲，精细的设计、最低的成本和优雅的视觉效果吸引了铁路部门，但桥梁的低成本是决定性的。8月23日，普拉德公司与瑞士铁路公司在苏黎世签订了合同。《报告》，Ⅲ区主管，瑞士铁路局，1939.8.21.

42. 桑塔格，《破碎的世界：1919-1939》，380-381。

43. 布兰丹的玛丽-克莱尔给日内瓦的马亚尔的信，1939.9.1-2，27. 另见日内瓦的马亚尔给伯尔尼的施泰特勒的信，1939.9.8.

44. 关于马亚尔病情的描述出现在1939年10月30日、

11月7日和13日罗莎在日内瓦给费城的埃德蒙的明信片上。罗莎写的密密麻麻的明信片就像信一样，写得很快，而且明显充满了激情。

45. 日内瓦的马亚尔给布兰丹的玛丽-克莱尔的信，1939.11.22.
46. 日内瓦的马亚尔给布兰丹的布卢默尔夫妇的信，1939.12.6.
47. 日内瓦的罗莎给布兰丹的布卢默尔夫妇的信，1939.12.21.
48. 苏黎世的马亚尔给费城的埃德蒙的信，1939.12.24.
49. 在日内瓦的马亚尔给布兰丹的布卢姆夫妇的信，1940.1.2.
50. 罗伯特·马亚尔，"工程师与权威"（L'intenieur et les autorités），《维也纳，艺术与城市》（Vie, art et cité）1940.1-2.
51. 马亚尔未曾想到，他的结构方案有朝一日竟会成为世界著名品牌麦当劳标志的灵感来源。见 Alan Gowans，"再评价：时空与建筑"，《进步建筑》71（5），1990.5：123.
52. "洛杉矶的水泥厅"，SBZ 115（4,5），1940.1.27；2.3：50, 62. 详细报告见米尔科·罗斯，"瑞士苏黎世水泥厅的负荷测试结果"，《技术汇编99》，瑞士国家联邦实验室，苏黎世，第二版审定稿，1940.8.1：21-60.
53. 日内瓦的马亚尔给布兰丹的布卢默尔夫妇的信，1940.2.7.
54. 日内瓦的马亚尔给布兰丹的布卢默尔夫妇的信，1940.2.27. 正是在这封信中，他把水泥厅说成是大象的后背。在1940年2月28日这封信的附言中，马亚尔描述了罗莎的75五岁生日聚会。
55. 日内瓦的阿梅莉给布兰丹的玛丽-克莱尔的信，1940.3.8.
56. "Persönliches"，SBZ 115（12），1940.3.23：142.
57. "S.I.A. 剖面图"，SBZ 115（9），1940.3.2：108.
58. 罗莎在日内瓦给布兰丹的布卢默尔夫妇的信，1940.3.17-18.
59. 日内瓦的罗莎给布兰丹的玛丽-克莱尔的信，1940.3.22.
60. 罗莎在日内瓦给布兰丹的玛丽-克莱尔的信，1940.4.1.
61. 日内瓦的罗莎给布兰丹的玛丽-克莱尔的信，1940.4.9. 这是一封感人的长信，叙述了马亚尔最后的日子、生意和葬礼安排。另见罗莎致费城的埃德蒙的长信，1940.3.30；4.4；5.5. 在这最后一封信中，她描述了医生的最后诊断结果，马亚尔确实在膀胱附近长了一个肿瘤，后来这个肿瘤迅速增大了。

马亚尔设计的主要桥梁

马亚尔设计的主要桥梁

编号	时间	地点	横跨	编号	时间	地点	横跨
1	1896	Pampigny	Le Veyron Brook	25	1931	Adelboden (Spiral)	Engstligen River
2	1899	Zurich (Stauffacher)	Sihl River	26	1931	Frutigen (Ladholz)	Engstligen River
3	1901	Zurich[a]	Hadlaub Street	27	1931	Schangnau	Hombach
4	1901	Zuoz	Inn River	28	1931	Schangnau	Luterstalden Brook
5	1903	St. Gallen	Steinach Brook	29	1932	Nessental	Triftwasser Brook
6	1904	Billwil	Thur River	30	1932	Schwarzenburg	Rossgraben
7	1905	Tavanasa[b]	Rhine River	31	1932	Habkern	Traubach
8	1907	Aach	Railroad	32	1932	Habkern	Bohlbach
9	1909	Wattwil	Thur River	33	1933	Hinterfultigen	Schwandbach
10	1910	Wyhlen	Unterwasser Canal	34	1933	Felsegg	Thur River
11	1911	Laufenburg	Rhine River	35	1934	Innertkirchen	Aare River
12	1912	Aarburg	Aare River	36	1934	Wülflingen-Winterthur	Töss River
13	1912	Augst-Wyhlen	Rhine River	37	1935	Liesberg	Birs River
14	1912	Rheinfelden	Rhine River	38	1935	Huttwil	Railroad
15	1913	Ibach	Muota River	39	1936	Twann	Twambach
16	1920	Marignier	Arve River	40	1936	Vessy	Arve River
17	1923	Wäggital[a]	Flienglibach	41	1937	Gündlischwand[a]	Lütschine River
18	1924	Wäggital[c]	Ziggenbach	42	1938	Bern	Weissenstein Street
19	1924	Wäggital	Schrähbach	43	1938	Wiler	Gadmerwasser
20	1924	Châtelard	Eau-Noire	44	1940	Laubegg	Simme River
21	1925	Donath	Valtschielbach	45	1940	Altendorf	Railroad
22	1930	Bern (Lorraine)	Aare River	46	1940	Lachen	Railroad
23	1930	Schiers	Saginatobel	47	1940	Garstatt	Simme River
24	1930	Klosters[a]	Landquart River				

a 该桥后来被更换。
b 该桥被山崩摧毁。
c 后改拼写为 Wäggital。

瑞士地图

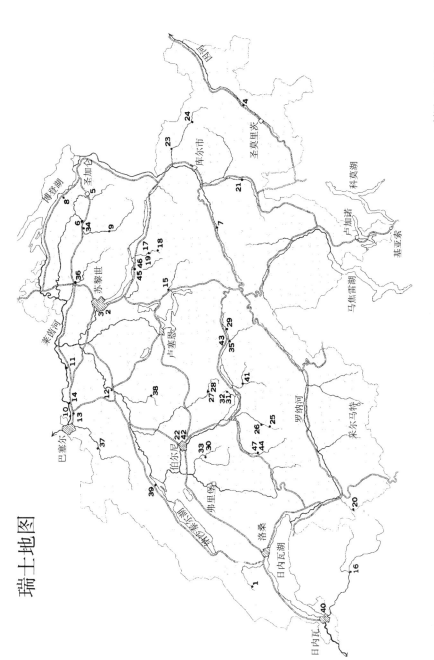

制图：R. L. Williams

马亚尔的工程项目

时间	工程结构描述	项目地点	客户
	马亚尔以雇员身份完成的设计		
1896	勒·韦龙溪桥，无铰拱	庞皮尼	比耶尔 - 阿普勒 - 莫尔日铁路公司
1899	锡尔河桥，无筋混凝土，三铰拱 [a]	施陶法赫尔（苏黎世）	苏黎世市政
1901	哈德劳布街桥，连续梁	苏黎世	苏黎世市政
	因河桥，空箱三铰拱 [a]	楚奥茨	格劳宾登州政府
	由马亚尔公司设计建造的工程项目		
1902	两个煤气罐，每个容量大约为 10,000m³ [b]	圣加仑	圣加仑市政
	两个储水罐，总容量 300m³	洪德维尔	阿彭策尔州
	两个储水罐，总容量 300m³	德廷根	阿尔高州政府
1903	施泰纳赫大桥，混凝土砌块拱 [b]	圣加仑	圣加仑市政
	图尔河桥，空箱三铰拱 [b]	比尔威尔	圣加仑市政
	250m³ 的蓄水池	雷布施泰因	雷布施泰因镇政府
	两个储水罐，总容量 500m³	门内多夫	苏黎世州政府
	某刺绣厂的楼盖、柱与屋面结构	圣加仑	Herren Jager & Brennwald
	某仓库的楼盖及柱	圣加仑	圣加仑市政
	两个储水罐，总容量 300m³	巴尔加赫	巴尔加赫镇政府
	两个储水罐，总容量 400m³	吕蒂	吕蒂镇政府
	某工厂建筑的屋面结构	舍墩格伦德（阿彭策尔）	Herren Locher 公司
	Bruggen 教堂：基础、楼盖以及土方和墙体工程	圣加仑	Straubenzell Bruggen 镇政府
1904	防滚石护壁	库尔	雷蒂亚铁路公司
	两个储水罐，总容量 200m³	上施泰滕（Oberstetten），圣加仑州	上施泰滕镇政府
	42 根输电杆 [b]	苏黎世	苏黎世市政

续表

时间	工程结构描述	项目地点	客户
	运河渡口项目	沙夫豪森	瑞士联邦铁路公司
	工厂建筑：柱、楼盖、楼梯与屋面	苏黎世	A. Waltisbühl
	蒸汽锅炉与设备基础	海登	阿彭策尔州政府
	两个储水罐，总容量 200m³	圣加仑	苏黎世市政
	疗养地新楼	达沃斯	德国疗养院
1905	浴室	达沃斯	德国疗养院
	服装厂[b]	韦登斯维尔（苏黎世州）	普芬尼格公司
	32 根输电杆	苏黎世	苏黎世市政
	施泰纳赫桥，德穆特大街（Demutstrasse）	圣加仑	苏黎世市政
	工厂扩建	苏黎世	A. Waltisbühl
	瓦尔萨纳酒店	阿罗萨	Jösler & Morgenthaler
	Hadwig 学校房屋，楼面结构等	圣加仑	苏黎世市政
	两个储水罐，总容量 200m³	克龙布尔（Kronbühl），圣加仑州	克龙布尔镇政府
1906	水塔	圣加仑	瑞士联邦铁路公司
	大赌场露台	伯尔尼	Bürger 区政府，伯尔尼
	楼盖结构、画廊和酒窖	库本尔（Kubel，圣加仑州）	库本尔发电站
	酒厂建筑：基础、楼盖、柱	韦登斯维尔	苏黎世湖水果和葡萄酒合作社
	两个储水罐，总容量 200m³	楚奥茨（恩加丁）	楚奥茨镇政府
	两个储水罐，总容量 200m³	锡尔斯（恩加丁）	锡尔斯镇政府
	输电杆	巴登	"Motor" 电力股份公司
	某新建音乐厅的楼盖结构、柱与基础	圣加仑	Tonhalle 建筑公司
	煤气罐，总容量为 2000m³	巴登（瑞士）	巴登市政
	莱茵河桥，空箱三铰拱结构[b]	塔瓦纳萨	格劳宾登州政府
1907	疗养院	达沃斯镇政府	亚历山大女王疗养院
	银行大楼	圣加仑	瑞士联邦银行.
	里恩虹吸渠	巴塞尔	巴塞尔市政
	两个储水罐，总容量 1200m³	基尔希贝格-吕施利孔	基尔希贝格-吕施利孔镇政府
	屋面结构	黑里绍	A.-G. Cilander
	两座人行桥	温特图尔-罗曼肖恩铁路线	瑞士联邦铁路公司
	两个储水罐，总容量 400m³	塔尔维尔（苏黎世州）	塔尔维尔镇政府
	楼盖结构、柱与楼梯	黑里绍	Buff 公司

续表

时间	工程结构描述	项目地点	客户
	变电站地面和屋顶施工	Letten	苏黎世市政
	阿姆特勒大街（Aemtlerstrasse）旁边的校舍台阶	圣加仑	苏黎世市政
	两个储水罐，总容量 2000m^3	锡特谷（圣加仑）	Frischknecht 公司
	两个储水罐，总容量 300m^3	亨贝格	圣加仑州政府
	两个储水罐，总容量 300m^3	沃尔夫哈尔登 - Aussertobel	阿彭策尔州政府
	一座 80m^3 的水箱	因特拉肯	硬汉铁路公司
1908	音乐馆，Bürkli 花园	苏黎世	苏黎世市政
	行政和机械大楼	苏黎世	Neue Zurcher Zeitung
	电厂的基础底板	圣加仑	圣加仑市政
	200 根输电杆[b]	莱茵费尔登	输变电厂
	办公大楼：浮石混凝土楼盖	圣加仑	O.Munch，Goldschmied
	Neugasse 办公大楼：地面施工	圣加仑	Buzzi & Lutz
	火车站	托伊芬	Appenzeller Strassenbahn
1909	图尔桥：空箱三铰拱[b]	瓦特维尔	圣加仑州政府
	办公楼	罗尔沙赫	Witta 兄弟公司
	办公楼：浮石混凝土楼板	圣加仑	圣加仑消费者协会
	办公楼（及挡土墙）	圣加仑	Otto Alder 公司.
	煤仓	乌茨维尔	Gebr. Bühler
	酒类建筑	苏黎世	水果加工合作社苏黎世三世
	明夏尔登大街（Münchhaldenstasse）上的校舍	苏黎世	苏黎世市政
	别墅的水泵基础	苏黎世	Dr. W. v. Muralt
	钢筋混凝土桩[b]	威尼斯	教授及工程师 Conrad Zschokke，阿劳
	沉箱[b]	威尼斯	教授及工程师 Conrad Zschokke，阿劳
	可移动式仓库	苏黎世	苏黎世市政
1910	公寓式住宅和办公大楼	圣加仑	Dr. Schönenberger
	公寓式住宅和办公大楼	圣加仑	Zünd-Bischoff
	帽子厂[b]	韦登斯维尔	Felber 公司
	两栋别墅的钢筋混凝土地基、楼板和浮石混凝土楼板	苏黎世	F. Egli-Schneider
	跨越温特瓦瑟运河的电缆桥：空箱连续梁[b]	维伦	莱茵费尔德发电厂
	汽车修理厂的浮石混凝土地板	苏黎世	瑞士联邦铁路公司

续表

时间	工程结构描述	项目地点	客户
	Gieshübelstrasse 的仓库 [b]	苏黎世	仓储股份公司
	鱼塘	伯尔尼	A. v. Stürler
	工厂建筑	苏黎世	H.Weilenmann-Girsberger，苏黎世三世
1911	莱茵河上的大桥，混凝土砌块拱	劳芬堡	劳芬堡发电站
	教会医院：新建筑，浮石混凝土楼面	库尔市	医院委员会
	阿勒桥，无铰拱	阿尔堡	阿劳州政府
	办公楼	乌茨维尔	比勒兄弟公司
	大学建筑、学生楼和塔楼	苏黎世	苏黎世州政府
	工厂建设	苏黎世	瑞士燃煤电站
	仓库	库尔市	Stiffler & Conrad
1912	粮库	阿尔特多夫	瑞士联邦
	冷库	圣彼得堡	Gerhard & Hey 股份公司
	位于奥格斯特-维伦发电厂的莱茵河大坝桥，连续梁	阿劳	Conrad Zschokke 股份公司
	霍尔街（Hohlstrasse）上的商业建筑	苏黎世	苏黎世消费者协会
	银行和行政大楼	黑里绍	州立银行
	用钢筋混凝土屋顶代替被火烧毁的铁屋顶	阿勒河畔旺根区	阿勒河旺根电厂
	公寓和商务楼	黑里绍	E. Frehner
	莱茵河上的桥，无铰拱	莱茵费尔登	莱茵费尔登市政
	木塔桥，空箱悬臂梁	伊巴赫	施维茨州
	装甲酸罐、通风和连接管道系统	Kempttal	玛吉食品工厂
	过滤设备	罗尔沙赫	圣加仑市政
	火车站的屋顶	Oerlikon	瑞士联邦铁路公司
1913	卫生室	Agri di Lugano（达沃斯）	德国疗养院
	Jegenstorf 城堡的加固工程	伯尔尼	A.v. Stürler
1913-1914	工厂	里加	橡胶厂
1914	工厂	比利亚努埃瓦-赫尔特鲁（西班牙）	倍耐力电缆厂
	鞋厂	里昂	Bally-Camsat
1916	工厂、仓库和办公楼	Charkov	俄罗斯通用电气公司
	钢铁厂	Kamanskaja	俄罗斯政府
1919-1920	电厂大楼	巴塞罗那	加泰罗尼亚电力中心
1920	织造厂	萨连特（西班牙）	Mata y Pons

时间	工程结构描述	项目地点	客户
	螺丝钉仓库	巴塞罗那	冶金行业联合会
	纺纱厂	巴塞罗那	Cotonoficio
	在俄罗斯的一些小项目列表，1913-18		
1913-1914	地窖围墙	圣彼得堡	
	台阶和沉箱	Alexandrowski，圣彼得堡	
1913-1915	奥拉宁鲍姆大桥	圣彼得堡	
1914-1915	仓库	Prowodnik（里加）	
	证券交易所的仓库	里加	
	粮库	Prowodnik（里加）	
	由马亚尔设计，他人建造的工程项目		
1913	仓库[b]	Broe（弗里堡）	Cailler 巧克力厂
	冷藏库房	圣彼得堡	S.I.A.E.C. 协会
	厂房	朗塞（法国伊泽尔省）	贝加内斯造纸厂和东南部造纸厂
1915	厂房	楠泰尔	塞纳河文具用品公司
	煤仓	拉绍德封	市政煤气厂
1916-1917	发电用蒸汽厂房[b]	巴塞罗那	加泰罗尼亚天然气和电力公司
1917	厂房	里昂	Carburateurs "Zenith"
1918	厂房	叙雷纳（法国）	Bleriot 飞机制造厂
	厂房	里昂	机电公司
1920	阿尔沃河桥，无铰拱	马里尼耶（法国）	上萨瓦省
1921	地窖室	苏黎世	Rentsch 公司
1922	码头	Eaux-Vives	日内瓦州
	屋顶结构	日内瓦	日内瓦银行
	商业建筑	日内瓦	Citadine 协会
	诊所	Champel（日内瓦）	La Colline 协会
	银行大楼、办公大楼	日内瓦	国家银行
	容量为 120m³ 的水塔[b]	尚西	尚西-普尼发电站
	泳池	巴塞罗那	游泳俱乐部
1922-1924	采用马亚尔方法的隧道衬砌、特雷布森巴赫上的渡槽、压力管道以及沿湖路段，包括弗里格利巴赫（桥面加劲拱）、齐根巴赫桥、施拉巴赫桥（桥面加劲拱）[b]	韦吉河谷	韦吉河谷发电站
1923	厂房	巴黎	"Pile Leclanché" 协会

续表

时间	工程结构描述	项目地点	客户
	商业建筑	日内瓦	S.I. Centre C
1923-1924	办公楼[b]	日内瓦	国际劳动局
	仓库[b]	基亚索	免费仓储公司
1923-1930	洛林桥[b]	伯尔尼	伯尔尼市政
1924	厂房	里昂	德莱电气车间
	横跨 Eau-Noire 河的水渠连续空箱梁及框架结构[b]	沙泰拉尔	瑞士联邦铁路公司
1924-1925	仓库	日内瓦	Naef 公司
	厂房	日内瓦	Naef 公司
1924-1926	仓库	苏黎世-阿尔比斯登（Albisrieden）	免费仓储公司
1924-1927	大菲高架桥[c]	弗里堡	瑞士联邦铁路公司
1925	瓦尔齐尔巴赫桥，桥面加劲拱结构[b]	Donath	格劳宾登州政府
1925-1926	排水渠	苏黎世	苏黎世市政
1926	博览会大楼[b]	日内瓦	博览会馆协会
	行政楼	日内瓦	Naef 公司
	Jeunes Gens 学院	日内瓦	Widemann 研究所
	车库[b]	韦尔涅	L. Givaudan 股份公司
	焚烧厂的车库和车间	苏黎世	苏黎世市政
	厂房	日内瓦	S.I. Falaise-Pecheries
1926-1930	锡尔河边的办公大楼[b]	苏黎世	瑞士联邦铁路和邮政管理局
1927	校舍	埃尔芒斯	埃尔芒斯社区
1927-1928	公寓房	日内瓦	S. I. Quai Wilson 41
	控制渠公寓	苏黎世	苏黎世市政
	住房	日内瓦	S. I. Square des Tranchces
	三栋住宅和车库	日内瓦	S. I. Auto-Avion
	制冷仓库[b]	日内瓦	瑞士联邦铁路公司
	商业建筑	Eaux-Vives，日内瓦	S. I. L'Anneau
	老人之家	日内瓦	日内瓦州
	公寓房	日内瓦	S. I. St.-Jean-Le Vuache
	筒仓和高架起重机轨道	开罗（埃及）	图拉水泥厂
1927-1929	三栋公寓楼[b]	日内瓦	S. I. Deux Pares

续表

时间	工程结构描述	项目地点	客户
	地窖结构设计与重建	日内瓦	l'Avenir 啤酒厂
	牛奶配送中心、车间、车库与泵站[b]	日内瓦	荟萃乳业
1928	城堡修缮	达尔达尼（日内瓦）	达尔达尼镇政府
1928-1929	县级会议厅	橡木酒堡	橡木酒堡镇政府
	疗养院	蒙塔纳	日内瓦疗养院
1928-1930	教堂	橡木酒堡	圣·弗朗索瓦销售协会
1929-1930	萨尔基那山谷桥，空箱三铰拱结构[b]	希尔斯	格劳宾登州政府
	公寓	日内瓦	S. I. Riant-Logis
	工厂和储罐[b]	Maroggia	S. A. Tannini Ticinesi
	商业建筑	蒙特勒	S. A. Passage du Kursaal
	商业建筑	苏黎世	Seefeldegg 社区
	蒸馏大楼[b]	韦尔涅	Givaudan 公司
	锡尔河旁的体育馆和音乐馆[b]	苏黎世	苏黎世市政
1929-1931	银行大楼[b]	日内瓦	瑞士信贷
1930	兰德夸特河上的铁路桥，桥面加劲拱[b]	克洛斯特斯	雷蒂亚铁路公司
	公寓	日内瓦	S. I. La Colombière
	仓库，Gieshübel[b]	苏黎世	Zurcher Lagerhaus 社区
	变电站	苏黎世	苏黎世市政
1930-1931	商业学校的主楼[b]	苏黎世	苏黎世市政
	小型住宅[b]	日内瓦	住房合作协会
	英格利根桥（施皮塔尔），桥面加固拱[b]	阿德尔博登	伯尔尼州政府
	游泳池建筑	文根	洛辛格公司
	大厅	日内瓦	圣珍妮堂区
	机械制造大楼	韦尔涅	Boccard Frères
	教堂扩建与重修	日内瓦	圣心堂区
1931	基弗堡水库	苏黎世	苏黎世市政
	砂石料仓	日内瓦	Arva 股份公司
	行政楼[b]	苏黎世	Vita 保险公司
	住房	阿尔比斯登	Hr. Bretscher
	候车室	苏黎世	有轨电车公司
	横跨英格利根的人行天桥，桥面加劲拱	弗鲁蒂根（Ladholz）	弗鲁蒂根镇政府
	霍姆巴赫桥，桥面加劲拱	尚瑠	伯尔尼州政府

续表

时间	工程结构描述	项目地点	客户
	公寓房	日内瓦	S. I. Clarte
	吕特斯坦顿桥，桥面加固拱桥	尚瑞	伯尔尼州政府
	公寓	日内瓦	S. I. Bertrand Athénée
	仓库[b]	韦尔涅	汽油与石油股份公司
1931-1932	带大车库的公寓房	日内瓦	S. I. LeLoriot
1932	横跨 Triftwasser 溪的桥，梁式桥	Nessental	伯尔尼州政府
	螺丝制造新工厂[b]	盖拉芬根	L. v. Roll'sche Eisenwerke
	Mannenberg 水库，容量为 15,000m^3[b]	奥斯特蒙迪根（伯尔尼）	伯尔尼市政
	沉没的塔勒蒂尼堤岸的重建[b]	沃韦	沃韦市府
	在沃韦的港湾工程	沃韦	沃韦市府
	带体育馆的校舍[b]	Wipkingen	苏黎世市政
	罗塞拉本桥，空箱三铰拱结构[b]	施瓦岑堡（伯尔尼）	施瓦岑堡镇政府
	两座横跨特罗巴克和布尔巴赫的桥梁，均为桥面加劲拱结构[b]	哈布克恩	哈布克恩镇政府
	多栋公寓	日内瓦	S. I. Chemin Vermont D.
	多栋公寓	日内瓦	S. I. Rue Caroline 19-25
	变压器组（重建）、发电机基础	米勒贝格	伯尔尼发电站
	教区宅院	苏黎世	Kirchgemeinde Unterstrass
1933	图尔河大桥，空箱三铰拱结构[b]	费尔塞格（Henau）	圣加仑州政府
	公寓	苏黎世	塔尔韦斯建设合作社
	艾拉维尔河道治理；堰塞湖桥	吕利	日内瓦州市政
	施万巴赫桥，桥面加劲拱结构[b]	Hinterfultigen（伯尔尼）	施瓦岑堡镇政府
	公寓	日内瓦	S. I. Boulevard du Pont d'Arve
	公寓	日内瓦	S. I. Rue Jean-Charles
	市政大楼	阿尔比斯登	阿尔比斯登区政府
	研究所	日内瓦	S. I. Chemin Dumas
	多栋公寓和车库	日内瓦	S. I. Rue du Roveray
	公寓	日内瓦	Stè Coop.d'Habitations salubres，Rue des Allobroges
	变电站	日内瓦	工业服务社
	学校博物馆	伯尔尼	学校博物馆基金会
	学徒制农业寄宿学校	阿尔比斯登	学校监管基金会

时间	工程结构描述	项目地点	客户
1934	主楼的扩建	措芬根	荣格公司
	新教堂，钢筋混凝土的中厅与尖顶	利斯	Kirchgemeinde
	多栋公寓住房	苏黎世	Baugenossenschaft Limmattal
	公共汽车大棚，钢结构平屋面	伯尔尼	伯尔尼市政
	阿勒桥，空箱三铰拱结构[b]	因纳特基兴	伯尔尼州
	特斯桥，桥面加劲拱结构[c]	Wulflingen - 温特图尔	温特图尔镇政府
	水压系统的防落石覆面	坎德格伦德	伯尔尼发电厂
	公寓	日内瓦	S. I. L'Acajou
	公寓	日内瓦	S. I. L'Ebène
	公寓	日内瓦	S. I. L'Amarante
	多栋公寓住房	日内瓦	S. I. Délia
	Länggasse 水库	伯尔尼	伯尔尼市政
	收费站扩建项目	佩尔利（日内瓦）	瑞士联邦
	"Vieux Bois" 餐厅的挡土墙与扩建工程	日内瓦	日内瓦州
	压力管道、水闸、水库加固桩	施维茨州	Etzelwerk 股份公司
1935	行政楼[a]	苏黎世	苏黎世市政
	公寓	日内瓦	S. I. Rue Caroline A
	公寓	日内瓦	S. I. Malgnou-Ermitage
	公寓	日内瓦	S. I. Rue du Vieux College
	跨越比尔斯的铁路桥，连续梁结构[b]	利斯伯格（伯尔尼）	劳芬波特兰水泥厂
	施工项目	伯尔尼	Heim "Favorite"
	汽车修理厂	韦尔涅（日内瓦）	Givaudan 公司
	跨越胡特维尔 - 沃尔胡森铁路线的桥梁，连续梁结构[b]	胡特维尔（伯尔尼）	胡特维尔镇政府
	哈默尔巴赫（Hämelbach）桥	Langnau	伯尔尼州（1932 年加入伯尔尼编目）
	位于 Sihlpost 的汽车升降机	苏黎世	瑞士联邦铁路和邮政管理局
	Maggia 人行桥	Someo（Tessin）	Someo 镇政府
	工厂	韦尔涅（日内瓦）	Givaudan 公司
	工厂增建	日内瓦	Sauter 实验室
	Wohlei 桥的重建，轨道加固与和钢结构施工	Wohlensee	伯尔尼发电厂
	坎德尔河水渠	维米斯	伯尔尼发电厂
	别墅	措芬根	Ringier-Brack

续表

时间	工程结构描述	项目地点	客户
	车库和汽车修理厂	日内瓦	A.-G. Garage Mon Repos
	特万溪流桥，空箱三铰拱结构 [a]	特万（伯尔尼）	特万镇政府
1936	住房	苏黎世	Knapp
	阿尔沃河大桥，空箱三铰拱结构 [a]	韦西（日内瓦）	韦西及周边地区管理集团
	防空洞和挡土墙	伯尔尼	伯尔尼市政
	塔勒蒂尼堤岸 [a]	日内瓦	日内瓦市政府
	电话大楼	苏黎世	瑞士联邦
	站台的重建	日内瓦	瑞士联邦
	公寓	日内瓦	S. I. La Tour de Rive
	游泳池	克洛斯特斯	Strandbadgenossenschaft
	蔬菜地窖	Kühlewil	Armenanstalt Kühlewil
	变压器房	日内瓦	行业协会
	工厂	日内瓦	Croisier 巧克力公司
	体育馆	韦尔苏瓦（日内瓦）	韦尔苏瓦社区
	火药储存大棚	维米斯	瑞士联邦
1937	教堂重建 [a]	Delsberg（日内瓦）	圣约瑟堂区
	仓库	伯尔尼	Galenica 股份公司
	维米斯火药厂的防空洞	维米斯	维米斯火药厂
	国会大楼内的大厨房	苏黎世	Tonhalle-Stiftung
	Lütschine 河上的桥梁，连续梁结构 [a]	甘里施旺德	伯尔尼州政府
	工厂建筑	日内瓦	S.A.D.E.D. 股份公司
	多栋公寓	日内瓦	S. I. Sesia
	Marzili 学校综合楼	伯尔尼	伯尔尼市政
	印刷大楼的上部结构	措芬根	Ringier 股份公司
	多栋公寓	日内瓦	S. I. "Sig"
	别墅	奥奈（日内瓦）	Dumarest & Eckert
	福利院	新埃格（伯尔尼）	Dr. Wander 股份公司
1938	水库	科尔泰贝（伯尔尼）	"法兰西-蒙大拿"饮用水供应集团
	库房的重建	伯尔尼	Bürgi 公司
	多栋公寓	日内瓦	Amarante 房产公司
	带防空洞的游泳池建筑 [a]	苏黎世	苏黎世市政
	多栋公寓	日内瓦	市政保险基金

续表

时间	工程结构描述	项目地点	客户
	公寓	科伦坡（锡兰）	鲍尔公司
	魏森施泰因街桥，连续梁结构	伯尔尼	伯尔尼市政
	水泥大厅 [a]	苏黎世	国展1939
	基础加固	伯尔尼	Hr. Arm
	下部结构加固	伯尔尼	建筑工程局
	苏斯滕大街（Sustenstrasse）边上的下萨特桥，空箱三铰拱结构	Wiler	伯尔尼州政府
1939	位于Anemonenstrasse大街的公寓式住宅	苏黎世	建筑师W. 米勒
	空气过滤器结构	韦尔涅（日内瓦）	波特兰水泥协会
	锡默（Simme）桥，空箱三铰拱结构 [a]	Garstatt	伯尔尼州政府
	横跨锡默河的桥，梁式结构	Laubegg	伯尔尼州政府
	多栋公寓	日内瓦	S.I. "Le Charme"
	翻修工程	日内瓦	圣心堂区
	工厂	朗根塔尔	Gugelmann股份公司
	筒仓	希皮	诺伊豪森铝业股份公司
1940	横跨铁道线的桥梁，倾斜连续梁结构	阿尔滕多夫	瑞士联邦铁路局
	铁路线上的桥梁，空心箱式三铰拱桥	拉亨	瑞士联邦铁路局

a 被作者指定为1902年以前或1934年中期以后的主要工程项目。
b 马亚尔在1934年的公司宣传册中指定的主要工程项目，但不包括1902年之前的项目。
c 马亚尔没有在1934年公司宣传册中列出的，但属于他的主要咨询项目之一。

马亚尔的文章

1901 "Das Hennebique-System und seine Anwendungen," *SBZ* 37(21) (May 25, 1901): 225-6.

"Armierte Betonbauten," *Schweizerischer Bauund Ingenieur-Kalender* 3: 108-10.

1904 "Neuere Anwendungen des Eisenbetons," *Protokoll der ordentlichen Generalversammlung, am 16. und 17. September 1904* (Basel: Verein schweizerischer Zement- Kalk- und Gipsfabrikanten), App. III, 16-23.

1907 "Versuche über die Schubwirkungen bei Eisenbetonträgern," *SBZ* 49(16) (April 20, 1907): 198-202.

"Belastungsprobe eines Eisenbetonkanals," *SBZ* 50(10) (September 7, 1907): 125-7.

1908 "Korrespondenz [Guggersbach Bridge]," *SBZ* 51(12) (March 21,1908): 157; and 51(13)(March 28, 1908): 169.

1909 "Die Sicherheit der Eisenbetonbauten," *SBZ* 53(9) (February 27, 1909): 119-20.

"Armierte Betonbauten," *Schweizerischer Ingenieur-Kalender* 1: 268-70.

1911 "Die Eisenbeton-Konstruktionen im Neuen Kulissenmagazin des Zurcher Stadttheaters," *SBZ* 57(1)(January 7, 1911): 12-13.

"Diskussion: Würfelprobe oder Kontrollbalken?" *Armierter Beton* 4 (May 1911): 159-60.

1912 "Zur Berechnung der Deckenkonstruktionen," *SBZ* 59(22) (June 1, 1912): 295-9.

1913 "Die Wasserkraftanlage Augst-Wyhlen: II Das Kraftwerk Whylen, Die Kabelbrücke," *SBZ* 62(8) (August 23, 1913): 97-9.

1918 "Die Grundwasser-Vorkommnisse in der Schweiz," *SBZ* 72(5) (August 3, 1918): 40-2.

1920 Review of "Versuche mit eingespannten Eisenbetonbalken" (by C. Bach and O. Graf), *SBZ* 76(23) (December 4, 1920): 267.

1921 "Zur Frage der Biegung," *SBZ* 77(18) (April 30, 1921): 195-7.

"Bemerkungen zur Frage der Biegung," *SBZ* 78(2) (July 9, 1921): 18-19.

"Le béton armé à la galerie du Ritom," *Bulletin technique de la suisse romande* 47(17) (August 20, 1921): 198-201.

Review of *Elastizität und Festigkeit* (by C. Bach), *SBZ* 77(18) (April 30, 1921): 203-4.

1922 "Ueber Drehung und Biegung," *SBZ* 79(20) (May 20, 1922): 254-7.

"De la construction de galeries sous pression intérieure," *Bulletin technique de la suisse romande* 48(22) (October 28, 1922): 256-60; 48(23) (November 11, 1922): 271-4; 48(25) (December 9, 1922): 290-3; 49(4) (February 17,1923): 41-5; 49(5) (March 3, 1923): 53-8.

Miscellaneous Reviews, *SBZ* 79(14) (April 8,1922): 186-7; 79(15) (April 15, 1922): 200; 79(17) (April 29, 1922): 168-71.

1923 "Ueber Gebirgsdruck," *SBZ* 81(14) (April 7, 1923): 168-71.

"Zum Vernietungs-Problem," *SBZ* 82(4) (July 28, 1923): 43-5.

"Dispositif de sécurité pour la circulation sur les ponts," *Schweizerische Zeitschrift für Strassenwesen* 9(5) (March 8, 1923): 70-1.

"Les autoroutes en Italie," *Schweizerische Zeitschrift für Strassenwesen* 9(8) (April 19, 1923):109-12.

"Korrespondenz: zum Vernietungsproblem," *SBZ* 82(6) (August 11, 1923): 79-80.

"Korrespondenz: Nochmals zum Vernietungsproblem," *SBZ* 82(11) (September 15, 1923):144-5.

"Nochmals zum Vernietungsproblem," *SBZ* 82(23) (December 8, 1923): 304-5.

1924 "Der Schubmittelpunkt," *SBZ* 83(10) (March 8, 1924): 109-11.

"Zur Frage des Schubmittelpunktes," *SBZ* 83(15) (April 12, 1924): 176-7.

"Zur Frage des Schubmittelpunktes," *SBZ* 83(22) (May 31, 1924): 261-2.

"Le centre de glissement," *Bulletin technique de la suisse romande* 50(13) (June 21, 1924): 158-62.

1925 "Questions relatives à l'exportation d'énergie électrique et à la mise en valeur de nos forces hydrauliques," *Bulletin technique de la suisse romande* 51(4) (February 14, 1925): 41-5.

"Die Brücke in Villeneuve-sur-Lot, nebst Betrachtungen zum Gewölbebau," *SBZ* 85(12) (March 21, 1925): 151-4; 85(13) (March 28, 1925): 169-70.

1926 "Eine schweizerische Ausführungsform der unterzuglosen Decke-Pilzdecke," *Schweizerische ingenieurbauten in Theorie und Praxis*, Internationaler Kongress für Brückenbau and Hochbau(Zurich 1926): 21 pages.

"Zur Entwicklung der unterzuglosen Decke in der Schweiz und in Amerika," *SBZ* 87(21) (May 22, 1926): 263-7.

"Le centre de glissement" (correspondance), *Le Génie Civil* 89(14) (October 2, 1926): 284.

1928 "Druckbeanspruchung bei Biegung" *First International Congress for Testing Materials*, Amsterdam, 1927 (The Hague, 1928), 2:13-17.

"Gewölbe-Staumauern mit abgestuften Druckhöhen," *SBZ* 91(15) (April 14, 1928): 183-5.

"Die Wahl der Gewölbestärke bei Bogenstaumauern," *SBZ* 92(5) (August 4, 1928): 55-6.

"Report on Sessions about Reinforced Concrete," *SBZ* 92(21) (November 24, 1928): 262-3.

"Diskussion: Weitgespannte Wölbbrücken," *Bericht über die II. Internationale Tagung für Brückenbau und Hochbau* Vienna, September 24-8, 1928 (1929): 417-19.

1929 "Die Material-Beanspruchung der Betonstrassen," *Schweizerische Zeitschrift für Strassenwesen* 15(16) (August 1, 1929): 215-18; 15(17)(August 15, 1929): 219-24.

1930 "Note sur les pants voûtés en Suisse," *Premier congrès international du béton et du béton armé*, Liège, September 1930, III-4, 7 pages.

"Masse oder Qualität im Betonbau," *Beitrag zur Denkschrift anlässlich des 50-Jährigen Bestehens der Eidg. Material-prüfungsanstalt an der Eidg. Technischen Hochschule*, Zurich. Reprinted in 1931, *SBZ* 98(12) (September 19, 1931): 149-50.

1931 "Der Brand eines Fabrikgebäudes der Gummifabrik 'Prowodnik' in Riga," *Beton und Eisen* 30(11) (June 5, 1931): 206-7.

"Die Lorraine-Brücke über die Aare in Bern," *SBZ* 97(1) (January 3, 1931): 1-3; 97(2) (January 10, 1931): 17-20; 97(3) (January 17, 1931):23-7; 97(5) (January 31, 1931): 47-9.

"Die Erhaltung des schiefen Turmes in St. Moritz,"

SBZ 98(3) (July 18, 1931): 29-31.

"Leichte Eisenbeton-Brücken in der Schweiz," *Der Bauingenieur* 12(10)(December 1931): 165-71.

1932 "Zum Entwurf der neuen schweizerischen Vorschriften für Eisenbetonbauten," *SBZ* 99(5) (January 30, 1932): 55-9.

"Diskussion," *Beton und Eisen* 31(1) (January 1932): 10.

"Zum Entwurf der neuen schweizerischen Vorschriften für Eisenbeton" (correspondence), *SBZ* 99(10) (March 5, 1932): 125-6.

"Ueber Erdbebenwirking auf Hochbauten," *SBZ* 100(24) (December 10, 1932): 309-11.

"Die Wandlung in der Baukonstruktion seit 1883," *SBZ* 100(27) (December 31, 1932): 360-4.

"Die Verhaltniszahl n = 15 und die zulässigen Biegungsspannungen" (discussion), *Beton und Eisen* 31(1) (January 5, 1932): 10.

1933 (With M. Turrettini) "Neues Bankgebäude der Schweizer. Kreditanstalt an der Place Bel Air in Genf," *SBZ* 101(4) (January 28, 1933): 47.

"Die Zürcher Sport-und Grünanlagen im neuen 'Sihlhölzli': Konstruktives," *SBZ* 101(9) (March 4, 1933): 103-5.

"Discussion: Théorie des dalles à champignons," *Premier congrès international des pants et charpentes de Paris, Final Report*, Paris 1932 (Zurich, December 1933): 197-208.

1934 "Ponts-Voûtes en béton armé," *Bulletin du ciment* 2(8) (August 1934): 2-6

"Gekrümmte Eisenbeton-Bogenbrücken," *SBZ* 103(11) (March 17, 1934): 132-3.

"Robert Maillart, Ing. ETH," *Schweizer Echo* 14(2) (February 1934): 5. An account of Maillart's Russian experience.

1935 "Flachdächer ohne Gefälle," *SBZ* 105(15) (April 13, 1935): 175-6.

"Die Schweizerischen Normen für Eisenbeton von 1935," *Der Bauingenieur* 16(47/48) (November 22, 1935): 481-5.

"Verstärkung einer Eisenbetonkonstruktion," *SBZ* 105(11) (March 16, 1935): 130-2.

"La construction des ponts en béton armé, envisagée au point de vue esthétique," *Le Génie Civil* 106(11) (March 16, 1935): 262-3.

"Ponts-voûtes en béton armé; de leur développement et de quelques constructions spéciales exécutées en Suisse," *Travaux: Architecture, Construction, Travaux-Publics* 19(26) (February 1935): 64-71.

"The Construction and Aesthetic of Bridges," *The Concrete Way* 7(6)(May/June 1935): 303-9 (translation with some modifications of article in *Le Génie Civil* 106[11]: 262).

1936 "Einige neuere Eisenbetonbrücken," *SBZ* 107(15) (April 11, 1936): 157-63.

"Der Ausbau des Quai Perdonnet in Vevey," *SBZ* 108(15) (October 10, 1936): 159-61.

1937 "Lichtbilder Vortrag Basel," unpublished manuscript, Zurich Maillart Archive.

"The Modular Ratio," *Concrete and Constructional Engineering* (September 1937): 517-21.

1938 "Aktuelle Fragen des Eisenbetonbaues," *SBZ* 111(1) (January 1, 1938): 1-5.

"Ueber Eisenbeton-Brücken mit Rippenbögen unter Mitwirkung des Aufbaues," *SBZ* 112(24) (December 10, 1938): 287-93.

1939 "Evolution de la construction des ponts en béton armé," *Bulletin technique de la suisse romande* 65(7) (April 8, 1939): 85-91 (partial reprint of 1935 article in *Le Génie Civil* with some remarks by S. Giedion).

1940 "L'ingénieur et Jes authorités," *Vie, art et cité* (January-February, 1940): 3 pages.

1943 "Kongressaal," *SBZ* 121(23) (June 5, 1943): 282-3.

关于成本换算的一般说明

公共工程的成本总是不确定的，因为它们取决于施工的时间和地点。此外，我们需要用汇率来计算瑞士的成本与美国的成本。在 1900-1940 年期间，这一汇率大多稳定在 5 瑞士法郎兑 1 美元的汇率。在美国，同一时期的建筑成本趋势可以用一个成本指数来近似。在本书的换算中，我假设瑞士和美国的人工和材料成本是相当的，尽管通常认为欧洲的材料成本和劳动力比美国更便宜。虽然书中的成本换算只是一种估算，不过对于立交桥项目而言，其测算结果的确与 20 世纪 90 年代初美国相关工程的成本非常吻合。

为了将成本等效成美国的情形，我使用了美国的指数。《工程新闻记录》每年都会公布一个建筑工程造价指数，该指数始于 1906 年，1913 年开始与成本挂钩。1913 年的指数是 100，其他的指数详见《工程新闻记录》1996 年 3 月 25 日第 72 页的表格所示。

1906 年，塔瓦纳萨大桥正式通车。那一年的成本指数是 95，而大桥造价为 2.8 万瑞士法郎，或每平方英尺 2.36 美元。按照当时 5 法郎 =1 美元的汇率，在美国的成本应该是 5600 美元。而 1996 年 3 月的成本指数为 5537，因此，1906 与 1996 年的比例为 58，这样，1996 年的总费用约为 5600×58=324800 美元。每平方英尺的桥面成本将是 2.36×58=138 美元。

为了说明马亚尔为什么要把重心转移到建筑上，我们以 1910 年苏黎世大学的混凝土建筑结构合同为例。1910 年，马亚尔的合同金额为 20.6 万法郎，即 4.12 万美元。那一年美国的指数是 96，所以 1910 与 1996 年的比率大约是 57.5。调整后的 1996 年造价约为 237 万美元，这是一个非常可观的合同，足够建造 7 座以上的塔瓦纳萨大桥。

作为一个简单的换算规则，1914 年之前的 100 瑞士法郎在 1996 年约为 1000 美元。到了 1921 年，成本指数已经上升到 202，并一直维持在 200 左右，再到 1937 年，跳跃至 236。因此，我们大致可以这样说，对于 1921-1936 年间的马亚尔工程项目而言，相应的瑞士法郎换算成 1996 年的美元，将是 5 倍，换算成 1937-1940 年的美元，将是 4 倍。综上所述，我认为，文中有一个现代的美元数字似乎是有用的，而我采用的近似换算方法正是如此。

中英文索引

A

Aarburg Bridge　阿尔堡大桥
Abegg family　阿贝格家族
Adler, Otto　阿德勒，奥托
Adler building　阿德勒建筑公司
Alexandre　亚历山大
Allenbach Bridge　阿伦巴赫桥
Altdorf granary　阿尔特多夫谷仓
Altendorf Bridge　阿尔滕多夫大桥
Altwegg, A.，阿尔特韦格，A.
Ammann, Othmar　阿曼，奥特马
Amsteg power plant　阿姆施泰格电厂
Andreae, Charles　安德烈埃，查尔斯
arch dams　拱坝
Art Nouveau　新艺术主义（运动）
Association of Swiss with Financial Interests in Russia（SECRUSSE），瑞士在俄金融权益协会
Augst-Wyhlen dam bridge　奥格斯特-维伦坝大桥
Austrian Society of Engineers and Architects，奥地利工程师与建筑师学会

B

Bach, Carl von，巴赫，卡尔·冯
Baden-Wettingen Bridge competition
巴登—韦廷根大桥设计竞赛
Barth, Karl　巴特，卡尔
Basel Art Museum　巴塞尔美术馆
Basel conduit（siphon）　巴塞尔虹吸渠
Basel Public Utilities Department
巴塞尔公用事业部
Bauingenieur　《结构工程师》
Baur and Company　鲍尔公司
Bayonne Bridge　贝永大桥
beam bridges　梁桥
Bender family　本德尔家族
Bern railroad bridge competition
伯尔尼铁路大桥设计竞赛
Bernstein　伯恩斯坦
Bertelletti and Company　贝尔泰莱蒂公司
Bière-Apples-Morges rail line
比耶尔-阿普勒-莫尔日铁路线
Bill, Max　比尔，马克斯
Billwil Bridge　比尔威尔桥
Binggeli, Albert　宾格利，阿尔伯特
Bircher, Hans　比歇尔，汉斯
Blumer, Eduard（son-in-law of Robert Maillart）
布卢默尔，爱德华（罗伯特·马亚尔的女婿）
Blumer, Marie-Claire（grand-daughter of Robert Maillart）
布卢默尔，玛丽-克莱尔（罗伯特·马亚尔的外孙女）

Blumer-Maillart, Marie-Claire (daughter of Robert Maillart)
布卢默尔 - 马亚尔，玛丽 - 克莱尔（罗伯特·马亚尔之女）

Bogenträger System Maillart
马亚尔拱梁体系

Bohlbach Bridge　　布尔巴赫桥

Bohny, F.　　博尼，F.

Bonatz, Paul　　博纳茨，保罗

Bösiger, W.　　伯辛格，W.

Braillard　　布拉亚尔

Brest-Litovsk, Treaty of　　布列斯特和约

Bridge Aesthetics (1933; by H. Rukwied)
《桥梁美学》（1933，H. 鲁克维德著）

Brusilov, General　　布鲁西洛夫将军（俄）

Büchi, Jakob　　比希，雅各布

Bühler, Adolph　　比勒，阿道夫

Burckhardt, Jacob　　布克哈特，雅各布

Buss and Company　　布斯公司

C

Candela, Felix　　坎德拉，费利克斯

Caquot, A.　　卡科，A.

Carrard, Dr.　　卡拉尔博士

Chancy-Pougny water tower　　尚西 - 普尼水塔

Château d'Oex　　厄堡

Châtelard aqueduct　　沙泰拉尔渡槽

Châtellerault Bridge　　沙泰勒罗大桥（夏特罗桥）

Chiasso shed roof　　基亚索仓库的屋面

Clausius, Rudolf　　克劳修斯，鲁道夫

Collingwood, R. G.　　科林伍德，R.G.

Coray, Richard　　科莱，理查德

Credit Suisse building　　瑞士信贷银行大楼

Cross, Hardy　　克罗斯，哈迪

Culmann, Carl　　库尔曼，卡尔

Cuno, Wilhelm　　库诺，威廉

D

Daetwyler　　德特维勒

d'Anchamps Bridge　　安恰帕斯桥

deck-stiffened arch　　桥面加劲拱

deck-stiffened arch with horizontal curvature
带有水平曲率的桥面加劲拱

deck-stiffened polygonal arch
桥面加劲多边形拱

deck-stiffened skewed arch　　桥面加劲斜交拱

Dick, Wilhelm　　迪克，威廉

Douglas, Donald　　道格拉斯，唐纳德

Dyckerhoff and Widmann　　德国地伟达建筑公司

E

Eggenschwyler, Adolph　　埃根施威勒，阿道夫

Eiffel, Gustave　　埃菲尔，古斯塔夫

Eigenheer, Ernst　　艾根黑尔，恩斯特

Elskes, Eduard　　埃尔斯克斯，爱德华

Emperger, Fritz von　　恩佩格，弗里茨·冯

Engeried Clinic　　昂热兰德诊所

Engesser, Franz　　恩格泽，弗朗茨

F

Favre and Company　　法夫尔公司

Federal Foundation for National Economy
联邦国民经济基金会

Federal Institute for Materials Testing (EMPA)
瑞士国家联邦实验室

Federal Institute of Technology (ETH)
苏黎世联邦理工学院

Felsegg Bridge　　费尔塞格大桥

Fischer, Ulrich　　费舍尔，乌尔里希

flat slab　　无梁楼盖

Flienglibach Bridge　　弗林格利巴赫桥

Fornerod, Marcel	福尔内罗德,马塞尔
Freyssinet, Eugène	弗雷西内,尤金
Froté and Westermann	弗罗泰—韦斯特曼公司
funicular-truss roof	索桁架屋面

G

Gadmen (Gadmerwasser) Bridge	加德门桥
Gampert, F.	甘佩特,F.
Garstatt Bridge	加斯塔特桥
Gaudi, Antonio	高迪,安东尼奥
Geneva brochure	日内瓦宣传册
George Washington Bridge	乔治华盛顿大桥
Giacometti, Alberto	贾科梅蒂,阿尔贝托
Giedion, Sigfried	吉迪恩,西格弗里德
Giubiasco Bridge	朱比亚斯科大桥
Grand Fey viaduct	大菲高架桥
Grand Hotel Dolder	多尔德大酒店
Graphic Statics	《图解静力学》
Graubünden	格劳宾登州
Gribi	格里比
Grimsel hydroelectric works	格里姆瑟尔水电站
Gotthard	圣哥达
Gubelmann, Hermann	古贝尔曼,赫尔曼
Gündlischwand Bridge	甘里施旺德桥
Guggersbach Bridge design	古格尔斯巴赫桥设计
Gull, Gustave,	古尔,古斯塔夫

H

Hadlaub Street Bridge (Zurich)	哈德劳布街大桥(苏黎世)
Hässig, Viktor	哈西格,维克托
Handbook for Reinforced Concrete Design	《钢筋混凝土设计手册》
Heene, W.	黑内,W.
Hefti, J.	赫夫蒂,J.

Heim, Albert	海姆,阿尔伯特
Hellgate Bridge	地狱门大桥
Hemingway, Ernest	海明威,欧内斯特
Hennebique, François	埃内比克,弗朗索瓦
Herter, Hermann	赫特,赫尔曼
Hilgard, Karl	希尔加德,卡尔
Hindenburg, General (later German President) Paul von 兴登堡元帅(后来的德国总统),保罗·冯
Hitler, Adolf	希特勒,阿道夫
Hofacker, Karl	霍法克,卡尔
hollow-box	空腹式箱形截面
Homo Ludens	《游戏的人》
Huber, Albert	胡贝尔,阿尔伯特
Huizinga, Johan	赫伊津哈,约翰
Humber, Marcel	亨伯,马塞尔
Huttwil Bridge	胡特维尔桥

I

Industrial Society of Cement Manufacturers 水泥制造商行业协会
Innertkirchen Bridge	因纳特基兴桥
International Association for Bridge and Structural Engineering (IABSE) 国际桥梁和结构工程协会
Isar Bridge	伊萨尔河大桥
Isler, Heinz	伊斯勒,海因茨

J

Jaeger and Company	耶格公司
Jaeger and Lusser	耶格-卢瑟公司
Jegher, August	耶格尔,奥古斯特
Jegher, Carl	耶格尔,卡尔
Jegher, Werner	耶格尔,维尔纳
Jenny-Dürst, Hans	詹妮-杜尔斯特,汉斯
Joss and Klauser	若斯-克劳泽尔公司

K

Kahn, Louis　　康，路易斯
Kamemskaya steel mill　　卡曼斯卡亚钢铁厂
Karlsruhe Polytechnic Institute　　卡尔斯鲁厄理工学院
Kastli, O. E.　　卡斯特利，O. E.
Keller, Alois　　凯勒，阿洛伊斯
Kellogg-Briand Pact　　《白里安-凯洛格非战公约》
Kerensky, Alexander　　克伦斯基，亚历山大
Kharkov(General Electric)factory　　哈尔科夫（通用电气）电机厂
Kilchmann, L.　　基尔克曼，L.
Killer, Josef　　基勒，约瑟夫
Kitts, George　　基茨，乔治
Klauser　　克劳泽尔
Klosters Bridge　　克洛斯特斯大桥
Kornilov, General　　科尔尼洛夫将军
Kruck, Gustave　　克鲁克，古斯塔夫
Kruck, Hans　　克鲁克，汉斯

L

Lachen Bridge　　拉亨大桥
Laifour Bridge　　莱富尔大桥
Lardy, Pierre　　拉迪，皮埃尔
Laufenburg Bridge　　劳芬堡大桥
Lausanne engineering school　　洛桑工程学校
Laval, Pierre　　拉瓦尔，皮埃尔
League of Nations　　国际联盟（国联）
Le Corbusier　　勒·柯布西耶
Lehr, Karl（Charles）　　莱尔，卡尔（查尔斯）
Leipheim Bridge（Germany）　　莱普海姆大桥（德国）
Lenin, V. I.　　列宁，V. I.
Leuzinger, Hans.　　洛伊青格，汉斯
Liesberg Bridge　　利斯伯格大桥
Lindenthal, Gustav　　林登少，古斯塔夫
Lorraine bridge　　洛林大桥
Losinger, Eugen　　洛辛格，尤金
Ludendorff, General Erich von　　埃里希·冯·鲁登道夫将军

M

Magic Mountain, The　　《魔山》
Maillart, Adrienne（daughter of Alfred Maillart）　　马亚尔，艾德丽安（阿尔弗雷德·马亚尔之女）
Maillart, Alfred（brother of Robert Maillart）　　马亚尔，阿尔弗雷德（罗伯特·马亚尔之兄弟）
Maillart, Bertha（Kupfer）（mother of Robert·Maillart）　　马亚尔，贝尔塔（库普费尔）（罗伯特·马亚尔之母亲）
Maillart, Edmond（father of Robert Maillart）　　马亚尔，埃德蒙（罗伯特·马亚尔之父亲）
Maillart, Edmond（son of Robert Maillart）　　马亚尔，埃德蒙（罗伯特·马亚尔之儿子）
Maillart, Ella（daughter of Paul Maillart）　　马亚尔，艾拉（保罗·马亚尔的女儿）
Maillart, Hector（cousin of Robert Maillart）　　马亚尔，埃克托尔（罗伯特·马亚尔的堂兄弟）
Maillart, Jean Coley dit（ancestor of Robert Maillart）　　马亚尔，让·科莱（罗伯特·马亚尔的先祖）
Maillart, Marcelle（daughter of Alfred Maillart）　　马亚尔，玛塞勒（阿尔弗雷德·马亚尔之女）
Maillart, Maria（Ronconi）（wife of Robert Maillart）　　马亚尔，玛丽亚（龙科尼）（罗伯特·马亚尔的妻子）
Maillart, Marie（wife of Paul Maillart）　　马亚尔，玛丽（保罗·马亚尔的妻子）
Maillart, Maximilian（brother of Robert Maillart）　　马亚尔，马克西米利安（罗伯特·马亚尔的兄弟）
Maillart, Paul（brother of Robert Maillart）　　马亚尔，保罗（罗伯特·马亚尔的兄弟）
Maillart, René（son of Robert Maillart）　　马亚尔，勒内（罗伯特·马亚尔之子）

Maillart, Robert　马亚尔，罗伯特
Maillart and Company　马亚尔公司
Mann, Thomas　曼，托马斯
Mantel, Gustav　曼特尔，古斯塔夫
Marignier Bridge　马里尼耶大桥
Meisser, Lucien　梅斯赛尔，卢西恩
Melan, Josef　梅兰，约瑟夫
Menn, Christian　梅恩，克里斯蒂安
Menn, Simon (father of Christian Menn) 梅恩，西蒙（克里斯蒂安·梅恩的父亲）
Mesnager, A.　梅纳热，A.
Meyer, Peter　迈耶，彼得
Miescher, Paul　米歇尔，保罗
Modern movement　现代主义运动
Moltke, General von　小毛奇将军
Monier, Joseph　莫尼耶，约瑟夫
Moravian School for Girls　摩拉维亚女子学校
Mörsch, Emil　默施，埃米尔
Moser, Arnold　莫泽，阿诺德
Moser, Robert　莫泽，罗伯特
Müller, Max von　米勒，马克斯·冯
Münch, Max　明希，马克斯
Muota River (Ibach) Bridge　穆奥塔河（伊巴赫）大桥

N

National Socialist Bund for German Technology
德国技术国家社会主义同盟
Nelson, Paul　尼尔森，保罗
Newmark, Nathan　纽马克，内森
Nissen, Paul　尼森，保罗
Nötzli, Fred　内茨利，弗雷德
Nydegg Bridge　尼迪格桥

O

Oechslin, Mlle　奥克斯林小姐

P

Paris, Professor A.　A.帕里斯教授
Paris World's Fair　巴黎世界博览会
Peney Bridge design　佩内大桥设计
Perkins, Maxwell　珀金斯，麦克斯威尔
Pérolles Bridge design　佩罗勒斯大桥设计
Perronet, Jean Rodolphe　佩罗内特，让·罗道夫
Perrot, Simone　佩罗特，西蒙妮
Person, Benjamin　佩尔松，本杰明
Pesson, Robert　佩尔松，罗伯特
Pfeiffer, Walther　菲弗，瓦尔特
Pfleghard, Otto　普夫勒加德，奥托
Pfleghard and Haefeli　普夫勒加德-海菲利事务所
Pirelli cable factory　倍耐力电缆厂
Pirelli Company　倍耐力公司
Plougastel Bridge　普卢加斯泰勒桥
Prader, Florian　普拉德，弗洛里安
Prader and Company　普拉德公司
pressurized tunnels　压力隧洞
Pümpin and Herzog　蓬普茵-埃尔佐格公司

Q

Quai Turrettini　塔勒蒂尼堤岸
Queen Alexandra sanatorium　亚历山大女王疗养院

R

Rabut, Charles　拉比，查尔斯
Read, Herbert　里德，赫伯特
Reber, Armin　雷伯，阿明
Reichsautobahn　帝国高速公路系统
Reichstag building　德国国会大厦
reinforced concrete　钢筋混凝土
Reissner, Eric.　赖斯纳，埃里克
Rentch Company　雷奇公司

"Revoluzger'" card game invented by Robert Maillart in Russia，"革命者"，罗伯特·马亚尔在俄罗斯发明的 款纸牌游戏

Rhätische Bahn　　雷蒂亚铁路（瑞士全景列车）
Rheinfelden Bridge　　莱茵费尔登大桥
Riga factory　　里加工厂
Ritom Lake power plant　　里托姆湖电厂
Ritter，Max　　里特尔，马克斯
Ritter，Wilhelm　　里特尔，威廉
rivet design，Maillart's　　马亚尔的铆接设计
Robert Maillart（1949；by Max Bill）　　《罗伯特·马亚尔》（1949；马克斯·比尔著）
Rochemolles dam competition　　罗凯莫莱斯大坝设计竞赛
Roehling，John　　勒林，约翰
Rohn，Arthur　　罗恩，亚瑟
Rorschach filter building　　罗尔沙赫滤水厂建筑
Ros，Mirko　　罗斯，米尔科
Rossgraben Bridge　　罗塞拉本大桥
Roth，Alfred　　罗斯，阿尔弗雷德
Rothpletz，Ferdinand　　罗特普雷茨，费迪南德
Royal Dutch Shell　　荷兰皇家壳牌集团
Royal Institute of British Architects　　英国皇家建筑师学会
Rukwied，Hermann　　鲁克维德，赫尔曼
Ruskin，John　　拉斯金，约翰

S

Sacher Hotel　　维也纳萨赫酒店
St. Gallen Concert Hall　　圣加仑音乐厅
St. Gallen gas tanks　　圣加仑煤气罐
St. Paul's Cathedral（London）　　圣保罗大教堂（伦敦）
St. Petersburg warehouse　　圣彼得堡仓库
Salginatobel Bridge　　萨尔基那山谷桥
scaffolding　　脚手架
Schäfer　　舍费尔
Schaffhausen Bridge competition　　沙夫豪森大桥设计竞赛
Schatzalp sanatorium　　沙茨阿尔卑疗养院
Schiers　　希尔斯
Schneider　　施耐德
Schrähbach Bridge　　施拉巴赫桥
Schucan，Achilles　　舒卡，阿希莱斯
Schuders　　舒德斯
Schüle，François　　舒勒，弗朗索瓦
Schwandbach Bridge　　施万巴赫大桥
Schwarzen Bären Hotel　　黑熊旅馆
Schwarzenburg　　施瓦岑堡
Schweizerische Bauzeitung　　《瑞士建筑学报》
Semper，Gottfried　　森佩尔，戈特弗里德
Shand，P. Morton　　尚德，P. 莫顿
shear-center controversy　　剪切中心之争
Sihlhölzli gymnasium　　锡尔霍兹利健身房
Simonette，Simon　　西莫内特，西蒙
Sirakovo Viaduct　　西拉科沃高架桥
Sitter Bridge design　　锡特大桥设计
Solis Bridge　　索利斯大桥
Sorbonne　　索邦
Soutter，P. E.　　苏特
Spital Bridge　　施皮塔尔桥
Stalin，Josef　　斯大林，约瑟夫
Stam，Mart　　斯坦，马特
Stauffacher Bridge　　施陶法赫尔桥
Steinach Bridge　　施泰纳赫大桥
Stephenson，Robert　　史蒂芬森，罗伯特
Stettler，Ernst　　施泰特勒，恩斯特
Stolzenmühle pipe　　施托尔岑穆勒输水管
Suter，Dr. Ernst　　恩斯特·祖特尔博士
Swiss Credit bank building　　瑞士信贷银行大楼
Swiss Federal Railways　　瑞士联邦铁路公司
Swiss National Bank building　　瑞士国家银行大楼

Swiss National Exposition（Landesaustellung），Zurich（1939）
瑞士国家博览会，苏黎世（1939）
Swiss Society of Engineers and Architects（SIA）
瑞士工程师和建筑师协会
"Systeme Maillart"　　马亚尔结构体系

T

Tavanasa Bridge　　塔瓦纳萨大桥
three-hinged arch　　三铰拱
Tiefencastel avalanche structure
蒂芬卡斯特尔山崩支挡结构
Töss footbridge　　特斯河人行桥
Traubach Bridge　　特罗巴克桥
Trebsenbach aqueduct　　特雷布森巴赫渡槽
Trechsel，F.　　特雷切尔，F.
Tschiffely，Mme.　　柴费利夫人
Tschiffely，Viktor　　柴费利，维克托
Turner，C. A. P.　　特纳，C. A. P.
Turner，Joseph　　特纳，约瑟夫

U

United States　　美国
Uto Bridge design　　乌托桥设计

V

Vallette，Pastor　　瓦莱特牧师
Valsana Hotel　　瓦尔桑纳酒店
Valtschielbach Bridge　　瓦尔齐尔巴赫桥
Vessy Bridge　　韦西桥
Vevey Quai　　沃韦（埠）
Veyron Bridge　　韦龙桥
Vierendeel，A.　　菲伦代尔，A.
Vögeli-Blumer，Elspeth（niece of Eduard Blumer）
弗格利—布卢默尔，伊丽莎白（爱德华·布卢默尔的侄女）
Vögeli-Blumer，Marieli（sister of Eduard Blumer）
弗格利-布卢默尔，玛里耶莉（爱德华·布卢默尔的妹妹）
Voltastrasse（Maillart house in prewar Zurich）
沃尔塔街（一战前，马亚尔位于苏黎世的居所）
Vulpera，Challenge Cup of（bridge tournament）
武尔佩拉挑战杯桥牌锦标赛

W

Wädenswil（Pfenninger）factory building
韦登斯维尔（普芬宁格）工厂建筑
Wägital power plant structures　　韦吉河谷电厂结构
Wagner，Richard　　瓦格纳，理查德
Waldhaus Hotel　　维尔德豪斯酒店
Wangen Bridge　　旺根大桥
Wangen canal　　旺根运河
Wattwil Bridge　　瓦特维尔桥
Wayss，G. A.　　韦斯，G. A.
Wayss and Freytag　　韦斯-弗赖塔格公司
Weissensteinstrasse Bridge（Bern）
魏森施泰因街桥（伯尔尼）
Wenner，Viktor　　温纳，维克托
Westermann　　韦斯特曼
Whitney，Charles　　惠特尼，查尔斯
Wicky，Arnold（brother-in-law of Robert Maillart）
维基，阿诺德（罗伯特·马亚尔的姐夫）
Wicky，Edith（niece of Robert Maillart）
维基，伊迪丝（罗伯特·马亚尔的侄女）
Wicky，Marguerite（niece of Robert Maillart）
维基，玛格丽特（罗伯特·马亚尔的侄女）
Wicky，Rosa（Maillart）（sister of Robert Maillart）
维基，罗莎（马亚尔）（罗伯特·马亚尔的姐姐）
Widmann，Fritz　　维德曼，弗里茨
Wildegg Bridge　　维尔德格桥
Wild family　　维尔德家族
Wren，Sir Christopher　　克里斯托弗·雷恩爵士
Wyhlen Bridge　　维伦桥

Wyss , Richard	怀斯，理查德

Z

Zarn , Adolph	察恩，阿道夫
Zehnder , Otto	策恩德，奥托
Zervos , Christian	泽尔沃斯，克里斯蒂安
Ziggenbach Bridge	齐根巴赫桥
Züblin and Company	旭普林公司
Zuoz Bridge	楚奥茨桥
Zurich Alumni Association of the ETH	联邦理工学院苏黎世校友会
Zurich Amtshaus	苏黎世市政大楼
Zurich Art Institute	苏黎世艺术学院
Zurich Ceramic Hall	苏黎世水泥厅
Zurich City Engineering Office (Tiefbauamt)	苏黎世市政工程办公室（土木工程办公室）
Zurich committee on reinforced concrete	苏黎世钢筋混凝土委员会
Zurich Congress Hall	苏黎世议事厅
Zurich Opera moveable stageset warehouse	苏黎世剧院活动式舞台布景库房
Zurich Swimming Hall	苏黎世游泳馆
Zurich University buildings	苏黎世大学建筑

译后记

1872年，清同治十一年，瑞士小国降生了一个男孩——罗伯特·马亚尔。在马亚尔68年的人生里，他用上百个工程项目将世界混凝土桥梁的早期结构设计变成了人类的艺术瑰宝。1991年，马亚尔的萨尔基那山谷桥被评为"世界土木工程历史遗迹"，同年入选的还有我国的赵州桥。

如果以跨度作为衡量标准，马亚尔绝不可能站在桥梁设计大师的前排；再要穿越到当代，甚至都评不上一个高级工程师，因为马亚尔的桥梁很少超过100米。然而，在那个我们还留着辫子的岁月里，在那个铁筋混凝土还只被人们用作花盆的背景下，他的成就已经远远超越了自己的时代。国内某些人不认可这位大师，只以长短论英雄，另外，他们也会嫌弃祖冲之仅把圆周率算到了小数点后七位，或者嘲讽鲁迅没有写过长篇小说。此外，世界上多数专业人士却不但将罗伯特·马亚尔看作是成功的结构设计专家、建筑商，更愿意视其桥梁设计为作品而非项目，因为马亚尔将艺术融入了结构，并得到了普罗大众与业内精英的认可，纽约现代艺术博物馆的展览便是一证。

本书作者戴维·比林顿不仅是普林斯顿大学的教授，更是一位建筑与结构设计专业的畅销书作者。其对马亚尔长达28年的研究总结便是这本书的价值所在，书中长达5万余字的注释更是内容真实、丰富和生动的保证。在翻译到此时，我们甚至打了退堂鼓，因为注释内容牵扯大量德文、法文的缩略语，还让我们想起了国内视频网站的去片头片尾功能。坐在经济发展的高铁上，真有人会去关注如此密密麻麻的注释内容吗？但想到比林顿教授28年的成书艰辛，我们还是不忍割舍那5万字的证据。

这本传记以时间为顺序，向我们展示了从钢筋混凝土诞生初期到第二次世界大战前夕的瑞士以及德、法、俄的桥梁及其他建构筑物的工程场景，着重描述了马亚尔的无梁楼盖、桥面加劲拱、剪切中心等设计创新。大量的精美插图是本书的一大亮点，有助于再现历史原貌，对读者具有很强的带入感。

译稿完成后，总算松了口气，躺在沙发上想起了前几年去瑞士的场景：朋友们坐着越野车，换上了高铁票，最后又登上了A380，目标竟然是为了乘坐瑞士小国的齿轨蒸汽火车去游览少女峰。大概在很多人心里，"瑞士"这两个字好像和全世界的其他国家都有点儿不同，仿佛代表一处宁静圣洁的世外桃源。马亚尔的那些小桥，如果不是诞生在瑞士，恐怕就无人问津了；同样，这样一本书，如果没有一个万籁俱寂的环境，你的品读兴趣就会大打折扣。恰好，当下的周围好像给了我们一个契机，让大家可以静下心来悦读，您又为何不试一试呢？

本书的翻译工作得到中国建筑工业出版社编辑朋友以及我校土木工程学院多位师生的帮助，书中多处德文术语的汉化是在一位旅德同窗指导下完成的，在此一并表示感谢。由于我们水平有限，书中错误难免，恳请广大读者不吝赐教。

译者

西安建筑科技大学

土木工程学院

2020年8月10日